MÉMOIRES
DE
L'ABBÉ BASTON
CHANOINE DE ROUEN

D'APRÈS LE MANUSCRIT ORIGINAL

PUBLIÉS

POUR LA SOCIÉTÉ D'HISTOIRE CONTEMPORAINE

PAR

M. L'ABBÉ JULIEN LOTH ET M. CH. VERGER

3 VOLUMES AVEC PORTRAIT EN HÉLIOGRAVURE

TOME III
1803-1818

PARIS
ALPHONSE PICARD ET FILS

LIBRAIRES DE LA SOCIÉTÉ D'HISTOIRE CONTEMPORAINE
Rue Bonaparte, 82

1899

MÉMOIRES

DE

L'ABBÉ BASTON

MÉMOIRES
DE
L'ABBÉ BASTON
CHANOINE DE ROUEN
D'APRÈS LE MANUSCRIT ORIGINAL

PUBLIÉ

POUR LA SOCIÉTÉ D'HISTOIRE CONTEMPORAINE

PAR

M. L'ABBÉ JULIEN LOTH ET M. CH. VERGER.

PORTRAIT EN HÉLIOGRAVURE

TOME III
1803-1818

PARIS
ALPHONSE PICARD ET FILS
LIBRAIRES DE LA SOCIÉTÉ D'HISTOIRE CONTEMPORAINE
Rue Bonaparte, 82

1899

BESANÇON. — IMP. ET STÉRÉOT. DE PAUL JACQUIN.

EXTRAIT DU RÈGLEMENT

Art. 14. — Le Conseil désigne les ouvrages à publier et choisit les personnes auxquelles il en confiera le soin.

Il nomme pour chaque ouvrage un commissaire responsable, chargé de surveiller la publication.

Le nom de l'éditeur sera placé en tête de chaque volume.

Aucun volume ne pourra paraître sous le nom de la Société sans l'autorisation du Conseil et s'il n'est accompagné d'une déclaration du commissaire responsable, portant que le travail lui a paru digne d'être publié par la Société.

Le commissaire responsable soussigné déclare que l'ouvrage Mémoires de l'abbé Baston *lui a paru digne d'être publié par la* Société d'histoire contemporaine.

Fait à Paris, le 15 mai 1899.

Signé : Victor Pierre.

Certifié :
Le Secrétaire de la Société d'histoire contemporaine,
Albert Malet.

LE PORTRAIT DE M. BASTON

L'héliogravure qui ouvre ce volume est la reproduction d'un portrait au pastel de M. Baston en costume de professeur de théologie, placé aujourd'hui dans la bibliothèque municipale de Pont-Audemer.

Un photographe de cette ville, M. Douthwaite, a tiré avec soin sur l'original l'épreuve qui a été remise au maître de l'héliogravure française, M. Dujardin.

L'identification du portrait n'est pas douteuse. M. Ch. Verger a bien voulu nous écrire à ce sujet (18 avril 1899) :

« Je suis certain de l'authenticité du portrait.

« En 1825, après la mort de M. Baston, il passa entre les mains d'une de ses sœurs, Mme Creveuil, qui le transmit à sa fille, Mme Trémois.

« Lors du décès de Mme Trémois, en janvier 1852, il fut, ainsi que la plupart des écrits manuscrits du célèbre théologien, compris dans le lot attribué à Mlle Trémois, Mme Vanier.... Le portrait était à la place d'honneur dans sa petite salle, et chaque fois qu'un étranger arrêtait ses regards sur ce pastel, elle ne manquait jamais de dire, la voix tremblante d'émotion : « C'est l'abbé Baston, mon grand-oncle ; ah ! c'est « bien lui ! »

« Devenue très vieille, Mme Vanier alla habiter le Mans, auprès d'une de ses filles, Mme Allais-Vanier.

« M. Allais-Vanier devenu veuf, et qui, du vivant de sa femme, nous avait vendu les *Mémoires* de M. Baston, nous céda l'*Exposition de la conduite*, et offrit à notre ville le portrait, la canne et divers manuscrits de l'ancien évêque de Séez (entre autres, celui de la *Narration d'Omaï*) et aussi le portrait, peint à l'huile, de M. l'abbé Carrey de Saint-Gervais, qui fut jusqu'à ses derniers jours l'ami de M. Baston, après avoir été le protecteur de sa jeunesse.

« Le portrait au pastel [celui de M. Baston] n'est pas signé ; nous nous en sommes assurés. »

MÉMOIRES

DE

L'ABBÉ BASTON

CHAPITRE XXX

LE RETOUR EN FRANCE

Le Concordat, ses causes, ses conséquences. — La question des démissions épiscopales. — Le *Docteur romain*. — M. Baston se décide à rentrer en France en 1803. — Il quitte la Westphalie, fait visite aux abbesses de Vreden et d'Altenberg. — Son arrivée à Nimègue. — Le préfet M. d'Herbouville. — Lille, Arras, Neufchâtel. — Arrivée à Rouen. — Sa vive émotion en apercevant la ville. — Changements qu'il remarque dans les monuments, les mœurs et les costumes. — Sa visite à Mgr Cambacérès, le nouvel archevêque. — La procession du très saint Sacrement. — M. Baston est nommé chanoine dans le nouveau Chapitre de Rouen. — Il est reçu de l'Académie. — Réflexions sur cette Compagnie, son Jardin des plantes, ses travaux, ses usages. — Il donne plus tard (1812) sa démission. — Raisons de cette détermination.

Cependant Rome et la France préparaient un événement religieux dont on chercherait en vain le modèle dans toute la durée et toute l'étendue de l'Église, et qui, suivant toutes les apparences, ne sera jamais imité. Il s'agissait de relever sur les terres de la République le culte de nos pères, avec ses formes extérieures ; de substituer une autorisation légale à la tolérance dont il paraissait jouir plutôt qu'il n'en jouissait ; d'assurer une subsistance à ses évêques et à ses prêtres, de leur rendre les églises qui étaient encore debout, et qui seraient jugées nécessaires ; de réunir la France au siège apostolique, et de reconnaître publiquement la primauté du Pape, soit pour l'honneur, soit pour la juridiction. On prétend qu'un des premiers moteurs de cette entreprise, le premier peut-être, fut un curé de la ville d'Angers [1]. Après avoir été l'oracle des Vendéens, il les abandonna, et fit son accommodement avec les chefs de la République, démarche qui lui enleva une grande partie de l'estime qu'il avait acquise dans son parti, et ne lui procura pas un équivalent dans celui qu'il embrassait. L'amour du bien put le déterminer ; on ne lui supposa que de l'ambition.

Mais quels étaient les motifs de Sa Sainteté Pie VII et du gouvernement français ? Dans quelles vues, des puissances si peu analogues, si mécontentes l'une de l'autre, se rapprochaient-elles, convergeaient-elles vers un but commun ?

Quant à la première, le Pape, on ne peut douter qu'elle ne fût excitée par le désir de rendre la religion à la France, et la France à la religion. La politique dont le chef-lieu fut jadis, du moins on le disait, la cour de Rome et ses alentours, put aussi entrer pour quelque chose dans cette négociation. J'y joindrais volontiers l'espoir d'agrandir, par une démarche d'éclat, les prérogatives du Saint-Siège, et de répandre sur le sol de l'Église gallicane des semences d'ultramontanisme.

Du côté de la République française, ou, pour mieux dire, de ses Consuls, il est assez difficile de placer à la tête des motifs l'amour de la religion ; mais il est permis de supposer que les révolutionnaires ayant vainement tenté de

---

[1]. Bernier, ancien curé de la paroisse Saint-Laud, à Angers.

la détruire, il parut au gouvernement plus raisonnable et, en même temps, moins dangereux pour lui de la lier à ses institutions, de la soumettre pleinement à sa surveillance par la publicité, que de lui laisser une existence indépendante et presque ténébreuse. Je ne serais pas éloigné de penser qu'on avait enfin reconnu que le peuple avait besoin d'une religion fondée sur des révélations, d'une religion qui prêchât, au nom de l'Être adoré, l'obéissance et la fidélité aux puissances établies. L'intérêt de l'État aurait demandé que les hommes de la Révolution sacrifiassent leurs répugnances, et que, les mêmes au fond, ils relevassent l'autel qu'ils avaient dépouillé et abattu.

Les chefs de la République voulaient, en France, un nouveau clergé, et, pour ainsi parler, une Église toute nouvelle. Ils voulaient que les anciens évêques renonçassent à leurs sièges, ou que le Souverain Pontife, après avoir demandé leur démission, les tînt pour démis s'ils refusaient. Il en était de même des curés ; seulement on ne se donna pas la peine d'exiger d'eux qu'ils se démissent ; leur droit divin, qu'on ne reconnaît pas en Italie, fut oublié. Ils voulaient que tous les titres ecclésiastiques fussent abolis, tous les sièges épiscopaux supprimés, et qu'on recréât des uns et des autres, autant qu'il serait nécessaire et convenu. Le Pape crut devoir souscrire à toutes ces conditions, fondé sur ce que c'en était fait de la religion catholique en France si on ne les acceptait pas. Il ne venait à l'esprit de personne que les légitimes héritiers de nos rois pussent jamais remonter sur le trône de leurs ancêtres, et ramener à leur suite les évêques, les prêtres et le culte, compagnons de leur exil. D'ailleurs, quel triomphe pour le pouvoir du vicaire de Jésus-Christ en terre (je parle humainement), que toute une grande

Église, anéantie et recréée sous une autre forme, par un seul acte de volonté émané de lui [1] !

Pie VII écrivit donc à tous les évêques de France qui étaient à l'étranger. Il exigea d'eux qu'ils donnassent leur démission entre ses mains, sous un très court délai, et leur déclara que s'ils n'obtempéraient pas au temps prescrit, son autorité suppléerait à leur lenteur et à leur refus.

Jamais coup de cette force n'avait été frappé dans l'Église de Dieu par l'évêque du premier siège. Il retentit dans toutes les parties du monde, et y produisit d'abord un étonnement dont on eut peine à revenir; peu à peu, on s'apprivoisa avec lui; on le considéra de sang-froid, et je ne crains point de dire que la réflexion lui fut avantageuse; non qu'elle fît taire toutes objections, mais en faisant entrevoir qu'elles n'étaient pas sans réponse.

Les évêques de l'Église de France se partagèrent d'opinion et de conduite. Les uns refusèrent positivement la démission qu'on leur demandait, les autres la donnèrent, quelques-uns se turent et laissèrent faire. Dans cette marche opposée, on observa ce petit phénomène politique « que la plupart des évêques qui étaient en Angleterre se « montrèrent récalcitrants, et que la plupart de ceux qui « habitaient l'Allemagne et les autres pays de la chré- « tienté se soumirent à la volonté du Pape. » On prétendit l'expliquer par une remarque bien simple, savoir qu'à l'époque dont il s'agit, le royaume de la Grande-Bretagne était l'asile de nos malheureux princes et qu'on y avait sous les yeux leur infortune, leurs vertus et leurs droits. Si c'est à ce touchant spectacle qu'il faut attribuer

---

[1]. Il ne faut pas oublier, en lisant cette troisième partie des *Mémoires de M. Baston*, qu'il était docteur de l'ancienne Sorbonne et imbu des opinions gallicanes alors tolérées et même encore enseignées en France.

la résistance de quelques-uns de nos évêques, et qu'ils se soient trompés, la cause de leur erreur la rend en quelque sorte respectable ; mais la soumission des autres, placés dans les mêmes circonstances, n'en fut que plus courageuse, que plus concluante en faveur du parti qu'ils embrassèrent.

On a disputé quelque temps sur le nombre comparatif des évêques qui avaient donné leur démission et de ceux qui ne l'avaient point donnée ; mais on ne tarda pas à se convaincre que notre épiscopat comptait plus de prélats dociles que d'opposants à la volonté du premier Pasteur. On en tira assez généralement cette conséquence « que la « majorité reconnut le droit qu'avait le Pape de con- « traindre les évêques à se démettre, ou de se passer de « leur démission, y suppléant par son autorité suprême. » Je ne crois pas qu'elle fût juste. En effet, un évêque à qui le Pape demande sa démission peut douter si le Pape ne sort pas des limites de son pouvoir, et, dans le doute, obéir. Il pourrait même être persuadé, j'irai même jusqu'à dire être sûr, que le Pape n'a pas le droit de former impérativement une pareille demande, et néanmoins obtempérer, ou parce qu'il ne veut pas mettre obstacle à un projet utile, ou tout uniment parce qu'il est libre, maître de ses actions, et qu'il peut tout aussi bien accorder que refuser ce qu'on lui demande. Me tournant du côté de l'opposition, je soutiens de même qu'un évêque a pu ne pas donner sa démission ou même la refuser expressément, quoiqu'il ne méconnût pas dans le Souverain Pontife le pouvoir moral de la demander. Il ne voulait pas s'engager dans la discussion de cette grande affaire, s'en embarrasser, y prendre une part active qui lui ferait partager la responsabilité attachée à l'événement. Son refus, si le Pape a tort, ou que l'opération soit mauvaise, le préserve du malheur d'y avoir coopéré ; et si le Pape a raison, si l'opération est bonne, son refus n'empêchera pas qu'elle n'ait lieu, puisque Sa Sainteté déclare que, soit que les évêques se soumettent, soit qu'ils se taisent ou résistent, elle n'en ira pas moins en avant, et les tiendra tous pour démis. Il est à ma connaissance personnelle que des évêques français ont raisonné et agi de cette manière.

De tout ceci je conclurai qu'on ne peut légitimement inférer de la conduite des évêques de France, ni qu'ils ont reconnu ni qu'ils ont méconnu le droit que le Pape s'était arrogé. La dispute sur ce point me semble être encore ouverte.

Les évêques opposants qui étaient en Angleterre s'empressèrent de publier les motifs de leur résistance, et de les envoyer à leurs confrères existant ailleurs, afin de les attirer à leur parti et de les avoir pour imitateurs. Ce dessein ne réussit pas, ou parce que les démissions étaient déjà faites quand les paquets arrivèrent, ou parce que les raisons qu'on y exposait, bien que spécieuses, ne parurent pas assez fortes pour autoriser une désobéissance. Mgr l'évêque de X., déporté en Allemagne, s'étant démis aux termes de l'ordonnance pontificale, et voulant composer l'apologie de cette démarche, comme ses confrères s'efforçaient de justifier leur opposition, me fit passer la copie de l'écrit qu'on lui avait adressé, et me demanda de l'aider à le combattre. Il supposait que je partageais son sentiment, et c'était la vérité. Mes réflexions, fondues avec les siennes, produisirent l'effet désiré ; les esprits sages ne le blâmèrent plus.

La querelle des *démissions* fut une bonne fortune pour les Clémentins de Rouen. Ils se jetèrent tous à corps perdu dans la coalition des évêques qui n'avaient pas déféré aux ordres de Sa Sainteté, et d'autant plus volontiers que celui de Séez, dont leur patriarche tenait ses pouvoirs, était du nombre. On pouvait, à ce sujet, leur proposer une question embarrassante : « Comment l'évêque « de Séez, qui n'est plus reconnu par le Pape pour évê- « que de ce diocèse, conserve-t-il les pouvoirs qu'il n'a « reçus du Pape que comme évêque de Séez ? » Puis cette autre : « Et si M. l'évêque de Séez n'a plus de « pouvoirs pour le diocèse de Rouen, comment M. Clé- « ment, qui n'en a reçu que de lui, en conserve-t-il ? » Mais leurs docteurs auraient répondu que cela n'y faisait rien du tout. Une réponse de cette nature n'est pas difficile à trouver, convient à toutes les objections, et ne souffre point de réplique.

Les Clémentins remplirent donc Rouen et tout le diocèse de la doctrine de l'opposition, et commencèrent à parler du Pape de la manière la moins respectueuse. On entrevoyait que si les choses allaient plus loin, l'autorité du Saint-Siège ne les contraindrait pas, et que, dans leur délire, si elle les gênait trop, ils se soulèveraient ouvertement contre elle. Cet aperçu me conseilla, pour ainsi dire, de prendre la défense du Pape relativement à l'affaire des démissions. Je composai à la hâte le *Docteur romain*, ouvrage qui parut au jour à Rouen. C'était une suite d'entretiens dans lesquels mon docteur, en scène avec le coryphée du parti, et distinguant entre le pouvoir *ordinaire* du Souverain Pontife et le pouvoir *extraordinaire* que les circonstances lui donnent quelquefois, démontrait que le Pape n'avait fait que ce qu'il pouvait et devait faire, parce qu'évidemment le salut de l'Église de France en dépendait; et que si, par ce puissant effort, il ne la sauvait pas, du moins il employait l'unique moyen qui lui restait pour la sauver. Je n'eus d'autre récompense de ce travail que d'apprendre en Westphalie, avant de quitter cette contrée, qu'il avait dérobé quelques brebis au bercail clémentin, et empêché un plus grand nombre de grossir le troupeau.

Le Concordat entre le Pape et le Premier Consul de la république française avait été publié. De toutes les parties de la dispersion, les ecclésiastiques bannis se mettaient en marche pour rentrer dans cette France qui, après les avoir si cruellement persécutés, sentait enfin qu'elle avait besoin d'eux, et qu'il était de son intérêt de les rappeler. Cependant aucun acte que je connaisse, émané du pouvoir législatif, n'avait encore abrogé les lois pénales qui menaçaient leurs personnes et leur ministère. Le décret de leur déportation n'était point rapporté. Mais on savait par différentes voies qu'en choisissant bien la frontière par laquelle on s'introduisait dans l'intérieur de la république, on était sûr d'un accueil favorable, et d'obtenir les passeports nécessaires pour n'être pas inquiété en chemin. Il y avait eu des arrestations, des emprisonnements à certaines barrières, ou parce que la tolérance du gouvernement n'y était pas encore connue, ou parce que des agents subalternes, furieux de ce que leur chère révolution semblait rétrograder et s'associer des prêtres que naguère elle avait proscrits, s'opposaient à la nouvelle mesure, forts et se couvrant de la lettre des lois qui, selon eux, continuaient d'être en vigueur.

Quoique l'amour de la patrie et des personnes que la Providence m'avait conservées dans mon pays me pressât vivement de saisir l'occasion de le satisfaire et de voler où il m'appelait, je ne me hâtai pourtant pas. Il me paraissait important de connaître, du moins en substance, ce nouveau Concordat ; à quoi il obligeait, ce qu'il promettait de sûreté et de liberté. La crainte de trouver à mon arrivée toutes les places remplies n'était pas pour moi un motif de précipiter mon départ. Je comptais passer le reste de ma vie dans la société intime de quelques parents et de quelques amis, faisant autour de moi le bien qui serait à ma portée, mais jaloux de me conserver l'indépendance. J'avouerai aussi, et l'on ne m'en blâmera pas, qu'il m'en coûtait infiniment d'abandonner la terre hospitalière où, pendant sept à huit ans, l'humanité, l'amitié même, m'avaient prodigué les plus douces consolations. Pour l'empire du monde je n'aurais pas renoncé à la France qui m'était rendue ; mais cette bonne, cette charitable Westphalie qu'il fallait perdre, me causait une douleur inexprimable. La lutte de ces divers sentiments, opposés quoiqu'ils coulassent de la même source, prenait sur ma santé d'une telle force qu'il devenait urgent de la terminer. Mon départ fut fixé à la mi-mai 1803. Je me composai une petite société de *revenants* qui devaient m'accompagner jusqu'à Anvers. C'était par cette ville que nous comptions faire notre rentrée. Son préfet jouissait de la réputation de bien accueillir nos semblables, et de leur procurer toutes les facilités possibles pour voyager tranquillement sur les terres de la république. D'ailleurs, j'avais eu autrefois avec lui quelques liaisons à Rouen ; il était probable qu'il s'en souviendrait. On verra bientôt que cette conjecture avait son mérite. Le 12, je pris définitivement congé de mes braves Coesfeldiens, serré dans leurs bras et baigné de leurs larmes. Je leur promis que si la mort m'épargnait encore cinq à six ans, je viendrais les revoir : ils me rendirent la justice de croire que j'en avais le dessein, que ma promesse était sincère ; mais ils ne crurent pas à son exécution : tant d'obstacles devaient s'y opposer !

Je partis à la tête de ma petite caravane, un peu consolé par la pensée que l'adieu que je venais de faire n'était pas éternel. Mme la comtesse de ***, cette excellente abbesse du chapitre de Vreden, avait exigé de moi l'assurance qu'elle serait la dernière Allemande que je quitterais, si la Providence me ramenait un jour dans ma patrie. Quoique cette visite allongeât notre voyage de plusieurs studes (*stunde*, allem., heure, est le chemin que parcourt un homme marchant bien pendant une heure), nous nous acheminâmes vers sa résidence, tous à pied, un seul cheval portant nos bagages, dont le poids ne l'écrasait pas. Elle nous reçut avec autant de politesse que de bienveillance. Il fallut lui accorder trois jours. Le quatrième, après déjeuner, j'eus avec elle un entretien particulier, dans lequel elle daigna me demander la constance de mon amitié, m'assurant que la sienne pour moi durerait autant que sa vie, et me présentant un morceau de satin blanc, brodé en soie et en or, son ouvrage : *Voilà mon gage*, me dit-elle. Au bas était écrit de sa main : « Donné à « M. l'abbé Baston par sa servante et amie Thérèse de « F...., abbesse de Vreden. » Je n'avais pas songé à cet échange des symboles d'un attachement profond, très ordinaire en Allemagne entre les vrais amis, quand ils se séparent pour longtemps. Heureusement j'avais sur moi une jolie petite boussole en argent, qui m'avait souvent servi à me diriger dans les bruyères incultes de la Westphalie et qui m'avait conduit à Vreden la première fois que j'y allai à travers des plaines inhabitées. Je la lui offris *comme mon gage*, et celui de mon sincère et respectueux attachement. Elle l'accepta. « Elle m'accompa-« gnera toujours, me dit-elle. — Et de quel usage peut-« elle vous être, Madame? lui dis-je. — Elle servira à « m'orienter, quelque part que je sois, me répondit-elle

« en souriant, pour regarder du côté de la France ; et je
« n'oublierai pas que Rouen est à l'ouest.... » En sortant
de son cabinet, nous trouvâmes mes compagnons de
voyage qui m'attendaient pour partir. La comtesse nous
conduisit au bas de l'escalier, sortit dans la cour d'honneur, où était sa berline attelée de quatre beaux chevaux,
son cocher sur le siége, et un domestique pour nous accompagner. « Mes gens, nous dit-elle, vous mèneront au-
« jourd'hui jusqu'à Altenberg (la journée était, autant
« qu'il m'en souvient, de douze à treize lieues). Vous y
« coucherez. Un homme d'affaires que j'ai là prendra soin
« de vous. Le lendemain il vous sera aisé de gagner
« Arnheim, ville par laquelle il faut que vous passiez
« pour vous rendre à Nimègue.... (A moi.) Voici une let-
« tre pour l'abbesse, princesse souveraine d'Altenberg,
« ma cousine et mon amie ; je vous prie de la lui remettre
« en main propre. Cette commission vous fera monter un
« peu haut ; mais la vue que vous aurez du sommet de la
« montagne vous dédommagera de la peine que je vous
« aurai causée. (A tous.) Adieu, Messieurs. Puissiez-vous
« trouver en France la paix et la sûreté qu'on vous y
« promet ! Si votre attente était trompée, revenez au mi-
« lieu de nous. Nous sommes beaucoup plus affligés de
« vous perdre que las de vous posséder. » Elle voulut
nous voir, nous arranger dans la voiture. On ferma la
portière et nous disparûmes.

Il était encore beau jour quand nous arrivâmes à Altenberg. L'homme d'affaires était prévenu et nous attendait. Il nous fit conduire à une auberge de son choix,
d'où, après qu'on eut déchargé nos paquets, il nous amena
chez lui, et fit servir, avec le vin, toute sorte de rafraî-
chissements à la mode allemande. Nous avions dîné en
route, et c'était le cocher de la généreuse abbesse qui

avait payé toute la dépense. Nous priâmes M. l'intendant de faire pour nous et en notre nom tous les comptes de l'auberge où nous allions passer la nuit, et de nous procurer un cheval, le lendemain, pour porter nos bagages ; ajoutant que nous avions le projet de nous rendre à Arnheim *en nous promenant*. « C'est une bien longue prome-« nade, » nous dit-il gaiement. Nous répondîmes que nous y mettrions le temps qu'il faudrait.

Nous employâmes le reste du jour à parcourir, avec notre guide, l'endroit où nous étions. C'est un joli village, ou, si l'on veut, une petite ville fort agréable, située au pied de la montagne qui lui donne son nom. Chemin faisant, nous apprîmes qu'Altenberg est *un État*, faisant partie du corps germanique ; que l'abbesse du chapitre impérial dont le palais et les dépendances occupent la plate-forme qui couronne la hauteur, en est la souveraine, que la Prusse convoite cette principauté enclavée dans ses domaines, et que vraisemblablement ce morceau tentateur sera tôt ou tard sa proie, par la raison que les gros poissons mangent les petits. Notre *cicerone* (mais j'oublie que c'est en Allemagne que nous sommes) nous dit encore que l'abbesse actuelle était une princesse de la maison de Salm : « Femme d'une trentaine d'années au « plus, aimable, spirituelle, qui, à mon avis (c'est lui qui « parle), serait mieux à la tête d'une nombreuse famille, « dont elle augmenterait les membres, que préposée au « gouvernement d'un chapitre stérile. Au reste, il n'y a « pas de sa faute. Dans notre Allemagne, la haute no-« blesse se gouverne par des principes qui ne sont pas « favorables à la multiplication des hommes. Le *crescite* « de l'Écriture semble, dans chaque famille, ne regarder « que les aînés, n'avoir été prononcé que pour eux. Est-ce « un bien, est-ce un mal ? Les sentiments sont partagés,

« et, selon qu'on y envisage la chose, les deux contradic-
« tions peuvent être vraies. Vous verrez notre dame :
« car les gens de Mme l'abbesse de Vreden m'ont dit
« que vous aviez une lettre pour la princesse, sa cou-
« sine. Demain, après déjeuner, sur les huit heures, vous
« monterez, et, votre visite faite, vous aurez encore tout
« le temps nécessaire pour arriver à Arnheim avant la
« nuit. »

En promenant et en babillant, nous revînmes à notre auberge. La table était mise, et l'on nous servit un souper beaucoup plus splendide que notre bourse n'aurait voulu, d'autant mieux qu'ayant dîné et collationné, l'appétit ne nous stimulait pas. Le vin était versé, nous invitâmes l'homme d'affaires à le boire avec nous. Il s'y attendait, car il accepta sans la moindre cérémonie, et même, en comptant de l'œil les couverts, je vis qu'il y en aurait un de trop, si le sien n'avait pas été mis.

La nuit se passa fort tranquillement, le déjeuner de même. L'homme de la veille nous fit l'amitié d'y assister sans invitation. Huit heures sonnent : nous prenons le chemin de la *résidence :* c'est le nom qu'on donne au palais. On avait été prévenu. Introduits dans une belle et vaste salle, nous trouvâmes Son Altesse assise sur un canapé, où il n'y avait guère de place que pour elle. Ce siège, élevé d'un ou deux pieds, avait l'air d'un petit trône : aussi notre admission fut-elle plutôt une audience qu'une visite, et il était aisé de voir que l'habillement de la princesse n'était pas une toilette du matin. En face de la dame étaient des fauteuils arrangés en demi-cercle, sur lesquels elle nous fit signe de nous asseoir. Chef en quelque sorte de la députation, et porteur de la lettre de créance, à peine assis, je me relevai, et, m'approchant de la souveraine, je lui présentai l'épître de sa cousine en lui

disant : « Mme l'abbesse de Vreden nous a chargé de re-
« mettre, en main propre, cette lettre à Votre Altesse. »
Ce compliment n'exigeait point de réponse. La princesse
prit la lettre, la lut, et me dit : « Ma cousine vous est fort
« attachée, Monsieur, et se félicite beaucoup de vous avoir
« connu. Elle vous recommande à moi, et les messieurs
« qui vous accompagnent. Si je pouvais vous être utile,
« vous n'avez qu'à parler : il me sera fort agréable de
« vous rendre service.... » Nous parlâmes pour la remer-
cier de sa bonne volonté, et pour lui dire que, grâce à
Dieu, nous n'avions besoin de rien. « L'honneur de vous
« saluer, Madame, et le devoir de nous acquitter de la
« commission que nous avions reçue nous ont seuls con-
« duits à Altenberg. » Nous eûmes un coup de tête d'approbation. Elle me demanda ensuite si j'étais lié depuis
longtemps avec Mme l'abbesse de Vreden, et si j'avais été
à portée de la voir dans son intérieur. « J'ai l'honneur de
« la connaître depuis cinq à six ans, répondis-je, et cha-
« que année j'ai passé quelques semaines chez elle. —
« Ainsi vous savez tout ce qu'elle vaut ? — Parfaitement.
« Nous entretenions une correspondance fréquente et
« j'ose me flatter que je ne l'ai pas entièrement perdue. —
« Si elle vous a promis de l'entretenir, elle tiendra pa-
« role.... C'est une sainte que ma cousine ; elle ne vit que
« de bonnes œuvres et de mortifications. Aussi vieillit-
« elle avant le temps ; mais *sa jeunesse se renouvellera*
« *un jour comme celle* de l'aigle. Je crains bien, non pas
« pour elle, mais pour moi, pour ses amis, que ce jour ne
« soit pas éloigné.... On dirait que la sainteté est hérédi-
« taire chez les abbesses de Vreden. On en compte plu-
« sieurs qui ont fait des miracles de leur vivant et après
« leur mort. Dans la galerie de leurs portraits, vous en
« avez vu un qui vous aura frappé, car il frappe tout le

« monde. Il a été question de la canonisation de celle
« dont il est la vive ressemblance, et l'on va prier à son
« tombeau. — J'y ai prié, lui dis-je. — Nous sommes un
« peu plus mondaines à Altenberg, mais il y a *plusieurs*
« *demeures dans la maison du Père céleste*, et les étoiles
« ne brillent pas toutes également.... On m'a fait abbesse
« de très bonne heure. Mon revenu est considérable. En
« faisant tout le bien que je dois, et la dépense qui con-
« vient à mon rang, il me reste de grandes économies. Je
« les amasse, et, sous peu, cédant la place à une autre, je
« me marierai. C'est assez l'usage dans nos familles, qui
« ne font pas des abbesses et des chanoinesses, comme
« des religieuses, mais par convenance et avec la pleine
« liberté de choisir par la suite un autre état. » Après cet
aveu, où il y avait pour le moins beaucoup de franchise,
la conversation tomba, et nous nous levâmes pour nous
retirer. La princesse nous donna un de ses gens, qu'elle
chargea de nous montrer ce qu'il y avait de curieux dans
son palais et sur les hauteurs d'Altenberg. Ce qui m'y
intéressa le plus fut la beauté et l'immensité des vues que
cette montagne offrait à notre admiration.

Nous trouvâmes à notre auberge l'homme de Madame
l'abbesse de Vreden. Il nous attendait. Je le priai de me
dire à quoi se montait notre dépense. « A rien pour vous,
« Messieurs, me répondit-il; Madame, en m'écrivant de
« prendre soin de vous, m'a ordonné de tout payer. » Je
passe notre étonnement, nos remerciements.... « Et le che-
« val pour notre bagage, repris-je, va-t-il bientôt venir?
« — A l'instant.... » En effet, à l'instant même se fait entendre le cor d'un postillon. Paraît, attelée de quatre chevaux, une calèche antique, mais commode, surmontée
d'une impériale que soutenaient quatre ou six petites colonnes.... « Voilà *le cheval*, nous dit l'intendant. Cette

« voiture est le dernier ordre que m'a donné pour vous
« Mme de Vreden. Elle vous déposera à Arnheim, et vous
« n'avez à payer, en la quittant, que le *pourboire* du
« conducteur : encore pouvez-vous vous en dispenser si
« vous voulez. Mais en lui faisant entendre qu'il aura de
« surcroît cette bagatelle, vous arriverez de meilleure
« heure, et en prenant de suite un chariot de poste, vous
« gagnerez Nimègue avant la nuit. »

La distance d'Arnheim à Nimègue n'est que de trois lieues, et nous les parcourûmes que la nuit n'était pas encore venue. Cependant il était trop tard pour passer le Wahal sur le pont volant. Nous nous arrêtâmes à une des auberges bâties sur la rive droite du fleuve. Le lendemain, nous entrâmes dans la ville pour y retenir des places aux voitures publiques qui tenaient la route d'Anvers. Elles étaient toutes prises pour plusieurs jours, tant était grande l'affluence des Français qui retournaient dans leur patrie. Il se fit alors une espèce de dissolution de notre société, et nous ne restâmes que quatre de compagnie : ce qui nous engagea à faire marché pour une voiture particulière. Le prix en était plus fort que celui des voitures communes, mais elle nous dispensait de plusieurs jours de résidence à l'auberge : de sorte qu'il ne nous en coûtait pas davantage, et nous économisions le temps, bien cher à notre impatience.

Des gendarmes français nous arrêtèrent aux barrières qui séparaient alors le territoire de la Hollande des terres de la grande République. « Vos passeports, citoyens ! » Les habits bleus avaient de l'étranger la réputation de traiter peu humainement les ecclésiastiques, et même de les chasser quelquefois comme des bêtes fauves. Je ne les vis pas sans émotion. Cependant leur voix n'ayant rien de dur, ni leur extérieur rien de sauvage, je répondis avec

fermeté « que nous rentrions en France sur le bruit
« universellement répandu du consentement donné par
« les consuls à notre retour; que nous n'avions point de
« passeports, mais que nous nous rendions à Anvers
« pour en demander. — Cela étant, nous dit celui des
« gendarmes qui semblait commander les autres, passez,
« citoyens.... » Le douanier annonçant qu'il fallait visiter
nos paquets : « Parbleu ! camarade, lui dit le brave gen-
« darme, vous aimez bien à perdre votre temps et votre
« peine. Où diable voulez-vous que les pauvres citoyens
« aient pris de l'argent pour acheter de la contrebande?
« D'ailleurs, leurs paquets ne sont pas plus gros que le
« poing. Croyez-moi, ne retardez pas leur voyage.... »
Cette exhortation militaire nous épargna la visite, dont
toutefois nous n'avions rien à craindre que le désagrément de la subir.

Le lendemain de notre arrivée, nous nous présentâmes
à la préfecture, aussitôt que les bureaux furent ouverts,
et nous demandâmes des passeports. « Des passeports?
« nous dit brusquement le commis à qui nous nous étions
« adressés, et pour quel jour ? — Pour aujourd'hui. —
« Chose impossible ! Vous en aurez à votre tour. — Quand
« viendra-t-il ? — Mais.... dans huit jours. — Et vous voulez
« que nous demeurions ici une semaine à les attendre ! —
« Bonjour, citoyen ; chacun a ses occupations, les miennes
« ne me permettent pas de causer avec vous davantage. »
Nous nous retirâmes. « Tout n'est pas perdu, dis-je à
« mes compagnons, désolés d'une pareille réception ; j'ai
« connu autrefois à Rouen le citoyen préfet; je vais tâcher
« de le voir et je ne désespère pas de le trouver plus obli-
« geant que ses subalternes. » Je m'adresse au portier, qui
me renvoie à l'antichambre. Là, on me dit qu'il n'est pas
heure d'audience, et que le magistrat est occupé. — « Je

« n'en doute pas, repris-je, mais veuillez lui dire qu'un
« ancien chanoine de Rouen, qui a l'honneur d'être connu
« de lui, désirerait lui parler. » L'homme (c'était un huissier) entra aussitôt dans le cabinet du préfet, et en ressortit sur-le-champ pour m'introduire. Je retrouvai M. le marquis d'Herbouville [1] ce que je l'avais vu autrefois : d'une politesse et d'une prévenance qui l'avaient toujours distingué et d'un extérieur qui sentait beaucoup plus la monarchie que la république. Il me remit dès que je me nommai, peut-être plus tôt, et me demanda en quoi il pouvait m'être utile. « Vous savez, lui répondis-je, Mon-
« sieur (ce *Monsieur* n'eut pas l'air de le choquer), que
« je suis prêtre déporté. Vous présidiez notre département
« lorsqu'il prononça que j'étais sujet à la loi qui ban-
« nissait les ecclésiastiques inassermentés. Je rentre en
« France. A l'ouverture de vos bureaux, je me suis pré-
« senté pour obtenir un passeport : on m'a renvoyé à huit
« jours, sous prétexte d'affaires plus pressées. Il vous est
« aisé de concevoir qu'un si long délai me contrarie beau-
« coup, et peut m'être très dommageable. Je n'ai d'autre
« moyen de l'abréger que le recours à votre autorité et à
« votre bienveillance. — Vous auriez *d'autres moyens*, me
« dit-il, paraissant donner à mes paroles un sens que je
« n'y attachais pas (probablement de payer), que je vous
« saurais mauvais gré de les avoir employés, et j'aime à
« croire que vous n'eussiez pas réussi par cette voie.
« Mais soyez tranquille, vous aurez votre passeport au-
« jourd'hui. Vous le trouverez chez mon portier, entre

---

[1]. Charles-Joseph, marquis d'Herbouville, maire de Rouen en 1790, et président de l'administration départementale en 1791, fut nommé en 1800, sous le Consulat, préfet des Deux-Nèthes, et plus tard, sous l'Empire, préfet du Rhône. Il devint pair de France sous la Restauration et mourut à Paris le 31 mars 1829.

« quatre et cinq heures du soir.... » Il prend une plume
et écrit sur une feuille ouverte : « Le citoyen X. ne man-
« quera pas d'expédier de suite le passeport du citoyen X.,
« ci-devant chanoine de Rouen, et de me le présenter à
« la signature avant quatre heures du soir.... Portez,
« ajouta-t-il, ce papier (il m'en avait fait la lecture) au
« bureau des passeports ; vous n'éprouverez pas une mi-
« nute de retard. — Oserais-je vous faire observer, Mon-
« sieur, que je ne voyage pas seul, et vous prier d'étendre
« votre bonne volonté jusqu'à mes compagnons ? —
« Rien de plus juste, » dit-il, et il écrivit en interligne :
et de tous les ecclésiastiques français de sa compagnie.
Mes confrères furent agréablement surpris quand je leur
portai cette bonne nouvelle. Tout le monde voulait être
de ma *compagnie*, mais je me crus obligé de ne présenter
que ceux qui en étaient réellement ; et leur nombre ne
passait pas quatre. Des surnuméraires se dirent mes compagnons de voyage, ce qui n'était vrai que dans un sens
très large, et furent expédiés. Cette petite supercherie
n'avait pas eu mon consentement.

Il ne nous arriva rien d'extraordinaire jusqu'à Lille, où
nous nous rendîmes en droiture. J'eus seulement occasion
d'apprendre comment, lorsqu'on voyageait dans les voitures publiques, on pouvait absolument ne pas avoir
besoin de passeports, et n'être point arrêté. A l'entrée des
villes, un homme posté *ad hoc* venait à la portière,
l'ouvrait, et demandait individuellement les passeports.
Or, on échappait à cette formalité, premièrement, en
descendant de la voiture à quelques centaines de pas de
la ville et en y entrant comme promeneur ; secondement,
en mettant dans la main de celui qui demandait les passeports à vérifier une pièce d'argent au lieu de papier.
On disait : *Voilà le mien;* mais il aurait été *faux* si la

pièce n'avait pas été de poids. C'était ordinairement un écu de six livres. La première manière était tout à la fois plus économique, plus sage et plus honnête ; elle n'excitait personne à manquer à son devoir.

J'avais rencontré à Nimègue un curé des environs de Rouen. Nous nous étions embarqués dans le même vaisseau pour quitter la France, et nous ne nous étions pas revus pendant toute la durée de notre exil; il nous fut agréable de nous réunir pour rentrer ensemble. Une voiture à lui l'attendait à Lille depuis plusieurs années. Il devait la reprendre en passant. Elle était à trois places ; il m'en proposa une que j'acceptai, et nous voyageâmes à frais communs, avec des chevaux de louage. Cette allure beaucoup plus commode que les diligences, auxquelles il faut obéir au lieu de commander, ne nous coûta pas davantage qu'elles. Nous ne trouvâmes pas d'églises ouvertes à Lille. Y ayant séjourné un dimanche, nous fûmes conduits à une chapelle particulière où tout respirait la plus tendre, la plus édifiante dévotion. Quand nous passâmes par la ville d'Arras, je fus singulièrement frappé de voir toutes les maisons d'une assez belle rue fermées. On nous apprit que la guillotine les avait entièrement dépeuplées. Cet affreux massacre avait été l'ouvrage du monstre nommé Le Bon, et qui, Oratorien jusqu'à la Révolution, avait été, sans hypocrisie, un exemple de piété, de régularité, de charité, dans les maisons de sa Congrégation où il avait successivement résidé : fait que je tiens d'un de ses plus respectables confrères. Les méchants lui inoculèrent leur méchanceté, et il les surpassa. Jamais ne fut mieux que dans sa personne vérifié cet adage « que « de toutes les corruptions, la plus profonde et la plus « nuisible est celle du bien. » Je remarquai encore dans cette ville, qui a donné le jour au plus féroce de nos révolutionnaires [1], nombre d'endroits couverts des ruines d'édifices religieux. On les avait donnés à qui en voulait, à la charge seulement de les détruire ; et il en fut renversé tant à la fois qu'il devint impossible d'en vendre les matériaux. Les Vandales, ruinés par les frais de démolition, payèrent de leur fortune le crime qu'ils avaient commis, mais ne l'expièrent pas. Tandis que nous parcourions librement les rues de cette malheureuse cité, que nous nous promenions dans ses places publiques, un particulier nous avertit que, nonobstant la pacification, elle renfermait une soixantaine de prêtres rigoureusement détenus, et qu'on ne savait quand ils seraient mis en liberté. Nous nous hâtâmes de fuir une contrée où les vestiges du passé et la situation du présent ne promettaient rien d'heureux pour l'avenir.

C'est à Neufchâtel que je retrouvai des connaissances, et ce qu'on appelle vulgairement *des amis*. Nous y entrâmes avec une compagnie de voyage qui fit jaser jusqu'à l'explication. C'était une jeune fille de seize à dix-sept ans, bien mise, et de la physionomie la plus agréable. Nous l'avions rencontrée sur la grande route, à pied, avec sa mère, souffrant des douleurs aiguës, se traînant à peine, et ayant encore à faire trois grandes lieues. La dame arrêta notre voiture, et voyant qu'il y avait une place vide, elle nous pria à mains jointes de la donner à sa fille, *craignant*, nous dit-elle, *que la petite malheureuse ne mourût en chemin*. Un pareil bagage n'était pas sans inconvénient, mais la charité par-dessus tout. Nous reçûmes la malade, que nous plaçâmes dans le fond, moins par politesse que par humanité, et encore pour qu'elle fût moins aperçue. La mère nous supplia de la déposer à l'hôtel de la gendar-

---

1. Robespierre.

merie : c'était la fille du brigadier. Si le père avait été dur pour les ecclésiastiques, notre conduite à l'égard de son enfant put exciter en lui quelques remords utiles. Au reste, ce léger bienfait, qui ne nous coûta rien, ne fut pas perdu. Le gendarme, outre les remerciements qu'il nous fit avec profusion, nous procura le lendemain des chevaux pour continuer notre route, et nous lui dûmes, je crois, de n'avoir pas été rançonnés par le conducteur. Notre voyage s'acheva sans accident, sans variété ; de sorte que je n'ai absolument rien à écrire de tous les lieux où nous passâmes pour arriver à Rouen.

D'aussi loin que j'aperçus les clochers de cette grande ville, cette flèche qui s'élance dans les airs avec une légèreté indescriptible et dont la croix se perd quelquefois dans les nues, j'éprouvai un battement de cœur, plus pénible que doux, et qui me faisait payer, en quelque sorte, le plaisir tant désiré de revoir ma terre natale. Nous avions à descendre au petit pas une longue côte. J'eus le temps d'observer une partie des changements que la main de l'homme avait opérés dans les environs, durant mes dix années d'exil. L'industrie et le luxe avaient créé une multitude de jardins et de maisons de plaisance, en des lieux que j'avais laissés incultes et inhabités. Rassemblés, unis presque sans intervalles, ils formaient, pour ainsi dire, une ville champêtre, placée en avant de la ville principale. En portant les yeux sur celle-ci, je vis tout d'un coup, et en gros, que la Révolution y avait détruit beaucoup de choses. Rouen était une des villes de France où la piété de nos ancêtres avait élevé le plus d'édifices religieux. Des hauteurs qui l'environnent, l'œil du spectateur apercevait une centaine de tours et de pyramides plus ou moins exhaussées, toutes de différentes formes, quelques-unes d'un beau gothique. Je les avais contemplées tant de fois que leur distribution, leur symétrie, leur masse, se peignaient encore à mon imagination. Je les cherchai et ne les trouvai plus. Elles étaient tombées avec les édifices profanés ou abattus. Quand je dis que *je ne les trouvai plus*, je parle de la collection ; car il en restait assez, notamment des plus considérables, pour me faire voir que l'esprit de modération qui avait distingué Rouen au commencement de nos tempêtes politiques ne s'était pas démenti pendant leur durée, et que si l'on y avait fait du mal comme partout, on y en avait beaucoup moins fait qu'ailleurs. J'acquis bientôt, en détail, d'autres preuves de cette consolante vérité, dont l'aspect des toits et des sommets de nos édifices publics ne me donnait qu'un aperçu vague et général.

Enfin, je suis arrivé. J'ai vu quelques parents, de vrais amis. Ils m'ont serré dans leurs bras. M. l'abbé de Saint-Gervais, le protecteur de ma jeunesse, ou, pour mieux dire, de toute ma vie, m'a reçu dans les siens. Il me semble que le songe est fini, et que je me suis réveillé. Mais que de mutations dans l'espèce humaine de mon pays durant mon sommeil! Le *titre* et le costume républicain des hommes, le *citoyen* qu'ils ont toujours à la bouche, etc.; je cherche les hommes de 90, et ne les trouve plus. Les femmes me paraissent encore plus altérées. Avec leurs talons elles n'étaient point grandes : le soulier plat en fait des pygmées. De plus, il leur donne une aisance de marche qui jadis était le propre de l'autre sexe. Leurs têtes, d'où pendent des serpents de différentes longueurs, leurs bras dépouillés jusqu'aux épaules, leurs jupes qui ne cachent plus toute la jambe, et qu'elles relèvent peu décemment par plus d'un motif, leurs autres vêtements serrés et appliqués sur le corps comme les draperies d'une statue de marbre.... non, ce ne sont pas les femmes que je voyais à Rouen avant qu'elles devinssent *citoyennes*. La liberté a fait chez elles d'amples et rapides progrès.... A quoi m'arrêté-je? Ces observations sont-elles de mon ressort? Et si je note ainsi tout ce que j'apercevrai de nouveau pour moi, d'étrange, à mesure que je prendrai terre, quand finirai-je? N'effaçons pas, mais occupons-nous de quelque chose de plus sérieux.

Rouen, lorsque j'y entrai, avait depuis quelques jours un évêque [1], nommé par le Premier Consul de la République et institué par le Pape, suivant la teneur du Concordat que ces deux puissances venaient de publier. Ce prélat, disait-on, frère d'un des premiers hommes du gouvernement, devait son élévation à cette parenté. Il n'était que chanoine d'une cathédrale [2] avant la Révolution, et il avait des lettres de grand vicaire dans un diocèse où il ne résidait pas [3]. Quoique la noblesse ne se comptât plus pour quelque chose, les hommes de tous les partis faisaient remarquer qu'il était noble, les uns parce que ce titre était de leur goût, les autres parce qu'il leur déplaisait. Sa façon de penser avait toujours été celle d'un prêtre sincèrement attaché aux principes catholiques. Aucun serment n'était jamais sorti de sa bouche [4] (on comprend de quels serments je parle), et toute la faveur que lui procura sa

---

1. M. Baston, rentré à Rouen en 1803, se trompe d'un an. Mgr Étienne-Hubert de Cambacérès fut nommé le 9 avril 1802 au siège métropolitain de Rouen, et sacré à Paris le 11 avril, jour de Pâques, par le cardinal-légat. Il arriva à Rouen le 14 mai de la même année et descendit à l'hôtel de la préfecture : il prit possession à la cathédrale le 23 mai.

2. Celle de Montpellier.

3. Il était vicaire général d'Alais.

4. M. Baston ignorait alors, comme tout le monde à Rouen, que le chanoine Cambacérès avait prêté serment à la constitution civile du clergé, après l'expiration des délais déterminés, parce qu'une maladie grave ne lui avait pas permis de se présenter à l'époque voulue (Archives municipales de Montpellier, registre P. 5. Archives départementales, carton L 11/d v/1 m/4, note de M. Delpech, archiviste).

brillante fraternité pendant que la *terreur*, comme on s'exprimait alors, était *à l'ordre du jour*, fut de pouvoir vivre tranquille et ignoré. Reclus dans une maison d'où il ne sortit pas durant plusieurs années, il trouva néanmoins les moyens de procurer à beaucoup d'âmes pieuses les secours de la religion. Une preuve qu'il était du nombre des *bons*, c'est que les *méchants* le virent avec déplaisir, et qu'ils semèrent sur son compte les bruits les plus absurdes : par exemple, qu'il avait été *chouan*, et qu'à je ne sais quelle bataille il avait perdu une oreille. Cette dernière circonstance, maladroitement ajoutée à la première, nuisit à la calomnie, car tous les yeux purent se convaincre et se convainquirent, en effet, que rien ne manquait à la tête de l'archevêque de Rouen.

Une autre preuve de son intégrité ecclésiastique est qu'il résista courageusement au pouvoir républicain qui voulait que chaque évêque eût un ancien constitutionnel parmi ses vicaires généraux, et qu'un tiers du Chapitre fût composé des prêtres autrefois assermentés. Il se conserva pur de cette faiblesse. Aucun de ses vicaires généraux et de ses chanoines, tant honoraires que titulaires, n'avait abandonné l'Église ; tous avaient souffert pour elle, sans avoir besoin de son indulgence. Peu d'évêques, si même il en est un dans le nouveau clergé de France, se sont distingués de cette manière. Je sais qu'on cherche à diminuer la gloire de cette belle action, en attribuant la fermeté du prélat au support qu'il avait dans le crédit de son frère. Mais on devrait penser, au contraire, que ce frère, une des trois colonnes du nouvel édifice, trouvait fort mauvaise une pareille opposition et ne la protégea pas. Peu de jours après sa prise de possession, l'évêque de Rouen fit une action publique que bien des gens taxèrent d'imprudence, mais dont le succès prouva qu'il connaissait mieux les hommes que ses censeurs ne le connaissaient [1].

C'était le temps de la fête du saint Sacrement : il annonça une procession solennelle de tout le clergé de sa ville épiscopale, et qu'elle passerait dans les rues les plus fréquentées. Vainement le préfet lui témoigna de vives inquiétudes sur les suites de cette démarche hardie ; il craignait, disait-il, les protestants, qui sont en assez grand nombre à Rouen, et les impies, qui sont en force partout, et les ennemis du gouvernement et ceux qui aiment le trouble pour lui-même. Le prélat fut inébranlable ; la loi autorisait l'exercice public de la religion catholique. Le magistrat voulut que du moins la troupe se mît sous les armes, et environnât la procession, pour empêcher l'insulte ou pour la repousser. « Je vous suis garant qu'on ne nous insultera pas, et je prends tout sur moi, » répondit l'évêque. Le préfet fut obligé de céder à son obstination. Jamais procession de cette espèce ne se fit avec autant de tranquillité. Toutes les maisons étaient tendues, les rues nettoyées, la foule, qui les remplissait, se pressait d'elle-même pour laisser un passage libre et suffisant, dès que la croix paraissait. Nulle part de tumulte, de désordre, de posture irréligieuse : la cérémonie dura plusieurs heures. De ce moment on augura que la religion se montrerait extérieurement à Rouen avec autant d'honneur, et s'attirerait autant de respect que dans ses plus beaux jours. L'événement a vérifié cette conjecture.

Mon dessein était de me retirer dans ma famille, et de me fixer chez une sœur qui habitait une jolie campagne, près Pont-Audemer. Là, j'aurais attendu la mort dans le repos et l'obscurité. Toutes les places du diocèse qui au-

---

1. Le 18 juin 1802 eut lieu, en effet, la procession solennelle du saint Sacrement, qui s'accomplit dans l'ordre le plus parfait. Le maire, M. Defontenay, avait pris un arrêté favorable en date du 30 prairial an X.

raient pu me convenir, et à quoi j'aurais été propre, étaient
assignées. Cet état de choses autorisait ma retraite. Cependant, M. l'abbé de Saint-Gervais, devenu premier vicaire
général et doyen du Chapitre nouveau, sans blâmer ma
résolution, me persuada de ne point quitter le diocèse que
je n'en eusse auparavant salué l'évêque, m'observant que
pour exister canoniquement dans celui d'Évreux, où était
située la demeure dont je faisais choix, il me fallait une
de ces permissions qu'on nomme *exeat*. Cela était vrai, et
l'exemple d'une multitude de prêtres qui se dispensaient
eux-mêmes de cette loi de subordination, se colloquant
où ils pouvaient, ne m'autorisait pas à la violer. Mon ami
me conduisit à la préfecture, que l'évêque habitait, la maison épiscopale n'étant pas encore en état de le recevoir.
Ce prélat me fit l'accueil le plus gracieux, me parla de
mon mérite, me reprocha poliment le délai que j'avais mis
à mon retour, regrettant infiniment de ne pouvoir me placer actuellement d'une manière convenable : « Mais repo-
« sez-vous quelque temps à la campagne, et dès que j'au-
« rai à vous proposer une occupation digne de vous, je
« vous rappellerai. » Je me retirai avec ce compliment
et l'espérance que je serais oublié. Je ne le fus point.
Deux semaines étaient à peine écoulées, que M. de Saint-
Gervais m'écrivit pour m'offrir, de la part de l'évêque, la
première cure du diocèse [1]. Avant la Révolution, on la
regardait comme un petit évêché. Elle n'était plus cela,
mais elle était encore belle. Je passais soixante ans. Jusque-là mes études, mes occupations, n'avaient eu presque
rien de commun avec le ministère curial; l'endroit, d'ailleurs, où l'on m'envoyait, sain peut-être en lui-même, ne
convenait point aux poitrines délicates, et la mienne avait

---

1. Celle de Notre-Dame du Havre, qui fut donnée à M. Malleux.

menacé ruine en Westphalie : à l'ombre de ces raisons et de ces prétextes, je priai respectueusement qu'on ne songeât point à moi pour la place en question. Mon refus fut pris en bonne part : peu de temps après, nouvelle lettre qui m'annonçait que l'évêque de Rouen « avait fait vaquer « un canonicat dans la cathédrale, en donnant la cure à « l'ecclésiastique qui le possédait ; que Sa Grandeur me « l'offrait avec l'assurance que sa bonne volonté pour moi « n'en demeurerait pas là. » Tout bien considéré, et commençant à sentir que mon système de repos n'allait point à mon caractère, qu'il s'accommodait mal avec mon état de prêtre, état dont les obligations devaient m'accompagner jusqu'au tombeau, j'acceptai.

Me voilà donc rentré, en 1803, dans cette église, dont la Révolution m'avait fait sortir en 1792. Mon titre était le même, la chose énormément différente. La pauvreté avait succédé à l'opulence, l'obscurité à la splendeur, un chœur à moitié vide à un clergé de près de cent individus, un office borné aux jours de fête à un office de tous les jours.... Mais avant d'exposer les détails de ma vie redevenue canonicale, je toucherai une de ces circonstances profanes, la seule de ce genre qui mérite qu'on en parle, et encore !

Avant que la manie d'innover agitât les esprits en France, Rouen s'honorait depuis assez longtemps d'avoir, sous le titre d'Académie, une de ces compagnies savantes, dont quelques villes, émules de la capitale, avaient obtenu le privilège. Celle de ma patrie était au rang des plus distinguées. Elle embrassait les sciences, les belles-lettres et les arts. Aussi la légende de son sceau était : *Tria limina pandit*, et le sceau offrait l'image d'un vaste édifice construit au sommet d'une montagne escarpée, dans lequel on pouvait entrer par trois portes différentes.

L'Académie de Rouen a toujours eu des membres qui n'eussent pas été déplacés dans les Académies mères. Elle jouissait anciennement d'une grande réputation de sagesse. Jusqu'à la Révolution, elle ne fit rien imprimer, pas même le programme de ses séances publiques. Ses membres publiaient de temps à autre de très bons ouvrages, à la tête desquels ils ne pouvaient se qualifier de *membres de l'Académie de Rouen*, à moins que les productions n'eussent été examinées par des commissaires pris dans le sein de la compagnie et nommés par elle. En permettant à l'auteur, sur le rapport des examinateurs, de prendre le titre ambitionné, elle n'approuvait ni les opinions, ni les preuves, etc.; mais elle reconnaissait que les ouvrages ne contenaient rien qui fût de nature à compromettre son repos ou sa dignité. Lorsque la théorie et la pratique des serments tourmenta la France, notre Académie ne fut point exempte de cette vexation. On lui demanda de faire en corps ce que faisaient les autres corporations. Si ce moment de crise ne consomma pas sa ruine, il la prépara. La division se mit parmi ses membres. Le grand nombre penchait vers les nouveautés politiques, et l'on délibéra de se montrer *citoyens*. On sait, d'ailleurs, que ce que l'on nommait la *philosophie* avait gangrené presque toutes les compagnies savantes (dans la plupart, ce n'était qu'une gangrène sèche); que l'esprit fort était une bonne partie de leur esprit; que la religion y comptait plus d'ennemis que d'enfants dociles; et que, renfermant dans leur sein beaucoup de prêtres, le sacerdoce était pourtant la chose qu'elles considéraient le moins. Les serments exigés ne rencontrèrent qu'une faible résistance dans l'Académie de Rouen. La majorité se déclara pour eux, les fit; et ceux qui eurent le courage de les refuser, ou se retirèrent d'eux-mêmes, ou furent exclus. En se conformant aux fantaisies du pouvoir dominant, notre Académie ne prolongea son existence que de quelques moments; bientôt elle se perdit tout entière dans le gouffre de la Révolution.

Or, on s'occupait de son rétablissement quand les suites du Concordat et l'invitation de l'évêque qu'il nous donnait me fixèrent de nouveau à Rouen. Plusieurs de ses anciens membres, à la tête desquels se trouvait un vieillard respectable, l'abbé Lallemand [1], avaient formé le projet de cette restauration. Le préfet [2], plus homme de lettres, disait-on, qu'administrateur, c'était du moins le jugement qu'on en portait, entra dans leurs vues, et obtint du ministre toutes les autorisations qu'il fallait pour les faire réussir. Le maire [3], qui, jeune, avait fait de bonnes études chez les Jésuites, et à qui son état de négociant n'interdisait pas tout commerce avec les Muses, concourut de ce qu'il pouvait au succès de l'entreprise, en offrant, pour les assemblées, des salles dans la maison commune, et d'autres menus avantages. En conséquence, tout homme vivant et résidant à Rouen, qui avait jadis appartenu à l'Académie, fut invité à venir y reprendre sa place d'*ancienneté*. Le retour de tous n'avait pas complété, à beaucoup près, ce sénat littéraire; la mort en avait moissonné un grand nombre, et, s'il m'en souvient, tous ne revinrent pas.

---

1. M. l'abbé Richard-Xavier-Félix Couteray-Lallemand, vicaire général d'Avranches, né à Rouen en 1729 et mort dans cette même ville en 1810, appartenait à une famille très ancienne et très considérée. Il a composé nombre d'ouvrages de littérature, mais son œuvre principale était l'étude de l'origine des langues. Il prétendait trouver dans une seule langue primitive la clef de tous les signes par lesquels, chez les différents peuples, on est parvenu à communiquer mutuellement ses idées. La langue chinoise était, selon lui, le type de toutes les autres. Ses manuscrits, très considérables, ont été dispersés par la mort.
2. M. Beugnot.
3. M. Defontenay.

Mais le nombre des postulants aurait plus que suffi pour remplir les lacunes, s'il n'avait pas été prudent de rétrécir la porte. On fit un choix ; bien entendu qu'on accorda des places par préciput à quelques têtes éminentes, telles que les trois consuls de la République, notre évêque, notre maire, etc. Plusieurs personnes moins distinguées par leur état que par leur mérite ne se présentent pas, ou par modestie, ou par indifférence, on alla les chercher. L'abbé Lallemand, chargé de ce recrutement, me proposa de m'enrôler ; me faisant entendre, ce qui me parut très vrai, qu'il importait plus que jamais que des gens pensant bien s'introduisissent dans les congrégations où tant d'autres pensaient mal ; je donnai mon consentement.

Nous fûmes installés publiquement dans la grande salle de la municipalité, sous la présidence du digne abbé qui présidait avant la Révolution, et au milieu des acclamations d'une foule de citoyens, pour qui la vue d'une Académie au berceau était une nouveauté piquante. Le préfet et le maire prononcèrent de beaux discours, auxquels répondirent, par des discours non moins beaux, le président Lallemand et le ci-devant secrétaire perpétuel pour la partie des belles-lettres, Haillet de Couronne, qui, comme de raison, avait repris sa place. Les noms des quarante titulaires et de dix adjoints furent proclamés. On lut les statuts que le pouvoir civil nous donnait, sauf le droit inné de nous gouverner par la suite, comme nous aviserions bien. Ce droit ne pouvait être contesté à une compagnie libre, dans un pays où la liberté était la chose célébrée avec le plus d'enthousiasme, quoiqu'au fond elle n'y eût que peu de réalité. Enfin on se sépara, et de cette première séance, qui n'était qu'une parade, à la seconde, huit jours s'écoulèrent, pendant lesquels je m'occupai de quelques réflexions.

La première fut que la libéralité du gouvernement à l'égard de l'Académie se bornait à des paroles. Il ne lui rendait pas même ce qui jadis fut sa propriété. Je ne parle pas de la portion de son avoir dont la nation avait disposé par vente, et que la Constitution assurait irrévocablement aux acheteurs, comme tant d'autres biens pris et confisqués sur l'innocence ; je parle de la portion qui n'était point aliénée ; de la bibliothèque, par exemple, qui existait, séparée de toutes les autres usurpations de ce genre, dans la bibliothèque départementale, et qu'il eût été d'autant plus naturel de lui restituer, que plusieurs de ceux qui avaient contribué à sa formation et à ses richesses vivaient encore, et que, composée avec intelligence, elle suffisait et paraissait nécessaire à une société de gens de lettres, de savants et d'artistes. Remise aux mains de ses anciens propriétaires, elle se serait agrandie par de nouveaux dons, au lieu que la crainte d'une nouvelle usurpation enchaînera infailliblement la générosité. L'événement a déjà prouvé la justesse de cette conjecture. Pendant tout le temps que je suis demeuré membre de l'Académie de Rouen, les présents, en livres, ont été rares et mesquins, sans doute parce que ceux qui auraient pu donner voyaient dans le lointain, comme possible, un dépouillement semblable à celui dont ils avaient été témoins, et auquel on refusait d'apporter remède, quoiqu'on le pût.

Une autre propriété de l'Académie, dont l'usurpation ne pouvait pas se défendre, comme celle de la bibliothèque, par la considération du bien public, puisqu'elle n'aurait pas été d'une utilité moins générale entre les mains de la compagnie qui l'avait perdue, qu'entre celles de la commune qui s'en était saisie, était un très beau *Jardin des plantes*, admirablement bien situé, bien cultivé, bien bâti, et que les académiciens, par une louable émulation, avaient

enrichi d'une multitude de productions. Les fondateurs de
notre société savante l'avaient créé. Pour l'amener au
point où la Révolution le trouva, il en avait prodigieu-
sement coûté de soins et de dépenses. Chaque arbuste in-
digène ou exotique, chaque végétal, agité par les vents,
ne criait-il pas pour l'ancien *maître?* Ne convenait-il pas
qu'à la restauration, cet enfant rentrât sous la domination
paternelle? Nous l'avons demandé à plusieurs reprises et
de la manière la plus pressante : jamais nous n'avons été
écoutés. *Tam culta novalia!* On a dit pour toute raison
que « le ci-devant paradis académique (j'ai vu cette
expression dans une thèse de médecine soutenue à Rouen ;
un des docteurs s'intitulait : Professeur de botanique *in
Paradiso academico*) est un des plus précieux ornements
de la cité. » Soit ; mais ne l'embellirait-il plus, l'embellirait-il moins, si la justice l'avait rendu aux planteurs?
Et puis, quelle singulière raison de retenir le bien d'autrui !

Je dirai par occasion, car il me semble que c'est ici le
lieu, qu'en compensation de ce qu'on ne nous redonnait
pas, on nous alloua, dans la suite, une somme annuelle
pour les frais indispensables de nos séances : éclairage,
chauffage, gens de service, impression, journaux, correspondance, prix, bureaux, etc. Elle n'était, je crois, que
de 13 à 1,400 francs ; et vous avouerez que la plus stricte
économie avait bien de la peine à mettre ensemble les
deux bouts de l'année. L'Académie a pourtant, parmi ses
officiers, un trésorier : c'est, dans toute la force du mot,
une sinécure ; mais il n'a point d'honoraires.

La chose à laquelle je pensai le plus, dans l'intervalle
de nos deux premières séances, fut la bizarrerie, ou, pour
employer un mot plus doux, l'extrême variété de notre
composition. On y voyait des magistrats administrateurs

et des magistrats légistes, des avocats, des manufacturiers, des imprimeurs, des pharmaciens, des médecins, des chirurgiens, des peintres, des architectes, des financiers, des gens d'église, des professeurs de hautes sciences, des hommes sans autre état que celui de savants et de lettrés, etc. Nous n'étions cependant que cinquante en tout. Les académiciens se divisaient encore par la religion. La plupart étaient catholiques, du moins en apparence; Calvin et Luther y avaient quelques fidèles; et je ne jurerais point que cette philosophie moderne, ennemie déclarée de tous les cultes, n'y eût des partisans. On en soupçonnait; mais ils avaient la sagesse de ne se point afficher. Les gens d'église offraient à l'observateur une diversité de nuances tranchantes. Les uns avaient toujours marché droit pendant la Révolution, les autres étaient *tombés*; de ceux-ci, un s'était courageusement relevé; plusieurs avaient entièrement abandonné le costume et les fonctions ecclésiastiques. Aucun n'avait, pour son compte, fait succéder le mariage au célibat. La variété des opinions et des désirs politiques opérait dans ce tout de nombreuses hachures, sous un extérieur passablement uniforme. On jugera, par aperçu, quel esprit dominait parmi nous, lorsqu'on saura qu'à la seconde de nos séances, ayant été question de nommer un secrétaire perpétuel pour la partie des sciences et des arts, presque tous les suffrages se réunirent en faveur d'un prêtre qui avait, pour ainsi dire, cessé de l'être. Après tout, puisqu'il était académicien, et qu'il avait le mérite de la place, pourquoi ne l'aurait-il pas occupée? Sa seconde promotion était moins choquante que la première et, celle-ci faite, celle-là pouvait suivre.

Avant de se mettre au travail, l'Académie de Rouen perdit beaucoup de temps en délibérations. Toutes n'é-

taient pas inutiles, puisqu'il s'agissait de se *constituer* et
de se donner des règles de vie en séances : mais on discutait avec trop de chaleur et de solennité. Des riens
étaient traités comme des sujets de la plus haute importance. Je me souviens qu'une bagatelle de ce genre causa,
parmi nous, une chaude fermentation, et menaça le corps
délibérant d'un schisme qui aurait pu devenir fatal à son
existence. Quelqu'un proposa de statuer sur le point de
savoir comment les académiciens s'interpelleraient en
conversant ensemble. Sera-ce par *monsieur* ou par *citoyen?* Heureusement le tutoiement avait cessé partout :
sans cela il eût aussi été la matière d'une délibération. Le
citoyen exclusif eut de nombreux partisans, qui le soutinrent avec une extrême vivacité; ceux du *monsieur*,
avec une apparente tranquillité, laissèrent apercevoir
qu'ils ne céderaient pas. Un homme sage fut d'avis « de
« laisser à chacun des membres la liberté d'employer le
« mot qui lui plairait davantage. » Ce tempérament prévalut. Peu à peu, le civisme en paroles passant de
mode, *citoyen* ne parut plus que rarement dans les conversations académiques, et fut entièrement supprimé
lorsque l'Empire succéda à la république. A bien prendre la chose, ce n'était ni monsieur ni citoyen qu'il fallait. Les Romains ne se servirent jamais de ces expressions : ils s'appelaient par leur nom. Vous conviendrez
qu'au fond la chose était minutieuse, et ne valait pas le
coût d'une séance qu'elle usa tout entière. J'aime beaucoup mieux la méthode expéditive d'un évêque de la nouvelle Église gallicane. Il arrive dans son diocèse et fait au
préfet sa première visite. Celui-ci lui demande comment il
veut être appelé : ce qui signifiait : Voulez-vous *monsieur
l'évêque* ou préférez-vous *citoyen-évêque?* — « Les honnêtes gens, répondit le prélat, m'appellent Monseigneur :

que les autres m'appellent comme ils voudront.... » Il eut le *Monseigneur* de tout le monde, même du préfet. Je suis porté à croire que la longueur et le pointillage des délibérations sur des objets futiles est un peu la maladie naturelle de tous les corps délibérants. Je suis du moins assuré qu'elle travaille et travaillera vraisemblablement toujours les Académies.

Mon dessein n'est pas de longuement m'étendre sur les détails de ma vie d'académicien, mais encore faut-il, puisque j'écris ma vie, que j'en dise quelques particularités. Persuadé qu'il faut être ce qu'on est, et que si l'on ne veut pas remplir les devoirs attachés à un état, on doit ou ne le pas prendre, ou le quitter, je me fis un point d'honneur d'assister à toutes les séances, d'y être de bonne heure, de n'y pas dormir, de prêter toute mon attention à ce qu'on y lisait, quoiqu'en bien des cas la distraction eût été pardonnable; de me charger de toutes les commissions qu'il plairait à nos grands officiers de me donner, notamment des rapports à faire pour l'instruction ou la satisfaction de la compagnie, touchant les ouvrages qu'on lui adressait. En quoi je me suis toujours efforcé d'être impartial, mêlant aux idées d'autrui les miennes, et évitant par mes observations, par une critique décente, la rigidité coutumière du compte rendu. En suivant cette marche, je rencontrai des amours-propres qui me boudèrent; mais, en général, je contentai.

On avait réglé, et très judicieusement, que tous les membres de l'Académie paieraient chaque année un contingent. C'était une production littéraire ou scientifique, ouvrage imprimé ou manuscrit, dissertation, mémoire, etc. Les artistes pouvaient y suppléer par une pièce de leur profession. Si l'on manquait plus d'une année de suite à s'acquitter de ce devoir, on était censé avoir fait abdication, et la place du paresseux devenait vacante. Le règlement le voulait ainsi ; mais cette peine, sans doute, n'était que comminatoire : il fallait qu'il intervînt un jugement de l'Académie pour l'appliquer ; et, chez le juge, que d'indulgence ! Beaucoup de mes confrères, de ceux mêmes qui ne croyaient pas l'être *ad honores*, ne s'occupèrent jamais de leur paiement annuel, et ne perdirent ni leurs titres ni leurs droits. Quant à moi, je me serais fait conscience de n'être pas du nombre de ceux qui acquittaient leur dette. Souvent ma contribution allait au delà de ce que je devais. Je ne comptais pas. Les circonstances et mon loisir taillaient ma plume [1].

Un beau jour, je rêvai qu'il y avait assez longtemps que j'étais académicien, et que je devais faire place à un autre. Pendant un voyage de Paris, dont j'aurai bientôt occasion de parler, je me confirmai dans cette pensée. De retour à Rouen, j'envoyai à l'Académie ma démission pure et simple [2]. Ma lettre était courte, ne donnait aucun éclaircissement sur les motifs d'une démarche qui étonnait d'autant plus que j'avais toujours témoigné beaucoup de zèle pour la chose, et que je remplissais mes devoirs de titulaire avec la plus édifiante exactitude. Je n'avais mis personne dans ma confidence : aussi les conjectures sur la raison d'une retraite si peu attendue divergèrent en bien des sens. Les uns n'y virent qu'un assez vain scrupule, combiné avec l'amour du devoir. Académicien, il me fallait en remplir les obligations : cela usait une partie du temps que réclamaient d'autres obligations plus sa-

---

1. M. Baston a enrichi, de 1803 à 1811, le Précis des travaux de l'Académie de nombreuses communications sur les sujets les plus divers. Son dernier travail, publié en 1811, est un Essai sur la rectification de l'esprit. « Peut-on rectifier l'esprit ? Quels moyens faudrait-il employer pour réussir ? »
2. M. Baston donna en 1812 sa démission d'académicien.

crées. Ne pouvant suffire à tout sans négliger quelque chose, j'aurais simplifié mes occupations pour mieux vaquer à celles que je me réservais uniquement. Dans la situation où se trouvait l'Église, il convenait qu'un ecclésiastique fût tout entier aux devoirs de son état. D'autres imaginèrent que de certaines réceptions, faites un peu à la hâte, m'avaient déplu. J'aurais senti, à la fin, qu'un prêtre demeuré fidèle aux principes, et travaillant dans le saint ministère, choquait du moins les bienséances en continuant d'être membre d'une association dont étaient aussi membres, et en quelque sorte membres favorisés, d'autres prêtres devenus laïques, et qui avaient manqué l'occasion de se repentir utilement pour eux et pour l'Église. Mon acceptation avait été excusable, parce que j'ignorais que ces messieurs fissent partie de la nouvelle composition. La plupart de mes confrères et nombre de personnes du dehors attribuèrent ma désertion au mécontentement, et l'on jugea assez universellement qu'il était fondé.

Voici pourquoi. J'avais été promu au grade de vice-président, et, pendant une année, les détails de la présidence avaient roulé sur moi, le préfet de Rouen, président, ne pouvant guère assister régulièrement à nos séances. J'avais même présidé la séance publique et fait le discours d'ouverture. Mon année finie, je déclarai que je ne voulais pas être continué, quoique de nouveaux statuts que nous nous étions donnés le permissent. Il me semblait équitable, et tout à fait propre à entretenir l'émulation, que la magistrature académique passât successivement aux différents membres capables d'en soutenir le poids ; et, de ce genre, j'en connaissais plusieurs qui valaient mieux que moi. On élut à ma place le maire de Rouen. Ce choix était intéressé et peu convenable, mais enfin on le fit. Je ne passai point au fauteuil de président : le préfet ayant témoigné le désir d'être continué, il le fut. Le bruit courut qu'il avait des vues pour la présidence perpétuelle. En quoi l'on se trompait, ou il changea de sentiment, car, l'année suivante, il voulut expressément qu'on fît choix d'un autre que lui. Cet honneur me regardait. Il était sans exemple dans l'Académie qu'avec toute liberté d'élire qui l'on voulait, les suffrages ne fussent pas réunis en faveur du vice-président, à moins qu'il n'eût malversé dans ce grade inférieur, et ce reproche ne me pouvait pas être adressé. Cependant je ne fus pas choisi. On donna la place au maire, vice-président, comme je l'avais été, mais après moi. Il aurait pu être continué encore un an, et ensuite me succéder dans la présidence. Je n'eus garde de me plaindre, mais cette injustice me blessa intérieurement. On présuma qu'elle avait occasionné mon adieu à l'Académie. Je ne me suis expliqué de mes motifs avec qui que ce soit, et je continuerai d'observer là-dessus le silence le plus absolu, en déclarant néanmoins que si les raisons qu'on vient de lire ont poussé à la roue, ce que je ne veux ni nier ni affirmer, celle qui a imprimé le premier mouvement et déterminé ma résolution n'a été soupçonnée de personne. — Revenons à ma vie ecclésiastique, dont je ne toucherai que les principales circonstances.

CHAPITRE XXXI

M. BASTON VICAIRE GÉNÉRAL

Nommé vicaire général, théologal et official, M. Baston a à s'occuper des questions relatives au sacrement de mariage. — Ses décisions sur la publication des bans; sur la réhabilitation des mariages nuls ou douteux contractés pendant la Révolution. — Difficultés qu'il rencontre dans son arrondissement (celui de Neufchâtel) pour les nominations ecclésiastiques. — Il le visite pendant un mois et obtient un certain nombre de rétractations des prêtres constitutionnels. — Affaire du divorce. — Lettre de Portalis. — Mariages des prêtres pendant la Révolution. — Dispenses accordées pour les mariages antérieurs au 15 août 1801, mais refusées depuis cette date. — M. Baston marie plusieurs de ces anciens ecclésiastiques sécularisés. — On refuse aux veufs et aux pénitents la permission de reprendre l'exercice du ministère, en raison du scandale donné. — M. Baston cite une seule et touchante exception. — Il est chargé de faire le Règlement du Chapitre et celui du *Tarif* ou *Casuel*. — La cure de la cathédrale est attribuée à l'archevêque. — Difficultés de M. Baston avec le chanoine chargé du desservice de la cathédrale.

L'archevêque de Rouen m'avait fait un de ses vicaires généraux : il en avait cinq [1], parce que son diocèse était composé de cinq arrondissements. Il crut convenable d'avoir pour chacun d'eux un représentant immédiat, se réservant la surveillance de nos opérations, et exigeant qu'on lui en rendît un compte exact et prompt. Rien ne pouvait être mieux vu. C'est bien le moins qu'un évêque qui ne peut pas tout faire, mais qui répond de tout, soit instruit de tout ce qui se fait en son nom et en vertu de son autorité, ou pour l'approuver ou pour le réformer.

1. MM. de Saint-Gervais, Papillaut, de Boisville, Mailleux et Baston.

De plus, j'étais son official et son théologal.

A mon titre de vicaire général, j'avais le plus désagréable et le plus véreux des arrondissements. Les constitutionnels en occupaient la plupart des places, et on y voyait plus qu'ailleurs de ces hommes auxquels les évêques de la constitution, manquant de prêtres, s'étaient hâtés d'imposer les mains, quoique leurs mœurs fussent équivoques et leur ignorance profonde : *Cæcos et claudos*.

En ma qualité d'official, j'étais chargé des affaires concernant les mariages, et spécialement de celles des personnes qui, ayant voué ou promis le célibat religieux, avaient ensuite violé leurs saints engagements et contracté au civil des unions sacrilèges.

Comme théologal, m'était attribuée la surintendance de toutes les instructions qui se faisaient dans toutes les églises du diocèse, mais particulièrement dans celles de la ville épiscopale, et plus spécialement encore dans l'église cathédrale. J'usai fort sobrement de l'attribution générale, mais j'établis dans l'église mère un ordre tel que, sans compter les stations du Carême et de l'Avent, il y avait encore, durant ces saints temps, des conférences trois fois par semaine à la fin du jour, afin que le peuple pût y assister. Les dimanches et les fêtes, prône ou sermon, à quoi l'archevêque ne manquait jamais d'assister à la tête de tout son clergé.

Cette multiplicité d'occupations me mettait souvent en évidence, et l'on crut ou fit semblant de croire que *je faisais tout à l'archevêché*. Mais ce qui prouve que cette persuasion, réelle ou simulée, provenait plutôt de la jalousie du moment que d'un sentiment équitable et désintéressé, c'est qu'elle ne se manifestait jamais tant que lorsqu'on s'imaginait avoir à se plaindre de ce qui avait été fait.

L'archevêque de Rouen, examinant les différents points de discipline qui devaient attirer son attention, pensa qu'il fallait avant tout régler ce qui appartient au sacrement de mariage [1]. Cet article était aussi celui qui avait le plus intéressé les évêques de la déportation, soit à Londres, soit dans les Pays-Bas. La première difficulté qui se présentait à résoudre roulait sur la publication des bans. Les administrateurs pour le civil soutenaient qu'il ne convenait pas de prononcer dans l'assemblée des fidèles, en manière de proclamation et d'avertissement solennel : *Il y a promesse de mariage entre....*, non seulement parce que, selon eux, le mariage se fait à la municipalité et non à l'église, mais encore parce que très souvent le mariage a été contracté civilement lorsque les bans se publient aux prônes des messes paroissiales, et qu'alors, du moins, il est choquant de dire qu'*il y a promesse de mariage* entre deux personnes qui sont *déjà mariées*. Plusieurs préfets avaient fait grand bruit de cette formule de publication, et s'opposaient à ce qu'il y en eût aucune. Le procès était pendant au conseil d'État, où la faveur ne paraissait pas devoir être pour les évêques, qui, sur ce point délicat, luttaient contre la magistrature de leur département. L'archevêque de Rouen fit son devoir, et mit ses curés à portée de faire le leur sans qu'il fût raisonnablement possible de chicaner ni lui ni eux, et cela par un moyen très simple que je suggérai et qui, en conciliant toutes les prétentions, satisfaisait à tout. Il ordonna que les bans se publieraient de cette manière :
« Les fidèles de cette paroisse sont avertis que *tel* et *telle*
« se proposent de recevoir la bénédiction nuptiale. » Elle disait assez pour l'Église, et ne disait rien dont le gouver-

[1]. V. t. II, p. 81.

nement pût s'offenser. Aussi les agents de la république applaudirent à la sagesse de ce tempérament, nécessaire et seul admissible, tant que le contrat civil du mariage sera ministériellement séparé du sacrement de mariage, et que, dans cette œuvre de l'union conjugale, l'officier municipal aura l'initiative. Cependant plusieurs curés de notre diocèse, qui se piquaient de zèle et de savoir, moins pourvus toutefois de celui-ci que de celui-là, retinrent l'ancien modèle de publication, au risque de troubler la paix dont nous jouissions, et d'attirer sur leur faute une punition méritée, puisqu'ils désobéissaient. Ces sortes de têtes sont et seront toujours la croix des supérieurs et les ennemis du vrai bien de la religion.

Par suite des mêmes considérations, l'archevêque de Rouen abolit dans son diocèse les fiançailles ecclésiastiques. Il le pouvait, puisque, même avant la Révolution, beaucoup d'églises en France n'en avaient point de propres, adoptant pour leurs usages les fiançailles qui se faisaient au civil, et, puisqu'il le pouvait, il le devait, pour éviter l'inconvenance qu'il y avait à se promettre *de se marier à la première réquisition*, quand on était déjà (souvent) *marié à la municipalité*. On aurait pu conserver les fiançailles, en modifiant les termes de ce préparatoire comme ceux de la publication des bans ; on se serait promis *de se présenter à la bénédiction nuptiale à la première réquisition*, mais il valait autant écarter toute la cérémonie, devenue, autrefois même, presque inutile et de pure formalité, puisqu'on ne se fiançait ordinairement que peu de moments avant la cérémonie définitive.

On conserva l'*anneau* et la *pièce bénite*, mais on ôta des formules du Rituel tout ce qui avait rapport au *douaire* et autres intérêts temporels. Le ministre de l'Église n'avait plus à s'en occuper.

Ces règlements ne péchaient, ce me semble, par aucun endroit. La prudence les commandait. Cependant j'eus lieu de croire que des *zélés* les dénoncèrent au cardinal-légat, cette Éminence m'ayant écrit pour me demander quelle en était précisément la teneur, et me témoignant des inquiétudes que, sans doute, on lui avait données. En réponse, j'envoyai à Mgr Caprara un exemplaire de l'*instruction* où ces règlements étaient contenus, et loin d'y reprendre quelque chose, il me fit passer un écrit des théologiens de la légation, dont le but était de prouver que les articles en question, et quelques autres, qu'on avait peut-être portés au même tribunal, étaient conformes aux règles de l'Église.

Les personnes laïques de tous les partis virent d'un œil indifférent les changements dont je viens de parler. Mais un article des instructions de notre prélat sur les mariages causa une grande rumeur, et comme cet article, on le blâmait, on ne manqua pas de me l'attribuer par préciput. Ce fait est important, et je l'exposerai un peu au long.

Les troubles de la Révolution avaient produit dans le diocèse de Rouen, ainsi que dans tout le reste de la France, des unions conjugales de plusieurs sortes, les unes valides aux yeux de l'Église, les autres invalides. On trouvait des époux mariés à la municipalité conformément aux lois civiles, et à l'église par un prêtre catholique *ayant pouvoir :* ces mariages ne causaient et ne souffraient aucune difficulté ; ils étaient validement contractés, pourvu, d'ailleurs, qu'il n'y eût pas eu d'empêchement canonique entre les conjoints, ou que dispense en eût été légitimement obtenue.

Il en était d'autres mariés à la municipalité, et de la manière convenable, bénits ensuite par un prêtre constitutionnel, dont ces époux étaient les paroissiens. Si ce ministre religieux était *titulaire*, c'est-à-dire autrefois canoniquement institué et, depuis, non destitué ni démissionnaire, nous mettions au rang des unions valides au for de la conscience les mariages faits devant lui, eût-il été, au moment de la cérémonie, jureur et schismatique. Selon les lois ecclésiastiques, il était encore *le propre curé*. Mais si ce constitutionnel était intrus, nous estimions que les mariages dont il avait été le ministre étaient nuls au for de la conscience, et qu'il les fallait réhabiliter, à moins qu'il n'y eût eu, chez les conjoints, impossibilité morale de recourir au ministère d'un prêtre compétent; car, en ce cas d'impossibilité, ces mariages étaient valides de tout point. Non que cette circonstance conférât à l'intrus la juridiction qu'il n'avait pas, mais parce qu'elle dispensait de l'obligation de se marier devant un prêtre compétent. L'action de l'intrus ne gâtait rien. C'était une supercherie, une non-valeur. Au reste, la diversité de quelques opinions sur la nullité ou la validité de ces sortes de mariages nous empêchait de produire la nôtre comme certaine, mais on ne pouvait disconvenir qu'elle ne fût *la plus sûre*. La délégation apostolique l'avait adoptée et voulait qu'on y tînt. C'en était assez pour ordonner la réhabilitation, et notre archevêque l'ordonna.

Il y avait, et en très grand nombre, des mariages qui n'avaient été contractés que civilement : l'*instruction* décidait que s'il y avait eu impossibilité morale de se conformer au canon du concile de Trente, en tant qu'il enjoint la présence du *propre curé*, sous peine de nullité, l'union conjugale était valide au for de la conscience, pourvu que les deux témoins, exigés sous la même peine, n'eussent pas manqué. Le pape Pie VI, consulté, avait répondu en ce sens, et, avant lui, la nature des lois ecclésiastiques combinée avec la nécessité du mariage. Si, au contraire, les conjoints eussent pu moralement recourir au ministère d'un prêtre dûment qualifié *ad hoc*, ils étaient sans excuse ; rien ne parlait en faveur de la solidité de leur union, ou du moins ne parlait ni assez haut ni assez fortement pour que la raison *du plus probable ou du plus sûr* ne motivât pas la nécessité d'une réhabilitation, et l'archevêque l'enjoignit. La légation apostolique parla depuis dans le même sens, et l'obligation de réhabiliter n'en devint que plus étroite. En général, pour peu qu'il y eût de doute raisonnable sur la validité ou d'une espèce de mariages, ou d'un mariage individuel, les ministres de la religion devaient porter les fidèles à cette démarche de précaution, qui, dans aucune supposition, ne pouvait nuire, et qui, dans plusieurs cas ignorés ou méconnus, pouvait être plus qu'utile.

Il y avait encore, mais en petit nombre, des mariages qui n'étaient qu'*ecclésiastiques*. Les époux, par aversion de la république et de ses lois, avaient négligé de contracter à la municipalité, ce qui était très dommageable au sort des enfants, et pouvait attirer sur leurs parents des malheurs de plus d'un genre. Cette considération suffisait pour qu'on ordonnât aux pasteurs, dans les différentes paroisses, d'engager leurs ouailles à se marier civilement quand elles avaient manqué à cette formalité. Mais une autre considération, plus importante encore, était que, suivant toutes les apparences, la nullité, au for de la conscience, atteignait ces sortes de mariages purement religieux, la clandestinité, empêchement dirimant, étant en France *utriusque fori.*

Enfin, les mariages des personnes divorcées causaient aussi quelque embarras. Si l'union rompue par le divorce avait été formée suivant les lois divines et humaines, l'union subséquente, *avec un autre*, était pleinement nulle, n'importe par quelle raison (j'entends nulle au for de la conscience), la seconde union *avec un autre* rentrait dans la classe des unions ordinaires, et était nulle ou valide, suivant les circonstances.

Or, les gens de la Révolution jetèrent les hauts cris quand ils surent qu'on étendait un soupçon de nullité sur plusieurs espèces de leurs mariages, et qu'on exigeait qu'ils les réhabilitassent, du moins par précaution. Et ce n'était pas que cette question de conscience les inquiétât beaucoup, ce n'était pas non plus que la réhabilitation exigée fût, pour eux, une formalité onéreuse, comme on le verra plus bas ; mais ils étaient enchantés d'avoir trouvé cette occasion de déclamer contre le clergé, et d'attirer sur lui, s'il était possible, le courroux du gouvernement. Ils publièrent un écrit qui n'avait de remarquable que sa violence. L'archevêque y était peu ménagé : un de mes collègues et moi, nous y étions déchirés. On sut, à n'en pouvoir douter, que s'il n'avait pas été composé à la préfecture, c'était là, du moins, qu'il se distribuait. On se plaignit. Le préfet appréhenda le crédit du prélat. Tous les exemplaires du libelle déposés dans son hôtel furent saisis par son ordre, et il chassa de ses bureaux le commis qui s'était prêté à cette œuvre ténébreuse et méchante.

Je dirai, en deux mots, en quoi consistait la réhabilitation demandée par l'archevêque. D'abord, le prêtre du ministère (curé, desservant, etc.) devait exhorter ceux de ses paroissiens qui étaient dans le cas d'une nullité certaine, ou d'une nullité légitimement soupçonnée, à renouveler leur consentement nuptial, en présence du propre prêtre et de deux témoins : c'est-à-dire à faire, pour obéir à l'Église, ce qu'ils auraient dû faire avant de vivre en *époux*, et ce qu'ils n'avaient pas fait. Poussant plus loin la condescendance, il se contentait du consentement renouvelé en présence du curé ou de tout autre prêtre ayant pouvoir. Enfin, persuadé qu'il était du bien de l'Église et du salut d'une multitude innombrable de fidèles, d'élargir autant que possible la voie de la miséricorde, il déclara : « Que si les époux civils, unis durant « le cours de la Révolution, ne pouvaient se résoudre à « rendre même un prêtre témoin de leur faute et de leur « repentir, il les autorisait à renouveler leur consente- « ment *tête à tête*, sous les yeux de Dieu seul : leur accor- « dant toutes les dispenses à ce nécessaires. » C'était les dispenser en entier de l'empêchement de clandestinité ecclésiastique, et les remettre, pour éviter un plus grand mal, dans l'état où étaient les fidèles, avant le concile de Trente, par rapport aux mariages clandestins. J'avais proposé ce mode de réhabilitation dans une des conférences épiscopales tenues à Londres, et il avait été généralement approuvé. Il paraîtrait cependant que quelques-uns de nos prêtres, ou parce qu'ils manquaient de lumières, ou parce que l'âpreté de leur zèle les égara, n'en portèrent pas le même jugement, et qu'ils le dénoncèrent au cardinal-légat. Car ce fut un des points sur quoi cette Éminence me demanda des éclaircissements dans la lettre dont j'ai parlé plus haut. L'écrit qu'il m'envoya ne blâmait pas la conduite de l'archevêque de Rouen. Et l'aurait-il pu blâmer? N'est-il pas reconnu en France que l'évêque a le pouvoir de dispenser des empêchements dirimants, lorsqu'il y a urgence, et que le mariage est contracté? (Ou l'empêchement de clandestinité est-il, à cet égard, d'une nature différente ; offre-t-il au pouvoir dispensateur plus de difficulté, plus de résistance, que les autres empêchements? Non. Il cède, de l'aveu de tout le monde, à l'impossibilité morale de remplir la loi qui l'a établi ; pourquoi ne céderait-il pas au pouvoir de l'Ordinaire excité par les plus impérieuses circonstances ?) Quand on accorde à Rome, *in foro pœnitentiæ*, dispense de quelque empêchement dirimant, on ne demande aux conjoints, pour devenir de vrais époux, que de renouveler *entre eux* le consentement qu'ils s'étaient donné. N'est-ce pas la dispense *à toto* de l'empêchement de clandestinité ? Si l'on me répond que leur mariage, quoique nul au for de la conscience, avait eu la publicité requise, j'observerai d'abord que la publicité d'un mariage nul ne rend pas *public* un mariage qui vient après lui, et que c'est pourtant ce mariage subséquent et réparateur qui doit être public, n'être pas clandestin. Ensuite je demanderai si, dans l'esprit de la loi, un homme et une femme, mariés, en pleine audience, à la municipalité, vivant ensemble, portant le même nom, figurant comme époux dans tous les actes et toutes les actions de la société, n'ont pas donné à la première émission de leur consentement un caractère de publicité tel que l'Église, pour de fortes raisons, puisse s'en contenter ? Le cardinal Caprara et ses théologiens n'objectèrent rien contre ces raisons.

Les différents modes de réhabilitation que j'ai exposés ne pouvaient servir qu'aux époux de bonne et unanime volonté, je veux dire qui convenaient ensemble de renouveler, avec plus ou moins d'appareil, leur consentement nuptial d'autrefois. Dès qu'une des deux parties refusait de souscrire à l'arrangement, rien n'était fait. Le mariage continuait d'être nul ou douteux comme auparavant. Par malheur, les époux récalcitrants étaient nombreux, surtout parmi les hommes. La femme aurait bien voulu tranquilliser sa conscience, la guérir, en usant du remède qui lui était offert : et le mari s'y refusait, ou parce qu'il regardait les craintes de sa religieuse épouse comme un scrupule dont il se moquait, ou parce que, ayant cessé de l'aimer, il aurait plus volontiers cherché les moyens de rompre avec elle, qu'accepté celui de consolider leur union. On voyait pourtant, et pour les mêmes raisons, des femmes qui repoussaient le désir chrétien, manifesté par leurs maris, d'émettre un nouveau consentement. Cet embarras se faisait sentir dans toute l'étendue de l'Église de France. Le légat, résidant à Paris, ne pouvait pas n'en être pas instruit. Aussi cette Éminence s'empressa-t-elle de faire parvenir aux évêques et aux administrateurs des diocèses les pouvoirs nécessaires « pour guérir les ma- « riages dans la racine : » *ad sananda matrimonia in radice matrimonii.* Ce remède, supposé que c'en était un, plutôt qu'un palliatif, consiste, quand on a reçu la délégation de Rome, qu'il faut avoir pour l'appliquer, à faire renouveler *in foro et actu pœnitentiæ,* par l'époux de bonne volonté, le consentement nuptial qu'il donna autrefois ; et ensuite le Pape, se mettant, en quelque sorte, à la place de l'époux indocile, *valide,* en vertu de son autorité suprême, le consentement qui fut nul dans le principe, qui a continué de l'être durant une suite d'années plus ou moins longue. Alors on peut dire que le Pape, par un acte de sa puissance, marie un homme ou une femme qui ne sont pas mariés : et cela sans que cet individu s'en doute, sans qu'il le veuille, peut-être contre son gré. En supposant au Souverain Pontife un pouvoir de cette nature, on est tenté de demander pourquoi, négligeant toutes les formalités, il ne guérit pas *in radice* tous les mariages nuls ; pourquoi, quand il accorde des dispenses à la *pénitencerie,* il exige que les deux parties renouvellent leur consentement, ce qui, dans la pratique, offre souvent des difficultés presque insurmontables et entraîne les plus graves inconvénients. Dans les conférences que les évêques déportés en Angleterre tinrent à Londres en 1793, un ancien professeur de Sorbonne s'efforça de leur persuader non seulement que ce moyen était admissible, mais encore que c'était le seul qu'on pût raisonnablement employer dans la réhabilitation des mariages de la Révolution. Je le combattis vivement. On ne trouve pas dans l'antiquité, disais-je, la moindre trace de ce pouvoir exorbitant attribué au Pape ; il renferme une contradiction manifeste, savoir qu'une créature humaine soit mariée sans qu'un consentement valide ait été formé dans son cœur, exprimé par sa bouche.... J'ajoutais d'autres raisons que je ne crois pas devoir rapporter ici : mais l'ensemble de mes observations concilia au sentiment qui repoussait la guérison *in radice* le suffrage de tous nos prélats.

Dix ans, qui s'étaient écoulés depuis cette lutte théologique, jusqu'à celui où le cardinal Caprara nous fit part de l'antidote en question, n'avaient point changé mes idées. Je les exposai avec une liberté respectueuse à l'archevêque de Rouen ; cependant, comme aux maladies désespérées on applique des remèdes tels quels, pourvu surtout qu'ils ne puissent pas nuire, on arrêta d'user de celui-ci, faute de mieux : il était d'ailleurs recommandé par un grand nom, Benoît XIV. J'obtins seulement qu'en l'appliquant on y ferait une légère addition, qui peut-être en corrigeait, et certainement en atténuait le vice. Voici ce que c'était. Le médecin spirituel (celui à qui le pouvoir avait été délégué) devait aller trouver la partie récalcitrante et lui dire, avec les préambules et les tournures, les ménagements convenables : « Vous ne voulez donc pas
« donner à N. (*la partie docile*) la satisfaction de renou-
« veler le consentement de mariage que vous avez autre-

« fois émis ensemble? — Non. — Sans doute vous croyez
« que cet ancien consentement fut bon et valide? — Oui.
« — Et vous voulez persévérer dans votre mariage, en
« vertu de cet ancien consentement? — Oui. » Il fallait
en rester là. Il semble que ces trois réponses, ou autres
équivalentes, qu'avec un peu d'adresse on obtenait aisément de la personne la plus entêtée, puisqu'elles paraissaient être toutes dans son sens, renfermaient d'une manière implicite, mais réelle, le renouvellement du consentement nuptial qu'on lui demandait, et qu'elle refusait. L'œuvre s'achevait au tribunal de la pénitence avec la partie soumise à la volonté bienfaisante du Souverain Pontife. Le consentement avait été renouvelé des deux côtés, et ce concert mutuel, quoique non simultané, rendait valide le mariage, d'invalide qu'il avait été auparavant. Remarquez que ce moyen donné par le Pape renfermait aussi la dispense de l'empêchement de clandestinité.

J'ai dit que l'arrondissement dont l'archevêque de Rouen m'avait confié la surveillance immédiate regorgeait d'ecclésiastiques constitutionnels, et particulièrement de ceux qui avaient reçu l'ordination des évêques intrus, dans un temps où la détresse les contraignait, en quelque sorte, de ramasser *sur les chemins et le long des haies des aveugles et des boiteux*, et de les admettre aux fonctions du ministère pastoral : heureux encore s'ils n'avaient pas de vices plus difformes ! Demandez-vous pourquoi cette contrée du diocèse avait été si mal partagée? Je vous répondrai franchement que j'en ignore la raison ; si ce n'est peut-être que ce pays étant moins agréable que les autres, ce qu'il y avait d'un peu bon parmi les schismatiques avait refusé de s'y colloquer; de sorte qu'il n'avait guère que des ouvriers de rebut, s'il m'est permis d'employer ce terme. Peu de temps après les premières nominations, l'archevêque de Rouen, par une épuration aussi inattendue que courageuse, en avait retranché ce qu'on y voyait de plus mauvais. Il faut savoir que, suivant les lois qu'on appelait *organiques*, et qui avaient été assez frauduleusement annexées au Concordat de Pie VII et du Premier Consul de la république, mais tellement nécessaires, disait-on, et la chose est vraisemblable, que si elles ne l'eussent pas accompagné quand on le présenta au Corps législatif pour en faire *une loi de l'État*, il eût été rejeté d'emblée, les premières nominations devaient être concertées entre l'évêque et le préfet. Celui-ci (je parle en général) faisait plus d'attention aux qualités civiques des prêtres à placer qu'à leurs qualités religieuses. D'ailleurs les constitutionnels les moins estimables, protégés par toute la magistrature rurale, étaient beaucoup mieux vus des tenants de la Révolution que ces *réfractaires* ou qui revenaient de la déportation, ou qui, au péril de leur vie, avaient vécu et travaillé en France, cachés dans les ténèbres. Les évêques s'opposaient-ils à la nomination de quelque mauvais sujet, ce terme pris dans l'acception des saints canons, c'étaient des disputes qui ne finissaient point. L'agent civil de la république se faisait un point d'honneur de l'emporter, principalement lorsqu'il avait promis à quelque solliciteur. Notre prélat, malgré le crédit qu'on lui supposait auprès des consuls, ne fut point exempt de ces vexations de préfecture. D'abord il résista, et avec assez de hauteur ; à la fin, il céda. Le préfet fit tout ce qu'il voulut : à ce moyen les choses allèrent le plus tranquillement du monde. Les nominations s'achevèrent sans bruit, sans contradiction. La loi qui exigeait le concours des deux autorités, pour le premier choix, eut son parfait accomplissement. Mais une autre loi, ou plutôt un autre article de cette même loi, déclarait « que les desservants étaient révocables à la vo- « lonté de l'évêque, » qui, pour la seconde nomination et les suivantes, n'avait besoin du concours de personne. Six semaines étaient à peine écoulées que l'évêque, usant de son droit, révoqua trente à quarante sujets *ineptes*, et en nomma d'autres à leur place, dont plusieurs, il le faut dire, n'étaient pas sans reproches, mais qui pouvaient être réputés parfaits en comparaison de ceux qu'on repoussait. A cette occasion, je remarquai que M. l'archevêque de Rouen connaissait mieux que personne ce que les lois dites *organiques* avaient de répréhensible. Mais il pensait que les évêques pouvaient les faire servir utilement au maintien de leur autorité et au bien de l'Église. Elles avaient été dressées par le ministre Portalis, homme religieux, qui avait de bonnes intentions, et qui, sous l'écorce des formes républicaines, y avait adroitement glissé plusieurs articles favorables à nos principes. Il ne s'agissait que de les apercevoir et d'en profiter. En quoi notre prélat était singulièrement habile, possédant cet ensemble de lois, et les raisonnant beaucoup mieux que ne faisaient les préfets et leurs bureaux. Cette supériorité leur donnait une humeur qu'ils n'étaient pas toujours les maîtres de ne point manifester. Dans une occasion où la loi, opposée à une entreprise du préfet, l'arrêta tout court, ce magistrat me dit avec une sorte d'impatience : « Votre archevêque est toujours à « cheval sur la loi. — C'est, lui répondis-je, la monture « qui convient à vous et à lui. »

L'épuration de mon arrondissement étant faite, j'obtins de l'archevêque de Rouen la permission de le parcourir, afin d'en connaître personnellement tous les prêtres, et de ramener, si je le pouvais, les *errants* à la vérité. Ce n'était pas une visite en règle, mais quelque chose d'équivalent, une course que je peux nommer apostolique, puisque je la fis à pied, sans cortège, allant d'une église à une autre. Cette simplicité n'empêcha pas qu'en divers endroits on ne me reçût en cérémonie. Dans le bourg de Londinières, la garde nationale se mit sous les armes, traîna de petits canons devant le presbytère où j'étais logé, et en cassa toutes les vitres par ses décharges réitérées. Le curé et moi nous nous fussions fort bien passés de cet honneur. Cette visite dura un mois et me procura des lumières précieuses. Quelques consolations me dédommagèrent des fatigues dont elle fut accompagnée.

Le pape Pie VII, ou son ministre le cardinal-légat, pour recevoir à pardon les prêtres constitutionnels, de quelque espèce qu'ils fussent, et les rendre habiles à occuper des places dans la nouvelle organisation de l'Église de France, n'avait exigé d'eux aucune autre satisfaction que de reconnaître pour leur évêque celui que le Concordat avait donné à leur diocèse. Il leur semblait qu'ils n'étaient pas tenus à autre chose ; que, cette seule formalité remplie, ils étaient réhabilités, purifiés, aux yeux de Dieu et des hommes. Et ce sentiment ne manquait pas de vraisemblance : car s'il fallait plus que cela, pourquoi le Saint-Père ne le disait-il pas clairement? Mais, loin de le dire, il insinuait évidemment le contraire, en se contentant, de la part de ce clergé, si longtemps et si opiniâtrément rebelle, de l'adhésion au nouvel ordre de choses et de la soumission à l'évêque récemment institué. Nombre de personnes instruites et constamment attachées aux principes de l'*unité* adoptaient cette opinion. Elles voyaient dans la conduite du Pape cette sage condescendance, cette modération digne de tous les éloges, que saint Augustin recommandait pour éteindre en Afrique le trop fameux schisme des Donatistes. La majeure partie du clergé fidèle était pour le sentiment opposé, et la plupart des personnes pensant bien l'imitaient. Selon eux, le Pape exigeait seulement des prêtres constitutionnels l'adhésion au Concordat et la soumission à leur évêque, parce qu'il supposait que d'eux-mêmes ils s'étaient acquittés ou s'acquitteraient du reste ; qu'ils avaient mis ou mettraient ordre aux affaires de leur conscience, en recevant l'absolution de leurs fautes et en se faisant relever *in foro pœnitentiæ* des censures dont ils avaient été frappés et de l'irrégularité qu'ils avaient encourue, faute d'avoir rétracté leur serment dans le temps prescrit et de ne s'être pas abstenus, ce temps écoulé, de l'exercice des fonctions sacerdotales. Sa Sainteté Pie VII n'envisageait que l'ordre public, le salut du peuple catholique, auquel il donnait ou laissait des pasteurs, qui pouvaient être utiles, travailler à la sanctification des âmes, bien qu'ils ne fissent pas pour eux-mêmes ce qu'ils devaient faire pour leur salut et leur sanctification; l'indignité du ministre ne préjudiciait pas à l'efficacité du ministère.

Cette dernière façon de voir la chose était la mienne : non que je la crusse absolument certaine, mais parce que je jugeais qu'elle était *plus sûre* dans la pratique, plus édifiante pour les fidèles, plus tranquillisante et même plus consolante pour les ministres revenus à l'unité. Il suffisait aux fidèles confiés à leurs soins que ces prêtres eussent fait la démarche exigée par le légat, mais cela ne suffisait pas pour eux. Il fallait encore qu'ils rétractassent leur serment, qu'ils en confessassent la faute, en reçussent l'absolution, et en fissent la pénitence; sans quoi, point de sacrements pour eux au for de la conscience, même à la mort.

Ce fut cette considération qui décida ma longue promenade dans l'arrondissement de Neufchâtel. J'espérais que mes remontrances, mes raisonnements, et, plus que mes efforts, la grâce de Dieu, dont j'aurais le bonheur d'être l'instrument, gagneraient à la vérité une partie de ces prêtres égarés, s'ils ne refusaient pas de m'entendre. Je les vis tous en particulier, me présentant à eux avec les dehors de l'affection la plus tendre et la plus fraternelle ; et cet extérieur n'avait rien d'hypocrite. La bouche parlait de l'abondance du cœur. « Je ne prétends pas vous « contraindre, leur disais-je ; mais vous persuader, vous « convaincre. Je ne voudrais pas que vous fissiez la moindre « démarche que votre conscience ne vous permettrait pas. « Si elle vous dit, après notre conférence, que vous « auriez tort de vous rétracter, je vous dis avec elle : *ne* « *vous rétractez pas ;* parce que l'honnête homme, fût-il « dans l'erreur, mais qui croit n'y être pas, doit obéir à sa « conscience. En vous accordant ce point capital, j'ai droit « de vous demander que vous m'accordiez aussi que ce « même *honnête homme,* quand on lui dit qu'il est dans « l'erreur, quand cette assertion sort d'une multitude infi- « nie de bouches respectables, savantes, ayant grâce d'au- « torité pour tenir ce langage, doit examiner sérieusement « si, en effet, il ne s'est pas trompé ; écouter, par consé- « quent, les raisons qu'on exposera pour le lui prouver, « et s'y rendre, s'il les trouve sans réponse. »

Je ne me souviens pas d'avoir rencontré un seul de ces prêtres qui, à la suite de ce préambule, ne m'ait pas accordé l'attention que je sollicitais. Je croirai pourtant volontiers que, chez plusieurs, ce fut complaisance, politesse mondaine.... Que m'importait ? Dieu ne se sert-il pas de tout ? J'entrais donc en matière, parlant avec toute la force et la clarté que je suis capable de mettre dans un discours, mais veillant tellement sur moi qu'il ne m'échappait pas une seule expression offensante pour les personnes dont je désirais obtenir un regret et un changement. J'écoutais patiemment leurs objections. Au lieu d'avoir l'air de mépriser les motifs qu'ils me donnaient de leur criminelle démarche, j'affectais d'y répondre avec soin ; j'avançais même, lorsque je le pouvais sans mentir, qu'ils n'étaient pas dénués de force, et qu'à quelques égards, ils pouvaient servir d'excuse à leur faute. Cet aveu les flattait, et frayait le passage à mes solutions, que je m'appliquais à revêtir de toute la bonté dont elles étaient susceptibles. Ordinairement je terminais par cette réflexion, qui, pour être commune, n'en est pas moins décisive : que les raisons par moi exposées ne s'élevassent-elles qu'à une très grande probabilité, elles devaient régler la conduite d'un homme prudent et sage, et l'engager à une rétractation qu'on pouvait du moins faire sans danger, ne fût-elle pas nécessaire, mais qu'on ne pouvait refuser sans une nouvelle faute, si la vérité et la religion l'exigeaient.

Et quel fut, me direz-vous, le fruit, l'issue de cette tentative ? Tel à peu près que je l'avais pressenti. Quelques-uns de ceux que je sermonnais se défendirent assez bien, et continuèrent de croire qu'ils avaient bien fait en jurant. Rétracter leur serment, c'était le condamner : « et leur « conscience ne leur laissait pas la liberté de le faire. » Ils me parurent de bonne foi, et je me serais reproché de les avoir tourmentés inutilement, si, au commencement, je n'avais pas espéré de détruire leur illusion. Après tout, le bon grain était semé, et le sol n'était pas mauvais : la moisson pouvait se préparer en silence, et venir par la suite à maturité. Je vis un de ces honnêtes jureurs pleurer à chaudes larmes de *n'être pas persuadé ;* je lui prédis, en l'embrassant, que l'heureux moment arriverait. Il arriva en effet, mais deux ou trois ans plus tard. Quelques autres, pour autoriser leur résistance, n'articulèrent pas une seule raison plausible. Ignorants et vains (ces deux défauts sont ordinairement réunis), ils durent au premier de ne m'avoir pas compris, au second de ne m'avoir pas cédé. Leur conquête n'eût été ni flatteuse pour moi ni bien avantageuse pour l'Église. Il y en eut aussi, je n'en doute pas, qui me comprirent, furent convaincus, et résistèrent par entêtement, par amour-propre. Je le juge ainsi parce que la portée de leur esprit m'était connue, et que j'aperçus clairement, dans leur manière de discuter, qu'ils voyaient la lumière et faisaient semblant de ne pas la voir. C'étaient les plus coupables. Enfin, sur le nombre, une trentaine de mieux disposés, de plus dociles à la grâce qui les pressait, me dédommagèrent de ma peine par une bonne et solide conversion : les uns me priant de les réconcilier moi-même à l'Église ; les autres me demandant d'être envoyés à quelque prêtre fidèle dont je leur laissais le choix, mais que la plupart aimèrent mieux recevoir de ma main. Je rapportai à Rouen leurs rétractations en bonne forme, et les déposai toutes, de leur consentement, au secrétariat de l'archevêché. Plusieurs de ces respectables pénitents ne virent pas la fin de l'année qui avait vu leur repentir, et confessèrent, en mourant, que mon voyage leur avait procuré la paix de l'âme, et beaucoup diminué leur appréhension, compagne inséparable des derniers moments.

A quelque temps de là, eut lieu dans le diocèse une affaire de divorce, de laquelle nous pouvons conclure ce que pensait le gouvernement d'alors de la loi civile qui permettait entre les époux ce genre de séparation. Un particulier s'était marié, avec toutes les formes voulues par l'Église catholique pour imprimer à l'union conjugale le sceau de la plus rigoureuse indissolubilité. Et même ce mariage, autant que je puis m'en souvenir, avait précédé l'époque désastreuse de la Révolution. Or, il plut à cet homme *de séparer ce que Dieu avait uni*, de rejeter son épouse, et de rompre juridiquement le lien civil qui l'attachait à elle. Il ne s'en tint pas là, et, résolu de remplacer la délaissée, il se présenta à la municipalité de son domicile avec une autre femme, requérant que le magistrat les déclarât publiquement époux, au nom de la loi : ce qui fut fait. Vous croyez qu'il n'ira pas plus loin, et vous vous trompez. Soit envie de commettre ensemble le pouvoir ecclésiastique et le pouvoir civil, soit religion mal entendue, ou tout autre motif, car il n'est pas toujours aisé de deviner le jeu des passions, ce couple adultère, du moins en projet, s'adresse au curé de la paroisse, et le somme de publier ses bans, et de lui départir ensuite la bénédiction nuptiale, *à laquelle ils ont droit*, disent-ils, *étant enfants de l'Église.* Le curé, instruit et ferme, refuse de se prêter à cette profanation ; leur remontre que le mariage qu'ils ont contracté est nul au for de la conscience, nul au for ecclésiastique, et que si la loi du prince les regarde comme de légitimes époux, la loi de Dieu défend de les reconnaître en cette qualité tant que vivra l'épouse répudiée : un mariage valide et consommé ne pouvant être dissous, surtout entre chrétiens, que par la mort de l'une des deux parties conjointes. C'était parler comme saint Paul, comme les saints Pères, lorsqu'on leur objectait les lois romaines sur le divorce, que les princes catholiques avaient maintenues, du moins en ce sens qu'ils ne les avaient pas révoquées. Méchant ou entêté, l'époux de la loi jeta les hauts cris, menaça de se pourvoir au tribunal suprême de la nation : « Il apprendra au curé à respecter

« les lois de la patrie. » En effet, il dénonce au ministre des cultes le pasteur et sa résistance. Mais quel est son étonnement et sa honte, quand il reçoit la réponse de l'Excellence! Elle portait en somme « que M. le curé
« avait fait son devoir ; que le mariage étant indissoluble
« dans les principes de l'Église catholique, le lien d'un
« premier mariage n'était pas rompu par le divorce pour
« qui professait la foi et se soumettait à la discipline de
« cette Église.... » Cette lettre, dont le curé avait reçu un duplicata, me fut communiquée dans le temps.

Ayant égaré la copie de cette importante lettre, ce que j'en dis ici était de mémoire, et renfermait quelques inexactitudes, qui pourtant ne touchent point au fond. Je l'ai retrouvée depuis, et il me paraît utile de la transcrire en entier.

« Paris, le 24 ventôse an XII.

« On m'a remis de votre part, citoyen, une note par
« laquelle vous vous plaignez du refus que fait votre curé
« de bénir le mariage que vous avez contracté *avec une
« divorcée*. Ce refus n'est pas, comme vous le pensez, dans
« un des cas d'abus spécifiés dans la loi du 18 germinal
« an X. L'Église (catholique) n'admet point le divorce, et
« la loi civile qui rétablit le culte catholique *n'a pu ni voulu*
« attenter aux règles de ce culte et à la doctrine de l'É-
« glise, puisque ç'aurait été le détruire, et non le rétablir.
« (*Il le renvoie à l'archevêque de Rouen*). Je vous salue.

« *Signé* : Portalis. »

Elle m'a paru précieuse à plus d'un titre. Car, d'abord, elle me confirma dans l'idée que j'avais de M. Portalis, par rapport aux choses de la religion. Ensuite, elle me prouva que dans toutes les causes de divorce, quelle que fût la latitude donnée par les lois civiles, les prêtres pou-

vaient, sans crainte d'être repris, s'opposer, non seulement dans le secret de la pénitence, mais encore publiquement, à ce que des gens qui se disaient catholiques romains exigeraient de contraire, en fait de mariage, à l'enseignement et aux règles de l'Église catholique romaine. Je pris de là occasion de traiter, dans une de mes conférences à la cathédrale, la matière du divorce, et de montrer que cette législation, renfermée dans ses bornes naturelles, n'autorisait en aucune façon l'inconstance et la désunion des époux catholiques. Elle n'empêchait pas les ministres de la religion de leur faire éprouver la juste sévérité de la discipline canonique. La loi était censée dire : « Je ne
« tiens le mariage que pour un engagement civil qui peut
« être rompu et remplacé par un autre qui n'aura pas
« plus de solidité; mais je ne me mêle en aucune manière
« du mariage religieux, ni de l'opinion qu'on a de la na-
« ture et des effets du mariage dans chaque religion. Les
« juifs continueront de n'admettre le divorce que pour
« les hommes, les grecs et les protestants, que pour cause
« d'adultère; les catholiques romains ne l'admettent en
« aucun cas. Et moi, je ne tourmenterai point, je louerai
« au contraire le rabbin qui ne voudra pas reconnaître,
« *comme religieusement épouse*, une juive, mariée en
« secondes noces, à la suite d'un divorce qu'elle n'aura
« pas *souffert*, mais qu'elle aura *fait* elle-même contre le
« gré de son mari; le ministre du saint Évangile et le
« pope qui diront à un chrétien ou à une chrétienne de
« leur communion : *votre premier mariage subsiste en-
« core; ce n'est pas pour cause d'adultère que vous l'avez
« rompu*; le pasteur catholique qui dira à une de ses
« ouailles, remariée après un divorce quelconque : *vaine
« et sacrilège tentative; votre premier mariage ne pouvait
« être dissous que par la mort de la partie que vous avez*

« *quittée, et elle vit....* » Ceci, bien entendu, n'absout pas la loi républicaine du divorce, mais en diminue notablement l'immoralité. Elle laissait à la religion ses préceptes et ses moyens.

Chemin faisant, je dissipai un petit scandale que notre conduite occasionnait fort innocemment, ou, pour parler plus exactement, que l'ignorance et la manie de juger de tout sans principes faisaient naître de la conduite que nous tenions et que nous devions tenir. Des divorcés s'adressaient à l'archevêque de Rouen pour obtenir de faire bénir à l'église le nouveau mariage civil qu'ils avaient contracté, ou qu'ils se proposaient de contracter par la suite. Aux uns on accordait cette permission, aux autres on la refusait. Les gens sensés en concluaient tout naturellement qu'il y avait de bonnes raisons pour en agir ainsi; les âmes seulement dévotes gémissaient, non de ce que la permission était refusée à quelques-uns, mais de ce qu'elle était accordée à quelques autres ; les mondains nous accusaient d'arbitraire et de partialité, ne voyant pas plus loin que les apparences, et criaient, suivant leur usage. J'expliquai à mes auditeurs qu'il y avait des divorcés de deux espèces. Chez les uns, le mariage rompu par le divorce avait été valide au for de la conscience; chez les autres, ce mariage avait été pleinement nul. Un catholique s'était marié, avant la Révolution, avec toutes les formalités requises ; son mariage avait été validement contracté *in utroque foro;* il était pleinement valide, et, par conséquent, indissoluble, dans les principes de l'Église dont il est et se reconnaît membre. Cependant, il fait divorce. Le lien civil est rompu ; mais le lien de la conscience subsiste ; sous ce rapport de conscience, sa première épouse, la délaissée, est encore son épouse ; elle le sera jusqu'à ce que la mort frappe elle ou lui. Il se présente à l'Ordinaire pour en obtenir la permission de faire bénir un nouveau mariage civil : cette permission lui est refusée, il n'est pas libre ; la femme que lui associerait son nouveau mariage ne serait pour lui qu'*une femme*, mais non *la sienne*, parce qu'il est reconnu qu'il ne peut pas avoir deux épouses à la fois. Voilà donc une classe de divorcés à qui la religion ne permet pas de recevoir la bénédiction nuptiale pour la sanctification d'un autre mariage qu'ils ont contracté ou qu'ils se proposent de contracter civilement. Or, ce que la religion ne permet pas, les ministres de la religion ne peuvent pas le permettre.

Un autre catholique s'est marié, soit avant la Révolution, soit pendant la durée, mais son contrat n'a été que civil. Il est nul au for de la conscience, ou parce qu'entre sa femme et lui il existait un empêchement qui emporte avec soi la *nullité* de leur union, ou parce qu'ils ont négligé l'observation des formalités requises comme condition essentielle à la validité des mariages au for de la conscience, et qu'ils auraient pu les observer s'ils l'eussent voulu. Depuis, ils ont fait divorce ; cette action les a rendus complètement libres. Entre eux, il n'existait qu'un lien civil, et le divorce l'a rompu. Le lien de la conscience n'existait pas : au contraire, *cette conscience catholique* ne leur permettait pas de vivre ensemble comme époux. Le nouveau mariage civil, que ce catholique a contracté ou contractera, est susceptible de la bénédiction religieuse en face de l'Église. Voilà donc une autre classe de divorcés à qui la religion permet de solliciter et d'obtenir la permission de faire bénir à l'église le mariage qu'ils ont contracté ou qu'ils contracteront civilement après le divorce. Or, ce que la religion permet en ce genre, les ministres de la religion peuvent et doivent le permettre. Dans la pratique, il y aurait plus d'une instruction à donner, plus d'une précaution à prendre; mais ce n'est pas ici le lieu de les exposer. J'ajouterai seulement que cette théorie est d'autant plus nécessaire que, suivant les lois, un divorcé ne peut ni retourner à la femme dont il s'est séparé (il en est de même des *divorcées* pour leurs maris), ni se séparer de la seconde femme qu'il a prise en remplacement de la première.

La réhabilitation ecclésiastique des mariages de ceux des membres du clergé régulier ou séculier qui, infidèles à leurs vœux, à leurs promesses, avaient contracté civilement, et ne pouvaient ou ne voulaient pas se séparer de leurs complices, causa une grande agitation dans le diocèse de Rouen comme ailleurs. Les bonnes âmes eurent toutes les peines du monde à se faire à ce spectacle, que, dans leur intolérante simplicité, elles jugeaient scandaleux au plus haut degré. Elles étaient accoutumées à envisager le célibat des personnes consacrées à Dieu comme une des choses les plus essentielles et les plus sacrées du culte catholique, et elles ne concevaient pas qu'une dispense qui semblait y porter atteinte pût être légitime. Ajoutez que la légation apostolique établie en France fut là-dessus d'une indulgence extrême : il n'est pas venu à ma connaissance qu'une seule requête d'époux de ce genre ait été rejetée. Mais pouvait-on en user autrement, et de tous les partis à embrasser, n'était-ce pas celui qui avait le moins d'inconvénients? Observez, avant tout, que le célibat des ecclésiastiques (car c'est d'eux particulièrement qu'il s'agissait), bien qu'infiniment respectable, n'est pourtant qu'un point de discipline sujet à variation, et, par conséquent, susceptible de dispense, comme tout ce qui est d'institution humaine. C'est à la science, et non à la dévotion, qu'il appartient de rechercher à quoi les circonstances doivent conduire; c'est aux supérieurs, et non aux simples fidèles, de le décider. Le lot de ceux-ci, des simples fidèles et de la dévotion, est de gémir devant Dieu de la fatale nécessité où l'Église se trouve, mais en même temps de se taire devant les hommes. Presque tous ces mariages illégitimes avaient produit des enfants, qui tous étaient encore en bas âge et dont les besoins demandaient que leurs pères et leurs mères ne fussent pas désunis, et, en les laissant ensemble, ne fallait-il pas légitimer, sanctifier leur union, afin de remettre ces époux, aussi malheureux que coupables, dans la voie du salut? L'Église, en ordonnant leur séparation, n'aurait eu aucun moyen coactif de se faire obéir. Le gouvernement protégeait ces mariages illicites, contractés à l'ombre de ses lois; il continuait de pensionner les époux qui avaient obtenu une pension comme curés, vicaires, religieux, etc. Peut-être n'eût-il pas été sage d'employer les censures, les anathèmes, pour éloigner les uns des autres les éléments de ces couples prévaricateurs. Le nombre en était trop considérable; trop de méchants se seraient déclarés pour eux : il valait incomparablement mieux les laisser au monde que de les lui arracher. D'abord, qu'en faire, si on les sépare? Où les mettre? Nous n'avions plus, pour les deux sexes, des maisons de pénitence, et personne n'eût voulu les recueillir, les recevoir : les bons à cause de leur faute, les méchants à cause de leur repentir. Aurait-on rendu les fonctions du ministère à ces prêtres et à ces moines pour toujours déshonorés dans l'opinion des hommes? Je le répète, le seul parti à prendre était celui de la miséricorde, et le cardinal Caprara, que bien des gens ont accusé sur ce point d'une excessive facilité, a fait ce qu'il y avait de mieux à faire; ce qu'on avait fait en Angleterre, par l'autorité du pape, lorsque la reine Marie, fille de

Henri VIII, réconcilia son royaume au Saint-Siège. Au reste, nous avons vu, dans plusieurs ménages purifiés, fleurir la piété, et une sainte mort terminer une bonne vie : je dis *bonne*, à compter du moment où le ministre d'un Dieu miséricordieux unit en mariage ces époux qui avaient faussement cru le devenir par un crime.

Remarquons deux choses : elles décèlent dans quel esprit cette mesure de compassion fut prise. La première est que l'indult accordé aux suppliants n'était point une dispense absolue des obligations de leur premier état de continence, il en suspendait l'accomplissement, et rien de plus. Si l'un des deux époux venait à mourir, le survivant, supposé qu'il fût engagé dans les ordres sacrés ou qu'il eût émis un vœu solennel, ne pouvait convoler à d'autres noces. Néanmoins, il continuait d'être sécularisé. De plus, si durant leur mariage, et, à plus forte raison, après qu'il était rompu par la mort de la partie conjointe, ces époux commettaient une faute contre les mœurs, elle n'était pas seulement un péché, mais un sacrilège, de la part de celui qui avait pris avec l'Église l'engagement d'une chasteté perpétuelle.

La seconde chose est que l'indulgence ne dépassait pas l'époque du Concordat : je veux dire que si tous les prêtres, moines et religieuses, obtenaient facilement les dispenses nécessaires pour réhabiliter leurs mariages, quand ils avaient contracté civilement avant le 15 août 1801, aucun de leurs pareils, mariés civilement depuis ce jour mémorable, ne les pouvaient obtenir. Chaque indult portait expressément cette clause restrictive. Un prêtre, ancien enfant de chœur de l'église de Rouen, que le Chapitre avait fait étudier à Paris et qui s'y était distingué par beaucoup de talent, avait eu le malheur de commettre une de ces fautes dont les suites, entre laïques, exigent de l'honneur et de l'équité la réparation du mariage. Soit qu'il ignorât l'existence de la clause ci-dessus, soit qu'il ne désespérât pas d'en vaincre la rigueur ou qu'entraîné par la plus folle et la plus impérieuse des passions, il n'eût écouté qu'elle, son malheur voulut qu'il se mariât civilement avec la femme auprès de laquelle il s'était si criminellement oublié. C'était postérieurement au 15 août 1801. Le repentir suivit de près la faute ; sinon lui, le désir de remédier au mal qui était fait. Il me vient trouver et me prie, les larmes aux yeux, de crier pour lui miséricorde auprès du cardinal-légat. Je l'avais aimé enfant ; je me souvenais des espérances flatteuses que donnaient les premières années de son adolescence, et il avait été trop sincèrement pieux, pendant longtemps, pour ne pas espérer encore que la foi réfugiée dans quelque coin de son âme troublée reprendrait tôt ou tard sur lui l'ascendant qu'elle n'aurait jamais dû perdre : ces diverses considérations me déterminèrent à faire la démarche qu'il sollicitait avec la plus vive instance. J'écrivis à Son Éminence Mgr Caprara, qui, dans toutes les occasions, me témoignait une grande bienveillance, et autant de confiance qu'un ultramontain peut en accorder à un gallican. Je lui présentai la cause du suppliant sous le jour le plus favorable qu'il me fût possible d'imaginer : en un mot, tout ce que je pouvais dire, je le dis. Le légat, en me répondant, m'exprima très poliment le regret de ne pouvoir faire ce que je lui demandais : « mais, ajouta-t-il, je suis sans pouvoir. Celui que j'ai « reçu pour ces sortes de mariages ne va pas au delà du « 15 août 1801. » Preuve que le cardinal, dans les dispenses qu'il accordait aux prêtres mariés et autres, n'agissait pas de son chef et pour plaire au gouvernement français, mais en vertu d'un *pouvoir reçu*.

A ce fait j'en joindrai un second, qui s'y rattache bien naturellement et où l'on peut puiser plus d'une instruction. Quinze jours s'étaient à peine écoulés depuis la réception de la lettre de Son Éminence, qu'il se présenta chez moi un homme que je crus reconnaître pour un de mes anciens disciples en théologie. Je ne me trompais pas. Quoique vêtu en laïque, c'était un prêtre du diocèse de Rouen, mais un de ces prêtres qui, pendant la Révolution, avaient maculé leur sacerdoce par une vie toute séculière. « Il venait me demander, dit-il, l'*exequatur* d'un indult « qu'il avait obtenu pour faire bénir un mariage civil par « lui contracté. » Et en même temps il me mit aux mains la pièce qui appuyait sa requête. Au premier coup d'œil, elle me parut toute semblable à cette multitude d'autres qui m'avaient été communiquées pour pareille cause. Mais interrogé sur l'époque de son contrat civil, il m'en assigna une, postérieure de beaucoup au 15 août 1801. Sur quoi je lui dis qu'il n'y avait rien à faire, l'indulgence pontificale ne se prolongeant pas au delà de ce terme. Il me répondit avec un grand sang-froid qu'il n'ignorait pas que c'était la règle générale, mais que le légat, mû par quelques considérations particulières, avait bien voulu faire une exception en sa faveur ou plutôt en faveur de son épouse, qui, avant le mariage civil, n'avait pas su que l'homme qui la recherchait pour être sa compagne avait reçu les ordres sacrés. « Vous m'étonnez beaucoup, lui « dis-je ; l'ignorance de votre épouse me paraît de nature « à exciter à l'indulgence celui qui a le pouvoir, mais elle « ne le confère pas à celui qui ne l'a point. Et il n'y a que « peu de jours que le légat m'a écrit lui-même qu'il n'avait « pas le pouvoir de faire ce que vous me dites qu'il a fait « pour vous. » Je lui montrai la réponse à ma requête pour notre ci-devant *enfant de chœur*. — « Je ne saurais que vous dire à cela, me répondit-il, et la candeur était peinte sur son front; mais lisez l'acte que je vous ai remis, et vous demeurerez convaincu que je ne vous en impose point. »

Je lis et je trouve qu'en effet l'acte porte : *Quoique le mariage ait été contracté après le 15 août 1801.* L'exception pour ce prêtre était évidente; je soupçonnai alors que, dans l'autre affaire, Son Éminence, pour se débarrasser honnêtement de mes sollicitations, avait feint moins de pouvoir qu'elle n'en avait. Cette petite supercherie, assez à l'usage des gens en place qui refusent et veulent qu'on les croie obligeants, n'avait rien qui dût m'étonner beaucoup. Le hasard avait fait.... qui sait si ce n'était pas la Providence? qu'en conversant avec mon homme, j'eusse le soleil dans les yeux; je les couvre machinalement avec le papier de l'indult, papier fort épais.... Et qu'aperçois-je? ne le soupçonnez-vous pas? J'aperçois que la feuille est plus claire, plus mince aux endroits où sont écrits les mots *quoique* et *après*. Je pense aussitôt qu'ils ont été frauduleusement substitués aux mots *pourvu que* et *avant* : falsification plus facile encore en latin qu'en français, parce que le nombre des lettres est égal dans les mots correspondants : *modo* et *etsi*, *post* et *ante*. Les mots primitifs auraient été enlevés avec le grattoir ou par quelque autre moyen. Je renvoie à quatre ou cinq jours l'expédition de l'ordonnance exécutoire, afin de me ménager le temps de la réflexion et celui de prendre les mesures convenables, mais je me garde bien de faire part de mes inquiétudes à l'individu qui les causait. Il se retire content et plein d'espérance. Le papier examiné, quand on ne l'opposait pas à la lumière, n'offrait aucune marque d'altération. Les mots *quoique* et *après* (*etsi* et *post*) étaient de la même encre et paraissaient être de la même main, de la même plume. Point de différence entre les espaces, pas le moindre vestige de mots antérieurement écrits et surchargés. Seulement, comme je l'ai dit, le papier présenté au soleil, peu diaphane dans sa totalité, l'était beaucoup aux petits endroits *quoique* et *après*. La falsification était visible. Le double de cet acte devait être inscrit sur les registres de la légation. Le jour même de cette aventure, j'en écrivis à Mgr Caprara, et lui exposai mes craintes et leurs motifs. Poste pour poste, il me répondit que mon homme était *un faussaire;* que la minute de l'indult portait la clause accoutumée : « *Pourvu que* « *le mariage civil ait été contracté avant* le 15 août 1801 ; » que, d'ailleurs, il était impossible qu'il en fût autrement, puisque les pouvoirs qu'il avait reçus, lui, légat *a latere*, à l'égard des prêtres et religieux mariés, ne concernaient que ceux qui avaient fait cette sottise antérieurement à l'époque susdite. Du reste, Son Éminence me remerciait très affectueusement, me priant, s'il était possible, de retirer son indult des mains du méchant qui l'avait profané. Ce *méchant* revint chez moi au jour convenu. Je le traitai comme il méritait de l'être. Il me redemanda effrontément *son papier*. « Votre papier, lui dis-je, vous n'en étiez que « le porteur. Il est adressé à Mgr l'archevêque de Rouen « ou à son vicaire général. Vous mériteriez d'être pour-« suivi en justice, pour l'odieuse et criminelle falsifica-« tion dont vous vous êtes rendu coupable : mais du moins « sera-t-elle consignée dans les archives de l'archevêché, « où l'acte par vous vicié est déjà en dépôt, avec une note « en bonne forme du délit que vous avez commis. » Il ne répliqua pas; et depuis je ne l'ai ni revu, ni entendu parler de lui ni de son affaire. Dieu lui fasse miséricorde! Je crois qu'il était plus faible qu'endurci. Mais voyez à quoi tient la réputation des hommes en place : si je n'avais pas découvert la fraude et qu'elle eût eu le succès qu'on en attendait, il aurait été dit et cru par toute la France, et peut-être à Rome, que le légat, abusant de ses pouvoirs, accordait le mariage à des prêtres mariés après le Concordat.

C'était beaucoup que d'avoir obtenu du Saint-Siège des dispenses pour légitimer les mariages du clergé séculier et régulier, qui avaient scandalisé l'Église par la violation publique de leurs engagements pris avec Dieu, mais ce n'était point assez; il fallait encore que, parmi les ecclésiastiques exerçant le ministère pastoral, on en trouvât qui, sur la délégation de l'évêque, voulussent bien donner la bénédiction nuptiale à ces époux. Nombre de ceux que les fidèles nommaient *les bons*, parce qu'ils avaient passé les torrents de la Révolution sans chanceler, protestaient hautement que jamais ils ne se prêteraient à cette dangereuse nouveauté, soit qu'ils crussent ne le devoir pas, soit qu'ils craignissent de perdre l'estime et la confiance de la meilleure partie de leur troupeau, que ces sortes de mariages révoltaient. L'évêque pouvait ordonner, et, dans le cas d'un refus, il l'aurait dû : mais il est toujours fâcheux d'en venir à cette extrémité. De plus, il aurait appelé sur lui seul l'improbation que chaque pasteur secondaire aurait voulu éviter. Il était présumable que, parmi les ministres constitutionnels, on en eût trouvé de moins difficiles. Je suis néanmoins persuadé que la plupart auraient imité *les bons*, pour ne pas paraître manquer de délicatesse, et pour regagner, par leur résistance, quelque peu de l'estime publique qu'ils ne possédaient pas. Je dois dire encore que les évêques intrus de Rouen (il y en avait eu successivement trois), hommes d'excellentes mœurs et dignes d'entrer dans l'épiscopat par la porte d'une vocation légitime, s'étaient tous déclarés contre ces unions criminelles qui avaient tant affligé l'Église ; qu'un d'eux avait souffert persécution pour ce point de notre discipline, et que les meilleurs prêtres de leur mauvais parti s'étaient fait honneur et devoir de suivre leur exemple.

Cependant il était urgent de déterminer quelques pasteurs respectables à se plier aux circonstances et à faire une œuvre désagréable sans doute, mais aussi légitime au fond que nécessaire, et d'autant plus méritoire qu'elle exigeait le sacrifice d'une grande répugnance. Nous tentâmes la voie de l'exemple. Il fut convenu entre l'archevêque de Rouen et moi que j'accepterais la première délégation. Le couple à bénir était, comme on dit, tout à fait propre à rompre la glace du préjugé et à faire planche. C'étaient un prêtre et une religieuse qui avaient des enfants de leur mariage civil et tenaient une des plus nombreuses pensions de la ville. Le prêtre avait été ordonné par un de nos intrus; la religieuse, selon ce qu'elle affirmait, et la chose était crue de bien des gens, avait été contrainte de prononcer ses vœux. Je leur donnai la bénédiction nuptiale dans la chapelle d'un monastère supprimé, ouverte au public. La petite dévotion jeta les hauts cris : on la laissa crier. Le journal de la province, et je ne sais si c'était pour me faire peur ou pour rendre service à quelqu'un, annonça l'événement et me nomma. Quelques jours après, l'archevêque me fit bénir un autre de ces mariages dans sa propre chapelle : et les moutons suivirent. Tous les curés acceptèrent les délégations que je leur adressais, *avec pouvoir de sous-déléguer*. Cette clause soulagea bien des consciences. Je ne me suis jamais repenti d'avoir donné le branle à cette pratique; au contraire, il m'a toujours semblé et il me semble encore qu'en me dévouant, pour ainsi dire, aux premières clameurs de l'exagération, j'ai bien mérité de mon diocèse et de l'Église.

Deux sortes de prêtres mariés nous causèrent de l'embarras ; les veufs, et ceux qui s'étaient mariés pour se soustraire à la cruauté des agents de la république, mais n'avaient pas passé outre, aussi continents que lorsqu'ils étaient célibataires. Il y en avait, mais très peu, qui s'étaient volontairement séparés de leurs femmes : on peut les mettre, à peu de chose près, dans la même catégorie que ceux à qui la mort les avait enlevées. La plupart auraient désiré reprendre leurs fonctions. L'archevêque de Rouen fut inexorable pour les uns et pour les autres. Le mariage de ceux-ci avait été public, et leur abstinence secrète ; il était constant, légalement prouvé ; et elle, incertaine, n'ayant pour soi que le témoignage des intéressés et la réunion de quelques particularités peu concluantes, puisqu'elles se trouvaient souvent en défaut. La sagesse de notre archevêque estima qu'il était plus convenable de laisser caché dans la foule des laïques ce prétendu continent que de montrer à l'autel un prêtre qu'une femme, la loi à la main, pouvait réclamer comme son époux. Les veufs et les volontairement séparés n'étaient pas plus favorables ; ils l'étaient moins : le scandale de leur vie les aurait accompagnés partout. Ils auraient toujours été des *prêtres mariés étant prêtres*, des hommes qui avaient préféré à leur saint état une femme et le concubinage, qui avaient retiré à Dieu leur parole, leur foi, pour la donner à une créature méprisable, puisqu'elle la recevait et se livrait.

Je confesserai que j'ai occasionné une exception que je ne crains pas d'appeler heureuse, à en juger du moins par l'événement. Dans une tournée de confirmation, où je faisais auprès de l'archevêque de Rouen les fonctions d'archidiacre, nous fûmes hébergés à la campagne dans un beau château, par une dame veuve, chrétienne à bonnes œuvres de toutes les espèces, une *Dorcas* [1], surtout très zélée pour la splendeur du culte et la décoration des églises. La sienne, au milieu de la pauvreté générale, était riche de ses dons, d'une propreté exquise, d'une élégance un peu trop recherchée peut-être, car la *miséricorde* [2] de toutes les stalles du chœur était garnie en velours d'Utrecht, ce que je n'ai vu nulle part ailleurs. Mais ce luxe n'est pas contagieux, du moins à présent, et je doute qu'il le devienne jamais. Le clergé de cette petite cathédrale était nombreux et mieux façonné que ne sont ordinairement ses pareils. De jolis enfants de chœur qui ne forçaient point leurs voix, des chantres qui, en portant chape, marchaient avec gravité et modestie : tout respirait la meilleure éducation ecclésiastique. La dame s'en occupait elle-même, et son curé la secondait avec beaucoup de succès. L'église ne coûtait rien à la paroisse. S'il y avait une administration fabricienne, ce n'était que pour la forme : Madame payait tout, mais aussi elle ordonnait tout. Cette gestion plénipotentiaire était comme l'intérêt des sommes qu'elle prodiguait, et je ne pense pas qu'on soit tenté d'y voir de l'usure. Je dirai, en passant, que ces sortes de bienfaiteurs travaillent beaucoup plus pour le présent que pour l'avenir. Ils meurent. Leurs représentants n'héritent pas de leur goût; l'abondance est remplacée par les privations, qui affecteraient moins péniblement, si l'abondance n'avait pas précédé.

Mme de *** était pour moi une ancienne connaissance.

1. Dorcas, nom grec de Tabithe, veuve d'une vertu exemplaire et d'une charité sans bornes, ressuscitée à Joppé par saint Pierre, à la prière des pauvres (*Act.*, ix, 36 et suiv.).
2. On appelle *miséricorde* un petit siège étroit appliqué à la stalle lorsqu'elle est relevée, et qui permet de s'asseoir légèrement au lieu de rester debout à certains moments de l'office.

Avant la Révolution (elle était jeune alors, épouse d'un mari respectable, mais âgé), elle allait peu dans le monde et dépensait sa vie à effleurer toutes les sciences. Notre liaison datait d'un cours de chimie, dont elle protégeait le démonstrateur et dont nous ne recueillîmes guère (je le certifie du moins pour mon compte) que le plaisir d'avoir vu de charmantes expériences, et d'avoir beaucoup jasé en bonne compagnie. Concluez de tout ceci qu'elle avait en moi quelque confiance, et des droits à cette disposition qu'on nomme maintenant de l'obligeance.

Elle me pria donc, un dimanche, de bien examiner à la droite du curé un homme en surplis et de lui dire, le soir, mais en particulier, le jugement que j'en aurais porté, sur son extérieur. « Après quoi, me dit-elle, j'aurai peut-être « une grâce à vous demander. » J'examinai le personnage. C'était un homme de quelque cinquante ans, d'une assez belle figure : bonne voix, maintien pieux et recueilli, tout entier à son office, à sa prière. Le soir venu, je dis à la dame « que j'avais de son chantre la meilleure idée. — « Eh bien! reprit-elle, c'est un prêtre marié. — Un prêtre « marié! m'écriai-je, et votre curé l'admet dans son chœur « en surplis! Il y fait des fonctions ecclésiastiques! Et au « lieu de le dérober aux yeux de Monseigneur, vous le « faites asseoir à côté de lui! — Il porte le surplis, me « répondit-elle, étonnée de la vivacité de mon exclama- « tion, mais il ne fait point de fonctions. Il chante et prie: « c'est tout.

« — Ce tout est beaucoup plus qu'il n'en fallait, Ma- « dame, dans le chœur et pendant les solennités d'une « église catholique. Les fidèles doivent en être étrange- « ment scandalisés.

« — Au contraire, Monsieur, il est universellement « aimé et respecté de tous ceux qui pensent bien. La

« mort lui a enlevé son épouse, et il a fait une si belle
« pénitence! Il a si fort édifié, en la faisant!.... »

Et voilà qu'elle entre dans les détails de cette pénitence qui, je ne m'en défends pas, m'intéressèrent en faveur de ce coupable dont la sincère conversion avait réjoui le ciel.

« Son unique désir, continua-t-elle, serait de pouvoir
« reprendre les travaux du saint ministère. J'ai confiance
« que sa nouvelle vie ferait plus de bien que sa chute n'a
« fait de mal. Causez une fois avec lui.

« — Oh! pour cela, Madame, très volontiers.

« — Ensuite vous vous joindrez à moi pour obtenir de
« notre prélat la grâce que le malheureux sollicite.

« — Jamais, lui dis-je, ni vous, ni moi, ni personne,
« nous ne l'obtiendrions. Monseigneur est là-dessus d'une
« fermeté inébranlable. Le crime est trop grave, et il a
« été trop connu. Je causerai avec votre pénitent. Mais
« laissez-nous parler sans entamer cette affaire. Je garde-
« rai votre secret. Vous, gardez le silence, si vous ne
« voulez pas attirer à votre curé des désagréments qui
« iraient peut-être jusqu'à la destitution. » Il n'était pas desservant [1].

Ce mot la fit trembler; son pasteur, homme de mérite et fort complaisant, lui était infiniment cher. Le lendemain, j'eus la conversation que j'avais promise. Vous me demanderez pourquoi cette conversation, puisque je n'avais ni la volonté ni le pouvoir de servir le protégé de Mme de ***. Je vous demanderai à mon tour s'il ne suffisait pas que j'eusse promis, pour tenir parole? Je vous demande si je ne pouvais pas céder à l'envie de connaître par moi-même cet homme extraordinaire, car, dans son espèce, il est permis de lui donner cette qualification.

---

1. M. Baston veut dire sans doute qu'il n'avait pas de titre et qu'il était révocable *ad nutum*.

Mais, de plus, j'avais la volonté de le servir si je l'en trouvais digne, et j'espérais que le pouvoir ne me manquerait pas. Ma conversation avec lui fut longue et me fit le plus grand plaisir. L'infortuné me raconta l'histoire de toute sa vie. Jusqu'en 1792, il avait rempli ses devoirs avec exactitude. La tempête révolutionnaire l'abattit. La crainte, plus qu'elle, un premier et fol amour s'emparèrent et triomphèrent de deux cœurs faits pour la vertu ; car son épouse l'avait chérie avant leur péché. L'erreur et le contentement ne furent pas de longue durée. Les pointes du remords se développèrent, la conscience se réveilla, la frayeur des jugements de Dieu se fit sentir d'une manière terrible et salutaire ; ils ne virent plus que l'éternité, ses peines ; de ce moment leur pénitence commença par la privation. C'étaient un frère et une sœur qui s'encourageaient à l'expiation. La femme mourut. Le mari (les hommes lui donnaient ce nom) continua de crier miséricorde pour elle et pour lui-même ; il continua de la mériter par une suite de mortifications et d'humiliations, dignes de la ferveur et de la sévérité des belles années de la religion. Il ne désirait rien autre chose sur la terre, mais ardemment, que de rentrer dans son état d'ecclésiastique et d'en remplir les fonctions ; il le demandait à Dieu tous les jours, « et, me dit-il, je conserverai jusqu'à « mes derniers moments l'espoir d'être exaucé.

« — Vous ne le serez jamais, repris-je, pour le diocèse « de Rouen ; mais si cette grâce vous était accordée dans « un diocèse éloigné, vous y transporteriez-vous ? — Avec « joie, me répondit-il sans balancer. — Nous partons sous « peu de jours. Soyez assuré que je ne mettrai point votre « affaire en oubli, et que je désire presque autant que « vous qu'elle réussisse. » Je le quittai en me recommandant à ses bonnes prières. Ce n'était point une vaine formule de politesse : le sentiment que mes paroles exprimaient, j'en étais pénétré.

Revenu à Rouen, j'écrivis à un évêque de ma connaissance, dont le diocèse était extrêmement pauvre en ecclésiastiques. Je lui proposai de recevoir au nombre des siens et d'employer le pénitent de Mme de ***; mais je ne lui cachai rien des aventures de ce prêtre. En bien et en mal, je dis tout. Sa sagacité démêla dans ma narration qu'en adoptant le sujet qu'on lui offrait, il en pouvait tirer bon parti. Seulement, et pour éviter un scandale possible, il exigea les conditions suivantes : Que l'adopté changerait de nom; que personne, dans le pays qu'il quittait, ne saurait où il était allé; qu'il n'entretiendrait aucun commerce épistolaire, aucune relation quelconque avec ses anciennes connaissances; qu'il éluderait toutes les questions que pourraient lui faire ses connaissances nouvelles pour découvrir ce qu'il avait été et d'où il venait. Ces précautions étaient sages, et je fus autorisé à promettre qu'on les prendrait. On le plaça dans une paroisse difficile à desservir. Il en gagna tous les cœurs et y fit un bien infini. Après quelques années d'un travail qui acheva d'user ses forces (la pénitence les avait diminuées), le maître de la *vigne* l'appela à la récompense de la *onzième heure*. Il mourut, regretté de tout son troupeau, estimé de ses supérieurs, honoré de tous les gens de bien du canton, et quand, un jour, on irait prier sur sa tombe, je n'en serais point étonné. Les saints pénitents font des miracles comme les saints qui n'ont point eu besoin de pénitence, et le culte de Marie d'Égypte n'est pas moins répandu que celui du prêtre Zozime [1]. Mais c'est ici le cas de dire

---

[1]. Sainte Marie l'Égyptienne, convertie à Jérusalem vers 373, fit une pénitence exemplaire de ses désordres passés. Un solitaire nommé Zozime

avec saint Augustin : « En voilà un, point de désespoir ; n'en voilà qu'un, point de présomption. »

L'archevêque de Rouen m'avait chargé de la rédaction de quelques *règlements*, que les circonstances présentes et passées rendaient absolument nécessaires. Il me communiqua ses idées, qui furent des ordres pour moi, et le fond sur lequel je travaillai. La besogne étant terminée, il la revit et l'approuva. Ainsi elle était, pour la responsabilité, son ouvrage, et non le mien. Le gouvernement homologua sans la moindre difficulté : force fut de se soumettre et d'observer. Je ne parlerai que de deux de ces pièces.

La première était pour le Chapitre [1], dont elle déterminait la composition, les devoirs, les prérogatives et l'habillement. Pour ce dernier point, nous pouvons nous vanter, si la chose en vaut la peine, d'avoir costumé tous les chanoines de France. Car notre règlement ayant paru le premier, c'est de lui que les autres ont pris la *mosette* et le *rochet* : la plupart cependant ont abandonné l'*aumusse*, que nous avons conservée par respect pour l'antiquité, et comme signe distinctif de l'état canonial. Nous créâmes des chanoines honoraires, à qui, le revenu excepté, nous accordâmes les mêmes droits au chœur et imposâmes les mêmes obligations qu'aux titulaires. C'était le moyen de fondre ensemble les deux ordres, de flatter l'un et de soula-

---

la rencontra un jour et, touché de son repentir et de ses austérités, la bénit et lui administra, à sa prière, la sainte Eucharistie.

1. M. Baston doit avoir travaillé au Règlement du Chapitre avant son arrivée à Rouen. Ce Règlement est du 8 frimaire an XI (29 novembre 1802), et a été approuvé par Portalis le 3 nivôse an XI. M. Baston nous dit dans ses *Mémoires* qu'il n'est rentré en France qu'en 1803. C'est sans doute sur les indications de M. de Saint-Gervais, doyen du Chapitre, qui avait une entière confiance en M. Baston, son inséparable compagnon d'exil, que Mgr Cambacérès aura chargé M. Baston de collaborer à ce Règlement.

ger l'autre. Cet exemple aurait dû être suivi dans toutes les églises cathédrales. Le point de discipline qu'il établissait faisait du bien sans mélange de mal. Monseigneur a beaucoup contribué à l'entretien de cette précieuse union, en remplaçant presque toujours les titulaires par les honoraires : de sorte que ceux-ci étant censés, pour ainsi dire, les novices des canonicats utiles, ils s'efforçaient de les mériter par leur assiduité et leur service. Ce règlement capitulaire renfermait un article très essentiel, savoir que, le siège épiscopal venant à vaquer, la juridiction et l'administration du diocèse appartiendraient au corps des chanoines titulaires, comme le veulent les lois ecclésiastiques et l'ancien usage. L'archevêque de Rouen craignait que les consuls, qui, dans les commencements, paraissaient tendre à un ultramontanisme mitigé, et qui ne voulaient pas que les chanoines d'une église fussent une *corporation*, ne rejetassent cet article : d'autant plus qu'il semblait ne se pas concilier avec un paragraphe des lois organiques. Il inclinait pour le supprimer. Je lui représentai que le rejet était ce qui pouvait arriver de pis, s'il déplaisait au gouvernement que l'article subsistât. Cette considération engagea Sa Grandeur à n'y pas toucher. Il passa et fut homologué avec les autres. C'est donc à moi peut-être que les Chapitres de toutes les églises épiscopales de France doivent la conservation authentique et civilement légale de cette belle prérogative, dont le pape, ou le métropolitain, et, à son défaut, le plus ancien évêque de la province, auraient probablement hérité.

Ce règlement ne fut pour moi la source d'aucunes peines. Tous mes confrères en parurent contents, à l'exception d'un seul, qui ne l'a jamais été de ce qu'il ne faisait pas. C'était chez lui une maladie incurable. Il eût voulu que le Chapitre fût consulté, qu'il approuvât, modifiât, qu'il pût rejeter, et il ne réfléchissait pas que pour exercer ces actes de pouvoir, il faut *être*, et que le Chapitre de Rouen n'était que par la création qu'en faisait l'archevêque et par le règlement qu'il lui donnait. On le laissa murmurer tout à son aise, et la chose ne s'en acheva pas moins à la satisfaction générale.

Il en alla bien autrement de l'autre règlement, dont il me faut maintenant dire quelque chose. Avant la Révolution, les cures de Rouen (je ne parle pas du diocèse, mais de la ville) étaient, la plupart, d'un rapport médiocre. Atteignaient-elles cent louis ou mille écus, c'étaient d'*excellentes cures*. Elles étaient *bonnes* à douze ou quinze cents francs. Quelques-unes demeuraient beaucoup *au-dessous, ne remplissaient pas même les lettres d'un gradué* [1]. Cette médiocrité provenait de leur trop grand nombre : il excédait trente, pour une population présumée de quatre-vingt mille âmes; ce qui ne faisait pour chacune, l'une portant l'autre, que deux mille six à sept cents âmes. Mais ce qui en réduisait la plupart à beaucoup moins, c'est que trois ou quatre de ces paroisses étaient considérables; une, entre autres, avait à elle seule le quart de la population de toute la cité [2]. Or, le revenu curial consistait principalement en *casuel* ou oblations pour les mariages, baptêmes et inhumations, à quoi il faut ajouter les offrandes du pain bénit. Les vicaires étaient payés par le *trésor* ou fabrique de chaque paroisse. Les autres ecclésiastiques, qu'on nommait *habitués*, avaient leurs messes, leurs assistances, presque tous du patrimoine, ou quelque ressource particulière : chapelles, confréries, directions de religieuses, pensionnat, etc. Tout ce monde vivait, quoi-

---

1. M. Baston veut dire par là que les gradués en théologie avaient droit par leur titre (ou leurs lettres) à une situation mieux rétribuée.
2. Saint-Maclou avait plus de vingt mille âmes.

que l'on comptât douze, quinze, jusqu'à vingt prêtres dans certaines églises, ou même davantage. La Révolution avait coupé les vivres à ces prêtres secondaires. Les biens des fabriques avaient été ou vendus, ou donnés aux hôpitaux. Les fondations subsistaient, mais ne s'acquittaient plus, ce que l'on conçoit aisément des acheteurs laïques, mais difficilement des maisons de charité auxquelles des fonds de cette nature avaient été aumônés. Par le Concordat, ou plutôt par les *lois organiques* qui en étaient le commentaire républicain, les curés étaient pensionnés, les uns de cent pistoles, les autres de quinze cents francs, selon qu'ils étaient de seconde ou de première classe. On assignait aux vicaires les oblations des fidèles; et, sans doute, on comprenait sous ce nom de « vicaires » tous les ecclésiastiques prêtres qui aidaient le curé dans les fonctions du ministère et le desservice de la paroisse. Mais les curés, se souvenant qu'autrefois le *casuel* leur appartenait, ne réfléchissant pas que, dans le nouvel ordre de choses, ils étaient pensionnés, qu'ils avaient en outre un logement et d'autres douceurs, et que la loi accordait les oblations pour traitement aux prêtres auxiliaires, s'emparaient de tout, et ne faisaient à leurs aides que la part qu'ils voulaient, et rarement voulaient-ils qu'elle fût suffisante.

Ceux-ci se plaignaient. Semblables plaintes se faisaient entendre dans presque toutes les villes du diocèse. Les faibles en étaient scandalisés, et les méchants, qui se plaisent dans le désordre, s'en réjouissaient. L'archevêque, ayant examiné ces plaintes (et ne le devait-il pas?), trouva qu'elles étaient d'autant plus justes que le casuel de ce temps-là, temps de ferveur et de nouveauté, sans parler de la réduction des paroisses, qui avait diminué leur nombre de plus de moitié, s'élevait annuellement à des sommes considérables. On assura que, de l'aveu même des curés, il était monté dans quelques paroisses à dix, douze et quinze mille francs pour une année [1]. Quoi qu'il en soit, Monseigneur crut qu'en sa qualité de chef de la famille ecclésiastique de son diocèse, il devait faire du revenu commun un partage plus égal que celui que le peuple de nos villes nomme de *Montgommery*, où tout est d'un côté et rien de l'autre. Il aurait pu simplement ordonner que la loi s'exécutât, c'est-à-dire que les curés se contentassent de leurs messes, de leur logement et du traitement qui leur était assigné, et que les autres prêtres partageassent entre eux les oblations, dans la proportion de leur travail et de leurs besoins. C'eût été le *summum jus*; mais, si la justice n'en avait rien souffert, l'équité en aurait été blessée : tel vicaire ou simple prêtre aurait été plus riche, avec moins de charges, que son curé. Entre les excès il fallait saisir un milieu qui obtînt l'approbation des gens raisonnables, et contentât une cupidité modérée.

C'est ce que parut faire le règlement sur les oblations, homologué par le gouvernement [2]. La part du curé se composa de sa pension et de son logement; de ses messes quotidiennes, de toutes les messes de mariages, services et inhumations, quand il les célébrait, et son droit était de les célébrer toutes, et l'honoraire en était considérable; de ses assistances aux cérémonies funèbres, à quoi il était censé présent, lors même qu'il n'y était pas, occupé ailleurs pour le service de la paroisse, ou prenant un repos, un délassement nécessaire ; enfin d'une fraction du *droit pastoral*, fixé par un tarif : c'étaient les deux tiers quand il n'y avait qu'un vicaire, la moitié quand

1. Ce chiffre paraît bien exagéré.
2. Ce règlement est du 21 juillet 1804.

il y en avait deux. A la paroisse de la cathédrale, le chargé des fonctions curiales n'avait que le tiers de ce droit, parce qu'il y avait quatre vicaires. Au moyen de cette combinaison, un curé avait toujours, dans le *droit pastoral*, le double de ce qu'avait un vicaire : ce qui tenait celui-ci dans une subordination convenable, sans trop exhausser celui-là. La part des vicaires était leurs messes quotidiennes, leurs assistances aux cérémonies funèbres, le droit de chape et de tunique aux mêmes cérémonies, leurs messes extraordinaires, quand ils suppléaient le curé, et la fraction du droit pastoral qui leur était assignée. La part des prêtres habitués était leurs messes, leurs assistances, une portion plus ou moins grande de ce que nous avons appelé le *séquestre*, mot dont il faut donner l'explication.

A Rouen, le luxe des inhumations consiste principalement dans l'élégance et la parure du char funèbre, et dans l'abondance et la beauté du luminaire. Le premier de ces deux articles ne nous regardait pas : il faisait la fortune de quelques entrepreneurs. Le second était de notre ressort. Le règlement, contre l'ancien usage, accordait à chaque prêtre assistant à une inhumation le cierge qu'il y avait porté : c'était une partie de son honoraire. Les cierges de l'autel appartenaient au droit pastoral. Tous les autres qui paraissaient à la cérémonie, portés par des chantres, des bedeaux, des pauvres, etc., ainsi que ceux dont on entourait le corps ou la représentation pendant l'office, formaient une masse qu'on séparait en deux parties égales : l'une allait accroître le droit pastoral, l'autre était le *séquestre*. On le vendait tous les trois ou six mois, et le prix en était distribué aux habitués comme récompense des services qu'ils rendaient au chœur, à l'instruction et au confessionnal.

Tel était le règlement d'équité, dont plusieurs curés de Rouen me témoignèrent beaucoup d'humeur et que plusieurs de leurs coopérateurs ne reçurent pas avec autant de reconnaissance qu'ils auraient dû. Ma consolation fut le sentiment très distinct du bien que j'avais fait. Certes, si les agents de la république avaient composé une pièce de cette nature (et n'eût-il pas fallu venir là, si nous ne les eussions pas prévenus?), elle eût été bien moins favorable à ceux qui se plaignaient si haut de ma besogne. « Votre règlement sur les oblations, me dit un jour le mi« nistre Portalis, avec lequel j'étais en tête à tête, est fort « beau : seulement vous avez traité trop magnifiquement « vos curés. — Cependant, repris-je, plusieurs en mur« murent. » Et il repartit : « Mettez ce tort sur ce qui, « en nous, ne dit jamais : C'est assez. »

Je me fis une querelle assez sérieuse avec le chanoine qu'on appelait et qui s'intitulait lui-même le *curé de la cathédrale :* le lecteur jugera si j'avais tort ou raison. Il n'ignore pas que l'assemblée dite Constituante avait décidé que désormais la cathédrale serait une paroisse. Le Concordat de Pie VII maintint ou souffrit cette disposition. Elle était du nombre de celles que les principes ne réprouvaient pas. L'antiquité lui était favorable ; car l'évêque des premiers siècles, à la tête du clergé qui l'entourait, et avec son secours, remplissait immédiatement, auprès d'une partie notable de son troupeau, toutes les fonctions que l'on a depuis nommées *curiales.* Les autres paroisses n'étaient que le supplément de cette paroisse épiscopale, et si tout le peuple du diocèse eût pu avoir place dans la même église et s'y rendre commodément, ces succursales n'eussent point existé. L'esprit de la loi était donc que cet assemblage de fidèles à qui l'on assignait l'*église du siège* pour église paroissiale eût l'évêque pour curé, ou, ce qui est la même chose, n'eût point d'autre curé que l'évêque. Nonobstant cette considération, la plupart des évêques, d'accord avec le gouvernement, ont mis dans leurs cathédrales un curé titulaire, et presque tous s'en sont repentis. Ces curés à titre ont élevé des prétentions qui, pour n'être pas tout à fait mal fondées, n'en ont été que plus gênantes pour les Chapitres et pour les évêques eux-mêmes. Rien de positif n'avait été statué à cet égard : on raisonnait par analogie, d'après les usages des lois anciennes ; on érigeait en droit ce que des conséquences bien ou mal tirées semblaient produire. On disputait, on se divisait, les uns tenant pour Céphas, les autres pour Apollo. La charité était blessée, la paix troublée. Le fruit nécessaire et toujours amer de ces dissensions cléricales était le scandale des faibles et la joie des méchants. L'archevêque de Rouen évita sagement ces inconvénients, et, par une mesure bien simple, il retint pour soi la juridiction et les fonctions curiales sur le peuple de la paroisse établie dans son église, et se donna trois vicaires : savoir, pour l'office public, le Chapitre et son *semainier;* pour l'instruction, son théologal ; pour les détails du ministère curial, baptêmes, mariages, administration et visites des malades, inhumations, premières communions, etc., un des chanoines de son église, auquel on adjoignait quatre prêtres, qu'on appela vicaires de la cathédrale ; lui, il fut nommé *vicaire spécial de l'évêque*, titre qu'on lui donnait et qu'il devait prendre dans les actes. Sa commission était révocable *ad nutum.* Il n'avait point le traitement de curé ; son canonicat lui en tenait lieu ; du reste, il profitait du casuel, comme les curés de la ville. On supposa que j'étais l'auteur de cette imagination, dont il n'y avait point encore eu d'exemple. Le chanoine désigné pour remplir les fonctions curiales ainsi modifiées m'en voulut, comme l'ayant dégradé. Ses amis, les amis de sa table, m'en voulurent. Ils affectèrent de lui donner *du curé* en lui parlant, ou en parlant de lui, surtout lorsque j'étais présent. Il y en eut un, beau parleur, et un autre, mauvaise tête, qui, un jour, m'entreprirent là-dessus devant l'homme intéressé à la chose. Je repoussai poliment, mais fortement, cette agression, d'abord en les renvoyant à l'archevêque, qui, s'il y avait faute, était le délinquant ; ensuite en montrant que l'archevêque avait usé de son droit, et qu'il l'avait fait avec sagesse. Monsieur le *vicaire spécial* garda le silence ; il n'en fut pas moins dans ses billets de visite et dans ses signatures indifférentes *le curé de la cathédrale*. Le véritable curé, l'évêque, ferma charitablement les yeux sur cette petitesse de vanité. Du reste, l'expérience a démontré que le parti qu'on avait pris était celui qu'il fallait prendre. Une paix profonde, l'accord le plus parfait, ont constamment régné dans le clergé de l'église cathédrale ; et beaucoup d'évêques, fatigués des querelles curiales, ou les appréhendant pour la suite, sont revenus à notre système, non sans regretter de n'y avoir pas pensé d'abord.

Notre vicaire spécial était le meilleur homme du monde, qui, en présence, disait *amen* à tout ce qu'on exigeait de lui ; mais, dans ses conversations particulières, il se dédommageait des peines réelles ou imaginaires qu'il éprouvait. C'est l'usage des êtres faibles. Agé de plus de quatre-vingts ans[1] (je n'étais plus à Rouen pour une raison qu'on

---

1. M. Claude-Charles Jobard, ancien curé de Notre-Dame de la Ronde avant la Révolution, avait été nommé, le 26 juillet 1802, vicaire spécial de Mgr l'archevêque pour le desservice de la cathédrale. Il était né en 1733 ; il mourut le 21 juillet 1815.

verra bientôt), il m'écrivit une longue lettre, me faisant part de ses vives appréhensions, en approchant du moment où sa vie serait discutée au tribunal de la justice divine : « il a eu la faiblesse de consentir à ne pas remplir « *les devoirs* de son ministère *de curé!*.... » C'était une tournure pour me reprocher de n'avoir fait de lui qu'un *vicaire spécial*. Je lui donnai la monnaie de sa pièce dans ma réponse, en l'exhortant sérieusement à se tranquilliser. « Dieu vous pardonnera, lui disais-je, de n'avoir « pas fait ce que vous étiez empêché de faire. Ce qui n'a « pas été fait par vous a été fait par d'autres, *presque* « *aussi bien* que si vous l'eussiez fait ; et votre condes- « cendance a entretenu, parmi nous, la paix et la charité. « D'ailleurs, pourquoi vous tourmenter de la sorte ? Vous « n'étiez pas *curé ;* vos devoirs ne s'étendaient qu'à la « portion du ministère pastoral qui vous avait été déléguée, « et non à sa plénitude. C'est uniquement sur la manière « dont vous vous serez acquitté de ce fragment d'obli- « gations que Dieu vous jugera. A la vérité, dans ce cercle « d'obligations entièrement à votre disposition, vous « n'avez fait que peu de chose ; tout le fardeau pesait sur « les quatre vicaires ; mais votre âge et vos infirmités « vous serviront d'excuse, et vous aurez eu le mérite de la « bonne volonté. » Il fit semblant d'être satisfait de ma solution à son cas de conscience ; du moins il ne m'en a jamais reparlé.

CHAPITRE XXXII

LE SACRE. — VOYAGE EN WESTPHALIE

L'empire est proclamé. — M. Baston se rend à Paris le lendemain du sacre et y séjourne chez l'archichancelier Cambacérès. — La table et les réceptions du prince. — Curieuses observations. — M. Baston retrouve plusieurs de ses anciens condisciples devenus évêques. — Sa rencontre avec l'ancien évêque constitutionnel de Rouen, Le Blanc de Beaulieu, et son entrevue avec M. Charrier de la Roche, devenu évêque de Versailles. — Audience du pape Pie VII. — M. Baston met à exécution la promesse qu'il avait faite à ses amis de Westphalie d'aller les revoir. — Incidents de voyage. — M. Hamilton. — Séjour chez le maire d'Aix-la-Chapelle. — Le tombeau de Charlemagne. — Arrivée émouvante à Coesfeld. — Les religieuses Bernardines de Marienborn. — Les prêtres français restés en Westphalie. — Les capucins. — La petite *Rosette*. — Ancienne prose pour les morts. — Les voyants. Singulière prédiction réalisée sous les yeux de M. Baston. — Il revient à Rouen. — Mort de son compagnon de voyage.

Au moment où nous y pensions le moins, la république française, dont la création nous avait coûté tant de crimes, tant de larmes et de sang, changea de forme. Ses consuls disparurent. A leur place nous eûmes un empereur, chef du gouvernement. Le nom même de la république fut aboli, et nous devînmes un empire [1]. C'était revenir à la monarchie constitutionnelle de droit, mais, de fait, plus absolue qu'elle ne le fut jamais sous aucun de nos monarques. On se prêta à ces divers changements avec une ex-

---

[1]. Cependant on lisait encore sur les monnaies : *République française, Napoléon empereur.*

trême facilité. La plupart de ceux à qui la république avait été odieuse virent l'empire de très bon œil. Ils surent gré de cette métamorphose à celui qui l'avait opérée. Beaucoup se bercèrent de l'espérance qu'il ferait un jour davantage ; qu'il serait le *Monk* de notre patrie et qu'il nous ramènerait les descendants de saint Louis aussitôt que la chose serait possible. On le faisait même parler dans ce sens. Cette pensée lui concilia l'estime et l'attachement de plusieurs millions de personnes, persuadées qu'il ne montait sur le trône de ses rois que pour empêcher qu'un usurpateur n'y montât ; qu'il ne refaisait la France que pour la rendre en bon état au légitime héritier du pouvoir monarchique. On prétend que ceux qui le connaissaient mieux en jugeaient tout autrement. Selon eux, il n'avait ramassé les débris du sceptre brisé, il ne les avait réunis et fortement liés ensemble que pour les garder. La suite des événements a montré que c'était, en effet, son dessein, ou qu'enhardie par de premiers succès, l'ambition étouffa ses louables résolutions. Bientôt toutes les idées à cet égard furent fixées immuablement : Napoléon manifesta le projet de se faire sacrer et couronner, et l'on sut que Pie VII, en route pour Paris, arriverait incessamment, et serait le ministre de cette imposante cérémonie. Les provinces, à cette nouvelle, se vidèrent, leurs habitants accoururent en foule à la capitale, afin de voir un Pape et le sacre d'une tête qui semblait n'avoir pas été créée et mise au monde pour recevoir un semblable honneur. L'archevêque de Rouen, qui tenait de fort près à une des premières colonnes du nouvel empire et que ses dignités approchaient du Siège de Rome, autant qu'il se peut, sans y être assis, avait été envoyé au-devant de Sa Sainteté, jusqu'aux frontières, c'est-à-dire au delà des Alpes, pour présider à la marche et aux réceptions du Pontife dans l'intérieur. Quelques jours avant le couronnement, il m'écrivit que si j'étais curieux d'y assister je pouvais me rendre auprès de lui; que l'*Altesse*[1] chez laquelle il était logé me donnerait un appartement et que, l'accompagnant à l'église cathédrale, personne ne jouirait plus à son aise que moi de l'étonnant spectacle qui se préparait. D'un côté, le voyage était fort de mon goût; de l'autre, le spectacle, dans le cours de sa durée, m'aurait rappelé des souvenirs infiniment pénibles; je m'accordai avec moi-même en partant, mais pour n'arriver que le lendemain du grand jour. Mes connaissances trouvèrent cette combinaison un peu étrange; « il fallait ou partir plus tôt, ou ne pas partir du tout. » J'aimais mieux qu'elles me taxassent de bizarrerie que de leur dire mon secret : je crois pourtant que quelques-uns le devinèrent, en quoi je fus blâmé des uns, loué par les autres, selon qu'on était plus ou moins attaché au nouvel ordre de choses.

J'ai passé un mois dans le palais ou, si l'on veut, dans l'hôtel du prince Cambacérès; j'employai ce temps à faire quelques observations sur les courtisans qui le fréquentaient. Je donne ce nom à ces centaines de personnes des hautes classes de la société d'alors, qui, deux fois la semaine, venaient, les unes à ses dîners, les autres à ses réunions. La circonstance du sacre, auquel tant de fonctionnaires des départements avaient été appelés, l'obligeait d'avoir tous les jours deux tables de trente à quarante couverts. Ces repas avaient un ton solennel qui en bannissait l'aisance et la gaieté. On ne parlait qu'à mi-voix et avec ses voisins. Souvent un Français se trouvait

---

1. Cambacérès, l'ancien consul devenu prince et archichancelier de l'empire.

colloqué entre deux étrangers qui écorchaient sa langue et ses oreilles. Les convives représentaient tous les états par échantillon. Peu de femmes, mais, en général, bien choisies. Puis des cardinaux et des évêques : j'étais presque le seul ecclésiastique du second ordre ; des généraux, des sénateurs, des magistrats, des négociants, des artistes, etc. J'y rencontrai plusieurs fois et en épée un révolutionnaire célèbre qui avait longtemps porté la soutane et l'aumusse dans le pays des Carnutes [1]. Le maître était poli à la manière des grands et très attentif. Il servait toujours d'un plat qu'on mettait exprès devant lui ; il en offrait nommément à tout le monde, et je ne sais pas, en vérité, comment il pouvait loger toute cette nomenclature dans sa tête. Peut-être un valet de chambre la lui soufflait-il tout bas : cependant j'y ai fait attention et ne m'en suis pas aperçu. Il n'y avait, pour le service, que les domestiques de la maison (si chacun avait amené le sien, l'argenterie aurait couru trop de risque) ; mais ils étaient de la plus grande honnêteté et très agiles. Voulait-on d'un mets particulier, on en envoyait chercher par un d'eux. Le plus court, et le mieux, était de se contenter des plats qu'on avait devant soi, ou à peu de distance. Des gens de Son Altesse circulaient autour de la table, les uns portant des assiettes chargées de comestibles, les autres une bouteille dans chaque main : ils disaient quelle nourriture, quel vin c'était, et vous demandiez ce qui vous plaisait davantage. Les jours d'abstinence, les tables étaient couvertes d'aliments gras et maigres, et les domestiques avaient soin d'avertir de quelle espèce ils étaient, pour que personne ne s'y trompât ou ne fût gêné par l'in-

---

[1]. L'abbé Sieyès, vicaire général et chancelier de l'église de Chartres en 1784, depuis sénateur et comte de l'empire.

certitude. Un jour que le prince servait son plat à l'ordinaire, c'était un vendredi, au lieu de m'en offrir, comme les autres jours, il me dit très haut : « Je ne vous en offre « pas, parce que c'est au gras. » Ce n'était là, pour la religion, qu'un demi-hommage, mais combien de maisons dans Paris ne le lui auraient pas même offert sans avoir autant de raisons de le lui refuser ! Chez cette Altesse, on ne mangeait pas en poste comme chez le chef de l'empire : cependant le dîner n'y était pas non plus d'une longueur fatigante. Commençait-il à six heures du soir, on se levait de table avant sept heures et demie. Le *roi* du festin donnait le signal et il fallait que tout le monde en fût *aux grâces*. On passait dans un autre appartement pour le café.

Suivait l'assemblée ou la réception. La salle était plus qu'à moitié pleine quand ceux qui avaient eu les honneurs du dîner y entraient. Il fallait que les voitures se missent en route des heures auparavant pour que les personnes qu'elles portaient fussent à peu près sûres d'arriver et de paraître avant que la séance se terminât. Toutes les rues adjacentes étaient remplies de carrosses *en file*, qui s'avançaient avec tant de lenteur, tant d'intermittence dans leurs mouvements, que souvent ils ne faisaient pas dix tours de roues dans vingt minutes. Cependant la police de cette allure était exactement faite. Des gardes à cheval, placés à toutes les issues, et observant rigoureusement la consigne donnée, ne permettaient à qui que ce fût de rompre l'ordre et de dépasser les autres. Sans doute il y avait exception pour quelques grands personnages, mais le cas était rare.

Avant que l'Altesse parût dans la salle de réception, les expectants faisaient groupe, se promenaient et causaient fort librement : dès que son cortège l'annonçait, les groupes se décomposaient, s'évanouissaient; tout le monde restait en place et toutes les bouches se fermaient. La salle n'offrait plus que le rassemblement unique et le silence d'une chartreuse. On s'ouvrait, on se comprimait de manière que le prince ne fût pas gêné dans son introduction. A mesure qu'il avançait de la porte à la cheminée, toutes les têtes se courbaient; les dames se levaient (leur privilège était de s'asseoir pendant cette visite). Arrivé au haut de l'appartement, le maître commençait sa promenade le long des fauteuils occupés; allant au petit pas, disant à chaque femme un mot de politesse, graduée suivant l'état, le rang du mari ou les qualités personnelles de la dame. Je l'ai vu s'asseoir quelquefois auprès de quelques-unes; mais ce n'était que lorsque la promenade commune était finie. Des femmes il passait aux hommes, en distinguait successivement plusieurs dans la foule et leur adressait quelques paroles fugitives, source de jalousie pour les uns, d'orgueil pour les autres, et pour beaucoup de toutes les illusions de l'espérance. Durant cette promenade, les domestiques de Monseigneur parcouraient la salle dans tous les sens, offrant des glaces à ceux qui aimaient cette friandise, et je puis dire que le nombre des amateurs était grand. Cette branche de luxe était vraiment coûteuse.

La tournée faite, l'Altesse retournait au haut de la salle, le dos à la cheminée, dans une attitude de grand cérémonial. Devant elle jusqu'à la porte d'entrée, un espace qui, dans sa largeur, pouvait recevoir trois personnes de front. Les nouveaux arrivants parcouraient la longueur de cette trouée d'un pas assez leste. Les hommes annoncés se présentaient d'eux-mêmes. On pouvait presque deviner le genre et la qualité de leur importance à la manière dont ils étaient accueillis, depuis le petit coup de tête jusqu'aux trois ou quatre pas en avant. Les femmes étaient annoncées comme les hommes, mais, à la porte, elles trouvaient un gentilhomme ou un assidu de Monseigneur, qui, l'épée au côté, les prenait par la main, en leur donnant la droite, et les conduisait au prince sérénissime, auquel elles faisaient une révérence plus ou moins profonde, selon qu'elles étaient plus ou moins grandes dames. Après quoi elles allaient occuper un fauteuil et s'ennuyer. L'Altesse se donnait quelquefois la peine de les conduire à leur siège ; mais ces élues étaient en très petit nombre.

A propos des annonces, je me souviens d'un trait fort plaisant qu'on m'a raconté, et dont j'ai connu les personnages. Je le rapporterai : il prouvera que, dans ces hautes réunions, l'or et le clinquant étaient étrangement mêlés. Un valet de chambre, en habit noir et en épée, placé à la porte, mais en dehors, prononçait d'une voix sonore le nom et la qualité de la personne qui arrivait. Arrive donc un gros et grand homme (grand ne désigne ici que la taille), décoré de plusieurs larges croix, couvert d'un habit bleu brodé depuis le collet montant jusqu'au bas : deux riches épaulettes marquaient son rang dans nos armées. Il arrive, mais que voit-il dans le valet de chambre qui va le préconiser? Un de ses anciens camarades de domesticité chez le comte de C***. Il ne se déconcerte point, va droit à sa vieille connaissance, et lui frappant sur l'épaule : « Gar***, lui dit-il, il faut oublier le passé, « annonce le général comte H***. » Ce qui fut fait.

Si l'entrée chez le prince était solennelle, la sortie avait presque toujours quelque chose de fugitif. Dès qu'on avait été vu, ou qu'on avait obtenu la faveur d'un petit mot, on songeait aux moyens de se sauver sans être aperçu ; on en épiait les occasions. Hommes et femmes, c'était à qui se glisserait derrière les rangs. On gagnait la porte *incognito*; assis dans une antichambre, on attendait son carrosse, que des voix qui se correspondaient les unes les autres appelaient au perron. Les cochers étaient souvent si éloignés, ils rencontraient tant d'obstacles sur leur route, qu'ils n'arrivaient pas avant le licenciement général, qui s'opérait régulièrement entre huit heures et neuf heures du soir. Son Altesse regardait l'aiguille de sa pendule, sonnait, demandait sa voiture, saluait l'assemblée, et se retirait dans ses appartements intérieurs. Chacun alors se pressait de mettre à profit la liberté rendue.

J'eus sous les yeux, trente fois de suite, le spectacle que je viens de décrire, et si les premières représentations m'amusèrent, les suivantes me causèrent plus d'ennui que de satisfaction. Nous étions de la maison, l'archevêque de Rouen et moi, et ces séances de parade nous tenaient enchaînés jusqu'à ce que la toile tombât. Ma seule distraction, pendant leur durée, était d'observer les personnages qui y figuraient. J'y remarquai peu de véritable grandeur. Le prince en jouait assez bien le rôle; mais des souvenirs venaient à la traverse, et l'illusion ne se soutenait pas, chez moi du moins, pétri d'antiques préjugés. Cet homme excepté, le reste ne me parut jamais que de mauvais acteurs et actrices d'une pièce de théâtre, noble en apparence, mais jouée par des bourgeois qui n'étaient pas même de la première classe. Les gestes, le parler, n'étaient point en harmonie avec les titres et la parure. Les diamants sentaient le tablier, et les cordons la garde-robe. Chez la plupart de ces importants des deux sexes, l'éducation de cour, ou même de bonne compagnie, n'avait commencé qu'à un âge où l'odeur de la première et basse éducation ne se perd jamais entièrement. C'est la femme-souris, c'est la caque et le hareng, etc. Les deux éducations, dans mes Parisiens, se mêlaient sans se fondre ensemble. Le tout qui en résultait, incohérent dans ses parties, était plus ou moins choquant par les dissonances.

Je remarquai, entre autres choses sur les femmes, que celles que les connaisseurs jugeaient être les plus jolies étaient aussi les plus décentes dans leur ajustement et leur maintien, peut-être parce qu'elles n'avaient pas besoin de se montrer à nu pour intéresser, ou même parce qu'elles n'ignoraient pas que la modestie les faisait valoir davantage, ou encore, ce qui serait beaucoup plus louable, parce qu'elles aimaient la modestie. De ce nombre étaient les R., les M., et une troisième, destinée à monter sur un trône qui semble lui promettre plus de stabilité que n'en ont eu ceux que sa sœur a successivement occupés, ou, pour mieux dire, dont elle a eu le titre [1]. Les laides et les vieilles (j'entends la plupart de ces deux espèces) se surchargeaient d'ornements qui, contre leur intention, multipliaient leurs années et rendaient leur laideur plus visible. J'en ai remarqué une : sa peau était tannée, et elle en découvrait tant et tant, outre le visage, que je ne fus pas le maître de retenir un mouvement d'improbation quand elle entra. Un militaire qui était à côté de moi s'en aperçut et me dit : « Monsieur l'abbé, la nudité de cette « *créature* vous fait mal au cœur : elle le soulèverait en- « core davantage, si vous saviez comme moi qu'elle a eu « vingt-deux enfants.... » Il ne serait pas impossible que je misse ici quelques enfants de plus qu'il ne faut, mais

---

[1]. Il s'agit ici d'Eugénie Clary, qui épousa Bernadotte et devint reine de Suède, où sa postérité règne encore; sa sœur Julie, femme de Joseph Bonaparte, fut tour à tour, et pour peu de temps, reine de Naples et reine d'Espagne.

ma mémoire m'a toujours rapporté ce nombre exorbitant de progénitures quand ce fait m'est revenu à l'esprit.

Encore un trait d'immodestie qui reçut sa punition. La mode des chapelets bénits par le pape était en vogue. Les femmes les moins religieuses se piquaient d'en avoir. Elles ne le récitaient pas : non, cette dévotion est trop populaire, mais elles le portaient au cou en guise de collier. La croix pendait sur la poitrine. La matière des chapelets-parures était ordinairement très riche : il y en avait en diamants, en perles, en ambre, en corail, ces derniers garnis en or. Nous nous trouvions, l'archevêque de Rouen et moi et plusieurs hommes, auprès du fauteuil d'une dame de haut parage (suppléez : en *révolution*). Ces messieurs la connaissaient et causaient familièrement avec elle. Or, elle avait au cou un superbe chapelet dont la partie antérieure coulait et se perdait entre deux montagnes de chair que rien n'ombrageait. Des mondains c'était à qui complimenterait la dévote sur sa magnifique parure. L'archevêque se taisait. « Vous n'en dites rien, Monsei- « gneur (c'est la dame qui parle) : est-ce qu'il ne vous « semble pas beau ? — Très beau, Madame, lui répondit « sévèrement le prélat, mais très mal placé.... » La dame fit semblant de ne s'être pas aperçue de cette rusticité apostolique et changea de conversation.

Je me souviens que, le jour de cette correction fraternelle [1], on me montra, à quelques fauteuils de la dame au chapelet mal placé, une autre dame, qui aurait été pour tout le monde une curiosité. C'était une Allemande qui s'était pourvue d'un mari par les feuilles publiques. Une

---

1. M. Baston veut-il nous faire entendre par ce mot qu'il s'agirait de la femme de Cambacérès, belle-sœur de l'archevêque ?

note fut par elle insérée dans plusieurs journaux et qui disait : « Je veux me marier, mon âge est de tant d'années, « ma figure, ma taille, mon caractère, ma fortune, ma « naissance, mes goûts, mes habitudes, sont de telle ma- « nière. Je désire le bonheur en ménage, le faire et le par- « tager. J'exige, en conséquence, que mon époux soit.... « (suivait l'énumération des qualités qu'elle prétendait « trouver dans le prétendant). Ceux qui croiront avoir les « qualités ci-dessus, et à qui, d'après la description de « ma personne et de ses accessoires, faite sans la moindre « partialité, je plairais assez pour m'épouser, peuvent, « d'ici à telle époque, se présenter au château de *** pour « voir et être vus. » J'ignore s'il se présenta beaucoup d'aspirants, mais du moins il s'en présenta un et qui convint : je n'en suis point surpris. Ayant eu l'avantage de le connaître assez particulièrement, je suis demeuré convaincu que, pour faire un beau mari, il réunissait en sa personne l'utile et l'agréable. La dame ne le valait pas pour les formes extérieures, mais elle était plutôt bien que mal, paraissait bonne et conversait spirituellement. Le procédé qu'elle suivit pour son établissement n'est pas ordinaire; il prête à la plaisanterie; rapproché du succès qu'il a eu dans l'union du comte et de la comtesse de ***, il invite à penser que les filles qui ont de la richesse et de l'indépendance ne feraient pas trop mal de l'employer. Il vaut certainement mieux que le commérage, l'intrigue et la séduction.

Avec le mari de la dame dont je viens de raconter le mariage était un homme à cheveux blancs, qui me frappa je ne sais pourquoi. Je demandai qui il était. C'est, me dit-on, le docteur Guillotin. La vue de cet inventeur du seul instrument de mort qui soit en usage dans notre justice criminelle me causa un frémissement involontaire.

Ce médecin n'avait rien de repoussant, mais l'affreux mot *guillotiner* en dérivait : je détournai les yeux [1].

Je retrouvai à Paris plusieurs de mes anciens camarades de séminaire que la Révolution avait portés à l'épiscopat, très dignes (la noblesse exceptée) d'avoir eu un autre véhicule. Ils me témoignèrent du regret que je ne fusse pas des leurs, et moi je leur témoignai bien sincèrement que je les voyais sans envie placés dans cette haute situation. Trois ou quatre de ces messieurs étaient gens du plus rare mérite. Ils ont joué depuis un rôle très important dans nos affaires ecclésiastiques.

Le dernier des intrus de Rouen (ce beau siège en a eu trois), alors évêque légitime d'une ancienne ville capitale des royaumes français de la première race [2], m'ayant entendu nommer dans une des assemblées de l'Altesse chez qui je demeurais, s'approcha de moi et me dit : « Mon« sieur l'abbé, nous sommes maintenant *unius labii et ser-« monum eorumdem.* » Il m'apprenait par là qu'il était entièrement revenu à l'unité et aux saines maximes ecclésiastiques. En effet, le bruit s'était répandu qu'il avait fait sa rétractation entre les mains du Pape et qu'il lui avait offert la démission de son évêché. « On me l'avait assuré, « lui dis-je, Monseigneur, et j'ai été tenté de vous écrire « pour savoir de vous-même si l'on pouvait mettre au « nombre des vraies cette heureuse nouvelle. — Je re« grette que vous ne l'ayez pas fait; je vous aurais ré« pondu, et ma lettre aurait pu servir à désabuser ceux

---

1. Ignace Guillotin, médecin, membre de l'Assemblée constituante, né à Saintes en 1738, mort à Paris en 1814.
2. Jean-Claude Le Blanc de Beaulieu, chanoine régulier et grand chantre de l'abbaye Sainte-Geneviève, curé constitutionnel de la paroisse Saint-Séverin, à Paris; le 18 janvier 1800, sacré évêque constitutionnel de la Seine-Inférieure; en 1802, évêque légitime de Soissons.

« de votre diocèse que mon exemple a entraînés ou con-
« firmés dans l'erreur. — Si Monseigneur le permet, ce
« qui n'a pas été fait peut encore se faire. De retour à
« Rouen, j'aurai l'honneur de lui écrire pour savoir si la
« nouvelle de son changement est véritable et quels en
« ont été les motifs. — Je vous répondrai dans toute la
« sincérité de mon cœur et vous prierai de communiquer
« ma lettre à vos jureurs endurcis : je désire seulement
« qu'elle ne sorte pas de vos mains et qu'on n'en puisse
« pas tirer de copie.... » La chose s'exécuta de la manière
convenue. J'écrivis, la réponse arriva. Je la communiquai : elle ne convertit personne. Nos jureurs obstinés s'en
moquèrent. Devinez-vous pourquoi? C'est qu'en quittant
le diocèse de Rouen, M. Le Blanc de Beaulieu, l'évêque
en question, avait dit à ses constitutionnels : « Si jamais
« vous apprenez que je me sois rétracté, croyez ferme-
« ment et dites que j'ai perdu la tête. » Aussi, lorsque, la
lettre à la main, je les exhortais à suivre l'exemple de
celui qu'ils avaient autrefois regardé comme leur évêque
et presque comme un oracle, me répondaient-ils tous,
comme s'ils se fussent donné le mot : *Il a perdu la tête.*
Telle manière de faire le mal le rend souvent irréparable.

Je raconterai encore une particularité du bon évêque,
après que j'aurai remarqué qu'il avait été religieux : que
sa mosette et sa croix d'or n'empêchaient pas qu'on ne
s'en aperçût au premier coup d'œil; que ses moyens personnels ne s'étendaient pas extrêmement loin; que sa
piété l'emportait de beaucoup sur eux; qu'il avait été janséniste à outrance et qu'en abandonnant son serment et
la constitution, il avait cessé de l'être, et que, revenu à
l'obéissance due au Saint-Siège, il avait poussé jusqu'à
l'ultramontanisme, ou pour expier les fautes qu'il avait

commises *en moins*, ou pour être sûr d'avoir atteint le but en le dépassant. Voici le fait.

Quelques jours après la cérémonie du sacre, il assembla chez un d'eux les évêques ci-devant constitutionnels, ses collègues. Ils avaient aussi rétracté leur serment; mais, de leur part, cette démarche n'avait pas été spontanée. Lui, il avait cédé à sa conscience, eux, au ministre de la police, qui, au nom de l'Empereur, les menaça de la destitution s'ils ne se rétractaient pas, le Pape l'exigeant sous peine de n'être pas admis à sa communion dans l'église cathédrale le jour de la grande cérémonie. Ils étaient donc, eux et lui, dans des dispositions tout à fait différentes. Les siennes étaient celles d'un homme que la conviction avait ramené à la vérité; les leurs, de politiques entêtés qui avaient prononcé de bouche une formule sans conséquence et que le cœur désavouait. Il s'était volontairement retiré du parti; ils en avaient été extérieurement arrachés; le lien intérieur n'était pas rompu. Aussi, quand il leur annonça qu'il les avait rassemblés pour leur faire part des raisons qui l'avaient déterminé à une rétractation volontaire, se promirent-ils de le si bien combattre qu'il s'en souviendrait toute sa vie.

Projet de facile exécution, quoique la vérité ne fût pas de leur côté. Car, outre qu'ils étaient tous contre un, on ne peut disconvenir que, dans le nombre de ces errants, il n'y eût des hommes plus spirituels, plus instruits et plus éloquents que M. Le Blanc de Beaulieu. Cette supériorité ne l'effraya point; et vous saurez tout à l'heure pourquoi. Il tire de sa poche un gros cahier, il lit, on l'écoute; l'ouvrage était-il de lui, ou n'avait-il fait que l'adopter? Je l'ignore, et peu importe; il lit et on l'écoute dans le plus profond silence. Une heure et plus s'est écoulée; la lecture est finie, et, parmi les auditeurs, c'est à qui aura la parole pour gourmander le faux frère, et lui prouver que sa résolution volontaire est une folie. Il se lève : « Messeigneurs, « dit-il gravement, je ne me sens pas de force à disputer « avec vous, seul contre tous. D'ailleurs, je n'ai point eu « d'autre dessein que de vous faire connaître les raisons « de ma conduite, et vous les connaissez ; trouvez bon que « je me retire. » Il les salue et se retire.

Le lendemain de ma conversation avec Mgr Le Blanc de Beaulieu, allant dîner chez Son Éminence le cardinal de Belloy, archevêque de Paris, je fis la rencontre d'un autre intrus de Rouen, M. Charrier de la Roche, qui, le premier, avait envahi le siège du cardinal de la Rochefoucauld, et dont j'avais successivement réfuté tous les ouvrages constitutionnels ; j'appelle ainsi ceux qu'il composa et ceux qui parurent sous son nom [1]. Il était évêque de l'un des nouveaux sièges créés par la constitution de 1791, et reconnus par le Concordat de 1801 [2]. Il était soupçonné de jansénisme ; du reste, remplissant ses fonctions pastorales de la manière la plus édifiante. La grâce qui illumine l'esprit de l'homme lui avait fait connaître que la voie dans laquelle il s'était engagé, et qui lui avait acquis une célébrité momentanée, n'était pas la bonne. Ses yeux ne s'étaient pas fermés à la lumière. Il avait eu le courage d'abjurer ses erreurs en chaire et dans un mandement ; démarche qui excita beaucoup de rumeur et qui n'était pas rigoureusement nécessaire, puisque le Pape se contentait d'une rétractation privée. Mais elle prouvait de la manière la moins équivoque la sincérité de la conversion, et en garantissait la durée. On disait dans le monde qu'il n'avait point abandonné le parti de la morale *sévère* [3], ce

---

1. Voir *Mémoires de l'abbé Baston*, t. I, p. 351 et suiv.
2. Versailles.
3. C'est-à-dire *janséniste*.

qui diminuait beaucoup la joie que sa rétractation avait causée. Quoi qu'il en soit, je le trouvai chez un des vicaires généraux de Paris, qui lui dit en me présentant : « Monsieur est un des grands vicaires de Rouen. — Sans doute, reprit l'évêque, M. l'abbé de Boisville ? — Non, Monseigneur. — Seriez-vous M. Papillaut ? — Non, Monseigneur. » Je tremblais de lui dire mon nom, qui ne pouvait manquer de lui rappeler des souvenirs désagréables. « Mais qui êtes-vous donc, Monsieur ? — Un prêtre revenu de l'étranger. — Et qui se nomme ? » Il n'y avait plus moyen de reculer ; j'hésitais encore ; le grand vicaire de Paris prononce mon nom ; l'évêque change de couleur, et, se remettant aussitôt, il me tend la main, m'embrasse en me disant : « J'ai beaucoup entendu parler de vous, Monsieur, et ne vous ai pas toujours aimé. Dieu merci, mes sentiments sur les choses et pour les personnes sont bien changés. » Et apprenant que j'allais à l'archevêché, où il allait aussi, il m'offrit une place dans sa voiture, que j'acceptai. Depuis cette première entrevue, j'ai eu divers rapports avec ce respectable prélat, qui m'a toujours témoigné beaucoup de considération.

De tous les événements de mon voyage de Paris, à l'époque du sacre, le plus agréable pour moi fut une audience particulière, d'un quart d'heure, que m'accorda Sa Sainteté Pie VII, dans la chambre qu'il occupait au pavillon de Flore. Je la dus à mon archevêque, qui m'introduisit et demeura avec moi. Au moment que je m'agenouillais, suivant l'usage, le pape s'inclina pour me relever par-dessous les bras, et me donna sa main à baiser. Il me fit différentes questions, toutes de peu de conséquence, et qui n'avaient évidemment pour but que de dire quelque chose. Il était difficile qu'il en fût autrement. J'emportai, en sortant, la bénédiction du saint-père. Quoiqu'il la prodiguât dans tous les instants de la journée, elle n'en était pas moins précieuse aux yeux d'un homme qui, plein de foi, voyait s'étendre sur lui la main du chef de l'Église chrétienne, vicaire de Jésus-Christ.

Rendu à Rouen et à mes occupations ordinaires, je pensai très fréquemment à l'accomplissement de la promesse que j'avais faite à mes amis de Westphalie, en les quittant : j'en ai parlé plus haut, c'était d'aller les revoir. Elle me tenait au cœur, non seulement parce qu'un honnête homme ne doit pas manquer à sa parole, mais encore parce que, n'eussé-je pas promis, je savais que ma visite ferait un singulier plaisir à des personnes estimables, qui, durant plusieurs années, m'avaient comblé des marques de la plus touchante et de la plus délicate amitié. Et puis, il le faut dire, je ressentais cette espèce de besoin qu'on éprouve quand on aime et qu'on désire fortement. Bien des obstacles s'opposaient à l'exécution de mon dessein. Mon âge : il me plaçait déjà dans la classe des vieillards; la longueur du voyage : pour aller et revenir, trois cents lieues, ou à peu près; la dépense : je n'avais eu ni le temps ni les moyens de faire de grandes économies. De plus, quoique fonctionnaire public, j'étais encore en *surveillance* et l'on me faisait entrevoir que j'aurais bien des difficultés à surmonter avant d'obtenir un passeport pour l'étranger. On ne me le délivrera pas que l'oreille du ministre n'ait été frappée et qu'il n'ait consenti. « Quel motif alléguerez-« vous? Quelles affaires pouvez-vous avoir dans la prin-« cipauté de Münster, qui ne soient pas de nature à être « traitées par procureur ? — Point d'autres, répondais-je, « que de n'être ni ingrat ni infidèle à l'amitié, » et le préfet, auquel je m'étais adressé, répliquait par un coup de tête qui, bien traduit, me semblait dire qu'une considération de cette espèce ne serait d'aucun poids auprès de l'autorité. Le crédit de mon archevêque était plus grand qu'il ne fallait pour m'obtenir la grâce que je sollicitais ; mais je n'aurais osé le réclamer. Quoiqu'il fît beaucoup de choses par lui-même, et qu'il eût d'autres vicaires généraux très fort en état de le seconder, le désir louable de les avoir tous à ses côtés l'indisposait contre leurs absences, pour peu qu'elles fussent longues, et celle dont il était question ne pouvait pas moins durer qu'un mois. Enfin, le point le plus embarrassant était de trouver un associé qui pût et voulût aller et revenir avec moi et dont le cœur éprouvât un désir semblable à celui qui agitait si vivement le mien. La prudence n'aurait pas permis que je parcourusse seul une si longue route : trop d'accidents pouvaient me surprendre en chemin. Un compagnon mercenaire ne m'eût procuré aucun agrément, et ne convenait point du tout à ma course.

Ce dernier obstacle fut le premier levé. Un de mes confrères, succombant au même besoin que moi, s'offrit pour m'accompagner et me combla de joie. Il avait toutes les qualités que je pouvais souhaiter. Jeune (en comparaison de moi), sage, aimable, complaisant ; si j'avais eu besoin de mentor, il en aurait parfaitement rempli les obligations. Sa course dépassait la mienne de vingt lieues; mais la ville à laquelle je m'arrêtais était, à deux lieues près, dans la ligne qu'il devait suivre ; de sorte que, sans se déranger beaucoup, il me déposait en allant, et en revenant me reprenait. Nous travaillâmes de concert à obtenir nos passeports, et nous réussîmes. Le reste nous fut facile. Nous sommes en route.

Le journal d'un homme qui court le monde par les voitures publiques n'est riche ni en observations ni en anecdotes. Voici le peu que j'ai retenu.

Dans un endroit où nous couchâmes, arriva, un moment après nous, un particulier de bonne et honnête mine, qui, bien aise de ne pas manger seul, demanda à souper avec nous. Nous payâmes, mon compagnon et moi, un écu par tête ; lui, six francs. La différence, mais surtout la disproportion, m'étonna. Je priai la maîtresse de l'auberge de m'en dire la raison. « C'est, me répondit-elle, sans se faire « autrement prier, que vous êtes venus dans une voiture « de louage et que ce monsieur voyage en poste, dans sa « voiture. » A ce compte, un voyageur à pied aurait eu pour vingt ou trente sols le repas qui nous coûtait le double ; et, dans la vérité, c'était tout ce qu'il valait. Mais, au simple aperçu, il paraît singulier que le prix des aliments dépende de la manière dont on a parcouru le chemin qui conduit au lieu où s'en fait la vente. J'en fis l'observation à notre hôtesse, qui me dit : « Vous n'y en« tendez rien, Monsieur, et je n'en suis pas surprise : vous « n'êtes pas du métier. Les voyageurs ne doivent pas seu« lement nous payer la nourriture que nous leur donnons, « mais encore notre logis, nos meubles, nos impositions, « nos domestiques, nos pertes, etc. ; et par-dessus tout « cela, quelque chose qui soit profit net. Or, vous paraît« il juste, proposable même, qu'un voyageur à pied « fournisse à ces dépenses et à ce profit, autant que vous « qui voyagez en voiture, autant que ce monsieur qui « court la poste? L'équité veut que vous et lui payiez « pour le *pauvre* voyageur, lui plus que vous, parce qu'à « son allure il a l'air plus riche que vous. Nous n'avons « pas d'autre moyen d'estimer l'opulence relative. » La bonne créature me parut persuadée de la sagesse de son tarif ; et j'avoue qu'il m'aurait été difficile d'y trouver à reprendre.

Dans une autre ville (partie du Brabant), la dînée nous

offrit une table d'hôte magnifique. Propreté, abondance, délicatesse, tout y était. Le maître et la maîtresse de l'hôtel, leurs enfants, des pensionnaires habitués, des amis peut-être, avaient pris place avec nous. Le prix était modéré. Nous nous félicitions de cette bonne aventure, lorsque le conducteur de notre diligence entra et nous dit brusquement « qu'il était temps de repartir. » Il n'y avait pas une petite demi-heure que nous étions en séance, et la grosse faim était à peine apaisée. Cependant nous nous levons. « Pas si vite, Messieurs, nous dit un mili-
« taire qui était au nombre des voyageurs, pas si vite!
« Si vous ne voyez pas qu'il y a collusion entre Monsieur
« (il montrait de la main le maître de la maison) et ce
« coquin de conducteur, je vous l'apprends. Ils sont con-
« venus que, pour notre argent, ils nous montreraient un
« excellent dîner, mais que nous ne le mangerions pas. Ce
« n'est pas ainsi que je l'entends, moi. Je passe ici pour
« la seconde fois. La première, j'ai été dupé : c'est assez.
« On nous doit au moins une heure pour notre réfection ;
« et nous avons plus de temps qu'il n'en faut pour arriver
« au gîte. » Tirant sa montre et regardant le conducteur :
« Dans trois quarts d'heure nous sommes à toi ; ne rai-
« sonne pas, ou je te fais casser. » Le drôle ne raisonna pas. Les longues moustaches et les décorations de notre orateur lui en imposèrent. Il nous laissa tout le temps que nous voulûmes. Les voyageurs mangèrent par renforcement, souriant entre eux de la sotte et niaise figure des gens du pays, qui probablement prirent leur revanche, dès le lendemain, sur une autre carrossée.

Une petite aventure de l'intérieur de notre voiture ajoutera une preuve aux mille qui le démontreraient au besoin, qu'en voyage, la circonspection est une vertu de première nécessité. Nous avions avec nous une jeune

femme qui se disait veuve d'un émigré, vive comme on l'est en Gascogne, et d'une intempérance de langue dont la pareille, je crois, se chercherait vainement dans les quatre parties du monde, quoique ce défaut y soit extrêmement commun. Elle avait perdu une bonne place, obtenue je ne sais comment, dans l'hôpital des Invalides, établi à Louvain. « Une méchante créature (c'est elle qui
« parle) la lui avait enlevée, et personne n'ignore par quels
« moyens : jolie, normande, révolutionnaire jusqu'au
« bout des ongles, méprisable et méprisée, mais soutenue
« par les bureaux, se prêtant aux malversations et en
« partageant le fruit.... Elle avait dans sa manche le pré-
« fet de Bruxelles, Normand comme la drôlesse.... Elle, la
« plaignante, sur laquelle il n'y avait pas le plus petit
« mot à dire, on la renvoyait de Caïphe à Pilate, du mi-
« nistre au préfet de son département, homme partial, in-
« juste, entêté, et dont elle aurait tout à espérer si elle
« s'abaissait jusqu'à ressembler à sa rivale.... Mais l'hon-
« neur lui est plus cher que la vie ; une femme comme
« elle aimerait mieux demander l'aumône, mourir de faim,
« que d'avoir avec la dévergondée le plus petit trait de
« similitude. »

Or, cette femme qu'elle décriait si amèrement, devant une demi-douzaine de témoins, était de Rouen ; je la connaissais, je connaissais sa famille, qui était respectable; et probablement la dame inculpée ne méritait aucun des coups de pinceau de son antagoniste. De plus, et combien cette circonstance n'ajoute-t-elle pas à l'étourderie de l'imprudente ! de plus, elle était la cousine de mon compagnon de voyage, qui eut la sage modération de la laisser dire sans rompre le silence. Il y aurait eu de quoi intenter un bel et bon procès (comme les procès sont beaux et bons) à la babillarde ; je voulus du moins

qu'avant de nous quitter elle en eût la peur, ou de quelque chose de pis. Nous n'étions plus qu'à une lieue de Bruxelles, terme de son voyage. Je fis semblant que ce fût aussi le terme du mien. « A quelle auberge descendez-
« vous? me demanda-t-elle. — (Moi, gravement.) Je ne des-
« cends point à l'auberge, Madame ; mais chez ce Normand
« dont vous avez si complètement fait le panégyrique.
« — Quoi, chez le préfet ? — Lui-même, M.... [1], il est
« mon parent et mon ami ; mon premier bonjour sera de
« lui apprendre de quelle manière vous l'avez traité,
« ainsi que Mme L., qu'il protège, et qui ne ressemble
« en aucune manière à l'odieuse peinture que vous en
« avez faite. Votre nom, que je ne sais pas, est sur notre
« feuille de route. D'ailleurs, vous vous êtes suffisamment
« désignée par la place que vous avez perdue.... (Regar-
« dant les autres voyageurs,) Messieurs, vous voudrez bien
« vous souvenir de tout ce qu'a dit Madame. »

Jugez de la surprise et de l'embarras de l'indiscrète. Le nom de celle qui lui succédait, et que j'avais prononcé à dessein, prouvait évidemment à une personne effrayée qu'elle était perdue ; que non seulement elle ne réussirait pas, mais qu'elle allait encore avoir sur les bras une méchante affaire. Elle s'efforça de m'apaiser, versa des larmes, s'abaissa jusqu'aux plus humbles supplications. Elle rétracta tout ce qu'elle avait dit. Elle ne le pensait pas, ajouta-t-elle, en essuyant d'assez beaux yeux. —
« Tant pis, vraiment, lui dis-je. Vous mentez à votre
« conscience ; c'est un tort de plus, et de l'espèce la moins
« pardonnable. — C'est le ressentiment, la colère, qui
« m'ont fait commettre cette faute. — Si une honnête

---

1. Le préfet de la Dyle à Bruxelles était, en 1805, M. Doulcet de Ponté-coulant, Normand, né à Caen en 1768. Il devint sénateur et pair de France, et mourut en 1853.

« femme écoute quelquefois ces deux passions, mauvaises
« conseillères, jamais, repris-je gravement, elle ne les
« suit jusqu'à la calomnie. »

Je la tins en inquiétude jusqu'aux portes de Bruxelles.
Alors, je lui dis : « Tranquillisez-vous, Madame. Je n'ai
« voulu que vous donner une leçon utile. Il est bien vrai
« que je connais Mme L., qui vous a déplu ; il est en-
« core très vrai qu'elle a, dans cette voiture, un proche
« parent qui pourrait vous demander compte des imper-
« tinents discours que vous avez tenus, mais qui les mé-
« prise. Du reste, je ne descends point chez votre préfet,
« qui n'est ni mon parent ni mon ami, et je vais beaucoup
« plus loin que Bruxelles. Si votre légèreté avait pour
« vous des suites fâcheuses, ne me les attribuez pas : je
« reçois sous le secret ce que vous avez divulgué. » La
réprimande était sévère ; cependant elle se confondit en
remerciements, et me promit d'être plus réservée à l'avenir. En sortant de la voiture elle me fit une grande révérence, voulut me baiser la main et disparut. Elle me devait de la reconnaissance ; mais je doute qu'en s'en allant
elle fût dans l'intention d'acquitter cette dette : j'avais
trop mortifié son amour-propre.

Nous ne pûmes pas nous loger tous dans le même hôtel.
Obligés de séjourner à Bruxelles, nous prîmes, mon ami
et moi, un appartement commode et décent, dans une maison
qu'on nous indiqua. Se logea sous le même toit un Anglais
qui, nonobstant la guerre déclarée entre les deux nations,
avait obtenu du gouvernement français la permission de
retourner dans son pays. Quoique le jour fût près de finir,
et que notre étranger ne connût personne dans le lieu où
nous devions coucher deux nuits, le premier soin de ce
brave homme fut de faire une toilette recherchée et de
nous rendre chez nous une visite de cérémonie ; il visita

pareillement nos autres compagnons de diligence. Je ne parle de cette minutie que pour avoir occasion d'entretenir quelques moments le lecteur de l'honnête M. Hamilton.

Était-il de la famille de ce nom, si célèbre en Écosse? C'est ce que je ne puis affirmer, n'ayant pas osé le questionner là-dessus; mais je le soupçonnerais volontiers : du moins c'était vers cette partie de la Grande-Bretagne qu'il dirigeait sa marche. Je n'ai point vu d'homme qui eût moins que lui les formes anglaises. Il parlait notre langue en perfection; son costume était celui de Paris avant que la Révolution y eût substitué la *titus*, le bonnet rouge et les sabots. Il était accompagné d'un valet de chambre, et il en avait journellement besoin sur la route : car, quelque matin qu'il fallût monter en voiture, il n'y paraissait que coiffé, poudré et habillé comme si notre carrosse eût dû le conduire au palais de Sa Majesté Britannique un jour de réception. Jamais il ne s'asseyait qu'il n'eût salué, les uns après les autres, tous ses compagnons de voyage; et le soir, quand on était arrivé, et qu'on ne devait pas marcher la nuit, il se hâtait de réparer le désordre que le mouvement ou d'autres accidents avaient mis dans sa parure, et faisait à toutes les chambrées une visite individuelle. C'en est à suffire sur l'écorce de l'homme. Mais qu'était-il au fond? Il était savant, érudit, une bibliothèque ambulante, un trésor d'observations rares et utiles, et usant de toutes ces richesses sans pédanterie et sans affectation. Le goût d'apprendre était né avec lui. Dès sa plus tendre jeunesse, il s'était livré à l'étude des langues; les orientales avaient eu pour lui un attrait particulier. Pour en acquérir une connaissance plus profonde, il avait quitté de bonne heure sa patrie et s'était porté chez les peuples qui les parlaient. Ses courses et son instruction avaient été de douze ans sans interruption. La langue dans laquelle il avait fait le plus de progrès était le persan; il se proposait d'en fonder une chaire à Édimbourg, je crois, et de la remplir le premier. Nous nous liâmes assez intimement pendant le temps que nous fûmes ensemble. Avant de nous séparer, il me demanda mon adresse et la permission de venir me voir à Rouen où il devait passer incessamment, diverses affaires le rappelant en France. Dix ans se sont écoulés depuis et je n'ai point revu M. Hamilton, soit que la mort l'ait enlevé aux lettres, soit qu'il m'ait oublié; quant à moi, je me souviendrai toujours de lui.

Je m'étais trouvé à dîner, chez une Altesse de la Révolution, à côté du maire d'Aix-la-Chapelle. Cet Allemand, homme de mérite, je n'en doute pas, et le poste qu'il occupait me parut en être la preuve, discutait la question du *servage germanique* avec le fameux sénateur Sieyès, plus fort dialecticien que lui. Il avait encore le désavantage de ne pouvoir rendre facilement ses idées en français : de sorte qu'il était ce qu'on appelle battu, quoique sa cause fût, à mon avis, quelque chose de plus que soutenable. Je remarquai dans les raisonnements du ci-devant abbé beaucoup plus de sophismes que de preuves; il me parut que ses connaissances du sujet, qu'il traitait avec un ton magistral, étaient superficielles, et qu'en un mot, il ne triomphait que parce que son adversaire n'était pas comme lui armé d'une langue française et exercée. Je crus devoir à l'Allemagne de me joindre à son défenseur, et je me mêlai de la conversation, modestement d'abord, pour ne pas effaroucher le père conscrit, mais plus vivement ensuite, à mesure que le combat se prolongea. Le guerrier d'Aix-la-Chapelle s'appuya sur la lance et nous regarda faire. Bientôt nous ne fûmes plus d'accord, le champion de la liberté pure et moi, sur les faits qu'il me citait, sur les lois et les usages du servage allemand ; et comme la décision de notre querelle dépendait, en grande partie, de l'exactitude des citations : « Vous ne savez « peut-être pas, me dit l'abbé sénateur, que vous dis- « putez là-dessus avec un homme qui a passé deux ans « dans le pays ? » (il avait été ambassadeur de la république à la cour de Prusse). — « Je ne l'ignore pas, lui ré- « pondis-je, mais des affaires d'État vous laissaient peu « de loisirs, et l'autre homme qui a pris la liberté de con- « tester avec vous a passé huit ans de suite au milieu des « serfs de Westphalie et n'avait rien à faire qu'à ob- « server. — Cela étant, reprit-il poliment, vous en devez « savoir plus long que moi [1]. » Ces paroles terminèrent la dispute. Mais, au café, le maire que j'avais secouru me rejoignit et me prodigua les remerciements les plus affectueux. Lui ayant dit que j'avais dessein de revoir incessamment mes bons amis du pays de Münster, il me pria instamment de prendre ma route par Aix-la-Chapelle et de lui accorder quelques jours : je promis seulement que, si je pouvais exécuter mon projet, j'entrerais en Allemagne par Düsseldorf, et qu'à ce moyen j'aurais l'honneur de le saluer en passant. En effet, de Bruxelles nous allâmes à Liège, et de cette dernière ville à celle que M. le maire habitait.

Durant cette portion de voyage, j'eus le bonheur de rendre service à un inconnu dont les sentiments m'intéressèrent beaucoup. Il avait un frère tendrement aimé et qui avait disparu, depuis quelques années, pour éviter les rigueurs de notre conscription militaire. Le lieu de sa re-

---

[1]. M. l'abbé Baston connaissait, en effet, très bien cette question du servage en Westphalie. Il y avait consacré, dans ses *Mémoires*, de nombreuses pages que nous avons cru devoir retrancher, faute d'espace.

traite fut longtemps ignoré, mais on venait d'apprendre qu'après avoir essayé de plusieurs asiles, il s'était enfin fixé à Darfeld, pays de Münster, et que là il avait pris l'habit de novice dans la communauté des Trappistes, fondée par le baron de Droste, seigneur de la paroisse. Sous quelques mois, il prononçait ses vœux. Le voyageur brûlait du désir d'embrasser encore une fois le solitaire avant sa profession. Il savait que, la cérémonie faite, un trappiste est mort au monde, à ses parents, à toute la terre. Il ne voulait pas disputer à Dieu son cher frère, l'enlever à sa vocation ; au contraire, il s'estimerait heureux d'avoir un saint dans sa famille ; mais il voudrait lui dire adieu en son nom et au nom de leur père, de leur mère, de leurs sœurs, qui tous gémissaient de l'avoir perdu. Il lui portait le consentement et la bénédiction paternelle.

« Je doute, lui dis-je, qu'on vous accorde la permission
« de voir votre frère. Les novices ne voient personne ;
« on les regarde comme ayant déjà fait divorce avec le
« siècle. Cependant ils peuvent renouer avec lui en ne
« faisant pas leurs vœux, et l'on craint qu'ils ne soient
« tentés d'abandonner leur état s'ils ont la moindre com-
« munication avec des parents ou des amis qui les re-
« grettent.

« — J'assurerai bien au Père prieur que je n'ai pas le
« dessein de dérober mon frère à son couvent.

« — Il n'osera vous croire ; vous crût-il, il redoutera la
« tentation.

« — Je me jetterai à ses pieds ; je lui offrirai tout ce
« qu'il voudra, tout ce que je possède.

« — Il ne vous vendra pas ce qu'il aura refusé à vos
« larmes.

« — J'aurai fait ce que j'aurai pu, me dit-il lentement.

« — Je connus particulièrement, repris-je, Dom Eu-
« gène, prieur et fondateur de la maison de Darfeld ; il m'a
« quelques obligations. J'ai confiance qu'il fera pour moi
« tout ce qu'il lui sera possible de faire. Au moins une
« lettre que je vous donnerai ne nuira pas au succès de
« votre démarche. »

Le bon frère fut transporté de joie. Ma rencontre lui parut une faveur du ciel et la chose désirée aussi certaine que si elle était faite. Je n'en jugeai pas de même ; mais, disais-je intérieurement, le malheureux ne souffrira pas de sa douleur le reste du voyage. J'écrivis à Dom Eugène. Je mis dans ma lettre tout ce que je crus propre à émouvoir, à persuader ce religieux aimable et sensible, et la donnant au voyageur, qui ne s'arrêtait pas comme moi à Aix-la-Chapelle, je le priai de me faire savoir à Coesfeld, où j'arriverais incessamment, si elle avait produit l'effet que nous en espérions. Il n'y manqua pas. J'eus la consolation d'apprendre que le Père prieur n'avait pu la lire sans en être touché et que la reine des vertus, la charité, avait triomphé de la prudence et des règles. Les deux frères se virent, s'embrassèrent, conversèrent ensemble et se séparèrent pour ne plus se revoir que dans l'éternité ; contents de s'être mutuellement encouragés à remplir si dignement leur vocation qu'ils se retrouvassent un jour *dans la maison du Père* commun, quoique leurs *demeures* fussent différentes.

Nous voyageâmes toute la nuit de Liège à Aix-la-Chapelle, où nous entrâmes avec le jour. Après avoir reposé quelques heures, nous nous transportâmes, mon ami et moi, à l'hôtel de M. le maire, qui, matinal, était déjà sorti. Nous lui laissâmes nos noms, notre adresse, le motif de notre visite, et nous retournâmes à l'auberge pour y attendre l'effet que notre démarche aurait produit. A

peine étions-nous rentrés qu'on nous annonce cet important personnage, au grand étonnement de nos hôtes qui ne concevaient pas que le seigneur bourgmestre se fût déplacé pour deux aussi minces voyageurs que nous paraissions l'être, lui qui recevait les respects de toute la cité de Charlemagne. La surprise augmenta encore quand, revenu une seconde fois, après notre déjeuner (sa première visite avait été très courte), on le vit, l'épée au côté, nous conduire, par la ville, à la maison commune, aux eaux et bains publics, à tous les endroits qui intéressent la curiosité des étrangers. Cela nous valut une assez plaisante excuse du maître de notre auberge quand nous rentrâmes. A l'arrivée, n'ayant ni bagages ni domestiques, nous n'avions pas paru gens à mettre au premier étage. Notre chambre était au second, propre et bien meublée, mais au second. Le maire nous avait ramenés, salués avec distinction, il était parti. L'hôte s'approche et nous dit, le chapeau à la main, « qu'il est bien fâché de ne nous avoir
« pas connus. S'il avait eu cet honneur-là, il nous aurait
« donné le plus bel appartement de sa maison, et nous
« n'eussions pas payé plus cher (ce qui signifiait peut-être
« qu'actuellement que nous étions connus, nous paierions
« comme des seigneurs). Si nous n'avions pas emporté la
« clef de notre chambre, il aurait pris la liberté de faire
« descendre nos paquets au premier étage, mais qu'il
« était encore temps. Au demeurant, sa faute avait cela
« d'avantageux qu'elle lui apprenait, pour une autre fois,
« à ne pas prendre les gens à la mine. » Cette finale, fortement imprégnée de la politesse allemande, nous fit sourire. Nous nous empressâmes de répondre au Herr de l'auberge que nous nous trouvions parfaitement bien logés, qu'on dormait plus paisiblement au second qu'au premier, que nous n'attendions personne autre que M. le

maire, qui n'avait point eu peur de nos deux étages ; qu'ainsi nous nous en tiendrions à la chambre qu'il nous avait donnée d'abord. Il ne répliqua pas. Mais revenons au maire.

« Il aurait fait emporter nos bagages chez lui, nous
« dit-il en nous remettant à notre logis, n'était que son
« épouse avait une maladie dangereuse (elle mourut en
« effet huit jours après). Il aurait eu l'honneur de nous
« proposer le dîner aujourd'hui, n'était un engagement
« antérieur qu'il n'avait pas le pouvoir de rompre. Nous
« ne mangerons cependant pas à l'auberge : M. le vicaire
« général, en l'absence de l'évêque, l'avait chargé de
« nous inviter à dîner (je présume que c'était lui, au
« contraire, qui avait prié le vicaire général de le sup-
« pléer ; le résultat pour nous était le même). Mais ce
« soir, demain, les autres jours dont nous voudrions bien
« disposer en sa faveur, il espère que nous voudrions
« bien n'avoir pas d'autre table que la sienne. » Nous acceptâmes, sans façon, le dîner de M. le vicaire général. Nous dîmes que nous ne soupions pas et que nous étions obligés de partir dès le lendemain, à l'heure qu'il faudrait, pour être à Düsseldorf avant la nuit. Pour ne point trop chagriner l'honnête bourgmestre qui paraissait vraiment triste de nous perdre sitôt, nous lui demandâmes à déjeuner pour le jour suivant. « Nous partirons de chez
« vous, monsieur le maire ; ajoutez à vos bontés pour nous
« celle de nous procurer une voiture de louage et d'en
« faire vous-même le prix. » La chose fut ainsi réglée de son consentement.

Il convenait, sous tous les rapports, que nous fissions une visite au vénérable ecclésiastique chez qui nous dînions. Nous vîmes, à la manière dont il nous reçut, qu'il comptait sur cette politesse de notre part : « car il n'était

« pas sorti, nous dit-il, dans la crainte que nous ne le
« trouvassions pas. » Le hasard voulut qu'il fût de la connaissance de mon compagnon de voyage, qui, pendant
son émigration, l'avait rencontré plusieurs fois à Clèves,
où il était chanoine. On le disait bon administrateur, instruit dans toutes les parties de la science de son état, très
régulier dans sa conduite : ce que nous crûmes volontiers sur parole. Mais ce dont nous pûmes juger par nous-
mêmes, c'est qu'il était franc, de belle humeur ; parlant
sensément, plaisantant quelquefois, et avec plus de finesse
qu'il n'est d'ordinaire dans le voisinage du Rhin ; qu'il
parlait assez bien le français, s'exprimant avec une
grande facilité ; seulement ses constructions et ses locutions étaient souvent de fabrique. Sa conversation n'en
était que plus amusante. Nous rîmes de bon cœur de ses
doléances d'être *attelé* et de *traîner le joug* avec un évêque [1] qui avait *juré le maudit serment* et qui ne voulait
pas *convertir soi*. Il nous avoua qu'il avait cherché nos
noms dans l'almanach ecclésiastique, dans la crainte que
nous ne fussions des aventuriers *comme deux bougres* (il
ne savait pas que ce mot est laid en français) qui l'avaient
trompé, l'un se disant évêque dans les colonies et l'autre
nommé second vicaire général d'Aix-la-Chapelle, qui n'en
avait qu'un.

Après une demi-heure d'entretien, nous le priâmes de
nous faire conduire à la préfecture, où il fallait que nos
passeports fussent visés avant que nous sortissions des
terres de l'Empire français. Il nous y conduisit lui-même.
Au nom de l'archevêque de Rouen que nous invoquâmes,

---

1. Marc-Antoine Berdolet, né à Rougemont (Haut-Rhin) en 1740, évêque
constitutionnel de Colmar en 1796 ; plus tard, évêque légitime d'Aix-la-
Chapelle, diocèse qui comprenait alors les départements de la Roër et
de Rhin-et-Moselle.

toutes les portes s'ouvrirent. Nous trouvâmes le préfet déjeunant à la fourchette. Il se leva, vint au-devant de nous, nous invita à faire comme lui : nous nous en excusâmes. Il fut sur-le-champ mettre nos passeports en règle et nous donna très obligeamment une lettre pour le préposé aux douanes de la frontière, afin qu'il nous exemptât de la visite des commis à la sortie. Il ne disait pas de ne la point faire, mais de ne pas retarder notre passage à Düsseldorf. C'était un vrai service, car rien au monde n'est aussi désagréable que cette opération et l'on n'est pas toujours sûr de n'y rien perdre. J'avais envoyé en Westphalie un gros paquet par le roulage. Il fut visité par nos douaniers au moment et au lieu qu'il quittait la France. Sans doute on y trouva différents articles qu'il fallait confisquer, entre autres quelques livres de bougies du Mans et un portefeuille de maroquin rouge, garni en argent. Peut-être cette soustraction ne fut-elle pas un vol, mais seulement l'oubli de remettre les choses à leur place : la charité, qui *ne pense pas le mal*, veut qu'on explique tout *in mitius*, et qu'on ne voie le délit que lorsqu'on ne peut attribuer l'accident à une cause innocente. Le préfet qui en usa si galamment à notre égard était l'*Alexandre*[1] de l'Assemblée constituante, ce courtisan dont les opinions et la conduite courroucèrent si fort le *côté droit*. Il avait chez lui le général Charles, son frère, dont les formes ne nous parurent pas aussi attrayantes que les siennes.

Nous dînâmes donc chez M. le vicaire général ; il nous

---

[1]. M. Baston doit se tromper de département. Le préfet de la Roër, à Aix-la-Chapelle, était, en 1805, M. Laumond, conseiller d'État. Alexandre de Lameth fut nommé en 1806 préfet de Rhin-et-Moselle. Quant à Charles de Lameth, son frère, il était général en 1792 et commanda la cavalerie à l'armée du Nord. Il reprit du service sous l'empire.

fit voir, après le repas, le trésor de la cathédrale. Ce qui nous y intéressa le plus fut, pour ainsi dire, les débris du tombeau de Charlemagne ou plutôt ce qu'on y avait trouvé quand on l'ouvrit. Nous remarquâmes une topaze, la plus belle pièce de cette espèce qui soit en Europe. L'impératrice Joséphine, nous dit le démonstrateur, l'avait vue et admirée avec des yeux de concupiscence. Les chanoines feignirent de ne pas comprendre qu'elle désirait ce joyau, et elle n'osa en faire la demande. Je rapporte ce fait sans le garantir. Mais ce qui nous attacha singulièrement, ce qui nous remua, en quelque sorte, jusqu'au fond de l'âme, fut le crâne du grand empereur. Il est enchâssé dans un cercle d'or. Les dimensions en sont d'une amplitude extraordinaire. Je n'y observai pas de protubérances, peut-être parce qu'il logeait un esprit universel.

Le lendemain est venu. Une chaise nous prend chez M. le maire, au sortir de table, et nous partons pour Düsseldorf. En route nous perdîmes assez maladroitement l'avantage d'être conduits par un voiturier du choix du premier magistrat d'Aix-la-Chapelle, dont l'autorité nous assurait les complaisances de l'homme de louage. Ne voilà-t-il pas qu'à moitié chemin, nous faisons rencontre d'une voiture semblable à la nôtre, partie de l'endroit où nous allions, et dont les voyageurs allaient à l'endroit d'où nous étions partis! De concert, les deux postillons demandèrent instamment que nous voulussions bien changer de chaise, au moyen de quoi ils retourneraient chez eux, l'un et l'autre, dans la même journée, au lieu d'employer deux jours au voyage. Ils nous assurèrent que cette translation était ordinaire dans le pays. Les voituriers y gagnaient cent pour cent et les voiturés n'en recevaient, disaient-ils, aucun dommage. En effet, au premier mot qui en fut dit, les voyageurs allemands consentirent à l'échange et nous y donnâmes les mains, mais nous ne tardâmes pas longtemps à nous apercevoir que nous étions dupes dans cet arrangement. Notre nouvel automédon, habitant de la petite ville de Nuys, n'avait aucune raison de craindre ou d'obliger le maire d'Aix-la-Chapelle ; il haïssait les Français, peut-être les ecclésiastiques plus que les autres ; les six lieues que nous fîmes avec lui furent une tracasserie de près de six heures. Tous les cabarets étaient pour lui un lieu de station ; sa tête naturellement mauvaise augmentait de chaleur et d'improbité chaque fois qu'il buvait ; il se montra intraitable à la fin de la course, nous laissant sur la rive gauche du Rhin, quoique celui auquel il avait succédé eût pris l'engagement de passer le fleuve avec nous et de nous conduire à une auberge. Et pas de moyen de recourir à une autorité. Il n'y a là que quelques douaniers, plus disposés à s'entendre avec les gens du pays contre les étrangers, surtout de notre robe, qu'à prêter secours à ceux-ci. Nous les réclamâmes et ils n'eurent point d'oreilles.

Nous ne demeurâmes qu'un jour à Düsseldorf, capitale du duché de Berg. La diligence de Münster (peut-on en conscience donner ce nom à un chariot qui n'avance qu'au pas des chevaux ?) nous déposa dans la petite ville de Dülmen ; c'est là que nous nous séparâmes, mon compagnon de voyage et moi. Il avait encore vingt lieues à parcourir ; moi, deux seulement pour arriver à Coesfeld. Je les fis à cheval, l'endroit où j'allais n'étant point sur la route de la voiture publique. Le chemin m'était connu ; je l'avais fait plusieurs fois durant mon exil. Je rencontrai ce vieux et romantique château de Lété, où nous avions manqué de nous établir à notre arrivée en Westphalie [1] :

---

1. V. t. II, p. 215 et suiv.

sa vue me rappela bien des souvenirs qui commencèrent à m'émouvoir. Bientôt j'aperçus les clochers de la ville hospitalière où j'avais vécu huit ans, banni de ma patrie, et où me ramenaient la reconnaissance et l'amitié. Alors je sentis les mouvements de mon cœur s'accélérer d'une manière tout à la fois douce et pénible. A un quart de lieue du terme de ma course, l'attendrissement, qui augmentait par degrés, fut porté au comble. Le bourgmestre, mon ami, qui avait toujours fait de la tête un signe d'incrédulité quand je parlais de revenir au pays après ma rentrée en France, était par hasard dans la campagne, occupé à donner quelques ordres. Il m'aperçoit ; qu'on se souvienne que l'extérieur de cet homme était extrêmement froid ; il me reconnaît, accourt, ne me laisse pas le temps de descendre de cheval, s'empare d'une de mes mains, la couvre de baisers et de larmes. Oh! je l'avoue, ce moment fut délicieux pour moi ; il payait toutes les fatigues du voyage.

Enfin, j'arrivai chez les respectables baronnes, religieuses Bernardines de l'abbaye de Marienborn. Chassées de leur cloître par le prince protestant devenu leur souverain, et qui avait fait de leur maison son palais, elles habitaient une espèce de communauté, appartenant jadis à des *dévotesses* [1], et, réunies, continuaient d'y porter l'habit de leur état, comme d'en pratiquer la règle. Leurs pensions (elles n'avaient plus de biens) étaient modiques. Le séjour des émigrés et des déportés français, qu'elles avaient recueillis et assistés avec la plus admirable charité, les avait obérées, et ces dettes contractées à notre occasion étaient cause que le traitement alimentaire de

---

1. « Espèce de religieuses qui vivent dans le monde. » V. t. II, p. 319, *in fine*.

chaque religieuse était beaucoup moindre qu'il n'eût été sans cela. J'ai dit : contractées à notre occasion, quoique la chose ne me regarde pas personnellement, ne leur ayant jamais été à charge; mais, comme Français, je me tiens pour solidaire avec mes compagnons d'infortune. Je portais à nos bienfaitrices un secours en argent auquel diverses personnes de Rouen avaient généreusement contribué. Il ne pouvait leur venir plus à propos, mais ce n'est point à lui que je fus redevable des témoignages d'affection dont elles m'accablèrent ; si j'avais été dans le besoin, elles auraient partagé avec moi le peu qui leur restait; mais je ne les avais point oubliées; je leur avais tenu parole, je venais de bien loin pour les voir encore une fois avant de mourir : voilà ce qu'elles concevaient à peine. Moins elles avaient espéré, plus l'événement leur était agréable. Il se faisait d'autant plus sentir à leurs bons cœurs, que quelques autres qu'elles avaient nourris, logés et entretenus gratuitement, pendant toute la durée de notre exil en Allemagne, n'avaient pas même écrit depuis leur départ.

Cependant la nouvelle d'un prêtre français, revenu de France pour visiter ses amis de Coesfeld, se répandit dans toute la ville. C'était à qui s'en assurerait par ses propres yeux, et, dans l'exacte vérité, je fus, durant huit jours, *la pièce curieuse*. On aurait donné de l'argent pour me voir, si ce n'est que je me montrais pour rien. Tous mes amis, toutes mes connaissances, me contemplaient avec une sorte d'admiration. On n'aurait pas cru qu'un Français fût capable d'un pareil attachement, se disait-on tout bas, de manière pourtant que je l'entendis quelquefois; et je ne doute pas que mon voyage n'ait diminué quelque chose des préjugés que les Allemands se plaisent à nourrir contre notre caractère national.

On ne s'attend pas à beaucoup de détails sur mon séjour en Westphalie. Il ne dura que trois semaines, qui se ressemblèrent toutes, sauf quelques particularités dont je vais parler en courant.

Ma première observation sera pour les ecclésiastiques français des environs (il n'en était pas resté à Coesfeld) qui n'avaient pas jugé à propos de rentrer dans leur patrie à la suite et par le moyen du Concordat de Pie VII et du Premier Consul. Ils évitèrent de se trouver avec moi, ou me firent assez mauvaise mine quand nous nous rencontrâmes ; les uns parce que leurs opinions politiques ne cadraient point avec celles que semblaient avoir adoptées les prêtres soumis au gouvernement français ; les autres parce qu'ils s'imaginaient que le Pape avait de beaucoup outrepassé ses pouvoirs en construisant sur les ruines de l'ancienne la nouvelle Église gallicane, ou par ces deux motifs réunis. Quelques-uns pouvaient être retenus par des raisons personnelles. Je ne jurerais pas qu'il n'y en eût qui regrettaient de n'avoir pas suivi l'exemple que nous leur avions donné, et ne voyaient pas sans dépit et sans envie que nous eussions un état honnête, tandis qu'ils étaient à rien faire, à l'aumône de quelque paysan ou de quelque baron. Au reste, tous affectaient un air de *confesseur* qui n'était plus de saison, puisqu'ils avaient été libres de reprendre les fonctions auxquelles la violence les avait arrachés et de rendre à l'Église des services plus désintéressés qu'auparavant. Et ne me dites point qu'ils étaient encore à temps : car d'abord il y avait une mauvaise honte à surmonter en revenant sur ses pas et en faisant soi-même ce qu'on avait, quelquefois violemment, blâmé dans les autres. Ensuite les places étaient prises, celles du moins qui offraient des douceurs et de l'agrément. Si mes conjectures me trompent, qu'on s'en tienne simplement au fait, savoir que l'œil de ces prêtres, qui avaient prolongé volontairement le supplice de leur déportation, ne s'ouvrait pas volontiers sur un de leurs confrères qui l'avait abrégé. Ils me fuyaient et je ne les recherchais pas.

Les vénérables capucins de Coesfeld en usèrent mieux à mon égard. Pendant mon exil, je n'avais eu que peu de rapports avec eux. Suffisant à mes besoins, ayant d'ailleurs d'autres amis qui seraient venus à mon secours s'il l'eût fallu, je ne m'étais pas trouvé dans le cas de recourir à leur charité. Quant aux relations de société, ce n'était point avec cette sorte de religieux qu'on en pouvait entretenir. Les devoirs de leur état réclamaient tous les moments de la journée et ils les leur accordaient de la manière la plus édifiante. Peu de communautés rentées qui fissent aux déportés autant de bien que cette branche des pauvres enfants de Saint-François ; ils en faisaient particulièrement aux religieux de leur Ordre, et rien assurément de plus naturel que cette prédilection. C'est le *maxime domesticos fidei* de l'Apôtre qui prêchait la charité générale. Une fois admis, le capucin français devenait membre de la communauté, en partageait les charges et les avantages. Au moment du Concordat, tous ces capucins exotiques, la plupart Flamands, quittèrent la Westphalie, à l'exception d'un vieillard infirme, qui ne pouvait être d'aucune utilité à la maison qui le conservait. Il y mourut, en bénissant le ciel d'avoir ménagé cet asile à ses dernières années. La capucinière de Coesfeld hérita du peu qu'il y avait apporté. Jusqu'à son décès, se berçant toujours de l'espoir de retourner en France quand il serait guéri, il avait retenu par devers lui *ses petites propriétés*, et le supérieur de la maison, quoiqu'il y eût à gagner pour elle, n'avait pas jugé que cela fût contraire au vœu de pauvreté si strictement observé parmi les siens. Les circonstances en modéraient la rigueur pour des religieux fugitifs et errants sur la terre : au moins on le pensait ainsi.

En mourant, le Père Hilarion avait déclaré à son gardien [1] que Mlle de C***, femme très chrétienne, habitant une terre à dix lieues de Rouen, avait reçu de lui le dépôt d'une somme de douze cents francs, qu'il aurait cru imprudent d'emporter avec lui en quittant la France. Comment l'avait-il amassée? Je l'ignore, et il importe aussi peu à mes lecteurs qu'à moi de le savoir. Ce que je puis leur dire, c'est qu'il était trop honnête homme et trop bon religieux pour que sa conscience eût souffert de l'acquisition de ce pécule. Or, le Père gardien eût désiré que la maison profitât d'une partie de cet argent pour l'indemniser des frais de la dernière maladie. Sachant que j'étais à Rouen et que j'y occupais une des premières places dans le clergé de ce grand diocèse, il pria le meilleur ami que j'avais dans le pays de Münster de m'en écrire et de me recommander les intérêts de sa pauvre communauté. La réclamation me parut de toute justice. Mais, me disais-je en lisant la lettre de l'intercesseur, une part, une indemnité pour le coût de la dernière maladie, n'est pas ce qui convient. Les Pères de Coesfeld ont gardé au milieu d'eux notre compatriote Hilarion pendant sept à huit ans, ou plus, lui ont fourni toit, nourriture et entretien ; ils l'ont soigné jusqu'au tombeau inclusivement ; eux et lui étaient de la même famille ; ils étaient frères ; qu'ils aient donc en entier ce qu'il laisse après lui. J'en fis la proposition à Mlle de C*** : pour réponse je reçus les cinquante louis. Un négociant de Rouen les fit passer, sans

---

1. C'est le nom que les capucins donnent au supérieur de leur maison.

frais, à Münster, par son banquier. Une lettre d'avertissement instruisit le Père gardien que l'argent était là, à son adresse, lui dit de le faire prendre et de m'en envoyer un reçu : ce qui fut très promptement exécuté. Sa Révérence m'exprima, en beau latin, la gratitude de son couvent. Jamais tant d'or n'y était entré à la fois ; car, riches en denrées de toute espèce, les capucins de cette partie de l'Allemagne sont presque aussi pauvres, aussi dénués d'argent, que leur pieux fondateur.

Deux ans s'étaient écoulés depuis que je leur avais procuré cette bonne fortune, quand je reparus à Coesfeld. Ils avaient encore le même Supérieur. Sa reconnaissance était aussi vive que le premier jour : chose assez remarquable, vu sa rareté, pour que j'en fasse mention. Je fus prié de dîner au réfectoire, « afin que toute la commu« nauté eût la satisfaction de voir son bienfaiteur.... » Et riez un peu de l'innocente supercherie dont vous allez lire le récit. C'était un de ces jours où l'usage, qui a force de loi, ne permettait point de servir de vin aux religieux, c'est-à-dire de mettre devant chacun d'eux la petite fiole de cérémonie (elle contient trois ou quatre coups ; quand elle est vide, on la remplit ; les gens discrets et sobres en laissent un peu dès la première fois). Comme étranger, j'avais près de moi un flacon de vieux vin du Rhin. La règle n'était pas pour moi. Cependant il fallait boire à ma santé. Mais la portera-t-on avec de la bière, qui n'est pas même forte et qu'on n'avale que par nécessité ? Comment sortir de cet embarras ; ne manquer ni à ce qu'on doit à l'honorable convive ni à ce qu'exige la police claustrale ? « Écoutez, me dit à l'oreille le Père gardien, mais « faites semblant de ne pas l'avoir su. Régulièrement, « après le repas, on promène le long des tables une « grande cruche remplie de bière, de peur que nos frères,

« ayant vidé leur carafon, n'aient encore soif. On offre à
« tous de la grande cruche, et présente sa tasse qui veut.
« Personne n'y manquera aujourd'hui, puisque c'est pour
« boire avec vous. Au lieu de bière, j'ai commandé tout
« bas qu'on remplît de vin la cruche supplémentaire. Elle
« n'est pas transparente, non plus que nos tasses de terre
« cuite ; d'ailleurs la couleur des deux liquides est pres-
« que la même. Tout le monde y sera attrapé, moi
« comme les autres. Je pardonnerai au frère cellérier sa
« méprise ; mais je lui recommanderai sévèrement d'y
« faire attention une autre fois et de ne pas se tromper
« ainsi de tonneau. » La chose s'exécuta de la manière
que le Révérend Père l'avait combinée ; j'avais promis le
secret, et en vous le révélant, je ne crois pas y manquer.
Ma promesse n'était que pour le moment et le lieu de la
scène.

Vainement chercherais-je une transition qui liât le sujet
précédent avec celui qui va suivre ; c'est d'une petite
chienne qu'il sera question : de cette *Rosette* qui m'aimait
tant, qui ne m'avait jamais oublié, qui, à chaque instant,
se souvenait, avec reconnaissance, que, jetée comme
morte sur un fumier, elle avait été rappelée à la vie par
mes soins et ma tendresse ; fait qui viendrait au mieux à
l'appui de ceux que rapporte le docteur Winslow dans sa
fameuse thèse sur les morts qui sont encore vivants ; car
ici la différence de l'homme et de la bête n'en est pas
une. Lorsque nous habitions ensemble, Rosette et moi,
j'avais eu plus d'une preuve de son esprit ; aucune de sa
discrétion, de sa délicatesse, où le hasard avait voulu que
je n'y fisse point d'attention. J'ignorais qu'elle fût de
force à analyser un sentiment, à en prévoir les fâcheuses
conséquences et à les épargner aux personnes qu'elle aime,
dût sa propre satisfaction souffrir de ce ménagement.

Je crus, dès ma première visite à la dame religieuse à qui je l'avais léguée en partant, découvrir en elle cette précieuse qualité : jugez vous-même si je me suis trompé. La jolie bête était dans son panier, quand j'entrai chez sa maîtresse. Elle dressa sa tête et ses oreilles ; ses yeux s'animèrent ; elle n'aboya point : preuve qu'elle m'avait reconnu, car si un étranger se présentait dans la chambre, c'étaient des cris à n'en pas finir. Puis elle sauta à terre, vint à moi, mais sans empressement ; me félicita sur mon arrivée par quelques mouvements de queue, lécha deux ou trois fois ma main qui la caressait, et se retira aussitôt dans son panier, où elle s'étendit tranquillement. J'avoue qu'une aussi commune, aussi froide réception me causa de l'étonnement, et, je n'en rougis pas, un peu de peine. Ce n'était plus *ma Rosette*. Le moment d'après, elle me convainquit de mon injustice. Sa maîtresse sort ; seule avec moi, elle saute de nouveau de son panier, accourt, monte sur mes genoux, se dresse sur ma poitrine, m'accable de caresses. Mes joues, mes yeux, mon front, tout mon visage, éprouvent la vivacité de son amour. Si elle ne pleure point, c'est, je n'en doute pas, que les animaux n'ont pas le genre de faiblesse que nous appelons des larmes de joie.... On a vu ailleurs que les chiens en versent de douleur. Sa maîtresse revient, elle l'entend : vite, elle me laisse, retourne à son panier, et s'y étend comme une chienne assoupie et rêveuse. Il en fut de même pendant les trois semaines que je passai avec elle. Rosette, dans l'absence de sa maîtresse, y eût-il d'autres témoins, me témoignait sa tendresse à m'en fatiguer, si les témoignages d'une sincère et innocente amitié fatiguaient quelquefois : et quand la maîtresse était présente, la chienne ne se montrait pour moi que polie.

Y êtes-vous maintenant ? Comprenez-vous ce que j'ai

voulu vous faire entendre? Vous hésitez? Quoi! vous ne voyez pas que ma Rosette connaissait parfaitement la jalousie, ce qui excitait ce sentiment, combien il était pénible, combien il fallait s'observer pour qu'il n'entrât pas dans l'âme d'une personne qu'on est obligé d'aimer, et qu'on aime? « Si, en présence de ma maîtresse actuelle,
« disait à part soi la charmante petite bête, je donnais à
« mon ancien maître des marques trop prononcées, trop
« vives, de mon durable attachement, elle en serait jalouse.
« C'est un tourment que je dois et veux lui épargner ; mon
« ancien maître ne le trouvera pas mauvais. D'un autre
« côté, je serais désolée qu'il me pût soupçonner d'incons-
« tance et d'ingratitude : ce qui ne manquerait pas d'arri-
« ver si je m'en tenais à l'accueil que je lui ai fait d'abord.
« Pour tout concilier et contenter deux personnes si
« chères, quand ma maîtresse n'y sera pas, je lui ferai
« toutes les caresses qu'un chien peut imaginer; quand
« elle y sera, je me renfermerai dans les bornes d'une
« conduite honnête, d'un branlement de queue, d'un
« baiser de main. Cette différence dans mes actions révé-
« lera à ce bon ancien maître le secret de mon cœur. Il
« m'en aimera davantage; à ma place, il en ferait autant. »
Et vous, lecteur intelligent et sensible, n'eussiez-vous pas commenté Rosette de la même manière ? Elle a pu se tromper en conjecturant que cette dame serait jalouse de sa grande amitié pour moi, si, en sa présence, elle la manifestait si vivement, mais, erreur ou vérité, j'ai bien rendu ses dispositions intérieures; et je ne crois réellement pas qu'il y ait deux façons d'expliquer cette alternative de politesse froide et de chaleur d'amitié, causée par la présence et l'absence d'une seule et même personne. Il n'y a d'objections à faire sinon que *Rosette* est une bête et qu'elle raisonne.... Non, elle *sent* d'une manière exquise,

et c'est un chien. Au surplus, j'ai raconté un fait exactement vrai, et je ne pense pas qu'il y ait deux façons de l'expliquer. Aimeriez-vous mieux donner au hasard ce que mon histoire a de singulier ?

Voici un tout autre écart que de sauter sans intermédiaire d'un réfectoire de capucins au panier d'une petite chicane. Le christianisme et la civilisation n'avaient commencé en Westphalie qu'au temps où Charlemagne introduisit un peu militairement l'Évangile et les mœurs sociales dans ces vastes contrées. Les progrès de la politesse y sont récents, et quelques restes du paganisme y subsistent encore, ainsi que je l'ai dit ailleurs. D'anciens livres d'Église que j'avais parcourus ne m'avaient semblé ni bien digérés, ni même décents dans toutes leurs parties. Je me souvenais en particulier d'une prose pour les morts, avant qu'on adoptât ou que l'on connût le *Dies iræ*; je l'avais vue manuscrite quelque part, et, retournant en Allemagne, je me proposai d'en faire la recherche, à cause de sa singularité. En feuilletant un graduel de la principale église de Coesfeld, je la trouvai à la dernière page et la transcrivis. En voilà une copie, qui peut-être manque d'exactitude en plusieurs endroits, car mon original n'était pas très facile à déchiffrer :

PROSA PRO MORTUIS.

Audi, tellus; audi, magni maris nimbus ;
Audi, omne quod vivit sub sole,
Hujus mundi decus et gloria,
Tam falsa sunt quam transitoria ;
Ut testantur hæc temporalia,
Non in uno statu manentia.

Suit la preuve de cette assertion portée à l'audience

de l'univers entier. L'auteur la donne *ab enumeratione* :

> Nil artium valet profunditas :
> Nihil valet falsa divinitas,
> Nihil prodest genus vel species,
> Nihil valet auri congeries.
> Transit enim rerum materies,
> Ut liquescit a sole glacies.

Des choses il passe aux personnes et à leurs attributs :

> Nihil valet regalis dignitas;
> Nulli prodest corporis quantitas,
> Cum Helena Paris pulcherrimus,
> Ac Achilles ubi magnanimus?

> Ubi Plato, ubi Porphyrius?
> Ubi Tullius et Virgilius?
> Ubi Thales, ubi Empedocles,
> Ac egregius Aristoteles?
> Alexander ubi rex maximus?
> Ubi Hector, Trojæ fortissimus?

> Ubi.... 1, vir durissimus?
> Ubi Salomon prudentissimus?
> Ubi David, rex doctissimus?
> Ubi Absalon, vir pulcherrimus?
> Ubi Nero, ubi Pompeius?
> Ubi Flaccus, aut ubi Darius?

> Transierunt lege mortalium,
> Per unius momenti spatium :

---

1. Je n'ai pu lire le nom de la première ligne de cette strophe. Choisissez parmi les Hébreux, les Grecs et les Romains, un méchant de trois syllabes, il vaudra autant que celui qu'on avait mis. (*Note de M. Baston.*)

Ceciderunt in profundum ut lapides;
Quis scit an detur eis requies?

Pie Deus, rector fidelium,
Fac te nobis semper propitium
    In die illa tremenda
Quando cœli movendi sunt et terra.

Est-il convenable qu'on ait pu chanter une pareille rapsodie dans une église chrétienne, pendant l'action du sacrifice? Je ne parle point de la latinité, qui est pitoyable, ni des idées, qui n'ont rien d'élevé, si ce n'est dans ces deux lignes, *transierunt lege mortalium per unius momenti spatium* : tant de siècles, renfermés dans l'espace d'un moment, offrent une grande image ; mais il est vraisemblable que le compositeur n'y a pas songé. Il aura donné à chacun de ses personnages *un moment de durée ;* alors plus de grandeur dans le tableau. Je parle de cette capilotade de noms si peu faits pour aller ensemble : cette Hélène, ce Pompée, ce Néron surtout! je parle de cette réflexion où le ridicule le dispute à l'ignorance, pour ne rien dire de plus : *quis scit an detur eis requies?* « Qui « sait si, dans l'autre vie, Néron jouit du repos, s'il est « en paradis ou en enfer? »

Plus qu'une particularité de mon deuxième séjour en Westphalie. Elle a pour objet les *voyants :* bien des gens aimeraient mieux que j'eusse dit les *visionnaires :* mais, dans le pays, c'est le premier mot qu'on emploie, et je dois me conformer à l'usage. Je craindrais d'ailleurs d'être injuste à l'égard de ces prétendus prophètes, ne comprenant rien à ce qui se passe en eux, et, par conséquent, ne pouvant le juger. Il y a donc à Coesfeld et en d'autres endroits des hommes qui s'imaginent « voir les « événements futurs, comme s'ils se passaient actuellement

« sous leurs yeux. » Le *voyant* de ma petite ville gardait, par état, tous les porcs de la cité. Dès le matin, il sortait avec eux, et les menait paître au loin. Oisif comme nos bergers, parcourant les plaines et les collines des environs à la tête de son troupeau, il rencontrait souvent, disait-il, les événements futurs sur sa route. Ce n'était, à l'entendre, ni une révélation ni une inspiration, mais *une vue*. Les objets étaient présents, et il les regardait. Le tableau était vivant, animé. Ce qui frappait ses sens représentait exactement ce qui devait arriver. La copie précédait l'original, ou, si vous l'aimez mieux, la vision offrait le modèle de la réalité qui n'était pas encore, mais qui ne pouvait pas manquer d'être un jour. Et vous remarquerez que cet Allemand, simple et grossier comme sa profession, racontait naïvement ses perceptions fantastiques. On en tenait note, et, tôt ou tard, cette prophétie, enluminée par les sens ou par l'imagination, s'accomplissait à la lettre ; c'était du moins ce qu'on assurait, et à Coesfeld, de mon temps, personne n'en doutait. Mais connaissait-on d'avance le moment précis de l'accomplissement ? Vous devriez penser que non, puisque la chose future était vue *comme présente*. On savait donc certainement (je parle le langage du pays) que la chose arriverait, mais l'époque était ignorée.

Un jour que je me promenais sur la place où est la maison commune et le corps de garde, je me souvins du pâtre des animaux immondes, et demandai à mon ami le bourgmestre, que j'y trouvai, si cet homme continuait d'avoir des visions. — « Toujours, me répondit-il ; il en eut
« une, il y a plus d'un an, qui nous intéresse beaucoup,
« et dont je conserve le détail écrit et signé de ma main,
« et cacheté du sceau de la ville, afin que si la chose ar-
« rive, on ne puisse pas dire que la vision fût un après-

« coup.— Et pouvez-vous m'apprendre de quoi il s'agit? —
« Oh! très volontiers (me montrant un vaste écusson en
« boiserie et colorié, affiché contre la muraille) : voilà les
« armes de notre nouveau souverain, le prince de Salm :
« eh bien ! le *voyant* m'a dit, il y a quatorze ou quinze
« mois, ces propres paroles : J'ai vu aujourd'hui quel-
« ques centaines de soldats français, habillés de vert, en-
« trer par la porte de Varlar. Ils se sont rendus en droi-
« ture à la place, et ayant appliqué une échelle à la mu-
« raille du corps de garde, ils ont décroché les armoiries
« de notre prince : après quoi ils en ont mis d'autres
« que je ne connais point. Cela nous annonce encore
« un changement de souverain, et nous sommes dans l'at-
« tente. »

La conversation en resta là. Huit jours s'écoulent, et tout à coup le bruit de quelques tambours se fait entendre dans la campagne. La cavalerie prussienne, en garnison dans la ville, monte précipitamment à cheval et se retire. Deux ou trois cents chasseurs français entrent par la porte de Varlar, opposée à celle par où des Français eussent dû naturellement arriver. Ils se rendent à la place, appuient une échelle contre le mur, arrachent l'écusson du prince de Salm, et y substituent celui du prince Murat, duc de Berg, qu'ils proclament souverain de la ville et de ses dépendances. La vision fut décachetée, vérifiée dans tous ses points. Le lecteur en pensera ce qu'il voudra, mais ma déposition contient la vérité.

Les trois semaines convenues sont finies; mon compagnon de voyage m'a rejoint. J'ai quitté mes amis de Coesfeld, au nombre desquels je compte la petite Rosette. Ma douleur a été moins vive, mais plus sombre que la première fois. On en devine la raison. Moins vive : j'avais fait le noviciat d'une première séparation; plus sombre :

cette fois je n'avais ni la résolution ni même l'espoir de renouveler ma visite avant la mort. Au moment de l'adieu, nous mourions les uns pour les autres.

Je rentrai en France par Anvers, aussi bien reçu par son préfet [1] que je l'avais été par celui d'Aix-la-Chapelle. C'était un excellent administrateur, pour qui les Anversois avaient de l'amitié, chose d'autant plus remarquable que, dans ce pays peu civilisé, peu philosophe et très religieux, les Français étaient vus de bien mauvais œil. Membre de la Convention, ce préfet avait commis une faute que les hommes ne pardonnent point et que la mort n'expierait pas : mais il en avait, disait-on, un repentir si vrai, si profond, il était déchiré par de si puissants remords, qu'en le condamnant on ne pouvait s'empêcher de le plaindre et de le distinguer avantageusement de ses semblables.

Je repris à Rouen mes occupations ordinaires, dont rien, jusqu'au concile convoqué par Napoléon, ne dérangea la monotonie ; mais le temps de cette assemblée est devenu pour moi l'époque la plus importante de ma vie, et certainement la plus malheureuse, à estimer les choses humainement. Avant d'en parler, je dirai que mon voyage d'Allemagne, entrepris avec tant de joie et terminé sans accident, m'occasionna une peine très sensible. Mon compagnon de voyage, l'un des meilleurs hommes que j'aie jamais connus, qui m'aimait autant par inclination que par reconnaissance de quelques services que je lui avais rendus, fut enlevé au diocèse et à moi par une mort pré-

---

1. Le préfet des Deux-Nèthes, à Anvers, était, en 1805, M. Cochon de Lapparent, qui vota à la Convention la mort du roi ; il fut ministre de la police générale au commencement du Directoire.

maturée, peu de mois après notre retour. Il jouissait, en apparence, de la plus belle santé, mais une humeur qui roulait avec le sang dans ses veines se manifestait quelquefois à la peau. Il aurait bien voulu en être débarrassé. Son malheur fit qu'il rencontra sur sa route un de ces ecclésiastiques de campagne qui ont des secrets pour toutes les maladies. Cet Esculape lui enseigna un remède infaillible pour purifier le fluide, principe de la vie animale. Revenu à Rouen, M. F*** [1] n'eut rien de plus pressé que de faire usage de la bonne recette. Il faut tout dire : avant de s'en servir, il la consulta (*sic*) à celui de nos médecins qui paraissait le plus habile ou le plus heureux. Le docteur l'encouragea par son approbation. Il prit la mixture. L'effet en fut prompt. En trois ou quatre jours, l'éruption couvrit tout le corps. Pour l'aider encore, le médecin ordonna des bains. Bientôt mon pauvre ami ne fut qu'une plaie depuis la tête jusqu'aux pieds, et à chaque visite qu'il faisait au patient, l'habile médecin répétait : « Tant mieux ! » Ce qui signifiait que l'humeur dehors l'inquiétait moins que l'humeur dedans. Un soir que je montais chez le malade, il en descendait ; nous nous arrêtâmes un moment sur l'escalier, et il me dit de l'air le plus satisfait : « Victoire ! la maladie est finie ; notre ami est hors « de danger ; il ne nous faut plus que des forces, et elles « vont revenir. » Le lendemain, à huit heures du matin, l'agonie commença ; à dix heures, le dernier soupir. Et la veille, il était hors de danger ! Lumières des hommes instruits, que vous êtes nébuleuses ! J'eus la douleur d'entendre plusieurs fois le moribond, luttant contre sa destruction, s'écrier : *fatal voyage !* Je ne crois pas qu'il ait

---

[1]. Probablement M. l'abbé Guillaume Faucon, décédé le 18 septembre 1805.

reparlé après avoir prononcé cette espèce de reproche ou d'accusation. Cependant tout s'était fait dans les règles ; douze heures plus tôt, le médecin, s'il ne se fût pas personnellement attribué la guérison, aurait dit et redit : heureux voyage!

Je reviens au concile de Bonaparte.

CHAPITRE XXXIII

LE CONCILE DE 1811 [1]

Motifs de ce concile. — Refus du Souverain Pontife de donner l'institution canonique aux évêques nommés par l'Empereur.— Le mariage de Napoléon et de Marie-Louise. — Réflexions de M. Baston sur le précédent mariage de l'empereur avec Joséphine, au point de vue civil et au point de vue religieux. — Le cardinal Cambacérès choisit M. Baston pour l'accompagner au concile. — Ouverture de l'assemblée. — Affaire de l'institution canonique des évêques nommés. — Les évêques délégués à Savone. — Succès apparent de leurs négociations. — Opinions différentes au sein du concile. — Mécontentement de Napoléon. — Démarches personnelles des évêques pour le calmer. — Le cardinal Cambacérès fait lire à l'Empereur une déclaration rédigée par M. Baston. — Effet favorable qu'elle produit sur l'esprit du souverain. — Décret du concile du 5 août 1811.

On se souvient, et les siècles futurs conserveront la mémoire du motif qui engagea le chef du gouvernement d'alors à appeler auprès de lui tous les évêques de la France et du royaume d'Italie, avec le dessein de donner à leur réunion la forme canonique d'un concile national. Il avait pris Rome et s'était emparé de tous les États du pape : la personne du pontife était en son pouvoir, et il la retenait à Savone dans une assez dure captivité. Le bruit

[1]. Nous publions ce chapitre à titre de document historique, parce qu'il se trouve dans les *Mémoires* que nous éditons, mais nous croyons devoir mettre le lecteur en garde contre les opinions gallicanes de M. Baston. Ces opinions, qui pouvaient avoir une excuse au temps de l'auteur, ne sauraient être admises aujourd'hui, après les décisions formelles des Souverains Pontifes et les décrets du concile du Vatican.

courait que Pie VII avait excommunié son ennemi. Au moins était-il certain que manquant, à tort ou avec raison, aux clauses stipulées dans le Concordat de 1801, il refusait l'institution aux évêques nommés par l'Empereur. Ce refus ne tombait pas sur les individus en particulier ; ils valaient bien, sans en excepter un seul, la plupart de ceux que le Pape avait précédemment institués soit par le ministère de son légat, soit par lui-même. L'unique différence était qu'au temps des institutions accordées, Napoléon, consul ou empereur, était le fils chéri du chef de l'Église ; que celui-ci avait non seulement reconnu l'autre en sa qualité de souverain des Français et des peuples composant le royaume d'Italie, mais était encore venu le sacrer à Paris, où il avait vécu assez longtemps dans le palais de son Charlemagne, comblé d'honneurs et de promesses. Au contraire, lorsque ce même Pie VII refusa les institutions, la bonne intelligence avait cessé entre les deux cours : le fort avait dépouillé le faible ; le souverain de Paris (ne l'était-il pas pour celui qui l'avait reconnu par un acte solennellement religieux?) avait mis aux fers le souverain de Rome, qui, par représailles, ne voulait rien accorder au prince ingrat et inique qui lui avait tout pris.

Les refus d'institutions canoniques étaient donc vraisemblablement causés par la privation qu'éprouvait le Pape de son temporel et de sa liberté. Si Napoléon seul en eût souffert, je m'abstiendrais d'examiner la question du pouvoir du Souverain Pontife pour en user de la sorte, et ne pas remplir les conditions d'un traité solennel à quoi son ennemi ne manquait pas. Mais loin d'en souffrir seul, Bonaparte n'en souffrait point du tout. Il n'avait pas même à redouter que sa rupture avec le Pape occasionnât quelque embarras dans son gouvernement. La résistance de Sa Sainteté pouvait conduire à l'anéantissement du Concordat, événement qu'une grande partie des Français eût vu avec joie, une autre avec indifférence, et le petit nombre avec un chagrin impuissant. Ce qui souffrait réellement, c'étaient les règles de l'Église universelle, qui ne permettaient pas que les sièges épiscopaux vaquassent plus de six mois. C'était, en particulier, l'Église gallicane, dont nombre de diocèses, manquant de premier pasteur, demeuraient exposés à tous les maux de l'anarchie, inconvénient grave et qui devait croître avec les années. C'était le siège apostolique, l'Église de Rome elle-même, qui avait à craindre que la France ne devînt à son égard une nouvelle Angleterre, Bonaparte un Henri [VIII]. Je n'avancerai point qu'il est dommageable aux vrais intérêts de l'Église de Jésus-Christ que les papes aient une souveraineté temporelle, parce que je conçois que, mettant à part l'homme séculier, le Pontife peut absolument ne se pas mêler des affaires du souverain, et ne pas confondre les pouvoirs si disparates qui sont dans sa main : quoiqu'à vrai dire, l'union de la mitre et de la couronne sur la tête du même personnage soit une tentation dangereuse pour qui les porte; mais je regarderais comme un bien grand malheur pour la religion que son chef possédât une souveraineté temporelle, s'il fallait que l'autorité spirituelle, confiée par Jésus-Christ à ses apôtres, vînt à l'appui, au secours de cette propriété, incontestablement plus mondaine qu'évangélique.

En conséquence, je serai du moins vivement tenté de regarder comme manquant à ses devoirs de chef de l'Église le Pape qui, tourmenté en sa qualité de prince temporel, s'en vengerait par des excommunications, des interdits, par la soustraction de ses soins spirituels qu'il doit à des diocèses qui ne l'ont point offensé, à des enfants qui le respectent et qui l'aiment, à ce fils qui en agit dure-

ment avec lui, mais qui n'en veut qu'à son égal et non à son Père. En acceptant une principauté que leurs prédécesseurs, pendant six siècles et davantage, ne possédèrent pas et n'en furent pas (*sic*) moins grands, les papes se sont soumis à courir personnellement toutes les chances du souverain. Ils en auront tous les dangers et toutes les ressources, la force, l'intrigue, les alliances, les ruses de guerre ; ils remporteront des victoires et éprouveront des défaites, s'agrandiront et seront dépouillés. Mais qu'ils n'emploient pas contre le canon et l'habileté de leurs ennemis les clefs de Pierre, le glaive de Paul : *arma militiæ nostræ non carnalia sunt ;* ne les faisons pas servir à des usages pour lesquels elles ne sont pas faites. On blâmait le pape Jules d'endosser la cuirasse, de monter un cheval de bataille, de guerroyer en personne : et, dans le fait, cette conduite était peu décente, quoiqu'il remplît alors son rôle de souverain ; mais elle était, au fond, plus régulière que s'il eût dit au souverain son ennemi : « Vous me faites la guerre ? Je vous excommunie-
« rai. Vous me dépouillez ? Je mettrai votre royaume en
« interdit. Vous me tenez en captivité ? De ce moment,
« je n'instituerai point les évêques que vous me présente-
« rez, d'après l'accord fait entre nous...., » et qui excommunierait, interdirait, refuserait d'instituer. Qu'ont de commun les évêques, leur institution, le salut des âmes, l'administration des sacrements, la participation aux choses saintes et les querelles de deux princes dont le royaume est de ce monde?.... Je me souviens qu'au temps de sa grande prospérité et de toute sa gloire, Napoléon étant venu à Rouen, et le clergé de la ville lui ayant été présenté en corps, il nous entretint, durant trois quarts d'heure, sur ce sujet, développant avec sagacité et un ton de bonhomie remarquable les principes que je viens

d'exposer. Il avouait qu'on l'avait instruit là-dessus :
« Vous voyez, Messieurs, nous dit-il deux ou trois fois,
« que j'ai bien retenu ma leçon. » On assure qu'il aimait
à faire le théologien, et je crois savoir qui était son instituteur en cette partie : homme [1] avec qui j'ai eu, dans le
cours de ma vie, des rapports très intimes, et qui, à une
façon de penser libre et hardie, joignait une grande exactitude de principes. Que vos soupçons ne se portent point
sur le cardinal Maury. Celui dont je parle était beaucoup
moins éloquent que cette Éminence, mais, en revanche,
beaucoup plus savant et plus judicieux.

Quoi qu'il en soit, le pape Pie VII refusait depuis assez
longtemps d'instituer les évêques nommés par l'Empereur,
aux termes et en exécution du concordat que Sa Sainteté
et le Premier Consul avaient fait ensemble [2]. Au motif
probable que j'ai assigné bien des personnes ajoutaient
une autre raison de ce refus. C'était la nullité déclarée du
mariage de Napoléon et de Joséphine, et le nouveau mariage contracté avec l'archiduchesse Marie-Louise. On ne
disait pas que Sa Sainteté condamnât cette besogne par
le fond ; il en voulait à la forme. Tout s'était fait sans lui,
et cette affaire était, suivant son opinion, une de ces causes
majeures qui lui sont réservées.

---

1. M. l'abbé Émery.
2. Nous croyons utile de remettre ici sous les yeux des lecteurs les articles 4 et 5 du Concordat : Art. 4. Le Premier Consul de la République nommera, dans les trois mois qui suivront la publication de la bulle de Sa Sainteté, aux archevêchés et évêchés de la circonscription nouvelle. Sa Sainteté conférera l'institution canonique suivant les formes établies par rapport à la France avant le changement de gouvernement. — Art. 5. Les nominations aux évêchés qui vaqueront dans la suite seront également faites par le Premier Consul, et l'institution canonique donnée par le Saint-Siège, en conformité de l'article précédent.
On remarquera que, ni dans l'un ni dans l'autre article, il n'est question d'un délai de six mois. M. Baston s'expliquera plus bas sur ce point. (*Infrà*, p. 158-159.)

Le mariage de Joséphine avait été déclaré nul, au for de la conscience et dans l'ordre de la religion, par l'official de Paris. On s'était contenté de cette déclaration pour parfaire le mariage de la princesse d'Autriche. Il n'y avait eu de jugement prononcé que par le juge ecclésiastique. Les tribunaux civils n'avaient rien statué sur cette affaire. On affectait de répandre que l'action de Bonaparte à l'égard de la femme qui avait si longtemps passé pour son épouse n'était point un divorce. Il avait fait seulement déclarer que son mariage était nul. Mais cette nullité n'était que pour le for intérieur. L'official ne pouvait pas y toucher sous un autre rapport. Après cette déclaration, le mariage de Bonaparte et de Joséphine était, pour le civil, ce qu'il était avant qu'elle fût faite. Le lien civil du premier mariage, de ce mariage déclaré nul pour la conscience, de ce mariage que le divorce n'avait point frappé, subsistait donc encore. Aussi conservait-on à la première femme le nom et les honneurs d'impératrice.

« Mais voici, me disait un jour un homme qui me parut
« être un jurisconsulte, voici un terrible embarras. Si le
« lien du premier mariage subsistait encore civilement,
« Joséphine en conservait tous les droits ; Marie-Louise
« ne les avait pas acquis ; car, suivant nos lois, deux
« femmes ne peuvent pas les posséder simultanément.
« Napoléon était bigame au civil ; il l'était, d'une bigamie
« simultanée et punissable, si l'éminence de son rang n'eût
« pas été telle que la peine ne pouvait y atteindre. Marie-
« Louise n'était point unie civilement à son époux. Aucun
« des effets civils n'appartenait à son mariage, puisque le
« lien civil de la première union du mari n'avait pas été
« légalement rompu. Ses enfants, si Dieu lui en donnait,
« n'en devaient recueillir aucun fruit. Il était légalement

« impossible qu'ils écartassent de la succession et les col-
« latéraux et le fils adopté de Bonaparte. Je veux qu'elle
« pût vivre en conscience avec l'époux que la politique et
« la religion lui avaient donné, dormir à ses côtés; mais
« je soutiens que ses enfants eussent vainement réclamé
« cette espèce de légitimité occulte; on leur aurait ré-
« pondu que ce sont les lois civiles qui règlent l'hérédité,
« et que le droit à la succession n'est acquis qu'aux en-
« fants nés de mariages valides aux yeux de la loi civile.
« Et s'ils me répliquaient que leur mère l'archiduchesse et
« leur père Napoléon ont contracté civilement, en présence
« de l'archichancelier comme magistrat et de toute la
« cour comme témoins, je leur dirais qu'ils se font illu-
« sion ; que ce n'est point ici le cas d'appliquer la maxime :
« *Derogant posteriora prioribus.* Un mariage civil, bien
« et dûment contracté, est et persévère dans toute sa
« vigueur, autant de temps qu'il n'a pas été annulé dans
« la forme voulue par la loi; d'où il suit qu'un mariage
« civil subséquent n'est qu'un fantôme de mariage civil.... »

Il y avait sans doute des réponses à cette subtilité, bien dangereuse pour le temps où l'on osait la mettre au jour ; mais je confesse que, ne les connaissant pas, je gardai le silence. Depuis, y ayant réfléchi, je n'ai entrevu qu'une de ces deux solutions : la première qui serait tranchante : savoir, que Napoléon et Joséphine, qui passaient dans le monde pour mariés civilement, ne l'étaient réellement pas. La seconde, que l'Empereur en vertu de son pouvoir suprême, du consentement de son épouse, aurait fait, pour elle et pour lui, ce que font les divorces pour les époux ordinaires ; et celle-ci n'est pas aussi sûre que l'autre. Le lecteur choisira, ou en imaginera une troisième, ou laissera la chose pour ce qu'elle est.

Voyons maintenant, en peu de mots, ce qu'était, ou

plutôt ce qu'est (car il subsiste encore) le mariage de Napoléon et de Marie-Louise, au for de la conscience : est-il légitime sous ce rapport? Il semble que cette légitimité ne peut pas être révoquée en doute, si, sous le même rapport, le mariage du même Napoléon avec Joséphine a été nul. Or, la nullité de ce mariage a été légalement déclarée par l'official de Paris. Mais les méchants disaient qu'un official peut se laisser corrompre ; les impartiaux, qu'il peut se tromper ; le plus grand nombre, qu'il peut être trompé. N'est-il pas obligé de prononcer *secundum allegata et probata ?* On alléguait la nullité du mariage ; on la prouvait par des témoignages humains, des témoignages que l'homme intéressé à la chose produisait ; et cet homme était tout-puissant ; et la complaisance, l'adulation, l'immoralité, le peu de valeur qu'ont pour des courtisans de 1810 toutes les questions de conscience religieuse.... Vous comprenez ce que les critiques voulaient insinuer. De plus, au temps du sacre, le bruit s'était répandu que le pape avait déclaré qu'il ne le ferait pas, à moins que Napoléon et Joséphine ne reçussent la bénédiction nuptiale et que le cardinal Fesch, grand aumônier, la leur avait donnée. Et moi, j'avais connu en Westphalie un Français qui a marqué dans la révolution de Hollande, et qui vivait à Coesfeld sous un nom emprunté. Cet homme m'assura que « dès les premiers moments de leur union,
« le général Bonaparte et la veuve qu'il épousait avaient
« été mariés catholiquement par un prêtre inassermenté,
« dans une chapelle particulière, et qu'il avait été témoin
« de la cérémonie. » Je dois ajouter, pour n'égarer volontairement personne, que ce fugitif ne disait pas toujours la vérité; d'un autre côté, il me fit l'histoire de ce mariage religieux, bien des années avant qu'il fût question de faire de Mme Bonaparte une impératrice douairière du vivant

de son mari. Mais, je le répète, mon témoin de la cérémonie était un hâbleur à la journée, et comme il a pu dire vrai par exception, il a pu aussi mentir par habitude. Enfin, d'après les règles ecclésiastiques, les mariés sans bénédiction, sans prêtre, à une époque et dans un lieu où le recours au ministère ecclésiastique légitime [était impossible], étaient unis par un lien indissoluble; leur mariage était valide aux yeux de l'Église. Mais n'était-ce pas dans le fort de la persécution contre les prêtres, n'était-ce pas à Paris que le général Bonaparte et la dame Joséphine, veuve Beauharnais, contractèrent ? Cette raison n'est pas concluante ; car, dans le fort de la persécution contre les prêtres, et à Paris peut-être plus qu'ailleurs, il était quelquefois possible de se procurer les secours de la religion, sans que ceux qui les donnaient et ceux qui les recevaient fussent exposés à un danger imminent.

J'ai fidèlement rapporté les doutes qu'on affectait de répandre sur la nullité du mariage de Joséphine et de Napoléon. L'obstination avec laquelle on cachait les considérants de la sentence de l'official semblait indiquer que l'on craignait la censure du public et qu'il ne trouvât mauvais ce que le juge avait trouvé bon. En effet, si l'on n'appréhende pas l'improbation des hommes instruits, pourquoi ne point opposer les motifs du jugement ecclésiastique aux soupçons qui errent çà et là et tourmentent les esprits ? La seule chose qui calmait les inquiétudes était que la cour de Vienne, à laquelle on avait transmis, disait-on, et il le faut croire, toutes les pièces de la procédure, les avait consultées (sic) à ses canonistes, ses théologiens, ses évêques, et que, sur leur avis, elle avait jugé que tout était en règle.

Mettons en principe que le mariage de Joséphine était nul au for de la conscience : s'ensuivra-t-il que le mariage

de Marie-Louise était valide de cette manière ? Personne ne s'avisa de soutenir qu'il ne l'était pas. « Je ne le sou-
« tiens point, me disait le jurisconsulte que j'ai cité
« plus haut, mais je doute. Dans un pays catholique où la
« clandestinité est *utriusque fori*, où elle rend nul le
« mariage ; dans un pays où le mariage civil et le mariage
« religieux ont chacun leur ministre, le lien conjugal
« n'est parfait et solide que lorsque les époux ont con-
« tracté civilement devant le magistrat délégué *ad hôc*,
« et religieusement devant le prêtre habile à cette fonc-
« tion. Marie-Louise et Napoléon ont comparu devant le
« magistrat délégué pour le mariage civil de leurs pareils.
« Tout ce que prescrit la loi a été ponctuellement ob-
« servé : interrogations, réponses, proclamations, etc. ;
« ils ont été publiquement déclarés époux.... et cependant
« ils n'ont pas contracté civilement. Il y a eu déception,
« excusable, si l'on veut, et seulement apparence de
« contrat civil. Pourquoi ? Parce que le mariage civil de
« Joséphine n'ayant pas été anéanti par un divorce légal,
« son époux Bonaparte n'a pu, aux termes de la loi, con-
« tracter un mariage civil avec qui que ce soit. Par suite,
« il n'a pu contracter validement en présence du prêtre
« catholique, ou du moins son action est incomplète ; la
« pleine validité, au for de la conscience, exigeant qu'à
« l'époque précise où Napoléon s'efforça de contracter
« civilement avec Marie-Louise, le lien civil qui l'attachait
« à Joséphine eût été rompu par le divorce ou par la mort.
« Or, le divorce n'avait point eu lieu, et Joséphine
« vivait.... » J'ai indiqué plus haut deux réponses qu'on peut opposer à ce raisonnement.

En emmenant le pape à Savone, on avait contraint la plupart des cardinaux de se rendre en France. Ils furent invités au mariage impérial. On m'a dit et je crois que tous assistèrent sans difficulté au mariage civil ; mais, quand il fut question du mariage religieux ou de la bénédiction nuptiale, plusieurs refusèrent de l'autoriser par leur présence. On ne le leur pardonna pas. Le traitement qui les faisait vivre leur fut ôté. On les réduisit à l'habillement des simples prêtres, ce qui leur valut le nom assez ridicule de *cardinaux noirs*, et on les relégua en différents lieux éloignés de la capitale, où ils eurent à souffrir de plus d'une manière. Quelle raison les portait à établir pour leur compte, entre le mariage civil et le mariage religieux de deux grands personnages, une si notable différence qu'ils crurent pouvoir, en honneur et en conscience, être présents à l'un et que rien ne put leur persuader d'assister à l'autre ? c'est ce qu'il m'a été impossible de découvrir au juste. Peut-être était-ce qu'ils regardaient le mariage de Joséphine comme validement contracté au for de la conscience et, par conséquent, indissoluble, par conséquent encore, repoussant un second mariage religieux ; mais, en ce cas, comment pouvaient-ils assister à un mariage civil qui, dans cette supposition, aurait été illégitime et aurait acheminé à une faute énorme ? Peut-être étaient-ils choqués qu'un simple official eût prononcé sur cette affaire, réservée, dans leur opinion, au siège apostolique ; mais sans entrer en discussion sur ce point, sans remarquer que le Pape, prisonnier à Savone, ne voulait faire aucune des fonctions publiques attachées à sa dignité suprême, et que les mariages des princes sont du nombre des choses politiques à quoi le délai peut devenir très dommageable, je demanderai donc pourquoi ils avaient paru au mariage civil, qui n'était célébré et ne devait l'être que parce que la sentence de l'official avait déclaré que Joséphine et son époux étaient libres au for de la conscience ? Souvent on se fatigue à rechercher les causes de démarches qui semblent opposées et qui ne sont tout bonnement qu'une inconséquence, une contradiction.... Je me suis bien écarté de mon sujet, et j'y reviens.

Bonaparte désirait ardemment qu'on imaginât un moyen de suppléer à l'inaction du Pape pour l'institution canonique des évêques, et de se passer de son intervention, de ses *bulles*, sinon absolument et à toujours, du moins dans les circonstances du moment, trop singulières pour se renouveler souvent. Il avait formé une commission d'évêques, à laquelle, entre autres questions, il fit celle de savoir comment on pouvait remédier au mal qui allait à dessécher, en quelque sorte, l'Église gallicane, à l'éteindre en laissant, pour un temps indéterminé, les sièges épiscopaux sans évêques. Les évêques commissaires, s'ils l'avaient osé, n'auraient pas manqué de répondre que le plus simple et le plus efficace était de rendre Rome au Saint-Père et le Saint-Père à Rome, c'est-à-dire à Pie VII sa liberté et son temporel; car, quoi qu'on ait pu et osé publier sur leur compte, ils étaient sincèrement attachés au siège apostolique; mais le consultant n'aurait pas voulu de cet expédient, qu'il connaissait d'ailleurs aussi bien que personne. Ils s'accordèrent à regarder le concile national comme nécessaire et comme suffisant. Lui seul pouvait modifier le concordat de Léon X et celui de Pie VII, et rappeler par une nouvelle législation telle partie de la *Pragmatique* qu'il jugerait convenable. Le concile fut convoqué. On le composa des évêques de l'Église de France et du royaume d'Italie, qui avaient les mêmes intérêts. On y appela même les évêques de ces différentes parties de l'Europe que Napoléon avait déclarées parties intégrantes de son empire par droit de conquête. L'évêque suffragant de Münster, qui n'était pas même vicaire général pour la juridiction, y parut comme représentant le diocèse où il n'était que chanoine, chargé des fonctions pontificales de l'ordre [1]. On pressent que les éléments d'un pareil concile ne devaient pas être en harmonie. Il eût été mieux vu d'en tenir deux à la fois, l'un à Paris, l'autre à Milan, que d'exposer *les Pères* à une fermentation intestine, aussi dangereuse qu'inévitable, par le mélange de l'ultramontanisme et des opinions gallicanes.

L'archevêque de Rouen fut mandé comme les autres, et devait, à raison de ses dignités, tenir un des premiers rangs dans l'assemblée. Il crut que je pouvais lui être bon à quelque chose, et me proposa de l'accompagner. J'aurais autant aimé que la proposition ne m'eût pas été faite, mais il me sembla qu'il fallait souscrire sans balancer. D'ailleurs, ce voyage de Paris me procurait la satisfaction de revoir d'anciens amis (ce terme pris dans le sens étroit) que j'avais dans les deux épiscopats, je veux dire celui que le concordat de 1801 avait détruit, et celui qu'il avait créé.

Me voilà donc établi dans un bel hôtel, dans un des plus beaux quartiers de la capitale, à portée de tout voir et de tout apprendre, de cultiver mes connaissances et d'en faire de nouvelles. Je prévoyais néanmoins des moments de contrainte, d'ennui; mais dans quel pays, à quelle époque et dans quelle situation de la vie, les journées les plus lucides ne sont-elles pas gâtées par quelques nuages? C'est le lot de l'humanité. Quand on est sage, on jouit des bons moments avec action de grâces, on supporte les mauvais avec patience, et ceux-ci ne sont pas plus durables que ceux-là.

---

[1]. C'était Mgr Gaspard-Maximilien Droste de Vischering, évêque de Jéricho, l'un des trois évêques qui proposèrent d'aller se jeter au pied du trône pour réclamer la liberté du Pape. Les deux autres étaient les évêques de Chambéry et de Namur, MM. Dessoles et Pisani de la Gaude.

L'ouverture du concile [1] se fit, avec la plus grande solennité, par une messe du Saint-Esprit, que chanta Son Éminence le cardinal Fesch, grand aumônier de France et archevêque de Lyon. Plusieurs évêques l'assistèrent à l'autel. Les *Pères*, en chape et en mitre, occupaient les stalles du chœur. Les évêques nommés et non institués étaient sur des fauteuils *in plano*, en rochet et mozette noire. Du trône qui est à la gauche du chœur, M. de Boulogne, évêque de Troyes, fit le discours, dont je n'entendis que très peu de chose, tant à cause de la faiblesse de l'organe de l'orateur qu'à cause de la vaste capacité de l'édifice et du bruit sourd qui y était répandu de toutes parts : car la curiosité avait amené à cette cérémonie une multitude immense de personnes, pour qui la première session d'un concile n'était qu'un spectacle d'amusement, et qui s'y comportaient à peu près comme dans une salle de comédie, peut-être avec moins de décence, et certainement avec moins de silence et de tranquillité. La tribune où j'étais renfermait une troupe nombreuse de protestants, hommes et femmes, ministres et laïques : ils en faisaient un salon de compagnie. Ailleurs, c'était la même chose, ou pis. Si dans cette collection d'humains de toutes les classes, de toutes les façons de penser, se rencontraient quelques âmes pieuses, et il serait messéant d'en douter, leur silence et leur recueillement ne faisaient point de sensation, et le bourdonnement de la généralité, s'emparant exclusivement des oreilles, ne laissait de liberté et d'exercice qu'aux yeux. Je crus apercevoir beaucoup de dignité dans les membres du concile, quelque chose d'empesé et de contraint dans celui qui le présidait, comme d'un homme qui n'est pas à sa place, et qui le sent. On observa à la lettre les prélimi-

1. Le 17 juin 1811, dans la cathédrale de Paris.

naires d'usage pour l'ouverture des conciles, sans oublier le décret *de modo vivendi* pendant la tenue. La session se termina par le *placet* ordinaire [1].

Autant qu'il m'en souvient, le concile de Paris n'a pas eu d'autre session publique; mais je ne l'assurerai pas. J'ai déjà remarqué qu'il était composé d'éléments discordants : de gallicans et d'ultramontains, d'évêques qui avaient des rapports intimes avec la cour et d'évêques qui en vivaient éloignés; ceux-ci n'en désirant ou n'en espérant rien, ceux-là ayant des désirs et parfois des espérances fondées; quelques-uns dévoués à Napoléon, quelques autres au pape : mais le très grand nombre se proposant avant tout le bien de l'Église et son triomphe.

Le concile n'eut pas la liberté de choisir son président. L'Empereur nomma son oncle, qui voulut argumenter de la primatie de Lyon dont il était archevêque. Ce moyen n'était pas fort, et celui qui en usait, peu propre à le faire valoir. Le concordat de Pie VII et du Premier Consul, auquel le clergé assemblé devait son existence, n'admettait point de primats : il reconnaissait des métropolitains ou archevêques; rien de supérieur, rien d'intermédiaire entre le siège apostolique et eux. Or, ce concordat était la loi du moment. De plus, la primatie de Lyon n'avait anciennement de prérogatives que pour le for contentieux. Elle ne donnait pas à l'archevêque de cette ville le droit de présider les évêques qui n'étaient pas de sa province, à plus forte raison les archevêques et évêques qui n'étaient pas dans l'enclave de sa primatie. On lui objectait encore que les archevêques de Lyon n'avaient jamais prétendu présider les assemblées du clergé, au titre de

---

1. L'un des secrétaires du concile s'adressait à chaque prélat : *Placetne concilium esse inceptum ?*

leur siège, ou qu'ils avaient échoué avec leur prétention ; il me semble qu'il aurait pu répondre que les assemblées du clergé n'étaient pas des conciles, et que ce qu'on y pratiquait ne tire point à conséquence, quand il est question des droits et de la subordination respective des Églises. Mais la présence des évêques du royaume d'Italie et des autres évêques étrangers dans le concile s'opposait très efficacement à l'étendue que le cardinal Fesch voulait donner à sa chimérique prérogative. Avaient-ils quelque chose à démêler avec la primatie de Lyon? Étaient-ils, sous aucun rapport, soumis à sa juridiction, placés au-dessous de cet évêque gaulois? Je le demande pour les archevêques de Turin, de Ravenne, etc. Le cardinal Fesch n'était donc dans le concile qu'un archevêque français décoré de la pourpre romaine, le plus jeune ou le plus récent de son ordre : ainsi la présidence ne lui appartenait pas. Mais il était l'oncle d'un homme qui alors pouvait en France tout ce qu'il voulait.

L'Éminence Maury avait à la présidence des prétentions plus justes et mieux fondées. Il était le plus ancien des cardinaux-archevêques existant à Paris. Nommé à l'archevêché de cette capitale, il administrait le diocèse [1]; le concile se tenait dans son Église, toutes les opérations préparatoires avaient lieu dans son palais [2]. Si l'on comparait ensuite les deux prélats, qu'on eût égard au mérite, aux talents nécessaires pour présider une assemblée nombreuse, manier les caractères, diriger vers un même but les opinions divergentes, improviser, résumer, entraîner par l'éloquence, subjuguer par le raisonnement et

1. On sait que le cardinal Maury ne reçut jamais du pape de lettres d'investiture pour l'archevêché de Paris.
2. Le palais de l'archevêché était alors situé sur la droite de Notre-Dame : il fut saccagé et brûlé en février 1831.

emporter du moins la majorité des suffrages, l'Éminence française surpassait de beaucoup l'Éminence corse, ou plutôt il n'y avait point de comparaison à faire. Cependant M. le cardinal Maury n'aspirait pas à la présidence proprement dite. Il aurait voulu qu'on formât *un banc* des prélats honorés de la pourpre romaine et qu'on les proclamât solidairement « les présidents du concile. » Cet arrangement sauvait de tous les embarras et celui qui le proposait n'y aurait presque rien perdu : n'eût-il pas été la langue de cette tête ? On pensa qu'il ne votait ce parti modéré que parce qu'il était instruit du peu de considération personnelle que lui avaient laissé ses pas rétrogrades à la fin de la Révolution, si toutefois Bonaparte, en s'érigeant en empereur et en se faisant sacrer par son *Étienne* [1], l'avait finie. Bien des gens le croyaient, et, malgré les événements qui ont renversé ce trône mal affermi, il ne m'est pas démontré qu'ils eussent tort de le croire. Quoi qu'il en soit, la volonté du maître prévalut ; le cardinal Fesch présida, et seul. A cette époque, et je ne prétends pas insinuer qu'il en fût autrement dans un autre temps, il se montrait très attaché aux intérêts du Saint-Siège et bon Italien ; en quoi, certes, il y avait du courage : car cette disposition de l'oncle contrariait étrangement les vues du neveu, qui souffrait très impatiemment la contradiction et la punissait quelquefois avec une étrange sévérité. Quelques têtes à système ont conjecturé que c'était une marche concertée et arrêtée entre eux deux : ce qu'ils expliquent et rendent vraisemblable en disant que Napoléon, voulant élever le cardinal Fesch sur le trône de Rome, afin que tous les membres de sa fa-

---

[1]. Allusion au pape Étienne II, qui vint en France en 754, et le 28 juillet, dans l'église de Saint-Denis, sacra Pépin, sa femme et ses deux fils, Karle et Carloman, dont le premier sera Charlemagne.

mille fussent couronnés, il trouvait expédient que son parent captât la bienveillance des cardinaux de delà les monts ; et, dans cette supposition, il aurait sans doute remis au pontife sa *ville* et ses autres biens. Peut-être même que laisser entrevoir qu'il en avait le dessein aurait été employé comme moyen de déterminer le conclave : plus d'une fois l'intrigue y a manœuvré d'une manière plus choquante.

Le concile n'était assemblé que pour aviser au moyen de perpétuer l'épiscopat dans l'Église de France, sans avoir recours à l'institution du Pape, supposé qu'il continuât de ne pouvoir pas la donner, quoiqu'il en eût la volonté, ou de ne le vouloir pas, quoiqu'il en eût le pouvoir : alternative qu'il n'importait pas aux évêques de décider, ni même d'examiner. Bien entendu que l'inaction de Sa Sainteté fut une mesure générale et non l'incapacité canonique des sujets qui avaient reçu la nomination. Sous ce dernier point de vue, les concordats devaient demeurer *in statu quo*. Il eût été trop absurde, trop opposé aux bonnes règles et au bon sens qu'un évêque inférieur réformât le jugement du chef de l'Église et déclarât digne celui que le Souverain Pontife aurait déclaré indigne par un refus individuel et motivé. Il s'agissait donc uniquement de pourvoir, sans le Pape, à l'institution canonique des évêques dans le délai fixé par les saints canons, lorsque l'*instituteur*, créé par le Concordat de Léon et de François, ne pourvoit pas, ou, sans alléguer une raison de droit, ne voudrait pas *instituer*. Le Concordat portait que si le prince temporel laissait passer six mois sans nommer à un évêché vacant, la nomination serait dévolue au Pape d'alors, afin que le veuvage de l'Église ne se prolongeât pas au delà des bornes posées par les conciles. La crainte que le souverain, par quelque raison d'intérêt ou autre, ne différât l'exercice de son droit, conseilla cette clause, qui prévenait la faute d'un trop long délai, ou en réparait les suites. Il eût été naturel d'achever la phrase : je veux dire de stipuler que si le Pape différait plus de six mois l'institution ou le refus individuel pour des raisons exprimées dans le droit canonique de notre Église, et même dans le cas qu'il en fût empêché par quelque cause que ce fût, bien qu'il eût la volonté d'accomplir ce devoir, le Concordat *dormirait*, et l'institution serait accordée conformément à l'usage auquel le nouveau droit avait succédé. On n'y songea point. Peut-être ne vint-il à l'esprit de personne qu'une hypothèse fût possible, dans laquelle un Pape, durant le cours de six mois, ne voudrait pas ou ne pourrait pas donner l'institution que le Concordat lui réservait. Dès lors, cependant, les papes étaient princes de ce monde, et cette qualité, comme on ne le sait que trop, entraînait une longue complication de droits, de vues, d'intérêts, de prétentions, de difficultés, de contradictions; de plus ils étaient hommes. A deux époques seulement, on a senti en France les inconvénients de l'omission de la clause réciproque des six mois : sous Louis XIV et au temps de Napoléon. Plus de prévoyance les eût fait éviter. Mais, enfin, deux épreuves de cette nature excitaient puissamment à guérir le mal présent et à se précautionner contre son retour.

Bonaparte avait rassemblé un certain nombre d'évêques [1] et leur avait soumis diverses questions dont il voulait avoir la solution, entre autres celle-ci, dont je ne rapporte que le sens, n'ayant pas sous les yeux les propres

---

1. Le conseil ecclésiastique, convoqué au mois de janvier 1811, se composait des cardinaux Fesch, Maury, Caselli; des archevêques de Tours (de Barral), de Malines (de Pradt); des évêques d'Évreux (Bourlier), de Trèves (Mannay), de Nantes (Duvoisin), et de M. Émery.

paroles : « Dans une Église telle que l'Église de France,
« existe-t-il un moyen légitime de propager son ministère,
« le Pape ne voulant pas, ou ne pouvant pas lui donner
« des pasteurs, dans la forme prescrite par Concordats ;
« et en supposant qu'un pareil moyen existe, quel
« est-il¹ ? » Cette commission d'évêques, à laquelle un
seul prêtre, M. Émery, ancien supérieur général des séminaires de Saint-Sulpice, avait été adjoint, était composée
d'hommes du premier mérite, pour la plupart, que l'envie
et d'autres passions pouvaient bien représenter comme
dévoués au gouvernement et ne pas mentir tout à fait ;
mais qui, à ce dévouement de reconnaissance, savaient
allier un sincère et profond amour de la religion, un respect inaltérable pour le Saint-Siège, une conscience complaisante, je l'avouerai, quand elle pouvait l'être, du
reste incorruptible. Personne n'était plus en état que moi
de les bien juger. Je les connaissais ; j'avais eu avec plusieurs des rapports intimes.... d'amitié peut-être ? Oui,
d'amitié, mais de cette amitié qui n'aveugle pas sur les
défauts de la personne aimée, qui garde le silence sur ses
défauts lorsque le silence est possible, et en avoue l'existence quand elle en parle.

En somme, l'avis des évêques consultés fut que l'Église
de France, comme toute autre Église, avait le droit incontestable et impérissable de perpétuer son ministère ; que
des événements ou des caprices humains ne la pouvaient
frapper de stérilité, dessécher, faire mourir chez elle
cette branche de l'apostolat, dont elle avait reçu le bienfait dans un temps voisin du siècle apostolique, et que si

1. La question était ainsi formulée : « Quand le Pape refuse persévéramment d'accorder des bulles aux évêques nommés par l'Empereur pour remplir les sièges vacants, quel est le moyen légitime de leur donner l'institution canonique ? »

le mode de propagation, adopté assez récemment, était pour le moment impraticable, il fallait recourir à quelque autre dont la vénérable antiquité offrirait le modèle ; que cependant, les Concordats faisant loi, il était indispensable que cette loi fût abrogée ou du moins suspendue par une autre loi suffisante, et qu'une autre loi, provisoire ou absolue, la remplaçât, ce qui nécessitait la tenue d'un concile national. Je répète sur la réponse la déclaration que j'ai faite sur la question : ce ne sont pas les paroles que j'ai rapportées, c'est le sens, ne pouvant faire davantage.

Les deux parties de la réponse des évêques étant nécessairement liées et la première paraissant d'une vérité incontestable, la seconde (l'obligation d'assembler un concile national) semblait ne devoir pas être contestée. Il y avait deux moyens plus simples de sortir d'embarras : le premier, que Napoléon rendît au Pape sa liberté et ses États ; le second, que le Pape, dépouillé et retenu captif comme prince temporel, se souvînt qu'il était, avant tout, chef de l'Église, et en fît les fonctions, dont on peut dire, comme de la parole, que *les liens ne l'enchaînaient pas*. Mais ni le persécuteur ni le persécuté ne voulaient entendre à ce genre de conciliation. La fermeté, pour éviter de dire l'obstination [1], était égale de part et d'autre.

On prévoyait, ce qui arriva effectivement, que, dans cette nombreuse réunion de prélats, l'accord ne serait pas parfait. La diversité des opinions politiques suffisait, à elle seule, pour qu'un certain nombre d'évêques cherchât à faire échouer un projet qui, exécuté, assurerait au gou-

---

[1]. Nous renouvelons ici nos réserves. M. Baston a grand tort d'appeler « obstination » la fermeté du Souverain Pontife dans la défense de ses droits et l'accomplissement de ses devoirs. — Sur l'enseignement des opinions gallicanes sous l'Empire, v. *infrà*, Appendice n° 1.

vernement qu'ils n'aimaient pas la tranquillité que sa querelle avec Rome avait compromise. Mais la diversité des opinions théologiques était une source plus féconde de mésintelligence, touchant l'objet dont il leur était enjoint de s'occuper. Les uns soutenaient que Bonaparte, envisagé même comme le souverain du moment, n'avait pas le pouvoir d'assembler un concile national, et qu'il fallait au moins qu'à son action fût associé l'assentiment du Pape ; les autres, que, quoi qu'il en fût de la convention, le concile soi-disant national n'avait pas l'autorité suffisante pour déroger à deux Concordats, et qu'ainsi force était d'attendre en patience que Pie VII et Napoléon fussent d'accord, ou que, par lassitude, l'un cédât à l'autre, ou encore que la mort de l'un des deux tenants terminât la rixe. C'était ainsi qu'en avait usé Louis XIV, dans un cas tout semblable. Trente-cinq sièges épiscopaux n'avaient point d'évêques institués, à cause de la dispute sur la *régale* et les *franchises :* et l'on ne pensa point à recourir au concile national ; ou si l'on y pensa, ce moyen ne fut pas agréé : on eut recours à un autre palliatif. A la vérité, le grand nombre des prélats était pour la légitimité de la convocation et la suffisance de l'autorité du concile ; on pouvait raisonnablement compter sur une majorité. Mais, en cet état de choses, la résistance d'une minorité respectable, à laquelle il était à craindre que Sa Sainteté ne se joignît ouvertement, aurait brouillé les idées, obscurci les principes et semé dans l'âme des simples fidèles, même du clergé qu'on nomme inférieur, une incertitude, une perplexité que rien n'aurait eu le pouvoir de dissiper.

Ces considérations avaient déterminé les évêques réunis à Paris, avant l'ouverture du concile, à envoyer au Saint-Père, avec la permission du gouvernement, une députation de quatre ou cinq évêques pour obtenir de Sa Sainteté qu'elle consentît un article additionnel au Concordat, lequel autoriserait le Métropolitain à donner à l'évêque nommé dans sa province l'institution canonique, supposé que le chef de toutes les Églises, leur supérieur, laissât passer six mois entiers sans la donner lui-même : soit qu'il ne le pût pas, soit que, par des raisons qui ne tireraient pas leur force de l'incapacité du sujet nommé, il ne le voulût pas. Adopté, cet expédient mettait fin à toutes les difficultés, et la discipline sur la durée de la vacance des sièges épiscopaux était maintenue. Les détails de cette négociation délicate ont été rendus publics, depuis la Restauration, par les soins de M. l'archevêque de Tours. Je dois cependant dire ici ce qu'on en connaissait au temps où en est mon récit.

Des cinq évêques députés [1], deux avaient été mes confrères de *licence*, un troisième mon collègue dans la chaire de théologie à Rouen, un quatrième m'honorait du titre de *son maître*.

De retour à Paris, les évêques envoyés à Savone rapportèrent qu'ils avaient réussi, qu'on pouvait aller en avant, que le Pape consacrerait par son autorité la proposition des *six mois* et du *métropolitain;* bien entendu que, dans la forme, la demande serait assaisonnée de tous les égards dus au vicaire de Jésus-Christ, surtout lorsque ce sont des évêques qui s'adressent à lui. A l'ap-

1. Il n'y a eu, en réalité, que quatre évêques députés à Savone : Mgr de Barral, archevêque de Tours; Mgr Mannay, évêque de Trèves; Mgr Duvoisin, évêque de Nantes, et l'évêque de Faenza (Bonsignori), nommé au patriarcat de Venise. M. Baston a eu pour collègues à la licence : Mgr Duvoisin, évêque de Nantes, et Mgr de Barral, archevêque de Tours. Mgr Bourlier, évêque d'Évreux, a professé la théologie à Rouen en même temps que M. Baston. Il comprend peut-être, dans cette députation, M. de Pradt, archevêque de Malines (qui n'en faisait pas partie en 1811), et qui avait reçu de M. Baston, à Rouen, des leçons de théologie.

pui de ce rapport, ils produisaient un projet de décret qu'ils avaient rédigé et que Pie VII, disaient-ils, avait approuvé ; ce qui paraissait sensiblement par les corrections que le Pape avait faites de sa propre main sur le papier. L'original de cette note m'a été montré [1]. De plus, Pie VII avait écrit, en italien, au cardinal Fesch, président de l'*assemblée* des évêques (autant qu'il m'en souvient, il évitait de lui donner le nom de concile), et dans cette lettre il parlait des évêques négociateurs avec éloge, du contentement qu'il en avait eu, ajoutant formellement qu'ils remettraient à leurs collègues copie de ce qu'il avait arrêté avec eux. J'ai aussi lu cette lettre. Ainsi le fait du consentement de Sa Sainteté ne pouvait, ce semble, fournir matière à contestation, et rien n'empêchait de conduire l'affaire au terme à quoi il tardait à tous les amateurs de la paix de la voir arriver.

Ce n'était point le compte de ceux qui aiment à troubler l'eau. Ils n'osèrent élever des doutes sur le fait du consentement du Pape et de sa promesse, le témoignage des évêques députés était trop positif et trop respectable. D'ailleurs, n'était-il pas évident que, s'ils n'eussent pas été pleinement assurés de la vérité qu'ils attestaient, pièces en main, les suites de cette imprudence auraient été pour eux les plus fâcheuses et les plus méritées? Or, si l'on ment quelquefois sans profit, et pour le seul plaisir de tromper, on s'abstient d'un mensonge spontané, qui ne peut pas n'être point découvert, et qui devient nécessairement fatal à son auteur, supposé qu'on le croie. Qu'opposaient donc ceux qui voulaient la continuation de la mésintelligence entre Bonaparte et la cour de Rome, et dont le cri

---

[1]. Cette note a été publiée par Mgr de Barral, archevêque de Tours, dans un livre intitulé : *Fragments relatifs à l'histoire ecclésiastique du XIXe siècle*. Paris, Adrien Egron, 1814. p. 301 et suiv.

était : Point de concile? Ils opposaient que rien de ce qu'on rapportait n'était officiel ; que le Pape n'avait point signé la note ; qu'un désaveu était à craindre ; qu'un concile national ne devait pas s'exposer à une fausse démarche, etc.; plus les raisons sont mauvaises, plus on les multiplie. Vainement représenta-t-on à ces discoureurs qu'il ne convenait pas que le Pape prît l'initiative, ce qu'il aurait fait en signant le projet ; qu'il suffisait d'avoir appris avec certitude qu'il confirmait le décret qui serait rendu, et que la certitude était acquise par le témoignage des évêques députés, la note corrigée par le Saint-Père, sa lettre au cardinal Fesch ; que Sa Sainteté ne manquerait pas de se trouver blessée, en voyant qu'on se défiait d'Elle ; que si l'on ne s'empressait pas de profiter de la plus favorable, la plus tranquillisante des occasions, l'espérance d'une conciliation s'évanouirait peut-être pour toujours.... Les dissensions se prolongèrent; le concile (et il coûtait beaucoup, chaque évêque avait cinquante francs par jour) usa plusieurs mois à ne rien faire. Le chef du gouvernement prit de l'humeur de cette inaction. Sa colère éclata, et fut au moment de produire l'abolition du Concordat. La religion était perdue en France, les choses venant à cette extrémité ; du moins elle rentrait dans la gêne et l'obscurité d'où l'avait tirée la convention du Pape et du Premier Consul. Plus d'évêques, de chapitres, de séminaires, de curés, de desservants, la confiance anéantie et cette impitoyable conscription militaire! elle n'aurait pas laissé aux autels un seul élève.

Ces considérations et beaucoup d'autres qui les appuyaient engagèrent un grand nombre d'évêques à faire des démarches pour apaiser le *lion*, et empêcher qu'il ne déchirât notre Église. Le moyen qu'ils employèrent (qui en eut la première pensée ? je l'ignore) fut de lui transmettre des déclarations individuelles, propres à calmer les craintes et à dissiper les soupçons d'ultramontanisme, que la conduite de quelques-uns de nos prélats avait donnés. Elles tendaient à prouver que si l'on était fortement et invariablement attaché au siège apostolique, que si l'on avait pour la personne de Pie VII la plus profonde vénération, pour ses malheurs la compassion la plus filiale, que si l'on désirait ardemment de se concerter avec lui, on n'en était pas moins fermement résolu de sauver l'Église de France de l'extinction totale dont la menaçait l'opposition persévérante de deux têtes aux prises l'une contre l'autre.

L'archevêque de Rouen avait bien voulu avoir avec moi divers entretiens sur l'objet du concile. M'étais-je rempli de ses idées, ou avait-il accueilli les miennes, ou encore avions-nous mis l'un et l'autre quelque chose dans le composé qui résulta de nos conversations, c'est ce que je n'ai jamais cherché à démêler. Mais, et ce seul point m'intéresse, nos opinions ou avaient toujours été les mêmes, ou s'étaient si bien amalgamées, si bien fondues ensemble, que son sentiment était le mien, et le mien le sien. Voulant être un des premiers à faire sa déclaration individuelle, il me proposa de la rédiger, ne me donnant, pour cette besogne, que quelques heures : il fallait, pour le bien de la chose, qu'elle fût avant le soir entre les mains du *Maître*, et déjà le soleil avait passé le milieu de sa course. Je me mis aussitôt au travail, et l'achevai pour le temps prescrit. Le prélat, content de ma diligence, reconnut ses propres idées dans ma rédaction; il l'approuva, courut chez un grand personnage, la déposa entre ses mains ; celui-ci vola de Paris au palais de Saint-Cloud, présenta la pièce, qui n'était qu'une demi-feuille de papier. Napoléon la lut et dit : « Voilà ce que j'ai vu de plus

« raisonnable sur cette matière depuis quatre ans. » Ce mot me fut rapporté, et, quoiqu'on puisse penser le contraire, ne me causa ni plaisir ni orgueil; mais si j'en avais pu prévoir les suites, il m'aurait causé beaucoup de peine.

Désirez-vous savoir ce que contenait cette déclaration qui a eu sur le reste de ma vie tant d'influence, bien qu'elle ne fût pas réellement la mienne, puisque je n'avais fait que coucher sur le papier les idées d'un homme à qui ma position exigeait que je rendisse ce léger service ? Je puis vous satisfaire, puisque ce n'est pas un secret.

Voici, en abrégé, ce qu'elle disait. Premièrement, que le droit dont jouissait le Pape d'instituer seul les évêques de l'Église de France était une réserve qu'il s'était faite à lui-même, et qu'on n'avait consentie qu'après une longue résistance du clergé, des Parlements, des Universités. Le roi François Ier n'avait pu l'accorder à Léon X ni Bonaparte à Pie VII, et l'on ne connaît aucune loi ecclésiastique, reçue en France, d'où émane cette belle prérogative.

Secondement, qu'il est de la nature d'une réserve qu'elle soit suspendue lorsque, d'un côté, celui auquel elle est acquise ne peut pas ou ne veut pas l'exercer, et que, de l'autre, le bien spirituel de l'Église et de ses enfants exige impérieusement qu'elle soit exercée. Telle la réserve de certains cas au Pape, celle des empêchements de mariage, etc.

Troisièmement, que la réserve étant suspendue, tout rentre naturellement dans le droit commun, et qu'on retourne par *intérim* à ce qui était établi et en usage avant que la réserve eût lieu.

Quatrièmement, que les obstacles à l'exercice de la réserve étant levés, elle redevient telle qu'auparavant : libre et active, parce que suspendre n'est pas abroger.

Il suit de ces principes que l'institution que le Pape ne donnait pas, faute de pouvoir ou faute de volonté, devait être, pour le moment, donnée conformément à ce qui se pratiquait avant les Concordats, parce que, pour les fidèles et l'Église de France, il y avait *periculum in mora* de plus d'une espèce, et que quand le Pape aurait recouvré le pouvoir et manifesterait la volonté d'exercer sa *réserve*, on y reviendrait sur-le-champ et sans autre formalité, comme des eaux arrêtées reprennent leur cours lorsque l'obstacle qui l'avait suspendu est détruit. Mais pour que cette doctrine acquière de l'autorité auprès des personnes craintives, il paraît nécessaire que le concile national l'adopte et la propage.

Si l'opinion qu'on vient de lire avait quelque chose de répréhensible, il ne tiendrait qu'à moi de m'excuser, en disant que je n'en suis nullement responsable; que j'ai seulement prêté ma plume pour la rédiger; que cette complaisance ne prouve pas que je l'aie adoptée; qu'elle appartient exclusivement à celui qui l'a souscrite, qui l'a présentée comme la sienne, qui a dit : « Voilà mon « opinion ; voilà ce que je crois être la vérité, une vérité « utile, même essentielle, dans la circonstance fâcheuse « où nous avons le malheur de nous trouver. » Cette apologie serait péremptoire, et Rome elle-même, quoique la déclaration puisse en choquer les maximes, devrait, pour ce qui me concerne, s'en montrer satisfaite. Mais j'avouerai franchement que je souscrivais de tout mon cœur à la doctrine qu'elle contient ; qu'évêque, je l'aurais publiée sur les toits. Elle me paraissait lumineuse et vraie, laissait subsister les Concordats dans toute leur vigueur. Les droits du Pape étaient scrupuleusement conservés. Point d'innovation. Les lois ecclésiastiques n'éprouvaient aucune violence; c'était d'elles, au contraire, que dérivait le remède apporté aux maux dont nous étions tourmentés.

Il ne serait pas impossible qu'en lisant cet endroit de mes *Mémoires*, on ne m'attribuât d'avoir eu le dessein de plaire au chef du gouvernement, et de m'ouvrir par là un chemin aux honneurs et à la fortune, à quoi un ecclésiastique, dans ces temps-là, pouvait prétendre. Ces sortes de jugements sont trop dans l'usage du monde pour que l'innocence la plus pure n'ait pas à les redouter. Cependant, avec tant soit peu de réflexion, on sentirait que je ne le mérite pas. N'étais-je pas sous le rideau ? Et s'il y avait quelque avantage à espérer, pour qui était-il, ou de celui qui demeurait caché, ou de celui qui se montrait?.... Je reprends la suite des faits.

Les déclarations individuelles produisirent l'effet qu'on en avait attendu. Le concile reprit ses fonctions. Peut-être n'était-il pas aussi difficile qu'on le croyait d'arriver à ce but. Il se pouvait que la colère de Napoléon fût feinte, ou qu'ayant cédé à un mouvement de vivacité, la réflexion le conduisit à chercher un prétexte de revenir sur ses pas, sans se donner le ridicule d'une variation. Car, enfin, il lui était pour le moins aussi nécessaire de maintenir le Concordat et la religion romaine qu'il le lui avait été de faire l'un et de maintenir l'autre. Quoi qu'il en soit, le 5 août 1811, le Concile, en congrégation générale, fit un décret dont le quatrième article était conçu en ces termes : « Les six mois expirés sans que le Pape
« ait accordé l'institution, le métropolitain, ou, à son
« défaut, le plus ancien évêque de la province ecclé-
« siastique procédera à l'institution de l'évêque nommé,
« et, s'il s'agissait d'instituer le métropolitain, le plus
« ancien évêque de la province conférerait l'institution. »
J'aurais mieux aimé que l'institution du métropolitain

eût été déférée aux évêques de sa province réunis en concile, ou seulement *assemblés*. Un autre article portait que le présent décret serait soumis à l'acceptation et à la confirmation du Pape. En effet, des évêques furent de nouveau députés à Sa Sainteté. Les détails de cette seconde négociation ne me sont point connus. Je puis dire seulement qu'elle eut un heureux succès, puisque le Pape donna un bref confirmatif [1] de ce quatrième article, délibéré et signé par quatre-vingt-quatre évêques de France et d'Italie. Sa Sainteté voit dans cet article *l'accomplissement* de ses *vœux personnels*; elle reconnaît sa conformité avec la *note* rédigée à Savone, entre Elle et la première députation *juxta normam à nobis probatam;* elle déclare en avoir délibéré *avec cinq cardinaux de la sainte Église romaine et l'archevêque d'Édesse;* enfin, elle veut que le métropolitain ou le plus ancien évêque de la province, qui donnerait l'institution, les six mois expirés, la donne « expressément en son nom (de lui Pie VII) ou au nom du « souverain pontife alors existant. » Il faut ne rien dissimuler : ce bref n'a point été publié ; de nouvelles brouilleries survenues entre *le feu* et *l'eau* empêchèrent qu'il ne parût dans une forme authentique; mais il a existé. Le libraire Egron l'a imprimé à Paris, avec d'autres pièces relatives à cette grande affaire, et personne n'a crié à l'imposture. D'ailleurs, ce même bref est supposé dans une transaction postérieure, faite entre Pie VII et Napoléon, sur tous les points, même temporels, qui les divisaient, et rendue publique, avec une sorte de solennité, par celui-ci: cet appareil célébrait sa peu glorieuse victoire. Quelques incrédules ont refusé de croire à la transaction

---

1. Donné à Savone le 20 septembre 1811, selon l'ouvrage publié par Mgr de Barral.

dont je parle ; mais il est aussi certain qu'elle fut faite et signée à Fontainebleau, qu'il est vrai que le Pape revint contre elle, ou parce qu'il avait été contraint dans sa volonté ; ou parce qu'on ne tint pas les paroles qu'on lui avait données ; ou parce qu'on l'avait trompé sur des faits importants qu'il n'avait pu vérifier dans sa prison ; ou parce que des cardinaux lui conseillèrent ce regret, le forcèrent même à cette démarche : action que bien des gens attribuèrent particulièrement au ressentiment des cardinaux noirs, et qu'il paraîtrait plus raisonnable d'attribuer à la connaissance anticipée qu'avaient les politiques du sacré collège, de la tournure, fatale à leur ennemi, qu'allaient prendre les affaires de l'Europe. Chacun de ces motifs a sa probabilité, et plusieurs, tous peut-être, ont pu concourir au revirement de Sa Sainteté.

Mais il est temps de revenir à moi, pour ne me plus quitter.

CHAPITRE XXXIV

SÉEZ

Nomination de M. Baston à l'évêché de Séez. — Origine de cette nomination; perplexités qu'elle lui cause; il finit par accepter. — Les pouvoirs du Chapitre de Séez. — M. de Saussol est nommé évêque de Séez. — Difficultés de ce prélat avec M. Baston relativement au temporel de l'évêché. — Sentence du ministre favorable à M. Baston. — Dernières réflexions.

Lorsque nous arrivâmes à Paris, l'archevêque de Rouen et moi, le siège épiscopal de Séez était à moitié vacant. L'évêque titulaire, contraint par une violence irrésistible, avait donné sa démission entre les mains de celui qui l'avait nommé [1], mais le Pape ne l'avait point encore acceptée, et ne paraissait pas disposé à la recevoir, instruit qu'il était de la manière dont on l'avait extorquée. De sorte que, suivant les principes de l'Église catholique, quoique démis par le fait de sa volonté et exilé dans sa famille, l'évêque, M. de Chevigné de Boischollet, était encore le véritable évêque de Séez. Aussi les vicaires généraux exerçaient-ils en son nom et sous son autorité, mais avec toutes les précautions que la prudence exigeait, pour ne pas attirer sur eux le courroux implacable de l'homme qui faisait tout trembler dans la partie du monde où il régnait.

1. Vid. *Appendice*, n° 11, la note de M. le chanoine H. Marais, sur les circonstances qui amenèrent cette démission forcée.

L'évêque de Séez, nommé par Napoléon, en vertu du Concordat de 1801, et, par conséquent, la créature de son oppresseur, avait-il mérité les sévices dont il était la victime? C'est ce que j'ignore, et il m'importe peu de le savoir. J'avais connu le prélat dans sa jeunesse ; j'avais même été chargé de lui donner à Paris quelques leçons de philosophie et de scolastique, afin que, dans la suite, on en pût faire quelque chose. Quant à moi, je n'en fis absolument rien : l'étoffe manquait. On m'a assuré que, pendant la Révolution, il fut prêtre vendéen, suivant les armées, et qu'il dut sa promotion au curé d'Angers, Bernier, depuis évêque d'Orléans, l'un des principaux faiseurs de Bonaparte dans l'affaire du Concordat : en quoi ce protecteur ne lui rendit pas un service d'ami. M. de Boischollet, pieux et charitable par excellence, mais sans vues et entêté, était vraiment au-dessous de sa place, aussi difficile à être conduit que peu propre à gouverner par lui-même. Toujours en guerre avec les autorités civiles, et chaque jour leur donnant prise sur lui, brouillé avec son chapitre, ses curés, il ne savait plus par où en prendre, lorsque la crainte d'un traitement plus dur le fit se démettre de son siège. Je ne sais comment il arriva que dès les premiers moments de mon séjour à Paris, en 1811, la démission de M. de Boischollet étant toute récente et non encore acceptée par le Pape, le bruit courut de toutes parts que j'étais nommé pour succéder au démissionnaire. La même nouvelle se débitait à Rouen, à Séez et en d'autres lieux. A cette époque, elle était fausse.... et que ne l'a-t-elle toujours été! Mes *Mémoires* auraient vraisemblablement fini avec le concile. Ma vie, monotone, cachée, aurait eu un cours paisible et une fin tranquille. La Providence en avait autrement ordonné.

Je ne puis dire avec certitude où et comment naquit la

fausse nouvelle de ma nomination à l'évêché de Séez. Voici ce qui me paraît le plus probable. Il y avait très peu de temps que j'étais à Paris, lorsque je reçus la visite imprévue d'un grand personnage du moment. Il me témoigna de l'intérêt, et me demanda si je voulais être évêque, ajoutant que si j'en avais le désir, la chose serait faite sous vingt-quatre heures. Quoique je ne m'attendisse pas à cette proposition, je répondis sans hésiter « que je dési-« rais par-dessus toutes choses n'être que ce que j'étais. » L'affaire parut en rester là. Je présume que la démarche de l'homme en place aura été connue (non pourtant par moi, qui en gardai scrupuleusement le secret) ; et comme elle supposait qu'*on* avait des vues pour mon avancement, on en tira la conséquence assez plausible que j'étais nommé ou tout au moins désigné évêque de Séez. Alors pourtant le chef du gouvernement n'avait pas la moindre notion sur mon compte. De sorte qu'il devient très vraisemblable que la personne qui m'avait fait la proposition de l'épiscopat se croyait sûre de me faire agréer, mais qu'elle avait voulu s'assurer auparavant que j'accepterais.

Enfin cette fausse nouvelle, après sept à huit mois d'une circulation sans motif, devint vraie, pour mon malheur, et je fus nommé à l'évêché que le public me donnait longtemps avant que celui qui en diposait eût seulement songé à me le donner. L'histoire de cet événement, très remarquable dans la vie d'un homme comme moi, est telle qu'on va la lire, si la patience ne manque pas en chemin.

On n'a point oublié que plusieurs évêques furent envoyés à Savone porter au Pape, encore captif, le décret du concile de Paris touchant les institutions canoniques, et solliciter sa confirmation. Quelques jours avant leur départ, Napoléon, s'entretenant avec deux de ces prélats qu'il considérait particulièrement (l'un était l'évêque de Nantes, Duvoisin, que j'indique parce qu'il est mort; je n'indique pas l'autre parce qu'il est vivant), leur demanda s'ils connaissaient la déclaration de l'archevêque de Rouen [1]. Sur leur réponse qu'ils la connaissaient, il leur recommanda de ne point quitter Paris sans en emporter une copie, qui pourrait leur être utile au terme et pour le succès de leur voyage. Je n'ai point à examiner ici jusqu'à quel point cette opinion était fondée. S'étendant avec complaisance sur le mérite de cette pièce théologique, il voulut savoir si l'archevêque avait auprès de lui quelqu'un qui eût pu mettre la main à cet ouvrage et aider le prélat. Les deux évêques consultés crurent avoir trouvé l'occasion de me rendre un service important, et, comme on dit, la prirent aux cheveux, répondant que l'archevêque de Rouen avait amené à Paris un de ses vicaires généraux, ancien compagnon de leurs études et leur ami, qu'ils s'étonnaient qu'on eût si longtemps oublié, et, là-dessus, ils entamèrent du peu que je puis valoir un éloge toujours suspect dans la bouche de l'amitié, quoiqu'elle ne soit pas tout à fait aussi aveugle que l'amour. L'Empereur les écouta avec une grande attention. Quand ils eurent fini, il leur demanda ce qu'on pouvait faire de leur ami. — Un évêque, répondirent-ils. — Donnez-moi donc son nom.... Ils le donnèrent. Napoléon l'inscrivit sur ses tablettes, le plaçant à la tête de la colonne des noms qui y figuraient comme des aspirants ou comme des prédestinés à l'épiscopat.

Je sus toutes ces particularités par l'évêque que je n'ai pas indiqué. Il vint, la veille de son départ pour Savone, prendre congé de mon archevêque, et lui demander une

---

[1]. *Suprà*, p. 168.

copie de sa déclaration, qui avait fait à la cour une si belle fortune. Je le reconduisis à sa voiture. Là il m'apprit ce qui s'était passé entre l'Empereur d'une part et l'évêque de Nantes de l'autre; me serrant la main et m'embrassant: « Adieu, mon cher confrère, » me dit-il. J'assure, avec la plus exacte vérité, que le sentiment que j'éprouvai alors ne fut pas de la joie. Il semble que je pressentisse que cette faveur inespérée dégénérerait pour moi en une calamité que je méritais encore moins qu'elle.

Cependant les évêques convoqués à Paris eurent la permission de retourner dans leurs diocèses, avant que les négociateurs partis pour Savone fussent revenus. A ce moyen le gouvernement n'eut pas à leur payer un traitement extraordinaire. C'était une économie de cinq à six mille francs par jour: elle valait la peine de ne pas négliger de la faire. Plusieurs évêques continuèrent de vivre dans la capitale, mais ce fut à leurs dépens. Le mien, pour qui la résidence est un devoir qu'il remplit de la manière la plus édifiante, s'empressa de se rendre au milieu de son troupeau. Je l'y suivis, sans avoir entendu parler de ma nomination, très content de m'éloigner du danger, espérant même que l'absence produirait son effet accoutumé, et que, n'étant plus vu, je serais oublié.

Cet espoir consolateur ne dura pas longtemps. Un chanoine de Rouen, arrivant de Paris, dit à qui voulut l'entendre qu'il avait appris, chez le cardinal X., que j'étais inscrit au ministère des cultes pour l'évêché de Séez. Mais pourquoi n'en finissait-on pas? Peut-être parce que, le Pape ne voulant pas instituer, il paraissait au moins inutile d'accumuler les nominations; peut-être aussi l'évêque démissionnaire de Séez étant vivant, et sa démission n'ayant pas été acceptée par le Pape, on soupçonnait que je me refuserais à lui succéder. On avait raison de le soupçonner.

A quelques mois de là, M. de Boischollet mourut ; mes craintes redoublèrent. Un bruit qui se répandit par toute la France les dissipa presque entièrement. C'était que Napoléon, las enfin de faire des nominations infructueuses « à cause de l'entêtement du Pape, » les différerait toutes jusqu'à ce que le trône et l'autel fussent d'accord. Suivant les apparences, une pareille résolution, si on y tenait fidèlement, remettait ma promotion à une époque très éloignée. D'ailleurs Bonaparte préparait ces fameuses campagnes qui ont fait tant de bien et tant de mal. Les affaires de l'Église, quelque universel qu'il fût ou se crût être, l'auraient distrait de ses méditations belliqueuses et des soins dont elles lui imposaient la nécessité. Toutes ces circonstances nourrissaient en moi l'espérance de n'être pas enlevé à ma douce et tranquille situation.

Je continue de parler en homme que la soif de l'épiscopat ne tourmentait pas, qui se trouvait mieux *in subjectione quam in prælatura*, pour emprunter ici l'idée et le latin du pieux A Kempis ; et, en m'exprimant de la sorte, je rends hommage à la vérité, quoiqu'un de mes calomniateurs (il m'avait des obligations, et me flattait à l'occasion) ait odieusement disséminé parmi mes connaissances qu'il savait, lui, que j'avais beaucoup intrigué pour approcher de la mitre ma tête, qui n'était pas faite pour s'en coiffer. O envie, que tu es basse dans tes procédés ! car il n'y avait que cette vile passion qui pût pousser cet ingrat, ce faux ami, à tenir à mon égard une conduite si déloyale. Nous ne courions pas la même carrière, et je l'avais aidé, je pouvais encore lui être utile dans la sienne. J'en avais la volonté ; il le savait ; mais mon rang devenait supérieur au sien, et l'orgueil était son péché. Il est mort. Sa fin a été belle et chrétienne. Je voudrais mourir comme lui. Il n'aura pas manqué de se repentir d'avoir attaqué ma réputation, qui aurait dû lui être chère. Si je ne le croyais pas, je serais fortement tenté de tracer son nom sur cette page, au grand détriment des bons et louables souvenirs qu'il a laissés après lui. Je me félicite de n'avoir point à délibérer avec cette vengeance, moins laide assurément que son auteur, mais une vengeance.

On était au mois d'avril 1813. Les papiers publics, adulateurs, suivant l'usage, et par la force du besoin de vivre, annonçaient dans le même paragraphe le départ du chef pour la grande armée et ses futures victoires. Mes jaloux et moi, nous espérions plus que jamais que ma nomination était ajournée à longtemps : sans compter qu'un boulet de canon la pouvait tuer sur le champ de bataille.... Et point du tout : la nuit qui précéda son départ, l'Empereur rendit un décret par lequel j'étais nommé à l'évêché de Séez, et courut où l'attendait..... un païen et lui diraient son mauvais génie ; les philosophes, de malheureux hasards ; le chrétien, cette Providence qui fait et défait les rois, non pas tant *à son gré*, comme on s'exprime souvent, pour marquer l'indépendance du premier Être, que pour des raisons toujours sages, toujours justes, à quoi nous ne substituons la pure liberté que lorsque notre esprit ne saurait s'élever jusqu'à elle.

Ma nomination fut envoyée à l'archevêque de Rouen, le ministre des cultes ayant jugé convenable qu'elle passât de ses mains dans les miennes. Elle était accompagnée de lettres flatteuses pour le prélat, flatteuses pour moi ; les bienfaits des cours en sont toujours assaisonnés, surtout quand on craint qu'ils ne soient refusés. L'archevêque manda tout le clergé de son église cathédrale, et me préconisa *évêque nommé de Séez*, dans cette espèce de consistoire. J'étais venu à l'assemblée sans me douter que j'en fusse l'objet. Le coup me fut d'autant plus sensible que ma nomination était, pour le moment, bien loin de mon esprit. Je savais que Napoléon était en route pour la Pologne. La peine que j'éprouvai se peignit visiblement sur mon visage, tandis que des mines que pareille nouvelle, si elle ne m'avait pas regardé, aurait couvertes de toutes les teintes de la satisfaction, s'allongèrent à se faire remarquer des physionomistes les moins pénétrants. Néanmoins les congratulations furent universelles, les unes partant du cœur, les autres venant immédiatement de l'organe seul qui les exprimait. Ce n'est pas moi qui fis cette observation ; ma douleur m'occupait tout entier : la remarque me fut communiquée par quelques *Lavater* de la compagnie qui, après tout, purent se tromper.

Aux premiers mouvements de la surprise succédèrent bientôt chez moi des inquiétudes plus raisonnables et plus chrétiennes. Plusieurs considérations semblaient me faire un devoir de ne pas accepter l'épiscopat, autoriser du moins un refus. Mon âge : j'étais dans ma soixante-douzième année ; ma pauvreté : la Révolution et la déportation m'avaient ruiné sans m'enlever beaucoup de choses, et, suivant les idées du monde, auxquelles la prudence veut quelquefois qu'on ait égard, ma famille, qui n'était recommandable que par son incorruptible probité. De plus, il était parvenu à ma connaissance que les autorités civiles du pays de Séez étaient fort mal disposées pour la religion et ses prêtres, et qu'il fallait attribuer à leurs passions haineuses, tracassières, une grande partie des malheurs qui avaient accablé l'évêque dont on voulait que je prisse la place, et peut-être causé sa mort. Dans ma lettre de remerciement à l'Excellence ministre des cultes, je rassemblai tous ces motifs pour obtenir que le dangereux honneur qui m'était destiné allât à un autre qu'il n'effraierait pas. Mes instances furent inutiles ; le ministre répondit à tout ; m'assura que le préfet et le maire, persécuteurs de mon prédécesseur, seraient des moutons pour moi; que j'avais pour leur en imposer des qualités qui manquaient à leur victime; qu'en toute supposition, s'ils en usaient mal avec moi, je n'aurais qu'à parler et que je serais soutenu. Comment ne pas avaler une pilule si bien dorée ?

Je crois pourtant que j'aurais tenu ferme, si ce n'est que des personnes éclairées, amies de la religion, n'ayant aucun intérêt personnel à me pousser à l'épiscopat, m'assurèrent qu'il leur paraissait dans l'ordre de la Providence que je me chargeasse du fardeau devant lequel reculait ma timidité. Je me soumis à leur décision. On verra bientôt que si la Providence le voulait réellement (ce qui est très possible), c'était pour m'éprouver ou pour me punir. Mais ce qu'on ne verrait pas si je le taisais, ce qu'on aura peine à ne point révoquer en doute quand je l'aurai dit, c'est que quelques-unes de ces personnes qui lisaient dans le ciel mon obligation de ne pas refuser publièrent, dès que les jours de l'adversité furent arrivés pour moi, qu'elles ne concevaient pas que j'eusse accepté. Était-ce qu'elles ne se souvenaient plus de m'en avoir donné le conseil? Était-ce que, changeant avec les événements, elles voulussent persuader que toujours la pureté de leurs principes les avait maintenues en opposition avec le gouvernement sorti des ruines de la république et détruit par l'Europe coalisée ? Je ne déterminerai point à quelle partie de cette alternative il faut rapporter leur peu décente variation. A la vérité, j'incline vers la seconde ; mais elle est si déshonorante pour ces messieurs (des femmes s'en étaient aussi mêlées) que je me redresse de toutes mes forces, tâchant de m'accrocher à la première, tout invraisemblable qu'elle est.

Le ministre n'avait pas attendu mon consentement à ma nomination pour l'annoncer aux chanoines capitulants de Séez. Il les invita, en même temps, à me conférer les pouvoirs d'usage en France pendant la durée du temps qui sépare la nomination d'un évêque de son institution canonique et de sa prise de possession. Cette invitation, j'en fais l'aveu, était un ordre donné sous une forme honnête ; mais je ne l'avais pas sollicitée, et il m'eût été fort agréable d'attendre à Rouen que Rome et Paris eussent fini leur querelle par un bon accommodement. Soit que les chanoines ne sussent pas quel était cet usage dont parlait le ministre ; soit qu'ils feignissent de l'ignorer, afin de m'engager à faire auprès d'eux quelque démarche, ou tout simplement qu'ils fussent dans la disposition de me déléguer les pouvoirs que je désirerais, ils chargèrent leurs vicaires généraux de m'en écrire. La lettre, fort bien tournée, et d'une politesse exquise, se réduisait à cette question : « Quels pouvoirs Monseigneur veut-il que nous « lui conférions? » Ils m'auraient donc fait administrateur, ou tout au moins administrateur principal, titres que prenaient d'autres évêques nommés, si j'en avais manifesté le désir. Je répondis textuellement *que je ne demandais rien, et qu'ils me conféreraient les pouvoirs qu'il leur plairait de me donner.*

Tous les évêques nommés par Bonaparte, depuis ses querelles avec Rome, et auxquels le Souverain Pontife n'a pas voulu donner l'institution canonique, et cela par forme de mesure générale, ont été privés de l'effet de leur nomination, et tous de la même manière. On n'a pas même révoqué le décret qui les avait mis en place. On s'est contenté d'en nommer d'autres. Cette marche est-elle régulière? Ne fallait-il pas une ordonnance qui leur enlevât ce qu'un décret leur avait donné ? Pouvait-on même (je parle d'un pouvoir moral) le leur enlever sans établir ou que leur nomination fut nulle, ou qu'ils ont tous mérité, sans exception, qu'on les dépouille? Autant de questions que je m'efforcerais peut-être de résoudre si elles m'étaient étrangères. Je dirai seulement qu'elles fournirent matière à plus d'une discussion.

Mon successeur ou, pour m'exprimer plus correctement, mon remplaçant au siège de Séez est un Monsieur de Saussol. Je ne garantis pas que le *de* lui appartienne bien légitimement, car on en gratifie tous les nommés par le Roi ; et il est à ma connaissance que plusieurs d'entre eux n'ont jamais eu la sotte vanité d'y prétendre. On dit qu'il n'a été nommé qu'après le refus de plusieurs autres. Je suis sûr du moins d'une nomination antérieure à la sienne.

Quand il fut question de l'évêché de Séez, le grand aumônier présenta au roi deux sujets : moi et M. Tuvache. Sa Majesté allait se déterminer en ma faveur lorsqu'un évêque rentré, mon ancien disciple, et qui, à ce titre, m'avait quelques obligations, remarqua que peut-être il y aurait à Rome difficulté pour mon institution canonique, parce que j'avais été nommé par Bonaparte et que j'avais exercé comme vicaire général du chapitre. La vraie raison de cette conduite était que M. Tuvache avait rédigé en Angleterre les ouvrages publiés contre la demande des démissions, et que moi, j'avais défendu, en Allemagne, cette mesure. De plus, l'évêque et M. Tuvache étaient intimement liés. Cet ecclésiastique fut donc nommé à ma place. Ses rapports avec moi ont quelque chose de singulier.

Nés l'un et l'autre à Rouen, nous fîmes ensemble nos études au collège des Jésuites de cette ville. Nous nous retrouvâmes au séminaire de Saint-Sulpice à Paris. De retour dans notre commune patrie, nous y fûmes professeurs de théologie, chanoines, attachés à l'Officialité, et, pendant près de vingt ans, étroitement unis, nous efforçant de faire le bien et toujours de la même manière. La Révolution nous sépara. Nous reparûmes ensemble dans le nouveau chapitre de Rouen, quand la convention de Pie VII et de Napoléon nous rouvrit la France. Il me succéda lorsque, nommé à l'évêché de Séez, je remis à notre archevêque les places de doyen de son Église et de premier vicaire général. Quand il fut proposé pour me succéder à Séez, nous habitions dans la même rue, porte à porte. J'aurais désiré bien sincèrement qu'il acceptât la dignité qu'on lui offrait, mais il la refusa, prétextant son âge et ses infirmités. On m'a dit que la répugnance qu'il éprouvait à prendre ma place avait été pour beaucoup dans son refus, et cette délicatesse était tout à fait digne de lui. Je l'avais pourtant mis fort à l'aise sur ce point.

M. Saussol, qui venait après nous, est un ancien directeur du séminaire de Saint-Nicolas à Paris. J'en ai entendu dire du mal et du bien : il faut présumer que le bien est la vérité; le mal, une calomnie. Dans une apparition qu'il a faite à Séez, mes partisans ne l'ont point goûté, ce qui ne signifie rien du tout; mais ils assurent qu'il a déplu même à mes ennemis, ce qui dirait beaucoup davantage et exciterait en moi l'espérance d'être regretté; mais l'amour de la religion m'ordonne de ne le vouloir pas à ce prix, et Dieu sait que je ne le veux point. M. de Saussol m'a indirectement des obligations. Si je ne l'avais pas précédé, il trouvait l'évêché nu et les jardins dévastés. Durant ma courte jouissance, j'ai obtenu qu'on meublât décemment l'habitation, et je laisse les jardins dans le meilleur état. Sans moi encore, le séjour des Prussiens eût entièrement ruiné cette belle demeure. Le nouveau prélat n'a pas pu ignorer ces particularités. Elles ne l'ont point touché. La menace d'un procès, le premier que j'aurais eu, est l'unique marque de reconnaissance qu'il m'ait donnée.

Envoyé en possession de tout le temporel de l'évêché, je me suis approprié le revenu du secrétariat, les frais déduits, comptant bien qu'il était à moi, puisqu'il faisait partie du temporel. Le secrétaire me l'apportait de temps en temps, et je le recevais sans compter; je le dépensais de même. L'opinion de M. de Saussol est que j'aurais dû lui réserver cet argent. Ne le lui ayant pas réservé, il était en droit d'en poursuivre la restitution. En conséquence, il répétait une somme de 8,000 fr. qu'on lui avait dit que j'avais reçue. Pour la sûreté de sa créance, il a prescrit à MM. les vicaires généraux du chapitre de ne rien laisser sortir de l'évêché de ce qui était à moi, jusqu'à ce que cette affaire fût terminée.

Cette espèce de saisie étant absolument illégale, je pouvais, par une simple sommation, contraindre les détenteurs à me délivrer ce qui m'appartenait; j'ai mieux aimé prendre une autre voie. Ç'a été d'adresser à Son Excellence le ministre de l'intérieur un mémoire très succinct, dans lequel j'exposais fidèlement la prétention de mon adversaire, ses raisons (car il l'avait motivée) et mes réponses. Je priais le ministre de juger la question, promettant d'avance de ne point appeler du jugement et de m'y conformer. Non toutefois que je prisse l'engagement de payer 8,000 fr. si j'étais condamné, mais seulement la somme qu'on pouvait établir que je m'étais indûment appropriée : deux choses fort différentes l'une de l'autre. En effet on aperçoit, au premier coup d'œil, que le demandeur, dans la crainte de ne pas demander assez, avait demandé à tout événement une somme bien forte, sauf à réduire. Il convenait en toutes lettres qu'il n'était pas sûr de la quotité. Et vous observerez que je n'avais reçu du secrétariat que depuis ma nomination (mi-avril 1813) jusqu'en décembre de la même année, c'est-à-dire sept à huit mois tout au plus, et qu'il était sans vraisemblance que le secrétariat d'un diocèse médiocrement étendu eût produit tant d'argent, en si peu de temps, les frais prélevés : gages du secrétaire, impressions, ports de lettres et autres menues dépenses.

Au lieu de me reconnaître le débiteur de M. de Saussol, je me portais au contraire pour créancier sur le secrétariat de ce qui y était resté de liquide, depuis le mois de décembre 1813 jusqu'au mois d'avril 1814 : le traitement épiscopal n'ayant pas été payé jusqu'à cette époque. J'allais plus loin. Ma nomination n'étant révoquée que par celle de M. de Saussol, je soutenais que jusque-là le secrétariat avait continué de m'appartenir.

Le ministre ne me fit point de réponse; mais, au bout de quelques jours, je m'aperçus qu'il n'avait pas perdu un instant pour agir en ma faveur. Nouvelle me vint de Séez que le prélat nommé y avait écrit qu'on eût à me délivrer mon mobilier, si j'envoyais pour le faire prendre ; il ajoutait qu'il n'avait pas prétendu récupérer par un procès l'argent dont il croyait que je lui étais redevable. Je conjecturai aussitôt que c'était là le fruit de mon mémoire au ministre et que celui-ci, ayant vu le nouvel évêque, lui avait conseillé de me laisser en repos. Bientôt après, j'acquis la certitude du fait. Les vicaires généraux de Séez m'envoyèrent, officiellement et par ordre, la copie d'une lettre de M. le préfet de leur département. Cette lettre contenait ma demande et les raisons qui l'appuyaient, prononçait que la demande était juste et les raisons de poids; ordonnait de me faire rendre ce que j'avais de meubles à l'évêché et, en attendant, de l'inventorier. C'est une affaire terminée. J'ai repris ce qui était à moi, je n'ai plus parlé de mes prétentions ultérieures sur les fonds actuellement existants au secrétariat, et j'ai dit à Séez, que j'avais cru quelque temps devoir être mon tombeau, un adieu qui, selon toutes les apparences, sera éternel. Car si le plaisir de revoir quelques amis me sollicitait d'y retourner, cent et cent souvenirs me soutiendraient contre cette douce tentation.

Ma vie touche au terme que la Providence lui a marqué : j'en juge par sa longueur passée. Désormais le repos (et je ne dissimule pas qu'il me sera pénible) est la seule chose qu'il me convienne d'ambitionner. J'ai travaillé pendant plus de soixante ans et dans tous les genres qui ont quelque rapport avec mon état d'ecclésiastique. J'en ai même effleuré d'autres dans mes moments de récréation. D'assez bas je m'étais élevé, sans le vouloir, sans y penser, à la première des dignités religieuses. Pendant un an j'ai eu le titre et les honneurs de l'épiscopat. De bien plus grands personnages que moi m'ont donné le *Monseigneur* en me parlant et en m'écrivant; j'ai pu dire *mon palais, ma cathédrale, mon chapitre, mes curés*: l'usage m'y autorisait, je ne me rappelle pourtant pas l'avoir suivi. Mon âme peut avoir sa dose de vanité, mais non de celle-ci; la mienne consisterait plutôt à ne la point avoir. Mon exaltation fut un songe à mes propres yeux, et quand il s'est dissipé, le réveil n'a eu rien de pénible.

Retombé dans une sorte de néant politique, je me sens le même que j'ai toujours été : aussi content d'occuper dans l'église de Rouen une stalle de chanoine honoraire, que lorsque je voyais à côté de moi un trône épiscopal qui m'était destiné. Il me reste de ce que j'ai possédé (et puis-je me persuader que je la conserverai toujours?) une modique pension que je n'ai pas même sollicitée, l'ordre royal de la Légion d'honneur que je n'ai point demandé, et un titre de baron, dont on m'avait forcé de requérir l'inutile parchemin qui m'a coûté cinq cents francs.

Ici finissent mes Mémoires. Je puis vivre encore quelques années; mais je ne pense pas que le prolongement, essentiellement court, d'une existence isolée, affaiblie par le temps, le travail, les peines physiques et morales, puisse me fournir la matière d'un supplément dont la lecture intéressât les personnes qui me sont attachées. En tout cas un *post-scriptum* est bien vite et bien facilement ajouté au corps de l'ouvrage.

A Rouen, le 15 avril 1818.

AVIS DES ÉDITEURS

Nous publions ci-après l'ouvrage que M. Baston a composé sur son séjour à Séez, sous le titre : *Exposition de la conduite que M. G. A. R. Baston, nommé à l'évêché de Séez par décret du 14 avril 1813, a tenue dans ce diocèse, et de celle qu'on y a tenue à son égard.*

Cette brochure, in-8 de 96 p., sans nom de lieu ni d'imprimeur, datée, à Saint L*** (Saint-Laurent), le 14 août 1815, n'a pas été mise dans le commerce et était réservée aux amis et aux connaissances de M. Baston. Il n'en fut distribué qu'un très petit nombre d'exemplaires : l'auteur en supprima quelque temps après l'édition. M. Canel, de Pont-Audemer, ayant eu sous les yeux une de ces brochures, en avait fait une copie incomplète. Il avait trouvé bon de ne pas reproduire des passages qu'il jugeait inutiles. M. Charles Verger rencontra dans la riche collection de livres léguée par M. Canel à la ville de Pont-Audemer la copie de M. Canel et se donna la peine de la transcrire à son tour; mais, ayant obtenu de M. Allais, tanneur au Mans, arrière-petit-neveu de M. l'abbé Baston, un exemplaire de l'ouvrage, il compléta la copie de M. Canel, en ajoutant dans sa transcription les passages qui avaient été retranchés. Nous avons donc, grâce à M. Charles Verger, la reproduction intégrale d'un ouvrage devenu aujourd'hui introuvable [1].

Le Conseil de la *Société d'histoire contemporaine* a jugé

---

[1]. Ajoutons, pour l'entière sécurité des lecteurs, que, grâce à l'obligeance de M. Ch. Verger et du Comité de la bibliothèque municipale de Pont-Audemer, il nous a été permis de collationner notre copie sur l'exemplaire imprimé que possède cette bibliothèque; nous pouvons donc garantir l'exactitude absolue de cette réimpression.

bon de comprendre cet ouvrage dans la publication des *Mémoires* de M. l'abbé Baston. Comme il touche à des points délicats de l'histoire ecclésiastique, nous faisons toutes les réserves de droit sur certaines opinions exprimées par l'auteur et qu'il ne nous est pas permis de partager. En appendice, nous offrons au lecteur le récit des mêmes faits présenté en 1869, dans la *Semaine catholique* de Séez, par M. le vicaire général H. Marais, dans le sens de la plus pure orthodoxie : on sera ainsi à même de rectifier les passages défectueux, au point de vue de la doctrine, de l'*Exposition* [1].

Nous devons toutefois reconnaître que M. Baston fut de bonne foi en croyant pouvoir exercer les fonctions de vicaire général que le Chapitre lui avait conférées. Ainsi que nous l'avons dit dans notre *Introduction* [2], la question n'avait pas été tranchée, comme elle l'a été depuis, par la suprême autorité du saint-siège. Vingt-quatre évêques de France, et non des moins dignes ni des moins savants, avaient approuvé M. Baston. Il n'a jamais vu la décision que deux directeurs du séminaire de Séez, M. Boisnet et M. Ducaillou, prétendaient avoir reçue du Souverain Pontife, par l'organe de l'archevêque de Naples. Il l'a réclamée, et ses partisans avec lui, et ces messieurs n'ont jamais pu la lui fournir. Il est très probable qu'elle aura été donnée de vive voix par l'archevêque de Naples, ce qui, dans l'espèce, n'était pas suffisant. Il a montré que son affaire n'avait rien de commun avec celle du cardinal Maury, publiquement blâmé par Pie VII. Nous croyons fermement que M. Baston, élevé dans les principes de l'Église gallicane, se croyait en sûreté de conscience en exerçant son ministère à Séez.

On y a été sévère et dur pour lui. On a oublié ses soixante-dix années de fidélité et de dévouement à l'Église, les souffrances endurées pour la foi, les témoignages de zèle, de bonté, de générosité, qu'il a prodigués pendant son séjour dans ce diocèse. On lui a fait expier cruellement l'erreur involontaire d'un moment.

Nous n'avons pu lire sans émotion les pages où le vénérable vieillard exhale sa douleur. Les bons cœurs éprouveront, je crois, la même impression.   J. L.

1. On trouvera ce récit à l'Appendice n° II.
2. Voir t. Ier, p. XXIII.

EXPOSITION

DE LA CONDUITE QUE M. G. A. R. BASTON, NOMMÉ A L'ÉVÊ-
CHÉ DE SÉEZ, PAR DÉCRET DU 14 AVRIL 1813, A TENUE
DANS CE DIOCÈSE, ET DE CELLE QU'ON Y A TENUE A SON
ÉGARD.

La persécution que j'ai éprouvée, que j'éprouve encore, quoique absent, dans un diocèse où il semblait que la Providence m'eût conduit pour le gouverner, est si singulière, je pourrais dire si cruelle ; elle est si peu méritée ; ses agents, par leurs manœuvres et leurs calomnies, ont trompé tant de personnes dont j'avais l'estime, et dont je me flattais d'obtenir l'amitié...., que j'ai cru me devoir d'en publier les détails. Je les adoucirai cependant, dans la crainte de nuire à ceux qui n'ont pas craint de me rendre malheureux. Cette *exposition* simple et vraie me servira d'apologie. A peu près indifférent sur les dernières circonstances temporelles d'une vie trop voisine de sa fin pour que ses peines soient de longue durée, je ne puis ni ne dois l'être sur le souvenir qu'elle laissera à ceux qui m'ont connu, et particulièrement à ceux qui m'ont aimé. N'eût-on qu'un jour à vivre, l'obligation de prendre soin de sa réputation existerait tout entière, parce que la réputation ne meurt pas avec l'homme. En lisant cet écrit, les âmes honnêtes (je n'ai pris la plume que pour elles) compatiront à mes peines. Je n'en souffrirai pas moins, mais je serai moins affligé.

Pour ne rien omettre d'essentiel, je dois remonter à l'époque de ce concile national, assemblé à Paris en 1811, pour apporter, s'il était possible, un remède efficace aux maux de l'Église de France. S. Ém. Mgr le cardinal-archevêque de Rouen me fit l'honneur de me choisir pour l'accompagner : j'étais le plus âgé de ses vicaires généraux. M. de Chevigné de Boischollet, évêque de Séez, avait donné sa démission ; un pouvoir, auquel on ne résistait pas, la lui avait comme arrachée. Quoiqu'il ne parût pas encore que le souverain pontife l'eût acceptée, on regardait dans le monde le siège comme vacant : il est, en quelque sorte, permis à la multitude d'ignorer cette règle canonique de *l'acceptation*. Dieu sait que je ne partageais pas ce sentiment, quoiqu'un de mes calomniateurs ait publié que JE LUI AVAIS DIT que mon opinion y était conforme. Nous étions à peine arrivés à Paris que le bruit courut que j'étais destiné à remplacer le prélat démissionnaire. La nouvelle gagnant de jour en jour, suivant l'usage, on assura que j'étais nommé. Ce qu'on disait dans la capitale, on le répétait à Rouen, à Séez même et en beaucoup d'autres endroits. Cette unanimité était d'autant plus étonnante qu'elle n'avait alors aucune espèce de fondement. Deux mois s'écoulèrent, au bout desquels une personne éminente en mérite et en dignité m'honora d'une visite, et me demanda *si je voulais être évêque*, ajoutant que, si je consentais, *la chose aurait lieu dans le plus bref délai*. Quoique pris au dépourvu, je répondis sans balancer : « Que je désirais PAR-DESSUS TOUT n'être « que ce que j'étais. » La conversation, sur cet article, n'alla pas plus loin.

Cependant, le concile se sépara. Les évêques eurent ordre de retourner dans leurs diocèses. Plusieurs d'entre eux furent envoyés à Savone pour y porter à Sa Sainteté le décret rendu dans la congrégation générale du 5 août 1811, et dont le souverain pontife avait pris l'engagement d'adopter et de confirmer les dispositions. Un de ces évêques, digne des premiers siècles de l'Église, vint prendre congé de S. Ém. Mgr l'archevêque de Rouen. Je le reconduisis jusqu'à sa voiture. Avant d'y monter, il me serre la main, m'embrasse et me dit : « Adieu, *mon cher confrère.* » Déconcerté, je lui demande une explication : « Ou vous êtes déjà nommé évêque, ou vous le serez sous « peu, » et il me quitta.

Bien qu'il ait plu à mes ennemis, et même à quelques faux amis, de répandre dans le public que j'avais *beaucoup intrigué pour en venir là*, cette annonce me causa une peine très vive. Nous revînmes à Rouen. Peu de temps après, un ecclésiastique attaché à Son Éminence fit le voyage de Paris, et en rapporta, *comme très certain*, que j'étais inscrit au ministère des cultes pour l'évêché de Séez; *il le tenait d'un cardinal et de plusieurs évêques.* Sur ces entrefaites, M. de Ch. de Boischollet, évêque démissionnaire, mourut[1] : c'est alors que je craignis très sérieusement que l'affaire de ma nomination ne s'achevât. Elle ne s'acheva point. On publia même que le chef du gouvernement ne ferait de nouvelles promotions qu'après que le pape et lui seraient d'accord, ce qui semblait les renvoyer à une époque fort reculée. Insensiblement le temps s'écoula ; l'ouverture de la campagne approchait ; je pensai que d'autres soins avaient fait ajourner indéfiniment les nominations. J'espérai que j'étais ou serais oublié. La Providence, car j'aime à lui rapporter tous les événements de ma vie, en avait ordonné autrement. La nuit qui précéda le départ du chef pour l'armée, un décret fut

---

1. 23 février 1812, à Nantes, où il s'était retiré.

rendu qui me nommait à l'évêché de Séez. Je l'appris de Mgr l'archevêque de Rouen, métropolitain. Le samedi de la semaine sainte 1813, ce prélat assembla le clergé de son église cathédrale et me remit, en présence de mes honorés confrères, l'envoi que le ministre lui avait fait. Au milieu des félicitations que l'amitié m'adressait, on s'aperçut qu'une tristesse profonde, une sorte de consternation, s'était subitement emparée de mon âme, aux premiers mots que Son Éminence prononça. Qu'eût-ce donc été, si j'avais seulement entrevu cette longue suite de maux qui m'attendaient dans le lieu de ma nouvelle destination! Mais peut-être que Dieu m'en donnait un pressentiment confus. J'ai la faiblesse, si c'en est une, de croire à ces sortes d'avertissements.

Le décret, sous la date du 14 avril, était accompagné d'une lettre du ministre. Elle ne pouvait être plus honnête : j'étais redevable de ma promotion « *à mes vertus,* « *à mes talents, à mon expérience dans l'administration,* « *à la pureté des principes que je professais et qui prou-* « *vaient mon attachement à la religion,* » etc. « Je ne « dois pas vous laisser ignorer, ajoutait Son Excellence, « que S. Ém. le cardinal, archevêque de Rouen, dont « vous avez la confiance, a rendu sur toutes vos qualités « le témoignage le plus honorable, et qui a été d'un grand « poids. » Résolu d'éviter, si je le pouvais, le fardeau de l'épiscopat, je demandai à mon évêque la permission de faire tous mes efforts pour réussir. Je lui exposai les *moyens* qui appuyaient ma résistance; leur force le frappa, mais il me prédit qu'on n'y aurait aucun égard. En effet, les ayant fait valoir dans une lettre écrite le 19, je reçus, dès le 21, cette réponse du ministre : « Toutes ces circonstances étaient connues de ceux qui vous ont désigné comme un des ecclésiastiques les plus dignes d'être promus à l'épiscopat. Les observations que votre modestie vous inspire (*il se trompait, c'était* crainte *et vérité*) ne peuvent qu'ajouter à mon opinion sur les succès qui vous attendent et sur la satisfaction que vous en éprouverez. Votre nomination est connue du chapitre de Séez. » Des amis respectables, qui étaient aussi ceux de l'Église, me conseillèrent de ne pas résister davantage, et de marcher *où Dieu m'appelait*. Je cédai.

Le 3 mai, je fus appelé à Paris pour le serment d'usage, et qu'il était dans les principes de la religion chrétienne de prêter au gouvernement *existant*. Je crus l'occasion favorable pour renouveler mes instances, espérant encore que je pourrais éloigner de moi *le calice* de l'épiscopat, dont on eût dit que je goûtais déjà toute l'amertume. Cette tentative de vive voix n'eut pas plus de succès que celle que j'avais faite par écrit. J'ajoutai néanmoins aux motifs de ma lettre, que j'appréhendais extrêmement les dispositions peu favorables de quelques autorités du département de l'Orne, dont le dernier évêque avait eu, disait-on, beaucoup à souffrir. « Vous n'êtes pas votre « prédécesseur, me répondit le ministre (*c'était un com-* « *pliment*). Comptez, d'ailleurs, que vous serez soutenu. « Mais on ne vous tourmentera pas.... » C'est le seul point sur lequel Son Excellence ait rencontré juste.

Dès le 30 avril (preuve d'empressement), le chapitre de Séez avait pris une délibération sur laquelle il est important de remarquer que je n'avais fait aucune démarche pour en suggérer l'idée ; de manière que si elle a été provoquée, je n'ai eu aucune part à cette insinuation. Voici cette pièce ; je prie qu'on la lise avec la plus grande attention. « En chapitre dûment convoqué.... a été mis sur le bureau.... un paquet adressé à MM. les chanoines du chapitre de Séez, contenant une lettre de Son Excellence le ministre des cultes, en date du 21 de ce mois (avril), dont lecture a été faite, et un décret, en date du 14, par lequel Sa Majesté impériale et royale nomme à l'évêché de Séez, actuellement vacant, M. l'abbé Baston, vicaire général de Rouen : lequel décret a été reçu UNANIMEMENT avec *joie*, *respect* et RECONNAISSANCE par le chapitre, qui *se félicite* du choix d'un ecclésiastique aussi recommandable par ses vertus et ses lumières. Pour lui donner une preuve de sa satisfaction et de sa confiance, le chapitre l'a nommé, PAR ACCLAMATION, vicaire général pour gouverner le diocèse conjointement avec MM. Le Clerc et Le Vavasseur, grands vicaires actuels, *jusqu'à ce qu'il ait reçu son institution canonique.* En conséquence, la compagnie invite MM. les vicaires généraux d'adresser une expédition de la présente délibération.... à M. l'abbé Baston, *en le priant de vouloir bien accepter les pouvoirs qui lui sont conférés,* et d'accélérer le moment où il doit venir recevoir ses hommages. Fait...., etc. » Tous avaient signé. MM. les vicaires généraux joignirent à la copie de cette délibération une lettre particulière, par laquelle ils me pressaient de venir au milieu d'eux, m'assurant que le contentement était universel, et que, mes collègues en apparence, ils me regarderaient comme leur supérieur, se faisant gloire et devoir de respecter et d'accomplir mes ordres. C'était beaucoup plus que je ne voulais, infiniment plus que je n'ai jamais exigé ou même souffert.

Quelques jours d'une maladie courte, mais aiguë, occasionnée, je n'en doute pas, par le déplaisir de ma nomination et des pertes immenses qu'elle coûtait à mon cœur, me retinrent un peu de temps à Rouen et dans ma famille. Je n'arrivai à Séez que passé la mi-juin. La délibération du chapitre et la lettre des deux vicaires généraux me parurent n'avoir pas exagéré l'accueil qui m'attendait. Les chanoines en corps me rendirent leurs devoirs, et sur tous les visages étaient peintes la joie et la satisfaction. On me proposa de prendre au chœur la place ordinaire de l'évêque, ce que j'eus la sagesse ou le bonheur de refuser. On arrêta que je prendrais la stalle du doyen, qui fut ornée d'un tapis et d'un carreau. On me donna l'encens et le livre des Évangiles; on me fit officier aux jours épiscopaux, etc. Mais qu'on le remarque : je ne demandai rien ; et rien de ce qu'il était possible de m'accorder ne fut omis. Je ne dirai pas qu'on allait au-devant de mes désirs : je dirai qu'on allait beaucoup au delà.

Durant cette première apparition, qui fut d'environ trois semaines, MM. les vicaires généraux m'apportèrent presque tous les actes à signer, « afin, disaient-ils, qu'on sache, dans toutes les parties du diocèse, que vous vous êtes rendu aux vœux qui vous conviaient de ne pas trop retarder votre arrivée. » Le motif me parut raisonnable, et je signai tout ce qu'on me présenta. Je reçus beaucoup de lettres, de visites : tout y respirait la sérénité, l'aménité, et ce plaisir tranquille qu'on éprouve quand on jouit d'un bien désiré avec ardeur. La supérieure d'une association dite des *Dames bleues*, femme de beaucoup d'esprit, d'une grande dévotion, mais.... (on la connaîtra par ce que j'aurai bientôt l'occasion d'en dire), se distingua entre toutes les personnes qui me firent des avances de politesse, de confiance même et d'affection. Aussi peu disposé à croire le mal que peu enclin à le faire, je me livrai de la meilleure foi du monde à la douceur d'être aimé, et ne me rappelai pas que le serpent se cache sous les fleurs. Ces heureux jours passèrent comme l'éclair ; et je ne crois pas en avoir revu depuis un seul qui fût pur.

Je me disposais à retourner à Rouen pour y terminer les affaires et les embarras de ma translation, lorsque

M. le supérieur du séminaire [1] me fit une confidence qu'après deux ans de réflexion je ne puis pas ne point regarder comme la première et peut-être l'unique cause d'une grande partie des désagréments que j'ai essuyés. Un M. V. [2], ancien eudiste, homme d'un certain âge, qu'on dit savant en morale, très vertueux, mais un peu singulier, a établi à Séez une petite réunion de filles que le peuple appelle [3] les sœurs du ***, peut-être à cause de leur respectable pauvreté et de leur édifiante mortification. Ce nom n'empêche pas qu'elles ne soient fort estimables et fort estimées. La prière et le travail remplissent tous leurs moments. Elles sont assidues aux offices de la paroisse, vivent très retirées, ne recevant pas le monde chez elles et n'allant pas chercher le monde chez lui. A la première visite que je leur fis, elles m'intéressèrent, et j'y retournai une seconde fois. Cela excita leurs partisans à me parler d'elles, afin de me prévenir en leur faveur. « Elles pratiquent, me dit-on, tous les exercices et toutes les vertus de la piété chrétienne et religieuse. C'est le *semen relictum* qui pourrait un jour ressusciter les institutions monastiques et ramener les beaux jours de leur ferveur. Au commencement, elles donnèrent de l'ombrage aux autorités locales, mais sur leur déclaration qu'elles se réunissaient *pour fabriquer du fil et s'entr'aider en santé et en maladie*, les magistrats ont pris le parti de fermer les yeux. » En effet, que pouvait-on raisonnablement appréhender d'une vingtaine de filles qui ne font autre chose

---

1. J.-J. Bazin, qui fonda plus tard la communauté de la Miséricorde de Séez.

2. Villeroy, préfet des études au grand séminaire ; il n'avait pas quitté la France. Mgr d'Argentré le nomma vicaire général en 1798. Pendant la Terreur, il avait pris le nom de *Romain*.

3. Nom bizarre, que je supprime pour ne pas le perpétuer. *Note de M. Baston.* — Il s'agit des *Sœurs du Pot*.

que filer du lin et prier Dieu? Je ne savais pas alors qu'elles croyaient avoir des révélations : ce fut M. le supérieur qui me l'apprit. Un matin donc il entre dans ma chambre, et s'étant bien assuré que je suis seul, que personne ne nous peut entendre, il tire de sa poche un cahier d'écriture assez menue, et me le présente, en me priant de le lire avec attention. « C'est, continua-t-il, « l'histoire des saintes filles de M. V., écrite par le « vénérable M.[1], chanoine, bachelier de Sorbonne, « et moi je l'ai approuvée. N'en parlez pas à MM. les « vicaires généraux. » Cette réticence me déplut. Les vicaires généraux, exerçant les fonctions de l'Ordinaire dans tout le diocèse, ne devaient-ils pas être les premiers instruits des prétendues merveilles qui s'opéraient sous le toit des bonnes filles en question? Le propre de la petite et fausse dévotion est de se soustraire, tant qu'elle peut, aux regards de l'autorité légitime. Je promis cependant de m'occuper sur-le-champ de cette affaire, et tins parole. Mais quelle fut ma surprise de trouver dans ce manuscrit, que le style était loin de recommander, des *lumières d'en haut, des manifestations surnaturelles*, dont plusieurs, pour ne pas dire toutes, me parurent indignes de Dieu, quoique je sache qu'il aime à *se révéler aux petits* : mot sacré dont *les petits* et leur directeur abusent quelquefois. Il y avait, entre autres choses, la déclaration d'une sœur qui portait que l'esprit de Dieu lui avait fait connaître *que son âme était agglutinée à celle du pape*. Le supérieur vint reprendre son manuscrit. Je ne lui donnai pas la peine de m'interroger sur le jugement que j'en portais. De moi-même, je lui fis

---

[1]. M. Le Marchand-Ducassel, dont il sera question dans tout le cours de cet ouvrage.

part de mon sentiment touchant l'ouvrage *qu'il avait approuvé* et qu'il espérait devoir me rendre le protecteur des pieuses filles de M. V. Ma décision fut sévère, mais juste. Je taxai d'illusions la plupart des communications miraculeuses décrites par le savant et judicieux historiographe. L'*agglutination* de deux âmes, et de deux âmes aussi disparates que celles d'un pape, captif à Fontainebleau, et d'une fileuse, contemplative à Séez, je l'aurais nommée une folie qui, en ce genre d'extravagance aussi varié que fécond, n'avait peut-être jamais eu sa pareille, si je n'eusse pas su que l'amour-propre est un enfant très irascible, auquel on doit, en bien des circonstances, tous les ménagements de la charité. Mais, si les expressions furent adoucies, le sens fut ce qu'il devait être, pour ne mécontenter ni la raison ni la religion. Je ne dissimulai pas que j'étais péniblement affecté en voyant un supérieur de séminaire se déclarer *l'approbateur* de ces imaginations dangereuses, et pour les têtes qui en ont l'étrenne et pour celles qui ont la faiblesse d'y croire. Il ne me répliqua rien. L'avais-je converti, du moins ébranlé? Dieu le sait. Il ne m'est point arrivé de renouer la conversation avec M. le supérieur sur les sœurs du ***. Mais, quand j'aurai dit que l'historien et l'approbateur de ces mysticités ont été les premiers et longtemps les seuls qui se soient déclarés contre moi, ne deviendra-t-il pas vraisemblable que leur *savoir* offensé se vengea de l'outrage qu'il avait reçu de ma décision? Quand j'aurai dit que toutes les dévotes se sont empressées de faire schisme avec moi, et avec les prêtres qui n'ont abandonné ni ma personne ni ma cause, ne deviendra-t-il pas vraisemblable que quelque *révélation* née du jeûne et de la prévention (car je me ferais conscience de l'attribuer à l'esprit de ténèbres) aura appris à la *terre* du diocèse de Séez qu'il fallait m'éviter *in sacris*, et mes partisans aussi? Quand j'aurai dit que, depuis le commencement de ma malheureuse affaire, on a toujours parlé, qu'on parle encore d'*une volonté du pape;* que, malgré mes instances réitérées, on est encore à me la faire connaître autrement que par une assertion simple, dénuée de toute espèce de preuves, et à laquelle pourtant il faut ajouter foi, ne deviendra-t-il pas vraisemblable, possible du moins, qu'on tienne de la sœur filandière, dont l'*âme* a un rapport si intime avec l'âme du pape, l'importante découverte de cette volonté pontificale qu'on fait valoir contre moi? Cette application immédiate supposée, deux âmes peuvent-elles rien avoir de caché l'une pour l'autre? Et pourquoi les deux excellentes têtes de l'historien et de l'approbateur ne se seraient-elles pas aussi respectueusement inclinées devant cette révélation, que devant les autres auxquelles l'un de ces messieurs a prêté sa plume élégante, l'autre toute l'autorité attachée à son nom? Que le lecteur prenne de ceci l'opinion qu'il lui plaira. Quant à moi, il me serait difficile de ne point soupçonner que si j'avais eu la complaisance d'*approuver*, comme M. le supérieur, le bel ouvrage de M. ***, bachelier de Sorbonne, et de recevoir avec admiration le dépôt des merveilles intellectuelles que renferme cet ouvrage, j'aurais vécu à Séez tranquille et respecté. Le bonheur sur la terre dépend de bien peu de chose!

Je dois soumettre ici à l'examen et à la censure du public un autre fait qui a eu pour moi des suites assez fâcheuses. Dès les premiers moments de mon séjour à Séez, je pris de MM. les vicaires généraux quelques informations sur l'esprit de cette petite ville. Il s'en fallait de beaucoup que, parmi ses habitants, les opinions politiques fussent uniformes. Les uns, entièrement opposés au régime du moment, regrettaient amèrement le passé et soupiraient après son retour. Les autres tenaient avec la même passion au gouvernement qui, du moins, avait fait cesser l'anarchie. La république avait encore de nombreux partisans qui se cachaient. Il était enfin des personnes modérées, assez sages pour voir la providence et la justice de Dieu dans tous les événements de notre épouvantable révolution, assez chrétiennes pour en adorer les rigueurs : elles se soumettaient à l'autorité qui *était* et obéissaient sans murmurer. L'intérieur de leurs âmes n'était vu que de l'œil qui voit tout. La nature de mon ministère exigeait que je me fisse *tout à tous*, en annonçant par quelque démarche d'éclat que toutes les ouailles du troupeau m'étaient chères, et que, sous les rapports religieux, je ne mettais entre elles d'autre distinction que celle que commandent la religion et la sollicitude pastorale.

La ville de Séez, quoique épiscopale, n'a qu'une population qui égale à peine celle d'une paroisse médiocre de nos grandes villes. Je pensai qu'une visite générale, faite par le motif que j'ai dit, atteindrait au but. Ce projet, communiqué à MM. les vicaires généraux, obtint plus que leur approbation ; ils lui donnèrent des éloges et s'offrirent à m'accompagner tour à tour, afin que personne ne fût oublié : précaution qu'ils regardaient, avec raison, comme essentielle, dans un lieu où les jalousies sont d'autant plus actives qu'il est plus resserré. Les après-dînées d'une semaine tout entière furent employées à cette *bonne œuvre* : je lui donne ce nom, jusqu'à ce qu'une autorité compétente le lui retire. Je me présentai partout ; je montai dans tous les greniers ; je m'approchai de tous les grabats, où le pauvre infirme était étendu sans linge, sans couverture, sans paille! Les enfants de l'indigence venaient à moi, et je les bénissais; je consolais leurs mères, promettant de les secourir selon mes moyens.... Que dirai-je de plus? Chaque soir, je rentrais bien fatigué, souffrant de l'affreuse misère dont j'avais eu tant de fois le hideux spectacle sous les yeux....., mais content plus que je ne puis dire, et presque glorieux des touchantes bénédictions dont les *membres de Jésus-Christ* m'avaient comblé, en me reconduisant jusqu'à la rue. Il me semblait que j'avais utilement travaillé pour mon salut. « Ce « pauvre, cette multitude de pauvres, disais-je avec le « prophète, criera pour moi au Seigneur, et le Sei- « gneur l'exaucera. » Insulte qui voudra ma pusillanimité : deux ans se sont écoulés, et je ne fais pas le récit de cette visite sans que mon cœur en soit délicieusement ému.

Ames honnêtes, voilà mon premier crime, mais un crime capital dans le diocèse de Séez. Je vous étonne. Vous ne voyez dans ma conduite rien que d'édifiant. Plusieurs maisons qualifiées en jugèrent autrement. Je sus bientôt qu'elles avaient été choquées, piquées à n'en pas revenir, de ce que je les avais confondues avec la *foule*. « A la bonne heure, je voulais visiter tout le monde; on « me passe cette fantaisie; mais *elles*, j'aurais dû les visiter « hors de rang, d'une manière distinguée. Ce qu'on pouvait « dire de mieux pour m'excuser, c'est que j'étais tout à fait « neuf en matière de bienséance, et il n'y avait pas lieu « d'en être surpris.... » Cette finale, comme on voit, était pleine de sens et de grandeur. Plusieurs portes m'avaient été fermées, parce que, du même côté de la rue, allant méthodiquement d'une maison à l'autre, j'étais entré chez vingt roturiers, chez *du peuple*, même chez un prêtre marié (qu'assurément je ne connaissais pas), avant que mon domestique tirât une sonnette à laquelle pendait un pied de chevreuil [1]. On concluait de cette *école* que je n'étais pas un homme du bon ton, que j'étais *peuple* dans l'âme. A Paris, à Rouen, nulle part peut-être ailleurs, cette *faute* n'eût pas seulement été remarquée, mais à Séez!....

J'oserai dire, pour atténuer mon délit, que ces personnes si pointilleuses en civilité ignorent qu'une visite purement pastorale n'ayant pas le même but qu'une visite de politesse, elle ne doit pas non plus avoir la même physionomie; elles ignorent que tous les enfants de l'Église étant égaux aux yeux de la religion et de son Dieu, le pasteur qui veut les connaître et se faire connaître d'eux les doit traiter avec la plus parfaite égalité, sauf à se conformer ensuite à l'*étiquette*, ce que j'ai fait, mais avec assez peu de succès. Le *manet alta mente* était visible sur plus d'une figure, quand, à mon second voyage, je rendis aux principaux habitants de Séez ce que je crus pouvoir ou devoir accorder à leur *rang*. Le croiriez-vous? cette visite *indistincte* fut jugée si condamnable, si étrange, de si pernicieuse conséquence, qu'elle fut dénoncée à Paris, qu'elle courut, comme nouvelle remarquable, tous les bureaux du ministère des cultes. Un homme en place m'en écrivit très sérieusement, et, *d'après l'intérêt qu'il prenait à moi*, m'invitait à lui dire ce qui en était, *afin de me disculper s'il y avait moyen*. Mon apologie contre cette ridicule accusation fut le tableau simple et vrai de ma visite générale et de ses motifs. Les détracteurs y avaient charitablement ajouté : « que je prenais les mains des gens « *du commun*...., que je les priais de me venir voir, de « *manger ma soupe*...., qu'il paraissait que j'en voulais

---

[1]. J'espère qu'on ne prendra pas ce mot à la lettre. Je m'en sers pour désigner une maison importante ou qui croit l'être. (*Note de M. Baston.*

« faire ma société habituelle.... » *Sottises*, dis-je à l'homme en place, *auxquelles vous ne deviez que du mépris*.

Mais voici bien autre chose. Ce sont des catholiques zélés qui remarquent, avec humeur, que l'évêque constitutionnel [1] avait aussi fait une *visite générale*. D'où ils concluaient que j'aurais dû m'en abstenir, dans la crainte de ressembler en quelque chose à ce faux pasteur. Comme si un évêque intrus ne pouvait pas faire une bonne action, ou qu'il ne fût plus permis, plus louable, de la répéter après lui! Comme si l'hypocrisie du vice n'était pas un hommage à la vertu! Comme si, enfin, les *enfants du siècle*, qui en ont la prudence, ne mettent pas au grand jour la valeur d'une action, quand ils la font pour surprendre l'estime publique! Il faut convenir qu'à Séez, du moins, le zèle et la sagesse ne vont pas toujours de compagnie. Nous verrons bientôt s'accumuler les preuves de cette triste vérité.

J'allai à Rouen pour y terminer mes affaires et prendre congé de mes amis. De retour à Séez, vers la fête de l'Assomption, je m'établis à l'évêché : durant mon premier séjour, M. Le Clerc, doyen et vicaire général, m'avait donné l'hospitalité. Le chapitre parut me revoir avec la même joie et me témoigner les mêmes égards qu'auparavant. Je lui offris pour l'église un beau calice qu'il voulut bien accepter, et, peu de jours après, il consigna dans ses registres un acte de remerciement que je ne lui demandais pas. Ce fut dans cette assemblée qu'il réitéra la concession de mes pouvoirs et leur donna toute l'étendue dont ils étaient susceptibles. De ce moment s'établirent, entre MM. les chanoines et moi, les rapports de société qu'il me paraissait naturel que nous entretinssions ensemble.

---

1. Lefessier, évêque intrus de l'Orne.

Trois fois la semaine, MM. les vicaires généraux me faisaient l'honneur de dîner avec moi, le semainier, tous les jours de fête. Cela était, pour ainsi dire, de règle. Il y avait des repas de corps, d'usage, et de fréquentes invitations particulières, surtout lorsque j'avais des étrangers. Si les apparences n'étaient pas trompeuses, la frugalité de ces agapes, que partageaient les ecclésiastiques du diocèse qui me venaient voir, n'empêchait point qu'on n'y trouvât quelque plaisir. Une liberté décente y assaisonnait le nécessaire. Ainsi, à mon début, tout allait bien avec le clergé, auquel je vouais intérieurement tous les sentiments et tous les actes de fraternité compatibles avec le rang que je devais occuper. Des personnes qui connaissaient mieux que moi le terrain ont prétendu que j'en avais trop fait. Et je sens que si j'étais à recommencer, je commettrais de nouveau la même faute. Elle est si belle!

Étant à Rouen, je faisais souvent des conférences dans l'église cathédrale, en ma qualité de théologal de Son Éminence. Un auditoire indulgent m'avait accoutumé à croire qu'elles n'étaient pas sans utilité pour l'instruction des fidèles. A Séez, ne pouvant encore, de toutes les fonctions épiscopales, exercer que le ministère de la parole de Dieu, je fis annoncer que tous les dimanches, à l'issue de vêpres, je ferais une instruction sur un point de dogme ou de morale : ce que j'exécutai. Soit qu'on se jugeât plus savant que dans la grande ville que j'avais quittée; soit qu'on eût le goût plus difficile; soit enfin que les bruits, dont je parlerai bientôt, se répandissent déjà parmi le peuple et écartassent *par devoir* des gens qui, sans cela, m'eussent volontiers écouté, ou que toutes ces causes concourussent ensemble, je ne remarquai pas cet empressement de m'entendre que j'avais vu ailleurs, et que je comptais, je l'avoue sincèrement, voir se renouveler à Séez, pour peu qu'on y eût le sentiment de ses besoins. Dans les commencements, on me reprocha *trop d'élévation*, et, tout en m'efforçant de me corriger de ce défaut qui n'est que relatif, je ne tardai pas à être convaincu que j'aurais été au niveau de mes auditeurs, ou que mes auditeurs eussent été au mien, s'ils eussent su ce qu'ils devaient savoir, mes entretiens ne renfermant que des vérités très élémentaires. Quelques sujets que je traitai fort intelligiblement indisposèrent plusieurs sortes de personnes, quoiqu'on pût et dût les regarder comme extrêmement utiles. Par exemple, je développai les principes sur la *conscience*, mot qui, à Séez, s'entend de toutes les bouches, et dont la vraie signification y est peu connue. Je dis qu'il y avait des consciences fausses, et qu'il fallait les redresser; des consciences ignorantes, et qu'il fallait les éclairer; je dis qu'on péchait souvent en suivant sa conscience, quoiqu'on dût toujours la suivre. Cette vérité capitale, que j'expliquai et prouvai très clairement, n'en offensa pas moins des gens qui déjà semaient le trouble, la discorde, se raidissaient contre l'autorité légitime, et croyaient de bonne foi satisfaire à tout, en prononçant gravement, et à la manière des oracles : *ma conscience me l'ordonne*, ou : *ma conscience me le défend*. Il leur était pénible d'entendre que cette *conscience* pouvait être *ignorante* ou *fausse*, et que peut-être ils péchaient en la suivant.

Un autre dimanche, je parlai sur la vraie dévotion. Après lui avoir payé de mon mieux le tribut de louanges que tout chrétien lui doit, parce qu'*étant utile à tout*, elle est évidemment, et par cela seul, de la plus haute utilité, j'en exposai la nature, les caractères, les devoirs. Or, nombre de personnes qui, sur le témoignage de la couleur et de la forme de leur habit, sur celui de leur zèle souvent inconsidéré, de leurs longues prières vocales, du choix qu'elles savaient faire des *bonnes messes* et des prêtres de la main desquels il convenait de recevoir la sainte communion, se jugeaient éminemment dévotes, ne se reconnurent point dans mes tableaux; elles ne reconnurent ni leur genre ni ses pratiques, et tirèrent cette conséquence : que je n'étais rien moins que connaisseur en dévotion, celle que je prêchais ne pouvant pas être bonne, puisqu'elle ne ressemblait pas à la leur. L'amour-propre est un pauvre raisonneur, et ces braves gens se trompaient; mais leur *conscience* et leur *dévotion* se coalisaient pour m'attaquer dans les ténèbres, en attendant qu'ils pussent, sans danger, se montrer à découvert. On généralisa mes torts en fait d'instruction : « **Je prêchais trop souvent** *pour un évêque;* un « curé n'en aurait pas fait davantage, et ne faut-il pas que « chacun reste dans son état? » C'est à moi-même que ce propos fut tenu.

Mais ce n'est rien, ou peu de chose en comparaison de ce qu'on va lire. Une succursale de Séez, toute composée de pauvres, n'avait point de curé, depuis environ un an. Personne n'en voulait, parce que, disaient les méchants, elle présentait beaucoup plus de labeur que de profit. En conséquence, point de messe, même le jour du Seigneur, point d'instruction pour les fidèles, point de catéchisme pour les enfants. Un curé voisin baptisait les nouveau-nés, bénissait les mariages, administrait les malades et enterrait les morts. Cette malheureuse paroisse n'avait point d'autres secours. On comptait pourtant parmi ces chanoines, qu'on verra bientôt si actifs pour me nuire, plusieurs prêtres qui, l'office de l'église étant fini, auraient pu, chaque semaine, consacrer au service de cette succursale délaissée quelques heures de leurs longs loisirs. Je pensai que je pouvais faire ce qu'ils ne faisaient point et que, si ce n'était pas un devoir de ma place, c'était une œuvre qui y convenait à merveille. J'engageai le secrétaire de l'évêché, jeune prêtre, pour qui ce travail devait être agréable, à chanter la messe et les vêpres dans la pauvre église et à y faire le catéchisme tous les dimanches ; et moi j'y allais deux fois la semaine, pour y faire les mêmes instructions et disposer à la première communion soixante à quatre-vingts enfants des deux sexes, qui tous passaient quatorze ans. Leurs familles me bénirent.

Les régisseurs d'une manufacture très considérable, où une grande partie de cette précieuse jeunesse était employée, accordèrent d'*eux-mêmes*, et sans diminuer le salaire journalier, le temps de mon catéchisme, pour favoriser l'instruction de leurs ouvriers.... Qui le croirait ? Des gens *comme il faut*, des ecclésiastiques noblement oisifs, me blâmèrent! Je ne savais pas tenir mon rang, je l'avilissais! Mes prédécesseurs d'avant la Révolution n'avaient jamais rien fait de semblable [1] ! On me dépêcha la supérieure des Dames *bleues*, et elle me remontra, avec tous les ménagements imaginables, que cette petite mission ne convenait point à un évêque. Bon, envoyer son secrétaire ; mais y aller soi-même ! Demander soi-même, au milieu d'une troupe d'enfants mal vêtus, sans éducation, combien il y a de Dieux, c'est véritablement com-

---

[1]. Mes censeurs auraient voulu que je me modelasse en tout sur des évêques dont quelques-uns eurent de grandes richesses. Le pouvais-je ? Le devais-je ? Un jeune desservant disait à qui voulait l'entendre, *qu'il ne respecterait mon autorité que quand je lui ferais rouler carrosse*. Un jour un chanoine honoraire, ancien curé, me surprit tirant moi-même la sonnette d'une maison où j'allais rendre visite. Il m'aborde *respectueusement*, et me représente qu'on en *jasera*, que mes prédécesseurs *laissaient faire cela à leurs domestiques*. Je le remercie, et ne me convertis pas. Il a puni mon endurcissement en prenant parti contre moi. Au demeurant, c'est un bon homme. — *Note de M. Baston.*

promettre sa dignité.... La dame doit se souvenir et peut rendre témoignage de la vive indignation que je manifestai quand ces indécentes paroles frappèrent mon oreille et pesèrent sur mon cœur. « Dites à ceux qui vous ont en-
« voyée (*ce fut ma réponse*), que si Jésus-Christ pouvait
« bien ordonner à ses disciples de laisser approcher de
« lui des enfants, qui n'étaient probablement ni fortunés
« ni d'une classe éminente, je puis bien, moi, m'appro-
« cher de leurs semblables ; que s'il pouvait les inviter à
« la table de son corps et de son sang, je puis bien les
« préparer au céleste banquet. Dites-leur que Gerson et
« Bossuet faisaient le catéchisme, celui-ci dans sa cathé-
« drale, celui-là dans un village; qu'un de nos plus res-
« pectables anciens évêques remplit les fonctions de
« vicaire dans une paroisse de campagne, et que si j'étais
« ce que je ne suis pas encore, ce que je ne serai peut-être
« jamais, je ne serais rien en comparaison de ces grands
« personnages, que je tiendrai toujours à honneur d'imi-
« ter.... » La dame ne répliqua rien; mais la suite me fait croire que mon langage lui déplut. Il n'échappera, je pense, à personne que la démarche de cette femme dévote et spirituelle peut servir d'échantillon pour les soins et les mouvements religieux de ses semblables. Je continuai d'instruire les enfants de l'indigence jusqu'à l'arrivée d'un curé; je leur fis faire leur première communion, et, pour reconnaître le présent d'un *gâteau* que me fit leur pauvreté, suivant l'usage du pays, je donnai un ciboire d'argent à leur pauvre église, qui, ouverte depuis plus de dix ans, n'en avait d'aucune espèce. La charité, qui n'est pas en paroles, aurait-elle dû me laisser cette aumône à faire ?

Cependant on répandait sourdement dans le diocèse que le chapitre n'avait pas pu me déléguer ses pouvoirs;

que j'étais inhabile à les recevoir; en un mot, que dans mes mains ils étaient nuls ou pour le moins douteux. Où ces bruits avaient-ils pris naissance? on l'ignorait. Les uns les faisaient se manifester premièrement à Alençon, les autres à Argentan. D'autres voulaient qu'ils vinssent en droiture de Falaise, dont les ecclésiastiques, quoique maintenant d'un diocèse étranger, ont la réputation de se beaucoup mêler de nos affaires. Et, à cette occasion, on se permettait une conjecture à laquelle je me suis toujours fait un devoir de me refuser. Elle compromet un prélat respectable, n'est appuyée que sur une de ces *apparences* à quoi s'attachent les têtes irréfléchies, et au delà desquelles l'homme sage veut et cherche des *preuves*. Ce qui n'était pas équivoque, c'est que le mal gagnait de proche en proche; qu'il gangrenait particulièrement la jeunesse cléricale des campagnes, élevée dans le séminaire de Séez depuis que M. de Boischollet en avait remis le gouvernement et l'instruction aux ecclésiastiques qui y sont encore. Des agents ténébreux parcouraient le diocèse, frappaient aux portes qu'ils savaient disposées à s'ouvrir, et déposaient dans les âmes simples et craintives le venin de leurs soupçons, de leurs mensonges et de leurs sophismes, qui n'avaient pas même besoin de subtilité pour séduire.

On me reprochera, je n'en doute point, de ne m'être pas opposé à l'écoulement de la mauvaise doctrine avant qu'il fût devenu un torrent, moi qui, en d'autres temps et en d'autres circonstances plus critiques, avais tant écrit pour la vérité et pour l'Église. J'ai deux réponses à donner, également péremptoires. — La première est que je ne fus instruit qu'assez tard de ces menées clandestines et de l'effet qu'elles produisaient. Étranger dans le diocèse, n'ayant amené personne avec moi, pour ne causer à qui que ce fût le chagrin d'un déplacement ou d'une concurrence, je ne pouvais voir que par des yeux du pays, entendre que par des oreilles dont on ne se défiait pas comme des miennes. Il était naturel que la connaissance de l'état du diocèse, de la fermentation qui y régnait, des sottises écrites qu'on y faisait circuler sous le manteau parmi les ecclésiastiques et les femmes, me vînt par MM. les vicaires généraux, que j'avais adoptés pour *les miens*, et par le secrétaire de l'évêché, que je pouvais appeler *mon secrétaire*, non seulement parce que je le payais et que j'avais bénévolement augmenté ses honoraires, mais encore parce que je lui avais donné l'assurance d'être continué. Or, ce dernier, le secrétaire, nommé Pichon, jeune prêtre d'un ou deux ans, pour qui je me sentais de l'amitié, à qui je supposais de l'honneur et de la délicatesse, et qui, à raison de sa place, en devait être amplement pourvu, forgeait dès lors les premiers anneaux de cette longue chaîne de trahisons dont il s'est rendu coupable à mon égard. Il était en liaison intime avec les plus ardents de mes ennemis. Il se prêtait (et sans m'en parler) aux fantaisies de ceux de MM. les curés qui renvoyaient les dispenses que j'avais signées, ou qui recommandaient de les faire signer par un autre que moi. M. Pichon savait tout et ne m'avertissait de rien. Le second vicaire général, M. Le Vavasseur, celui qu'on nommait le *constitutionnel*, à cause de sa faiblesse au moment du serment [1], vacillait peut-être déjà dans l'attachement qu'il m'avait juré, et n'en conservait pas moins le masque du respect et de l'attachement qu'il m'avait témoignés

---

1. On doit se souvenir que le gouvernement consulaire exigea que, dans a première nomination, un des vicaires généraux eût fait le fameux serment. Je ne connais que M. l'archevêque de Rouen qui se soit refusé à cette mesure. — *Note de M. Baston.*

à mon arrivée. Il savait tout et ne m'avertissait de rien. M. Le Clerc, premier vicaire général, en savait beaucoup moins que son collègue. On se cachait de lui, parce qu'il affichait publiquement l'estime profonde dont il m'honorait, et que, fidèle aux principes qui le distinguèrent dans l'Assemblée dite *Constituante*, il ne se proposait que la gloire de Dieu et le bien du diocèse [1]. Néanmoins, il sut quelque chose, et s'il différa de m'en instruire, c'est qu'il espéra qu'à force de bonnes raisons, qu'il était bien capable de développer et de faire valoir, il ferait cesser l'égarement, et m'épargnerait la douleur de l'avoir connu. Sa prudence y fut trompée ; mais le motif qui le détermina au silence de quelques moments lui assure à jamais ma sincère reconnaissance.... Il parla enfin, me direz-vous, et vous n'écrivîtes point ; vous ne prîtes aucune mesure, aucune précaution, pour fermer les bouches et engourdir les mains de l'ignorance et de la méchanceté.... Écoutez ma seconde réponse. — Le ministère fut informé du trouble qui s'élevait dans le diocèse de Séez. Je reçus une lettre par laquelle on m'*invitait* à faire des recherches exactes sur ces mouvements. Résolu de ne compromettre personne, je répondis, sans trahir la vérité, que mes connaissances à cet égard ne pouvaient être ni étendues ni sûres ; que les agitateurs ne me prenaient pas pour leur confident ; qu'on se défiait de ceux qui avaient ma confiance, de ceux qui m'accordaient la leur, et que, ne sachant qu'en gros et d'une manière vague, je ne pouvais donner ni signalements ni détails. « Mais si l'on veut, ajoutai-je, je composerai sur la question qui agite les esprits une *instruction* à laquelle il serait difficile de ne pas se rendre,

---

[1]. Léon Le Clerc de Beaulieu, curé de la Cambe, bailliage d'Alençon, député de Domfront à la Constituante.

pour peu qu'on eût de droiture et de jugement. » Mon projet ne fut point approuvé. « On n'attaquait point mes pouvoirs par principe de conscience ni par amour du vrai, mais par esprit de parti. Je ne convertirais personne et je prolongerais, par la dispute, l'existence du mal que je voulais guérir.... » Tel est le sommaire des observations qu'on me fit pour me détourner d'écrire. Je crus devoir y déférer, d'autant plus que les raisons pour le silence étaient plausibles, et qu'en n'y déférant pas, je me chargeais d'une responsabilité très délicate. Au lieu d'une réponse dogmatique, on m'insinua que des *mesures de rigueur*, prises à propos, réussiraient mieux : je me hâtai de détourner ce coup, et j'eus le bonheur d'empêcher qu'on ne le portât. Au moment même que mes implacables ennemis me tourmentaient sans pitié, je goûtai le bonheur d'avoir assuré leur repos, et je pouvais dire, en quelque sorte, comme Néhémie : *Memento mei, Deus meus, in bonum, secundum omnia quæ feci populo huic.*

L'ordination de septembre 1813 approchait. J'annonçai que l'examen se ferait à l'évêché, et que j'y assisterais, que j'interrogerais. Cette résolution déplut. C'était, me dit-on, une nouveauté. On fit semblant de m'appréhender. « Ma « science...., mes talents...., effrayaient les maîtres et « les disciples. » L'examinateur habituel, tout bachelier de Sorbonne qu'il était, déclara qu'il n'aurait jamais la hardiesse de s'acquitter de cette fonction en ma présence. « Ma réputation troublerait ses idées, ferait expirer la parole sur ses lèvres.... » Je ne jurerais pas qu'il n'y eût quelque chose de réel dans cette frayeur; mais j'ai lieu de soupçonner qu'il s'y joignait le motif de ne vouloir pas communiquer avec moi dans l'exercice de cette espèce d'autorité, qui découlait de mes pouvoirs capitulaires.

Je tins bon, et, après avoir examiné un ou deux sujets, dont je fus médiocrement content, je me retirai, pour délier la langue de M. le bachelier et des autres examinateurs.

On était à la veille de partir pour le Mans, où devait se faire l'ordination. J'avais écrit à Mgr l'évêque de ce diocèse [1], pour l'en prier, et sa réponse avait été on ne peut plus gracieuse. Les prêtres du séminaire n'ignoraient pas que j'avais fait cette démarche ; je leur en avais communiqué le résultat. Le démissoire [2] était expédié au nom collectif *des vicaires généraux;* je l'avais signé. M. le supérieur entre dans mon cabinet, affectant une tristesse profonde : « Je suis désolé, me dit-il, de ce que je viens vous apprendre : pas un de nos séminaristes ne veut aller à l'ordination si vous signez *seul* le démissoire. Ils sont *convaincus* de la nullité de vos pouvoirs, et ils *exigent* qu'au moins un des autres vicaires généraux signe avec vous. Vainement les prêcherait-on là-dessus ; ils *n'écouteraient* pas même les raisons qu'on pourrait leur alléguer. *Leur conscience s'y oppose.* » Et il se tut. Je repris : « Est-ce vous, Monsieur, qui leur avez inspiré ces sentiments ? — Ils sont revenus avec cette idée. — Pourquoi donc ne m'en avez-vous pas instruit plus tôt ? » Cette question le troubla, et il garda le silence. Je continuai : « Avez-vous essayé de les détromper, de les éclairer ? — Ils auraient refusé de m'entendre.... D'ailleurs *(baissant les yeux et la voix),* je ne suis pas assez sûr que leur opinion soit fausse pour oser la combattre. — Je comprends, Monsieur.... Dites à vos séminaristes que puisqu'ils ne

---

1. Michel-Joseph de Pidoll von Quittenbach, né à Trèves, le 16 novembre 1734.
2. *Sic,* dans l'imprimé ; c'est l'orthographe de Restaut et de Voltaire ; on écrit aujourd'hui : *dimissoire.*

veulent pas de mon démissoire, ils ne doivent désormais me réclamer ni pour la conscription ni pour autre chose. Je n'ai aucune qualité pour me mêler de ceux qui ne reconnaissent pas mes pouvoirs de vicaire général. A leur égard, je suis un étranger; et que sont-ils au mien?.... »
Je me levai, et le supérieur se retira. MM. les vicaires généraux se rendirent auprès de moi. Je leur fis part de la conversation que je venais d'avoir. L'impassible M. Le Vavasseur n'en parut pas ému. M. Le Clerc ne l'imita pas. Son indignation se manifesta vivement. Il avait les mêmes soupçons que moi sur les premiers moteurs de cette insurrection. « Permettez-moi, me dit-il, d'aller trouver cette jeunesse abusée; je ne désespère pas encore de lui faire entendre raison. » Il y alla, parla plusieurs heures, et ne ramena personne. Cette petite coalition ne se remuait qu'en masse : preuve certaine qu'elle agissait par l'impulsion d'une seule et même volonté. Et, d'ailleurs, n'était-il pas évident que des théologiens de cette espèce n'avaient ni ne pouvaient avoir de sentiment personnel sur la question; qu'ils juraient *in verba*.... et qu'ils choisissaient bien? On sut que, pendant la journée, les récalcitrants avaient consulté le casuiste V. et le bachelier D. Cette double conférence ou consultation, à en juger par les suites, ne fut pas absolument sans fruit. Le lendemain matin, les ordinands se transportèrent chez M. Le Clerc et eurent l'impertinence de demander à voir les registres du chapitre, pour lire de leurs propres yeux la délibération qui me créait vicaire général. On leur avait persuadé que les chanoines, en me donnant des pouvoirs, avaient eux-mêmes douté de leur validité! qu'ils ne me les avaient donnés qu'avec la clause, *valeat quod valeat*, « en tant que nous avons le droit d'en accorder à un évêque nommé! » Convaincus, à la seule inspection du registre, qu'on les

avait indignement trompés, ils reçurent mon démissoire et l'ordination.

A cette époque, le chapitre n'avait ni rétracté ni affaibli sa première démarche à mon égard. Au contraire, il venait tout récemment de renouveler mes pouvoirs et d'en augmenter la latitude. Cette nouvelle délibération avait sur l'autre d'avoir été pleinement spontanée. Ainsi nous faisions encore cause commune, le chapitre et moi. Mon intérêt était le sien, et même le sien plus que le mien. On eût dit qu'ayant su ce qui se tramait contre nos pouvoirs respectifs, au séminaire et en différentes parties du diocèse, il avait voulu venger son autorité et maintenir la mienne, ou tout au moins annoncer aux intrigants et à leurs dupes que les manœuvres de la méchanceté n'avaient pénétré jusqu'à lui que pour y éprouver un affront.

Environ ce temps, je reçus une lettre de M. ***, l'un des principaux curés du diocèse, et dont l'attachement pour moi a précédé de bien des années ma nomination à l'évêché de Séez. Il gémissait sur le fanatisme de beaucoup de ses collègues (c'est lui qui parle), la plupart jeunes et sans instruction, trompés par...., et par un prêtre frénétique, auquel il ne manque que de la science pour être dangereux; qui l'était même, quoique ignorant au suprême degré, parce qu'il avait de l'audace, du jargon, et qu'il savait mentir à propos et sans pudeur. Il m'avertissait qu'on trouvait mauvais que je signasse toutes les expéditions; que cela déplaisait à plusieurs chanoines; que les vicaires généraux auxquels on m'avait associé étaient les premiers à s'en plaindre. Il me conseillait de diminuer la fréquence de mes signatures et de faire reparaître, aussi souvent que je le pourrais, celles de mes deux collègues.... Ce conseil, dicté par un sentiment pur, ne préjudiciait ni à mon autorité ni à celle du chapitre, et il pouvait être de quelque secours pour les esprits faibles, si je le suivais : je pris la résolution de m'y conformer. Mais je voulus m'assurer auparavant s'il était vrai que MM. les vicaires généraux s'offensassent réellement ou fissent semblant de s'offenser que mon nom parût seul au pied de la plupart de nos actes. C'eût été une perfidie, puisque je n'agissais de la sorte que sur leur invitation motivée, et qu'ils m'apportaient eux-mêmes à signer les dispenses qu'on leur demandait personnellement, quoique je leur représentasse souvent qu'ils pouvaient les signer aussi bien que moi. Je les priai de se rendre à l'évêché, et leur communiquai franchement la lettre que j'avais reçue. M. Le Clerc repoussa vivement l'accusation qu'elle renfermait, et la traita de calomnie. M. Le Vavasseur la repoussa aussi, mais plus mollement. J'attribuai ce flegme à son caractère insouciant : si je l'avais cru capable de ce qu'il a fait depuis, la prudence eût exigé que j'y regardasse d'un peu plus près. Mais alors comment aurais-je soupçonné qu'il se plaignît de ce que je signais tout, lui dont nous ne pouvions obtenir, son confrère et moi, qu'il fît quelque chose ? Il avait été convenu que les jours où je leur donnais à dîner, MM. les vicaires généraux seraient chez moi une heure avant qu'on se mît à table, afin de conférer ensemble sur les affaires du diocèse ; et, la plupart du temps, M. Le Vavasseur n'arrivait qu'au moment de servir ; ou, quand il venait plus tôt, un sommeil involontaire nous enlevait sa présence morale. Persuadé que ces messieurs n'étaient pas coupables de l'odieuse trahison dont on les taxait à mon égard, je leur déclarai cependant que, pour faire taire les méchants, je voulais qu'ils signassent comme moi, et plus que moi. Je diminuai insensiblement le nombre de mes signatures ; bientôt je n'en donnai presque plus.

Tandis que je m'efforçais d'apaiser les criailleries de l'ignorance et du scrupule, en remettant à mes collègues l'exercice extérieur de nos pouvoirs, dont ils avaient voulu m'investir en quelque sorte malgré moi, les opposants commencèrent à m'envoyer des lettres anonymes, dont peu après ils m'accablèrent. La première était, à ce qu'il me sembla, de la main d'une femme; peut-être d'une de ces théologiennes dont nos villes sont remplies, et la plupart nées, à la manière des insectes, de la chaleur et des fanges de la révolution; mais il me parut évident qu'un homme l'avait dictée. Elle n'était pas malhonnête. En voici le début et, pour ainsi dire, la *dorure*. « La renommée de vos vertus et de vos talents vous avait devancé dans le département de l'Orne. Tout le monde était dans la joie, et se félicitait d'avoir pour prélat un homme ferme et instruit et qui, sans doute, ne manquerait pas de tenir le diocèse sur un pied respectable. Mais (ce sont maintenant les *pilules*) je me suis aperçu que l'allégresse n'a pas été de longue durée.... » L'auteur recherche les causes de ce changement qui l'étonne; il en découvre plusieurs dont voici l'analyse : « 1° On craint que je ne prenne mon institution canonique du métropolitain : le second concordat n'ayant pas été publié *par qui de droit*, et le pape ayant protesté *contre*. — 2° On regarde mes pouvoirs de vicaire général comme douteux, et « l'on
« prétend que, dans le doute, il ne faut pas agir dans une
« matière aussi délicate. On se fonde sur le concile de
« Trente, sur le second concile de Lyon, et sur l'improba-
« tion formelle du chef de l'Église dans un bref à un pré-
« lat qui s'est distingué (*sans doute, S. Ém. le cardinal*
« *Maury*), et dans un autre encore (*probablement à*
« *M. l'archevêque nommé de Florence*), par lesquels il
« défend expressément, dans LES MÊMES CIRCONSTANCES où

« vous vous trouvez, d'accorder des pouvoirs à l'évêque
« nommé. » — 3° On convient « qu'au temps de Louis XIV
« on fit ce que l'on fait aujourd'hui; mais la division
« entre les deux puissances ne cessa que lorsque le Roi
« protesta, dans une lettre au Saint-Siège, qu'il était fâché
« d'avoir poussé les choses si loin, et (*que de leur côté*)
« les évêques NOMMÉS reconnurent la témérité de leur
« démarche. » — 4° Quand on me voit m'emparer seul du
gouvernement du diocèse, la consternation paraît sur tous
les visages. » On me propose, en conséquence, de faire signer avec moi du moins un de MM. les vicaires généraux :
« alors on passera sur mon association au gouvernement
« du diocèse. » — 5° On croit volontiers qu'en accordant
des dispenses de mariage, je suis dans la bonne foi; mais
on assure que j'ai été trompé par le *commissionnaire*, et
que le *chef* n'a pas accordé.... En m'adressant « ces obser-
« vations, qui ne partent pas d'un mauvais cœur, on n'a
« que des vues pures. » On me supplie d'en être persuadé,
ainsi que du *profond respect*, etc. »

J'ignore, en vérité, pourquoi l'auteur de cette lettre ne la
signa pas. Elle n'a rien d'offensant; et, s'il se fût fait
connaître, j'aurais eu un vrai plaisir à lui donner des
éclaircissements qu'il m'était impossible de faire parvenir
à un inconnu. — Je lui aurais dit et prouvé que l'existence
du second concordat était certaine; que celle de la protestation ne l'était pas; que cette protestation n'avait aucun
rapport à l'article de l'institution canonique par le métropolitain; qu'on pouvait douter que cette protestation, supposé que le pape l'eût faite, supposé encore qu'elle se
rapportât à l'*institution canonique*, eût eu la force d'a-
néantir le second concordat. J'aurais ajouté que PERSONNE
en France, pas même le gouvernement, ne pensait à
mettre à exécution l'article de l'institution canonique par

le métropolitain. J'aurai occasion de revenir sur cette matière. — Je lui aurais dit et prouvé qu'avec un peu de cette bonne logique, si rare parmi les hommes, on découvre aisément que les conciles de Trente et de Lyon ne portent aucune atteinte aux pouvoirs donnés par les chapitres aux évêques nommés; que je ne suis pas dans les *mêmes circonstances* que les prélats nommés aux archevêchés de Paris et de Florence. Je discuterai ailleurs, et, je m'en flatte, victorieusement, le premier de ces deux brefs qu'on m'oppose; quant au second, il suffit de remarquer que Florence est en Italie et Séez en France. La discipline des Églises n'est pas plus la même dans tous les lieux qu'elle ne l'a été dans tous les temps. — Je lui aurais dit et prouvé que les lettres écrites au Saint-Siège par Louis XIV et par les évêques (de l'Assemblée seulement) n'étaient relatives qu'aux fameux articles de 1682, et qu'elles n'avaient AUCUN RAPPORT aux pouvoirs donnés par les chapitres aux évêques nommés par le Roi; de sorte qu'en fait de citation, il n'en est point d'aussi gauche ou d'aussi frauduleuse que celle du n° 3 de la lettre anonyme. — Je lui aurais dit et prouvé que des *pouvoirs* ne sont pas douteux parce qu'il plaît à quelques personnes d'élever des doutes sur leur validité; et qu'en toute supposition, mon titre était assez *coloré* pour que je ne risquasse rien en exerçant les miens, et pour que les fidèles fussent tranquilles en y recourant. — Je lui aurais dit et prouvé que l'exercice de la juridiction ne consiste pas dans la signature; que *ne s'empare pas* [1], à qui l'on donne; que la mesure de signer *à deux* eût été supportable si l'on m'en eût parlé d'abord, mais qu'elle ne l'était plus depuis que j'avais *très*

---

1. M. Baston veut dire ici qu'il ne s'est pas emparé de la juridiction, puisque le chapitre la lui avait donnée.

souvent signé seul. — Enfin, je lui aurais dit et prouvé que j'avais pris toutes mes précautions pour n'être pas trompé sur le fait de la volonté du pape à l'égard des dispenses ; que je le tenais non d'un *commissionnaire*, mais de plusieurs savants évêques qui s'en étaient expliqués avec Sa Sainteté. Je n'aurais pas craint d'ajouter que le droit général, combiné avec les circonstances fâcheuses dans lesquelles se trouvait l'Église gallicane, nous rendait tous les pouvoirs dont nous avions besoin. C'est le sentiment qu'exprimaient dix-neuf tant cardinaux qu'archevêques et évêques de France, dans une lettre au souverain pontife, du 25 mars 1810, signée et rédigée par M. de Boulogne, évêque de Troyes : « Si la réponse de Votre Sainteté ne nous parvenait point, nous serions FORCÉS de conclure qu'il existe dans les communications des obstacles insurmontables, et nous nous verrions CONTRAINTS par ce seul FAIT d'accorder momentanément les dispenses.... » Mais, encore une fois, ne sachant où prendre l'auteur de la première lettre anonyme qui m'a été adressée, je ne pus lui faire entendre des vérités auxquelles il me paraissait de caractère à se rendre.

Dans l'intervalle de l'ordination de septembre à celle de Noël, il ne se passa rien de bien important. Deux petits événements, dans lesquels je me comportai comme je le devais, accrurent néanmoins l'indisposition des fausses dévotes de toutes les classes : femmes accoutumées, par la Révolution et par le besoin qu'alors on avait d'elles, à mettre leurs fantaisies au-dessus de l'autorité et des motifs qui la dirigent.

Le chapitre de Séez n'est composé que de dix chanoines, la plupart âgés. Un d'eux [1] était sous la main du gouver-

---

[1] M. Le Gallois.

nement, et renfermé à Paris dans une maison de détention. Un autre gardait la chambre malgré lui, souffrant d'une paralysie. Cependant on faisait tous les jours l'office canonial, sans avoir un bas-chœur suffisant pour aider dans ce travail. Aussi la santé de ces messieurs en souffrait-elle beaucoup, l'hiver particulièrement. Pour leur procurer quelque adoucissement, je proposai de ne commencer les matines qu'à sept heures, durant la mauvaise saison, comme il se pratiquait dans l'église métropolitaine. Cet arrangement ajoutait une heure au repos de la nuit. Ils y accédèrent avec joie, je pourrais dire avec reconnaissance. Mais les dévotes (j'entends toujours les *fausses*) crièrent : elles n'avaient pas été consultées. Elles crièrent qu'on perdait la religion ; et, m'attribuant ce pernicieux relâchement, leur sainte colère épuisa sur moi tous ses traits. Les *servantes* de la ville se distinguèrent dans cette agression. Elles forment une partie notable de la dévotion de Séez, parlent théologie aussi bien et aussi volontiers que leurs maîtresses, décident comme elles, exercent sur la conduite du clergé une censure vraiment incroyable pour qui n'en a pas la preuve sous les yeux. Il en est, sans doute, comme dans tous les états, d'une piété solide, éclairée ; mais celles-là ne s'affichent point, contentes d'avoir Dieu pour témoin du bien qu'elles s'efforcent de faire. Toutes ces bonnes filles avaient obtenu de M. Le Vavasseur de leur dire la messe dès cinq heures du matin, une heure avant que les matines commençassent. Il fallait que ce prêtre complaisant se levât à quatre ; ce qui prenait tellement sur le sommeil nécessaire à sa santé et à sa complexion, que le besoin impérieux de la nature le contraignait de dormir pendant une partie des offices : habitude peu édifiante, que n'excusait pas tout à fait l'acte de charité qui l'entretenait. Quand les matines furent à sept heures, M. Le Vavasseur retarda sa messe à six. Les servantes jetèrent les hauts cris; leur pot-au-feu ne s'accommodait point de ce changement; elles s'assemblèrent, délibérèrent : ce club d'une espèce nouvelle nomma des *députées*, qui m'apportèrent les doléances de toute la bande. La harangue de celle qui parla fut décente et pas trop mal tournée. Je m'efforçai de leur faire comprendre que l'assaisonnement de la discipline ecclésiastique n'était point de leur ressort; qu'en hiver, cinq heures du matin n'étaient pas l'*aurore*, et que les règles du diocèse voulaient qu'on ne célébrât pas de messes avant qu'elle parût; que la cathédrale, ouverte de si bonne heure, en décembre, et dans un temps où la ville était pleine de conscrits, de soldats, de prisonniers, serait exposée à des profanations de plus d'un genre, et à des enlèvements, qui déjà avaient eu lieu; qu'il n'y avait pas de sûreté pour elles-mêmes à parcourir les rues dans les ténèbres. Je ne gagnai rien, et elles recommencèrent leur pétition, comme si je n'avais pas répondu. C'est la méthode, le *je voudrais* des enfants et de toutes les créatures humaines qui leur ressemblent. Je me débarrassai de ces pieuses importunes en les renvoyant pour la messe à leur chapelain, et pour l'ouverture de l'église à l'administration de la fabrique. La première messe, pour l'hiver, demeura fixée à six heures. On ne me le pardonna pas, et je fus rudement tancé dans des lettres anonymes, suivant l'usage du pays. Au temps de mes grandes peines, tout ce petit peuple me jeta sa pierre.

Il semble que, pour m'humilier, ou pour me préparer à quelque chose de plus dur, Dieu permit que tout ce que je projetais et faisais pour le bien général se tournât contre moi en poison et fît mon mal particulier. M. V., cet eudiste dont il a été parlé ailleurs, croyant, sans doute, avoir des

raisons suffisantes pour être dispensé des règles, fît enlever son confessionnal de l'église, où il était, et le plaça dans un petit appartement bien clos, dont le corps s'avance sur les jardins de l'évêché, mais qui a une ouverture en dedans de l'église cathédrale, près le chœur. Le lieu m'appartenait, comme dépendance de l'évêché, soutenant une de ses tribunes et servant autrefois de passage à l'évêque pour venir à l'église. Il eût été naturel que personne ne s'emparât de ce cabinet, sans du moins faire auprès de moi une démarche de politesse. M. V., qui n'est que chanoine honoraire, et encore d'une espèce fort hétérogène [1], ne demanda l'agrément de qui que ce soit. Je chargeai M. Le Clerc, doyen du chapitre, aussi choqué que moi de cette petite entreprise, de témoigner mon mécontentement à l'usurpateur. Il le fit; le délinquant accourut. Voici notre dialogue : — « C'est avec la permission de
« Mgr de Boischollet, votre prédécesseur, que je confesse
« dans l'endroit où l'on a transporté ce matin mon confes-
« sionnal. — Cette permission, Monsieur, à laquelle je
« crois sur votre parole, ne vous autorisait pas à faire,
« sans m'en prévenir, un établissement durable dans un
« endroit qui m'appartient. — J'avoue, Monseigneur,
« qu'en cela j'ai eu tort, et je vous prie de me le par-
« donner. — De plus, votre évêque ne comptait pas vous
« donner la permission de confesser habituellement là,
« puisque vous aviez un confessionnal dans l'église et que
« vous vous en serviez. — Mon oreille se durcit tous les
« jours. — C'est un malheur.... qui n'autorise pourtant
« pas à enfreindre un des statuts les plus formels et les
« plus importants de votre diocèse, pour ne pas dire de
« tous les diocèses. — Cela ne tire point à conséquence;

---

1. Comme ancien *constitutionnel*, sans doute.

« mon âge.... — Est respectable : j'ajoute, moi, votre mé-
« rite, vos connaissances, votre piété.... Mais tout cela tire
« à conséquence. Refusant l'autre jour à un desservant
« la permission de faire ce que vous faites : « On l'ac-
« corde bien à M. V., » m'a-t-il dit. — Les supérieurs
« peuvent refuser aux uns ce qu'ils accordent aux autres.
« — Non pas, Monsieur, sans un légitime motif de préfé-
« rence, et ici je n'en vois point. Je vois, au contraire,
« que cette permission, donnée à un prêtre de la cam-
« pagne, qui n'en userait que rarement, et comme en se-
« cret, serait moins fâcheuse dans ses suites que la même
« permission accordée à un prêtre de ville qui en userait
« du matin au soir, et avec la plus apparente publicité....
« Et puis le monde en est blessé. Je suis peu répandu, et
« déjà plus d'une fois je me suis aperçu qu'on était scan-
« dalisé de voir vos pénitentes entrer tour à tour dans
« votre cabinet, et s'y enfermer pour faire leur con-
« fession. Les plus modérés tournent la chose en plaisan-
« terie ; mais, sur un pareil sujet, la plaisanterie est pré-
« judiciable à la religion. — Le scandale dont parle
« Monseigneur est *un scandale pris, et non un scandale
« donné.* — Peut-être, Monsieur ; mais la charité, qui
« n'est pas subtile comme l'école, épargne tant qu'elle peut
« aux simples et aux faibles, même aux méchants, les occa-
« sions *de prendre* du scandale mal à propos. Ce que saint
« Paul dit là-dessus est connu de tout le monde. — Vous
« exigez donc que je ne confesse plus ; car, enfin, mon
« oreille.... — Votre oreille ! je suis bien tenté de vous
« dire que vous la calomniez. Oui, vous lui attribuez une
« *dureté* qu'elle n'a pas. Tenez, Monsieur, l'appartement
« où nous sommes est vaste ; je ne parle pas haut, et de
« vous à moi la distance est assez considérable ; cepen-
« dant vous m'entendez, vous ne perdez pas un mot de ce

« que je dis, vous répondez à tout : et vous n'entendriez
« pas une voix basse, mais collée à votre oreille ! Après
« tout, que feriez-vous si vous n'aviez pas l'usage du
« petit cabinet, si je le reprenais? (*Il ne répondit rien, et
« je continuai.*) Mon dessein, en effet, est de le reprendre,
« non pour y confesser, quoique je sois votre aîné d'un
« assez grand nombre d'années, mais pour qu'on n'y con-
« fesse plus. Je veux abolir, si je le puis, ces confessions
« solitaires, que la persécution nécessita, et qui furent une
« des plus dangereuses plaies qu'elle fit à notre Église.
« Pour le moment, je ne retire point la permission que
« vous dites vous avoir été donnée par le dernier évêque.
« Continuez de confesser dans le cabinet, qu'on y entre
« l'un après l'autre ; mais conformez-vous à la condition
« exprimée dans le rituel, *in loco patenti ;* que la porte
« soit ouverte, afin que, sans entendre ce qui s'y dit, on
« puisse apercevoir ce qui s'y fait.... » M. V. me remercia
et me promit de se conformer à ma volonté. Escobar ne l'aurait pas mieux éludée. Pendant les confessions, les deux
battants de la porte ont continué d'être appuyés l'un sur
l'autre. Seulement (*remarquez bien*) le pêne de la serrure
ne s'engrène pas dans la gâche...., et voilà ce que M. V.
appelait confesser la *porte ouverte, in loco patenti,* à
découvert. Je fermai les yeux sur cette infraction de notre
traité. L'essaim des personnes de tout rang, qui compo-
saient cette ruche spirituelle, n'en bourdonna pas moins
avec beaucoup d'humeur contre l'homme inconsidéré « qui
osait blâmer ce que le savant et vertueux M. V. approuvait et faisait. » Au temps de mes grandes douleurs, plus
d'une abeille se souvint de ma témérité et me poursuivit
à grands coups d'aiguillon. La dévotion est toujours in-
dulgente ; mais ceux qui se disent la professer se vengent
plus souvent et avec moins de raison qu'il ne faudrait.

Le temps s'écoulait. Nous étions au commencement de décembre, et l'on parlait de la prochaine ordination. Je croyais sincèrement que les séminaristes, convertis à l'époque de l'ordination précédente par l'inspection des registres capitulaires où mes pouvoirs étaient inscrits dans la forme la plus satisfaisante pour les scrupules, ne renouvelleraient pas leur désobéissance. Personne ne m'avait insinué que l'esprit d'inquiétude et d'insubordination, qui s'était montré au séminaire quelques mois auparavant, y eût reparu. Le supérieur m'avait vu plusieurs fois, sans qu'il lui échappât une seule parole de nature à renouveler mes craintes. Un jour, j'allai lui faire une visite et lui porter un petit secours en argent, lui promettant que si j'étais payé, ma libéralité pour un établissement qui m'était cher ne se bornerait pas à si peu. Il me remercia, et prit. Il entra même dans quelques détails d'administration dont la confiance semblait être le principe. Nous nous quittâmes les meilleurs amis du monde. C'était le soir.... Eh bien! le jour suivant, de grand matin, il courut déclarer à M. Le Clerc que si je signais seul le démissoire, aucun des élèves n'irait à l'ordination. On touchait au départ pour le Mans. Sans doute le secret avait été recommandé à cette jeunesse, car sa résolution n'avait point transpiré; ou, si quelques zélateurs en furent instruits, les vrais supérieurs du diocèse n'avaient pas reçu le moindre avis de ce qui se tramait. Il ne faudrait aux gens d'honneur que cette conduite pour en apprécier les moteurs. Mais quand on saura qu'ils avaient introduit de leur chef, dans le séminaire, un *mémoire ultramontain*, et qu'ils le faisaient lire à ceux qu'ils croyaient capables de l'entendre assez pour être séduits; quand on saura qu'ils disaient aux autres, en style d'illuminé : « Allez, faites ce qu'on vous dit; Dieu vous

« éclairera ; » quand on saura que ce *mémoire*, ils le colportaient, que les séminaristes le colportaient.... et que les supérieurs du diocèse ignoraient toutes ces manœuvres, qu'on les leur cachait avec le plus grand soin, quelle idée se formera-t-on de cette jeunesse ecclésiastique, et de ceux qui la dirigeaient ?

Nous nous assemblâmes, les deux vicaires généraux et moi, et, après avoir raisonné sur l'événement auquel personne ne s'attendait, je leur annonçai, comme à l'ordination précédente, que je signerais seul le démissoire, ou que je ne le signerais pas du tout ; mais je leur déclarai en même temps que s'ils en voulaient signer un sans moi, je ne m'y opposerais pas ; qu'ils avaient pour cela des pouvoirs suffisants, et que je consentais bien volontiers qu'ils les exerçassent de la manière qu'ils jugeraient la plus utile au diocèse ; que, s'ils donnaient le démissoire, je ne m'en tiendrais pas offensé, que je ne le désapprouverais même pas.... M. Le Clerc prit la parole et dit « que sa « conscience ne lui permettait pas d'envoyer aux saints « ordres des hommes soulevés contre l'autorité légitime. » M. Le Vavasseur tint le même langage. Le démissoire ne fut point accordé, et l'ordination manqua. La vérité du fait que je viens de raconter m'importe singulièrement, comme on le verra plus bas, et j'exprimai alors mes sentiments sur les démissoires à tant de personnes, chanoines et autres, même au supérieur du séminaire, que je m'assure que mes ennemis n'oseront le contester, du moins publiquement ; car, pour ce qu'ils sont capables de faire à la sourdine, c'est autre chose, et je ne réponds de rien.

Dès que la résolution du vicariat fut connue, un ordinand se présenta chez moi, le fameux *Mémoire* à la main, et me proposa d'abord de m'en faire la lecture, ensuite de le défendre contre mes attaques. Ce cartel, adressé par un écolier de province (et de quelle école !) à un homme qui avait professé la théologie près de trente ans, était le comble de l'orgueil et de l'impertinence : je crus devoir renvoyer ce prestolet, avec le sentiment que méritait une pareille incartade. Peu d'heures après parut le supérieur, ayant à la poche le *Mémoire*, qu'il me vanta comme une pièce triomphante, incomparable. « Elle m'a subjugué, « me dit-il (*et cela ne prouvait pas que l'ouvrage fût de* « *quelque valeur*); il m'est impossible de ne pas regar- « der vos pouvoirs au moins comme très douteux. » Il m'offrit de me communiquer son manuscrit, de me le laisser quelque temps ; je le refusai. J'avais pourtant envie de lire cette production ; mais, par charité, je ne voulais pas la tenir de lui, dans la crainte que la suite des événements ne me plaçât entre la nécessité de mentir et l'obligation de le compromettre. Mon refus le fit peut-être me juger défavorablement et je ne lui en voudrais pas ; il n'était pas en son pouvoir de connaître mon motif. Cependant, pour lui faire comprendre que, de ma part, ce n'était pas l'appréhension de ne pouvoir répondre à l'ouvrage tant célébré : « Que contient-il donc de si fort ? lui « dis-je ; vous l'avez trop étudié pour n'être pas dans le cas « de m'en rendre compte. — *Oh ! volontiers*, » me répondit-il aussitôt ; et quoiqu'il n'y eût dans son exposé ni ordre ni précision, j'acquis une idée à peu près juste du *Mémoire* dont s'étayaient l'insubordination et ses courtiers. J'en combattis les principes. Notre conférence dura deux heures. Le supérieur battit la campagne, ne répondit à rien, et n'en persévéra pas moins dans son opinion. Il était à peine retiré, que la dame supérieure du pensionnat *bleu* parut et fit un dernier effort pour m'amener à la double signature. Je vis clairement qu'on lui avait fait la bouche, car elle répéta tout ce qui m'avait été dit sur cet article. Mais comme elle a plus d'esprit, d'adresse et d'élocution que ses commettants, cette charge, entremêlée d'expressions sentimentales, affectueuses, où je ne soupçonnais pas encore de trahison, aurait pu m'ébranler, si la vue distincte des suites funestes de la condescendance qu'on voulait m'arracher ne m'eût soutenu contre le patelinage et l'astuce de sa *remontrance filiale.* Je n'entrai pas en discussion avec elle, me contentant de lui rappeler qu'elle était une de ces femmes à qui l'Apôtre ne permet pas *de parler dans l'église.* J'ajoutai qu'ayant eu le bonheur d'exister en Angleterre, en Allemagne, pendant les grandes rigueurs de la Révolution, rien ne m'avait accoutumé, dans mon exil, à la pédanterie de *la Femme docteur* et de *la Théologie en quenouille.* Je commençais à me fatiguer de voir toujours cette personne arriver comme une arrière-garde ou comme un corps de réserve de l'opposition, quand j'avais eu quelques démêlés avec les chefs. Elle n'insista pas, me renouvela les assurances de son respect et de son dévouement. J'y croyais encore.

Cependant on déposa sur ma table, et sans que je m'en aperçusse, un exemplaire du *Mémoire* dont les antagonistes de mes pouvoirs faisaient tant de bruit. Cet *écrit* n'avait point d'autre titre que : OBSERVATIONS. Il ne me fallut qu'une lecture rapide pour le juger. J'y vis distinctement deux choses : l'une, que pour le fond il était d'une faiblesse extrême ; l'autre, qu'il avait néanmoins assez d'apparence pour tromper ceux qui n'ont ni la volonté ni les moyens de pénétrer plus avant que l'écorce d'un ouvrage, et qui se laissent prendre à l'hameçon grossier d'un jargon scientifique, ou qui jugent qu'un livre est savant parce qu'il regorge de citations et de maximes.

Sûr de renverser aisément tout l'édifice de cette informe compilation, je tentai encore une fois d'obtenir la permission d'y répondre. Ce nouvel effort n'eut pas plus de succès que le premier. Alors je me bornai à une réponse manuscrite, où je relevai non pas toutes, mais les principales erreurs de la fameuse pièce qui avait séduit une partie du diocèse. Il m'en coûta huit jours d'un travail assidu. Quand *ma défense* fut achevée, j'assemblai chez moi le chapitre, les chanoines honoraires, les prêtres du séminaire, les curés de la ville, bref, tout le clergé qui était à ma portée, et leur donnai lecture de ce que j'avais écrit. La séance fut de trois heures. Je commençai par une courte exposition *des faits,* me plaignant modérément de l'indécence des procédés de M. le supérieur à mon égard, dans l'affaire des ordinations. Je touchai légèrement l'ambassade de la dame *bleue,* que je désignai par la dénomination vague d'une *femme.* Je parlai de l'expédient de la double signature, dont je ne pus m'empêcher de dire « qu'il avait été conçu dans une tête étroite et de peu de jugement. » En un mot, je passai en revue, mais très brièvement, tout ce qu'on avait pensé, dit et fait contre mes pouvoirs capitulaires. A la suite de ce préambule, je plaçai six réflexions générales, en forme de *préjugés légitimes,* que je crus pouvoir terminer par ces paroles qui, maintenant encore, ne me paraissent point exagérées : « Si les réflexions qu'on vient d'entendre ne forment pas « un corps de preuves, d'où résulte la certitude au plus « haut degré, je ne sais s'il sera possible de la trouver « quelque part. » De là je passai à la discussion du *Mémoire,* que ses prôneurs donnaient à un *prélat italien attaché à la personne du pape.* « C'était une maladresse, « disais-je; car en tout temps et particulièrement dans les « circonstances présentes, l'ouvrage d'un ultramontain,

« dont les opinions théologiques sont si différentes des
« nôtres, dont le droit canonique, en bien des points, a
« peu de ressemblance avec les maximes de notre droit,
« ne peut qu'être suspect au titre de son origine, quand
« il s'annonce pour combattre un article quelconque de
« notre discipline ou de nos usages. » Son but est de
prouver que les pouvoirs de vicaire général, délégués par
les chapitres aux évêques nommés, ne sont pas seulement
illégitimes, mais nuls; d'où il infère qu'on ne peut, sans
une faute extrêmement grave, coopérer directement ou
indirectement aux actes de ces pouvoirs délégués.

Ne doutant pas que nous ne tirassions un grand parti
du 26ᵉ canon du concile général de Latran, en 1215, sous
Innocent III, canon qui autorise les évêques élus à prendre
immédiatement le gouvernement spirituel et temporel de
leurs Églises, sans attendre la confirmation du pape et la
consécration, qui néanmoins devaient suivre, l'auteur, en
homme prévoyant, s'efforce de briser cette arme dans nos
mains. Il dit, à la manière des légistes, que l'*espèce* n'est
pas la même. Pour donner un échantillon de la bonne
logique de cet écrivain qui a *subjugué* M. le supérieur et
tant d'autres, examinons en peu de mots ces prétendues
différences; il parlera le premier, je parlerai ensuite.
« 1º Cela ne regardait que les évêques *extra Italiam*.... »
Mais la France, dites-le-moi, n'est-elle pas en deçà des
Alpes? — « 2º Cela ne regardait que les évêques qui de-
« vaient recevoir leur confirmation du pape.... » D'accord. Depuis le concordat de Léon X et de François Iᵉʳ,
depuis celui de Pie VII et du gouvernement français qui
a précédé notre restauration, tous les évêques de l'Église
gallicane sont de cette classe. — « 3º C'était *dispensative;*
« il fallait une dispense du souverain pontife.... » C'est-à-
dire, évidemment, que ce droit de gouverner son diocèse

avant la confirmation n'était pas acquis à l'*évêque élu*, en vertu de son élection; qu'il lui était accordé par une dispense générale, donnée par le concile ou par Innocent III. Voilà le sens du *dispensative;* et vouloir qu'il fallût à chaque élu une dispense personnelle donnée par le pape, postérieurement à l'élection faite par le chapitre, c'était retomber dans les longueurs et les autres inconvénients auxquels le concile avait cherché à apporter remède. — « 4° Il fallait que les suffrages pour l'élection fussent una-« nimes, *in concordia*.... » Vous êtes un mauvais traducteur. L'unanimité des suffrages se rencontrait très rarement; et *in concordia* ne signifie point les *suffrages unanimes*, mais que l'élection à la pluralité des suffrages n'eût point excité de trouble, de division, de réclamation; que l'élu eût été reconnu de tout le monde, même de ceux qui ne l'avaient pas *choisi*. Telle est la *concorde* des élections dans tous les corps, et elle diffère infiniment de l'unanimité. — « 5° Il fallait que ce fût pour la nécessité « ou du moins pour l'utilité des Églises : ce qui ne se « rencontre point ici.... » Quoi! vous osez avancer qu'à l'époque où vous écriviez, cette *nécessité*, ces *utilités* ne se rencontraient point en France? Il n'y avait pas, comme autrefois, la *nécessité* de ne pas tenir longtemps l'évêque nommé loin de l'Église qu'un jour il doit gouverner seul? Il n'y avait pas la *nécessité* de sauver de la conscription les jeunes élèves du sanctuaire, sa dernière, son unique ressource? Il n'y avait pas la *nécessité* de ne se point commettre avec un gouvernement absolu, qui tenait dans sa main l'existence, la vie de nos Églises, et qui pouvait les étouffer toutes en la serrant?.... Et la présence de l'évêque nommé est-elle sans *utilité* pour le temple, la maison épiscopale, les pauvres? Le canoniste italien a.... je ne sais de quel terme faire choix.... disons : l'inadvertance de répondre que les simples vicaires généraux capitulaires peuvent faire tout le bien qu'on attend des évêques nommés.... D'abord, c'est faire la leçon au concile de Latran, dont le canon prouve qu'il ne pensait pas de même : autrement il n'eût pas envoyé l'évêque élu gouverner son diocèse sans attendre la confirmation. Mais soit ; les vicaires généraux peuvent opérer tout le bien qu'on attend de l'évêque nommé, SI LE GOUVERNEMENT Y CONSENT ; et l'écrivain qui a mis tout en feu dans un de nos diocèses savait, comme nous, que le gouvernement de notre malheureuse France ne voulait correspondre qu'avec l'évêque nommé ; que le *bien*, par conséquent, ne pouvait se faire que par lui. L'auteur s'imagine montrer de la sagacité, du tact, en observant qu'un évêque *élu* par *tout un chapitre* offrait à l'Église une garantie que ne lui offrait pas un évêque *nommé* par un seul homme, laïque et souverain. Très bien, si cet évêque eût prétendu gouverner le diocèse en sa qualité d'*évêque nommé* ; mais très mal, s'il ne le gouvernait que comme vicaire général : car il est clair comme le jour qu'élu (comme moi) en cette seconde qualité *par acclamation* et à l'unanimité des suffrages, il offrait précisément la même garantie que l'évêque, au temps des élections, avec cette différence encore qu'il pouvait avoir et avait ordinairement des collègues, et qu'en cas de malversation, il pouvait être révoqué. Quiconque examinera avec attention ce paragraphe touchant le concile de Latran sera en état de juger à quel degré de force et de justesse s'élève, chez l'auteur des *Observations*, la faculté de raisonner.

Le soutien principal de la cause qu'il défend se compose du second concile de Lyon, et des décrétales postérieures qui y ont quelque rapport. Quant à celles-ci, je les écartai, sans discussion, dans ma réponse, en prouvant que, toutes respectables qu'elles sont, elles ne font pas partie de notre droit canon, et en faisant remarquer qu'elles s'expliquaient comme le concile, sur lequel je m'étendis avec tout le soin et toute l'énergie qu'il me fut possible, ce *grand nom* étant le cri de ralliement de tous mes adversaires. Toutes les bouches le prononcent, écho les unes des autres; et la plupart de ceux qui citent le 4ᵉ canon du second concile de Lyon ne l'ont pas seulement lu; beaucoup, mais beaucoup, ne sont pas capables de l'entendre.

Je démontrai (qu'on renouvelle ici toute son attention) : 1° que les canons, attribués par l'usage au second concile de Lyon, ne sont pas son ouvrage. C'est une longue décrétale dont Grégoire X fit lire QUELQUES morceaux *en présence des Pères :* car tous ne furent pas même lus devant eux, et UN SEUL, celui qui regarde les conclaves, se distingue par la clause *sacro approbante concilio,* « avec « l'approbation du saint concile; » preuve non équivoque que, pour les autres, les Pères du concile se renfermèrent dans les bornes d'une espèce de neutralité, qu'ils laissèrent faire, mais ne firent pas. — Je démontrai : 2° que ces canons n'ont jamais été publiés, ni reçus en France comme *faisant loi.* « Le texte, dit le P. Richard, dans son *Traité* « *des conciles,* renferme.... aussi les décrets des deux « conciles généraux de Lyon.... Il n'a JAMAIS eu d'autorité « en France. » — Je démontrai : 3° que les canons, eussent-ils été reçus en France, le 4ᵉ, dont il est question, aurait été abrogé par le *non-usage.* Cinq siècles et demi se sont écoulés depuis la confection de ce règlement; et il ne paraît, par aucun monument ecclésiastique, qu'en France on l'ait mis en exécution une seule fois. Personne n'a été puni pour l'avoir enfreint. On pourrait assurer la même chose de presque tous les autres. Celui des conclaves qui, par un privilège spécial, et à la demande formelle du pape

Grégoire, avait eu l'*approbation* du concile, fut violé à la première élection du pape. — Je démontrai : 4° que si ce canon avait été publié et reçu en France, même observé durant quelque temps, l'introduction d'un nouvel ordre de choses l'aurait, en quelque sorte, rapporté : je parle de l'abolition des élections, et de l'introduction des concordats qui ont pris leur place. — Je démontrai : 5° que si l'on pouvait supposer que ce canon eût fait loi en France jusqu'à nos jours, son énergie, sa force morale eût été comme suspendue par la plus impérieuse de toutes les nécessités. N'est-il pas reconnu qu'une loi de pure discipline cesse d'obliger quand on ne peut l'accomplir sans le plus grand danger, sans les plus grands inconvénients? Et cette condescendance accordée au simple fidèle, pour ses mariages, pour sa santé, etc., sera-t-elle refusée à une malheureuse Église qui en a le besoin le plus essentiel pour exister? — Enfin, je démontrai : 6° que ni la lettre ni l'esprit du 4° canon, abstraction faite de toutes les considérations précédentes, ne sont contraires à la délégation capitulaire des évêques nommés. Il serait trop long de rapporter cette preuve, et elle n'est pas susceptible d'analyse.... Chacune de ces réponses, prise séparément, me suffisait : quelle force donc dans leur ensemble !

Un fait, consigné dans les *Mémoires du clergé de France*, et auquel nos anciens évêques d'avant la Révolution pourraient rendre témoignage, était lui seul un moyen victorieux en faveur de la cause que je défendais. C'est qu'en France, les chapitres se sont toujours maintenus dans l'usage de donner aux évêques nommés des lettres de vicaire capitulaire, aussitôt que ceux-ci ont reçu leur nomination. L'auteur des *Observations* ne le nie pas ; « mais « il resterait à examiner, dit-il, si ces lettres étaient don- « nées *ad exercendum* (pour exercer), ou seulement *ad*

« *honorem* (pour l'honneur). » Chicane, je dirais puérile, si l'écrivain que je combats ne paraissait pas être d'un rang qui commande des égards. Le bel honneur qu'on aurait fait à un évêque nommé, en lui donnant des lettres de grand vicaire, sous la condition qu'il n'exercerait pas ! C'eût été la plus grossière et la plus folle des injures, tout au moins une démarche plus propre à indisposer l'évêque contre le chapitre qu'à concilier à cette compagnie l'estime et la bienveillance du prélat. Je croirai volontiers que les évêques nommés *exerçaient* rarement. Le gouvernement ne leur demandait pas de faire usage de leurs pouvoirs. D'ailleurs, l'intervalle entre la nomination et l'institution canonique était ordinairement court ; et le promu, occupé d'autres soins, ne paraissait dans le diocèse que pour prendre possession. Il y avait encore, en France, d'autres grands vicaires qui n'exerçaient pas ; j'en ai connu, mais je n'en ai pas connu et il n'y en avait pas un seul qui ne pût exercer. Au reste, le titre de vicaire général d'un évêque pouvait être *honorable*, même sans exercice, pour un simple ecclésiastique ; qu'il n'y aurait pas eu d'honneur pour un évêque nommé à avoir le titre de vicaire général d'un chapitre, sous la même condition, cela saute aux yeux.

Après avoir épuisé ses autorités, le canoniste ultramontain se jetait dans un champ de réflexions, où il s'imaginait qu'il allait cueillir des palmes sans nombre, car je n'ai jamais vu d'homme aussi confiant que lui. Ce qu'il disait peut, en l'analysant, se réduire à ce raisonnement. — « Une disposition qui produirait de grands désordres
« et une ruine irréparable dans l'Église est certainement
« une disposition illicite et nulle. » — « Or, la disposition
« qui fait vicaires capitulaires les évêques nommés pro-
« duirait de grands désordres et une ruine irréparable

« dans l'Église. » — « Donc cette disposition est illicite « et nulle. » Suivait une énumération prolixe de ces prétendus maux. Je fis voir, en les discutant, qu'ils n'existaient la plupart que dans l'imagination de l'écrivain; que plusieurs branches de son accusation étaient d'une absurdité palpable; que ce qu'il disait d'un peu sensé n'avait de valeur et d'application que dans la discipline des Églises d'Italie, qui n'admet qu'un seul vicaire général capitulaire, inamovible, et dépositaire de la juridiction épiscopale; au lieu que, dans la discipline de l'Église de France, l'évêque nommé, vicaire général du chapitre, peut avoir des collègues, et en a ordinairement; qu'il peut être révoqué, et qu'il n'est pas dépositaire de la juridiction épiscopale, mais seulement commis à l'exercice de ce dépôt. Ces différences sont essentielles. Si le canoniste les connaissait, pourquoi n'y a-t-il pas eu égard? Et s'il ne les connaissait point, pourquoi se mêle-t-il d'écrire?

En terminant ma réponse, je combattis une opinion qui commençait à s'accréditer dans les ténèbres : c'était que le pape actuel, par une volonté particulière, avait annulé les pouvoirs donnés par les chapitres aux évêques nommés. Je prouvai, par plusieurs raisons, que cette décision pontificale n'existait pas; je prouvai de plus que si cette décision avait quelque réalité, l'effet en serait suspendu jusqu'à ce qu'elle fût publiée, ou du moins certifiée par un témoignage digne de foi. Une courte énumération des rapports de l'évêque nommé avec le gouvernement rendit sensible qu'il fallait ou rompre avec celui-ci, ou conserver à celui-là les pouvoirs de vicaire général : alternative sur laquelle il n'y avait pas à balancer quand on aimait l'Église, et sur laquelle je me persuadais que le pape ne balancerait pas lui-même, pour peu qu'il connût le danger de notre situation, ou qu'il ne voulût pas le renversement inévitable d'un édifice que ses mains paternelles avaient relevé.

Ma lecture finit là. Quoique très longue, elle avait été écoutée avec la plus grande attention. Je remis mon écrit à M. Bazin, supérieur du séminaire, en lui disant : « Vous « êtes jusqu'à présent le seul ecclésiastique ouvertement « prononcé contre mes pouvoirs. Relisez ce que je viens « de lire. Je vous donne quinze jours pour y répondre. « Ce temps écoulé, je rassemblerai ici les mêmes audi- « teurs. Vous exposerez devant eux vos difficultés, et je « suis si assuré d'avance de leur faiblesse, que je m'en- « gage à les résoudre sur-le-champ. » J'exigeai, et il me donna sa parole d'honneur que ma réponse ne sortirait point de ses mains; mais il paraît que sa délicatesse a cru pouvoir se dispenser d'être fidèle à ce contrat, ou qu'il l'a éludé par quelque distinction bien subtile, s'il est vrai que le principal agent de la cabale ait une copie de ce que j'ai lu, comme il s'en est vanté. Quoi qu'il en soit, l'assemblée fut contente de mes raisons. Personne ne proposa d'objection contre elles. Plusieurs me témoignèrent franchement leur satisfaction : de ce nombre furent M. Maillard, chanoine, et M. le secrétaire Pichon, qui *depuis....*, mais qui alors m'avouèrent qu'ils avaient eu des *doutes* et que je les avais victorieusement dissipés. On exhorta le supérieur à se rendre, à reconnaître la vérité *que j'avais mise dans un si grand jour;* il ne se rendit pas. Il crut même me bien embarrasser par un argument *ad hominem*. « Vous, Monseigneur, tout le premier, me dit-il, vous ne croyez pas à vos pouvoirs de vicaire général. » Dans les termes, c'était une grossièreté impardonnable. Le silence reparut. On attendit avec anxiété la preuve de cette révoltante et malhonnête proposition. Je la demandai. « La voici, continua-t-il d'un ton très élevé :

c'est que, dans vos cartes d'invitation pour vos dîners, même pour cette assemblée, vous ne prenez pas la qualité de vicaire général. » Les assistants partirent d'un éclat de rire. Je haussai les épaules ; mais cette excellente preuve me donna la mesure de l'homme, et je m'écriai intérieurement : *Pauvre séminaire!*

Les quinze jours étant expirés, M. le supérieur me rapporta mon mémoire et me dit qu'il n'y répondrait pas. Je savais pourtant que l'envie de le faire ne lui avait pas manqué ; qu'il avait mis à contribution ses doctes associés ; mais qu'en les comprimant, rien n'était sorti. J'essayai de le faire parler. Il passa condamnation sur quelques endroits des *Observations;* m'objecta savamment que j'avais cité le P. Alexandre, dominicain, dont les ouvrages sont à l'*index*; et sentant lui-même qu'une minutie de cette nature ne valait pas la peine qu'on s'y arrêtât, il me dit, la larme aux yeux, « qu'il n'était pas le maître de « sa conscience, mais que si le pape m'instituait canoni-« quement, je n'aurais pas de prêtre plus dévoué, plus « soumis que lui. » Son affliction me toucha, et, pour lui prouver que si je le jugeais un mince théologien, je ne l'en estimais pas moins comme un honnête homme, je le retins à dîner.

Si la réponse à laquelle je m'attendais ne vint point, il m'arriva par la poste plusieurs lettres anonymes, auxquelles je n'avais pas lieu de m'attendre. Une seule méritait quelque attention, quoique le ton n'en fût pas honnête et que les idées qu'elle contenait fussent d'une pauvreté qui m'aurait causé de la joie, si, en recherchant la vérité, je me cherchais avec elle. Je vais donner le précis de cette pièce : elle contribuera à faire connaître de plus en plus les talents et les qualités morales de mes adversaires. « *Monsieur* (c'est le début), *vous vous êtes* ÉPOU-

« MONÉ, *il y a quinze jours, pour prouver que le cha-« pitre de Séez avait droit de vous communiquer ses pou-« voirs, pour régir le diocèse dans la vacance du siège.* « *Temps perdu, Monsieur;* PERSONNE NE VOUS NIERA « CELA. » Que l'anonyme eût dit : « On ne le nie plus; « vous avez si bien démontré la faiblesse des moyens sur « quoi s'appuient ceux qui l'ont nié jusqu'à présent, qu'on « les abandonne, eux et leurs prétentions, » j'aurais compris ce langage; il y eût eu du bon sens. Mais dire que je me suis *époumoné* mal à propos et sans motif, que j'ai *perdu* mon *temps* à combattre une chimère, c'est, en vérité, passer toutes les bornes. N'avais-je pas à discuter les *Observations* du soi-disant canoniste italien? ces lumineuses, ces incomparables *Observations* qui avaient *subjugué* M. le supérieur; que lui, ses associés, ses séminaristes, portaient de maison en maison pour me faire des ennemis. Et le but de ces *Observations* n'était-il pas de prouver en général que les pouvoirs délégués par les chapitres aux évêques nommés sont ILLICITES de droit, NULS de droit, et que, par conséquent, les chapitres sont dans l'impuissance de les leur *communiquer?* J'avais donc utilement employé ma voix et mon temps à mettre à bas ce vain échafaudage de doctrine, qu'il était aussi nécessaire que facile de renverser. Est-ce ma faute si, ne considérant que le projet de me nuire et de me tourmenter avec persévérance, mes doctes antagonistes avaient abandonné leurs premiers retranchements, ou si, écrasés par la force irrésistible de la vérité qu'ils avaient eu l'étourderie d'attaquer, ils faisaient semblant, pour sauver leur honneur, de n'avoir jamais été en opposition avec elle?

Suivons. — *Mais voici la question : le souverain pontife peut-il, pour de bonnes raisons, paralyser ces pouvoirs dans votre personne?* C'est bien *une* question, mais ce n'est point *la* question. Pas un mot qui ressemble à cet énoncé dans l'ouvrage auquel j'avais à répondre. — *Oui, (le pape le peut), et vous n'oseriez vous-même en disconvenir.* Il me rend justice. Je conviens que le pape peut, *pour de bonnes raisons,* faire ce qu'on dit ici, faire beaucoup davantage ; s'il le faisait, je ne me permettrais même pas d'examiner si ses *raisons sont bonnes ;* je le supposerais, et obéirais. Un ouvrage que j'ai publié il y a douze ans, pour la défense d'un acte pontifical bien autrement important que celui de *paralyser* mes *pouvoirs,* est une preuve subsistante et sans réplique de la haute idée que j'ai de l'autorité du souverain pontife. Et je demanderais volontiers à cette troupe d'anonymes qui se *réjouissent* dans l'obscurité du mal qu'ils me font, s'ils ont d'aussi bonnes preuves à produire de leur attachement et de leur respect pour le saint-siège ? Ce qui suit est curieux. — *L'a-t-il fait ? Oui, encore ; et* s'il fallait un serment *pour attester cette vérité, vous* en *trouveriez qui ne feraient pas difficulté de le faire.* Oh ! je n'en doute pas ; mais j'aimerais beaucoup mieux qu'au lieu de *témoigner* par un serment, on m'offrît de bons et honnêtes témoins *du fait.* Des hommes qui tiennent d'un homme, qui tient d'un autre homme, qui prétend tenir du pape (c'est ici le cas), et qui offrent le serment du *fait* de la décision de Sa Sainteté, sont.... il me vient bien des termes qui les peignent ; mais la charité veut que je les supprime, et j'obéis. J'ajouterai seulement qu'en pareille matière, l'homme sage ne jure pas que la *chose est ;* il jure tout au plus qu'*on le lui a dit ;* et que conclure de cette seconde formule ? *Testis de auditu fidem non facit.* L'anonyme continue. — *Pour soutenir votre sentiment, vous devez dire que le pape ne l'a point fait ; mais sur quoi êtes-vous appuyé ?* Pour soutenir mon sentiment, je ne suis point obligé de dire que le pape ne l'a point fait, mais seulement qu'on ne prouve pas que le pape l'ait fait. Et pour tenir ce langage, je suis *appuyé* sur la maxime : *actori incumbit probandum;* sur le bon sens, qui défend de croire à une simple assertion, une simple allégation. Il y a dans le monde tant de menteurs et de dupes!

Ici c'est une question de fait. Voilà, enfin, une vérité : si inutile qu'elle soit, sachons-en gré à l'anonyme. — *On vous dit :* « Le pape a paralysé vos pouvoirs; » *vous dites le contraire : de ce conflit de sentiments doit naître de nécessité un doute ; et, dans le doute, que doit-on faire ? prendre le parti le plus sûr....* Et c'est de me conduire comme si mes pouvoirs étaient, en effet, paralysés. Les docteurs de l'opposition n'en savent pas plus long et n'en disent pas davantage. C'est ce pitoyable argument qui les pousse à la révolte. Toute leur théologie, sur la question qui nous divise, est renfermée dans le contour de ce petit sophisme, si même il mérite qu'on lui donne ce nom. Examinons-le, comme s'il avait quelque valeur réelle. *On vous dit que le pape a paralysé vos pouvoirs :* on me le *dit,* mais on ne me le prouve pas, on ne le *prouve* à personne ; et il faudrait me le prouver, le prouver à tout le monde. *Vous dites le contraire :* je n'ai pas besoin de dire le contraire ; il me suffit de remarquer que cette action attribuée au pape est demeurée sans preuve, quoique je ne cesse de la demander. *De ce conflit de sentiments doit naître de nécessité un doute :* pas même un soupçon légitime, et certainement pas un doute pratique, qui n'est produit que par des motifs *à peu près égaux. Et dans le doute, il faut prendre le parti le plus sûr :* oui, dans le doute pratique, et il n'y en a point ici, et par conséquent, point de choix à faire. Le seul *parti sûr* est de s'en tenir à l'autorité, qui n'est attaquée que par des paroles. Avec une étincelle de ce bon sens donné à tous les hommes, ne devrait-on pas apercevoir qu'un *on dit*, le plus méprisable de tous les témoins, quand *de fait* il énoncerait la vérité, ne peut entraver l'exercice d'aucun pouvoir régulièrement établi? Et le mien est de cette espèce, puisque, suivant l'anonyme, *j'ai perdu mon temps*, je me suis vainement *époumoné* à en fournir la preuve, attendu que *personne ne le nie*. Ne devrait-on pas apercevoir que si les *on dit* de mes adversaires avaient le poids que l'ignorance leur donne, tous les pouvoirs ecclésiastiques et civils seraient à la merci des faussaires à qui il plairait de semer des bruits contre leur existence ou leur conservation, et qui se feraient un jeu d'offrir de *témoigner avec serment?* Quelle pitié que de pareilles bévues en morale! Mais arrêtons-nous, et laissons à nos détracteurs la ressource de rougir en secret, et les moyens de revenir à la vérité avec moins de confusion.

J'avais à peine reçu la lettre dont je viens de discuter quelques fragments, que M. le supérieur, qui probablement était dans la confidence de l'anonyme, ou peut-être l'anonyme lui-même, me fit une visite, je ne me souviens plus sous quel prétexte. Dans le cours de notre conversation, il me ramena à l'argument du *parti le plus sûr*. Je lui démontrai que, dans notre question, cet argument n'était pas proposable. — « Vous ne prouvez pas, me dit-il, que le pape n'a point anéanti vos pouvoirs [1].... » C'était mot à mot le langage de la lettre. « Avancez, lui répondis-je, que le pape m'a interdit, excommunié : je serai dans l'impuissance de prouver que *cela est faux*; le parti le plus sûr sera-t-il de me regarder et de me comporter comme

---

[1]. Il ne se souvenait plus que, dans ma *Réponse aux Observations*, je l'avais prouvé par *cinq raisons*. — *Note de M. Baston.*

si j'étais certainement interdit et excommunié? (*Il ouvrit les yeux à la manière d'un homme étonné.*) L'autorité se soutient d'elle-même. La provision lui est due : *elle possède.* Celui qui en a reçu le dépôt l'exerce validement et légitimement, tant qu'on n'établit pas, par des *preuves morales* d'une grande force, qu'on le lui a retiré; et, au contraire, des preuves de cette nature établissent que, pour ce qui me concerne, le retrait est imaginaire. (*Je lui rappelai celles de mon* Mémoire; *et m'échauffant un peu :*) Quel indigne personnage vous faites jouer au vénérable pontife dont vous avez l'air de soutenir l'autorité! Il anéantit des pouvoirs, et ne daigne pas le faire savoir aux intéressés! Il ne le dit qu'à ses confidents, qu'à ceux qui l'environnent; il ne prend aucune mesure pour en faire parvenir authentiquement la connaissance dans les lieux où elle est nécessaire! Il faudra, pour acquérir là-dessus quelques lumières incertaines, entreprendre de longs et périlleux voyages; et qu'en rapporte-t-on, qu'en publie-t-on? Rien d'ostensible, pas même le nom de *celui qui parle* ni de *celui* ou de *ceux* à qui *on a parlé.*

« C'est, me dit le supérieur, par prudence que le pape en agit de la sorte. Il ne veut pas se compromettre avec le gouvernement. » Et moi : « Cette prudence, Messieurs, que ne l'imitez-vous? Pourquoi parler, quand le souverain pontife se tait? Pourquoi semer, dans le diocèse de Séez, des bruits qui n'ont pas d'ailleurs une ombre d'existence? des bruits qui ne sont propres qu'à alarmer des consciences timides et à déchirer l'unité de notre Église?.... Nommez-moi le commissionnaire que vous avez envoyé à Fontainebleau, afin que je sache si son rapport est digne de foi, et que je l'entende moi-même, pour en savoir au vrai le contenu. Nommez-moi les cardinaux avec lesquels il s'est abouché, afin que je les puisse consulter moi-même, leur faire des représentations sur notre discipline, notre situation ; leur demander enfin les éclaircissements, les explications dont je croirai avoir besoin. — « Ce que vous voulez savoir m'a été donné sous le secret.... » — Gardez-le, repris-je, mais comprenez que, sur un fait, des témoins dont on ne connaît ni le nombre, ni l'intelligence, ni la moralité, ni la déposition précise, qui agissent et se cachent dans les ténèbres, ne peuvent fonder *aucun doute*, parce qu'ils ne méritent aucune croyance. *(Il se tut, et c'est ce qu'il y eut de sa part de plus sensé dans cette séance. Je continuai.)* C'est par prudence, selon vous, c'est par ménagement que le pape ne donne pas de publicité à son action ; il ne veut donc pas que, pour le moment, son action influe dans la pratique ; il veut qu'elle soit ignorée, et, à plus forte raison, qu'on la regarde comme non avenue, jusqu'à un temps plus favorable.... Par prudence ! En la manifestant ouvertement, que lui serait-il arrivé de plus que ce qu'il a souffert ? Et quand il eût dû supporter quelque désagrément de plus, oserez-vous dire que le soin de sa souveraineté et du temporel de son Église lui inspire un courage qu'il ne sent plus, lorsqu'il ne s'agit que du repos des consciences et du salut des âmes ? Monsieur, Monsieur ! Pie VII pouvait, sans un nouveau danger, faire savoir à toute la France qu'il avait annulé les pouvoirs donnés par les chapitres aux évêques nommés ; et si, en effet, il les eût annulés, il devait le faire savoir *certainement* à toute la France, du moins aux diocèses intéressés, même en courant quelque risque par cette manifestation. Il ne l'a pas fait ; donc il n'a pas annulé. Répondez-moi, si vous pouvez. *(Une larme et un appel à sa conscience furent encore toute sa réponse. Je voulus essayer une secousse.)* Il n'est pas que vous n'ayez entendu parler de l'empereur Caligula ? — « Assurément, me répondit-il; autant qu'il m'en souvient, c'était un méchant prince. » — Méchant! dites cruel, comme Néron; mais beaucoup plus insensé que lui. Une de ses actions où la cruauté et la folie se disputaient à qui l'emporterait, fut de faire écrire ses volontés en lettres très menues, et de les faire afficher extrêmement haut. On ne pouvait les lire, et qui n'y obéissait pas était puni de mort. Vous blâmez cette conduite, je pense? — « Absolument. Qui pourrait ne pas la condamner?.... » — Celle que vous prêtez au pape y ressemble, à quelques différences près, qui ne seraient pas à la décharge du pontife. En effet, le pape, *selon vous*, annule des pouvoirs; et cet acte de sa volonté suprême, il ne l'écrit même pas en *lettres très menues*, il ne l'affiche même pas *extrêmement haut;* il ne le fait connaître d'aucune manière certaine ni même probable.

Néanmoins, il veut, *vous le dites*, qu'il soit mis à exécution; il veut, *c'est votre assertion*, que l'homme légitimement et canoniquement investi des pouvoirs capitulaires en soit dépouillé par cet acte clandestin de son autorité; il le veut, sous peine de nullité de tout exercice de la juridiction déléguée, peine terrible qui s'étend à une multitude d'innocents; il le veut, et ses agents, ses émissaires, sèment des bruits qui, tout à fait propres à diviser les familles, à soulever les inférieurs contre les supérieurs, à produire des scandales de tout genre, ne le sont pas à procurer le dédommagement d'un peu de bien.... Et vous vous persuaderiez que moi, que tous ceux qui me sont attachés, qui me reconnaissent comme revêtu des pouvoirs du chapitre, en attendant que le souverain pontife se prononce d'une manière positive, authentique, nous ne l'honorons pas plus que vous et vos semblables ne l'honorez! Viendra un temps, je l'augure de votre vertu, que vous regretterez amèrement la faute énorme d'avoir, guide aveugle et présomptueux, mandataire infidèle, poussé *dans la fosse* de la désobéissance de jeunes lévites que vous deviez entretenir dans la pratique et l'amour de la soumission. — « Quand le pape sera libre, me dit-il, il ne manquera pas de se prononcer publiquement. » — Pourquoi, lui demandai-je, si cela n'est pas nécessaire? Et, si cela est nécessaire, pourquoi ne convenez-vous pas que tout est suspendu, que tout demeure *in statu quo*, jusqu'à ce que le pape se soit publiquement prononcé? Il en revint à sa *conscience*. Nous nous séparâmes. Un an et plus s'est écoulé depuis cette conversation. Le pape a recouvré sa liberté, et l'événement n'a point justifié la prophétie de M. le supérieur. Ce défaut d'accomplissement ne l'a pas corrigé. *Sa conscience* ne lui permet pas d'être conséquent.

Seul, et réfléchissant sur l'étrange obstination de mes adversaires à croire que le pape avait parlé, et qu'il voulait être obéi, il me vint en pensée, pour la guérir, de tenter un moyen qui me paraissait de nature à ménager, dans cette triste et fâcheuse maladie, une crise salutaire. Parmi nos évêques, je fis choix de quinze à vingt que je connais éminents en science, sincèrement et respectueusement attachés à la personne du pape et au saint-siège, et à portée de savoir ce que Sa Sainteté avait dit et fait. Je pris la liberté de leur écrire; et, après leur avoir exposé le tableau de mon affligeante situation, je les priai de répondre aux trois questions suivantes. La première : « Avez-vous connaissance que le pape ait *paralysé* les pouvoirs donnés par les chapitres aux évêques nommés? » La seconde : « Croyez-vous que mes pouvoirs de vicaire général pour le chapitre, le siège vacant, soient valides, et que, de ma part, l'exercice en soit légitime? » La troisième : « Admettriez-vous à l'ordination de jeunes ecclésiastiques qui se présenteraient avec un démissoire signé seulement de moi ? » Tous me répondirent ; et j'insérerais volontiers ici leurs obligeantes lettres, si j'avais leur permission [1], et qu'on ne dût pas me soupçonner d'amour-propre en le faisant. Les uns m'exprimèrent leur étonnement, les autres leur indignation, pour la manière dont j'étais traité dans le diocèse de Séez, surtout au séminaire, et tous, SANS L'EXCEPTION D'UN SEUL, me déclarèrent qu'ils recevraient, pour l'ordination, sur un démissoire signé de moi. Ils ne concevaient pas qu'on pût ignorer ou mépriser les règles de notre discipline, au point de contester la validité et la légitimité de mes pouvoirs. Jamais ils n'avaient entendu dire que le pape eût rien fait contre les pouvoirs accordés par les chapitres aux évêques nommés : « Si ce n'est peut-être dans le cas particulier d'un évêque encore vivant, qui, à la vérité s'était démis, mais dont la démission n'avait pas été acceptée par le pape. » Les bruits qu'on faisait courir là-dessus « tenaient rang parmi les mille et une faussetés qui circulent sur toutes sortes de sujets [2]. » Un des plus respectables par son âge et ses talents me disait : « Pendant les dix mois qu'il m'a été permis de mettre chaque jour mes hommages aux pieds de Sa Sainteté, je n'ai rien entendu d'elle qui indique cette intention (*de paralyser*, etc.) : aucun des évêques de notre députation, aucun des évêques venus à l'occasion du dernier concordat, aucun des cardinaux, même de ceux que j'ai vus le plus souvent et le plus

---

1. Presque tous les originaux de ces lettres se trouvent à la bibliothèque de Pont-Audemer (fonds Canel). A la suite du petit volume intitulé : *Notice sur la vie et les écrits de l'abbé Baston*, M. Canel a publié par extraits (p. 228-232) les lettres formellement approbatives de NN. SS. les évêques de Bayeux, d'Évreux, d'Angers, de Versailles, de Trèves et de Clermont.

2. Mgr Charrier de la Roche, évêque de Versailles ; lettre du 18 janvier 1814.

particulièrement, ne m'ont communiqué cette idée, ne m'ont laissé entrevoir qu'ils en eussent eu eux-mêmes quelque communication.... Voilà, Monseigneur, ce que j'atteste dans la plus exacte vérité¹. » Un autre : « Lorsque j'étais à Fontainebleau, le pape recevait très bien et traitait même avec bonté ² des évêques nommés, quoiqu'il sût qu'ils exerçaient comme vicaires capitulaires dans les diocèses où ils étaient nommés.... Je ne me serais jamais douté qu'il y eût d'assez mauvaises têtes pour élever des doutes sur la légitimité de vos pouvoirs. » Dans le temps que ces lettres épiscopales m'arrivaient de tous les points de la France, un de nos plus habiles théologiens m'écrivit spontanément « qu'il me plaignait de tout son cœur d'être en butte à une espèce de FANATISME sans exemple. »

Je l'avouerai. Muni de ces pièces, de ces témoignages si imposants, je ne doutai point que le supérieur du séminaire ne cédât enfin, ne revînt sur ses pas, honteux et pénitent, et qu'il ne ramenât à la docilité ceux à qui ses turbulentes insinuations en avaient fait oublier le devoir. Je le mandai ; il accourut. Je lui montrai toutes mes lettres ; il les lut, en examina soigneusement le matériel, je veux dire la signature, le cachet, le timbre : je lui demandai doucement s'il connaissait en France un seul évêque qui pensât autrement, un seul évêque qui n'acceptât pas mes démissoires ? Il me répondit.... servons-nous du terme propre : il eut l'in..... de me répondre « que les évêques dont je lui parlais et dont je lui montrais

---

1. Mgr J.-B. Bourlier, évêque d'Évreux ; lettre du 14 janvier 1814.
2. Voici le texte complet : « ...et distinction le patriarche nommé à Venise, M. Jaubert nommé à l'archevêché d'Aix, quoiqu'il sût bien que ces prélats exerçaient dans les diocèses où ils étaient nommés.... » Mgr Ch. Brault, évêque de Bayeux ; lettre du 14 décembre 1813.

les lettres étaient TOUS des ÉVÊQUES DU GOUVERNEMENT. »
En étaient-ils moins ses supérieurs, des hommes du premier mérite et pleins d'honneur, pleins de religion, des savants, en comparaison desquels il n'était, lui, qu'un atome? Mais lui, qu'était-il? qui le nourrissait, le payait? *De qui* avait été, jusqu'à sa démission forcée, l'évêque dont l'inexpérience l'avait pris dans une succursale de campagne, lui, jeune prêtre, sans étude, sans talent connu, pour le placer à la tête du premier établissement du diocèse? *Évêques du gouvernement!* Et cela dit d'un ton de suffisance et de mépris, que l'orgueil en personne aurait eu la sagesse et la prudence d'éviter! Ces odieuses et criminelles paroles me pénétrèrent de douleur. Non, jamais je n'éprouvai de sentiment pareil à celui qu'elles excitèrent en moi. Je levai les yeux au ciel et les rabaissai sur l'arrogant personnage, avec l'expression que les mouvements de mon âme, gonflée d'indignation, purent lui donner. Je ne prononçai pas un mot : je ne le voulais pas; je ne le pouvais pas. De la main, je montrai la porte au contempteur de l'épiscopat, et il sortit. Vous ne penserez pas comme ce prêtre, vous ne vous exprimerez pas comme lui, hommes raisonnables et modérés. Vous penserez, au contraire, et vous direz avec moi que tous les évêques de France, nommés à la vérité par le *gouvernement*, mais canoniquement institués par le pape, par ce saint pape qui avait beaucoup plus fait pour le gouvernement d'alors que d'accepter de lui une nomination : vous penserez et vous direz que tous les évêques de France, reconnaissant mes pouvoirs, acceptant mes démissoires, formaient une autorité qu'on pouvait suivre en sûreté de conscience. Je jugeai, par ce dernier trait, que la maladie de mes antagonistes était incurable, et je pris la résolution de ne plus rien faire pour la guérir. J'y ai tenu.

Vers le temps de cette conversation avec le chef apparent de mes insurgés, on me fit passer de Paris l'avertissement que *mes grands vicaires me trahissaient*. Il me troubla. J'étais sûr du premier, qui avait toujours marché sur la ligne du devoir et de l'honneur. Mes soupçons n'auraient pu tomber que sur le second. Il paraissait m'être fort attaché ; mais la girouette semble immobile, tant que le vent ne change pas. Je ne puis me résoudre à croire M. Le Vavasseur capable de cette infamie. Il est probable cependant que si sa défection n'était pas dès lors consommée, il la méditait. Le roseau était ébranlé. La conduite qu'il va tenir en sera la preuve ; et je n'en eusse pas douté, si l'on avait eu la charité de me prévenir qu'il était en liaison intime avec le boutefeu qui incendiait le diocèse. Mais on craignait, en me parlant de cette circonstance, de lui faire tort dans mon esprit ; et il m'est impossible de ne pas respecter ce motif, quoique la réticence m'ait été funeste.

La campagne de 1813 allait s'ouvrir. Avant que le gouvernement demandât les prières de l'Église pour le succès des armes, on avait introduit dans le diocèse une dévotion clandestine et mystérieuse, que ses affidés nommaient *la pénitence de Ninive*. Elle n'avait, avec cette pénitence tant célébrée et si digne de l'être, d'autre rapport que d'assujettir, pendant quarante jours, à quelques pratiques peu gênantes, et qui ne ressemblaient guère au *sac* et à la *cendre*. On ne savait ni d'où elle venait ni où elle allait. Une dévote l'avait, disait-on, apportée d'Argentan ; Argentan la reportait de proche en proche jusqu'à Grenoble ; on assurait qu'à Paris tout le faubourg Saint-Germain s'y était enrôlé. Cette généalogie de la pieuse ligue n'était pas plus certaine que le but n'en était indiqué ; les seuls associés en avaient le secret, et peut-être pas tous. Cette coalition spirituelle était soustraite à la connaissance, et, par conséquent, à la vigilance des supérieurs ecclésiastiques : soit qu'on ne les crût pas dignes d'y prendre part, soit qu'on craignît de l'exposer à leurs regards. Des laïques, hommes et femmes, étaient chargés de recruter pour elle. Ils ne s'adressaient pas indistinctement à tout le monde. Établis à la porte des églises, ils regardaient à la figure, et ne devenaient adeptes que ceux qui jouissaient d'une *certaine réputation*. Quand le gouvernement demanda des prières, et qu'on en ordonna, suivant l'usage, nous pensâmes qu'il était de notre devoir et de notre sollicitude d'interdire, *sous les peines de droit*, ces associations et dévotions irrégulières, qui tendent visiblement à diviser les esprits, et les cœurs peut-être. Nous les défendîmes. Cette démarche, à laquelle tous les gens éclairés accordèrent leur approbation, courrouça tous les *Ninivites* du diocèse de Séez, et leurs *Jonas*, qui avaient, en général, moins de lumière que de chaleur. Ils ajoutèrent à mes autres torts celui d'avoir flétri, par une défense, leur dévotion pénitente ; car, quoique tout le vicariat eût concouru à cette bonne œuvre, ils jugèrent convenable de ne l'attribuer qu'à moi.

Passons rapidement sur les événements de cette campagne mémorable. Un jour (c'était celui de la réduction de Paris), le canon se fait entendre dans l'éloignement. Il est continuel. On sort des maisons, on court dans les champs, on monte sur les terrains élevés. On prête l'oreille. Les conjectures placent en différents lieux cette scène terrible. Les vents semblent en apporter le fracas des côtes de la Basse-Normandie ; et alors ce sont les Anglais qui tentent une descente, ou qui bombardent quelqu'une de nos villes. On parle de Paris comme par inspiration. Tout contrarie cette idée : les vents repoussent le son, et la distance est énorme; c'est néanmoins l'opinion qui s'accrédite. Bientôt elle domine. Tout à coup les tonnerres cessent de gronder; l'atmosphère est calme; chacun rentre chez soi, pour y attendre, dans le tourment de l'impatience, la nouvelle de quelque grande catastrophe. Elle arrive. Nous apprenons que Paris est au pouvoir des alliés, et que Louis XVIII est proclamé. Ah! j'étais loin de penser que cet événement aggraverait mes peines, et qu'avec lui commencerait, en quelque sorte, le dernier acte de la persécution suscitée contre moi! Mes ennemis se dirent les uns aux autres, que, *créature de l'Empereur*, j'étais désolé de sa chute qui entraînait la mienne. On avait chanté tumultuairement un *Te Deum*, où j'avais officié. En hommes supérieurs, qui lisent l'âme sur le visage, ils prétendirent y avoir observé que la tristesse et le chagrin étalaient sur ma figure toutes les teintes du mécontentement. Ils en avertirent leurs *connaissances*, qui ne gardèrent pas pour elles une découverte de cette importance. Ceux qui aimaient notre antique monarchie, et ceux qui faisaient semblant de l'aimer, me jetèrent la pierre : ceux-ci pour augmenter l'effet utile de leur déguisement; ceux-là pour satisfaire une passion qui, longtemps comprimée, passait les bornes, en prenant un libre essor. On n'avait point ordonné d'illumination; l'idée ne m'en vint point. L'évêché est trop séparé du corps de la ville pour que, de ses appartements, on aperçoive ce que font chez eux les citoyens. Sur les neuf heures du soir, on m'avertit que la plupart des maisons illuminent en l'honneur de la *grande nouvelle*. Je n'avais plus de temps pour les préparatifs et je fis seulement mettre quelques lumières aux croisées : cette parcimonie choqua. Les *bonnes âmes* virent dans ce petit nombre de lampions une preuve *lumineuse* de mon dépit. Elles ne voulurent pas se souvenir que, pauvre et ménageant le peu de ressources qui me restaient, pour assister de plus pauvres que moi, je n'avais pas fait plus de dépenses en ce genre, pour les victoires remportées par nos soldats. Nous célébrâmes le jeudi saint. Après avoir donné la sainte communion à tout le chapitre, je l'invitai à une agape, dîner de pénitence, recommandé par quelques conciles, et « je ne portai point à ce repas « *la santé* du Roi et de son auguste famille. » On proclama cet oubli, sans doute volontaire, comme un crime de haute trahison (je n'exagère point), dans l'assemblée d'une vingtaine d'ecclésiastiques, charitables et sensés, comme on voit, qui dînaient ensemble, à la suite d'une cérémonie funèbre. Le curé de B., qui présidait à ce jugement inique, avait reçu de moi des marques d'estime et d'amitié particulière, et prêchait souvent en apôtre contre la médisance et la calomnie : *Dicunt !*.... Rien de plus minutieux que ces faits ; mais les méchants habiles ont le funeste talent de tirer parti de tout auprès des esprits faibles.

Les fêtes de Pâques se passèrent sans que la bonne intelligence entre les chanoines et moi parût avoir souffert la moindre altération. Le dimanche, le prédicateur manqua. Je pris sa place, quoiqu'on ne m'eût averti qu'à midi qu'il ne viendrait pas, et il me sembla que la manière dont je m'étais tiré de cette entreprise hasardeuse avait augmenté la considération personnelle dont je jouissais. Le mardi, on dîna chez moi de bonne humeur et de bon appétit. Cependant le feu de la haine était déjà allumé dans l'âme de plusieurs de mes convives. Il y couvait sous la cendre des égards fallacieux, en attendant que la partie fût assez bien liée pour tenter l'explosion. Des lettres anonymes me l'annoncèrent. « On vous traitera à Séez « comme les chanoines de Paris ont traité leur cardinal-« administrateur, peut-être plus mal. » J'avais peine à le croire, mais j'étais résigné. Un matin, M. Le Clerc, doyen et président du chapitre, m'apprit que M. Rochemure, chanoine, sous prétexte d'un *Te Deum* qu'il voulait qu'on ordonnât pour tout le diocèse, demandait que le chapitre fût assemblé. « Je crains, ajouta-t-il, que ce chanoine « n'ait une arrière-pensée; et je tiens d'assez bonne part « que cette tête, en ébullition perpétuelle, proposera de « vous retirer les pouvoirs de vicaire général. On aper- « çoit tous les symptômes d'une cabale; le bruit s'en « répand. » Le sieur Rochemure, le principal agent de mes avanies capitulaires, est un prêtre auvergnat venu et placé à Séez on ne sait comment. Je n'ai jamais pu apprendre ce qu'il était, ni ce qu'il avait fait pendant la Révolution. On me dit seulement qu'il se donnait pour gentilhomme, et que tout le monde ne tombait pas d'accord qu'il le fût. Pour moi, j'ai eu depuis une assez forte raison de croire que ce titre chez lui n'était pas une usurpation. Si je lui connaissais d'autres qualités propres à relever son mérite, j'en aurais fait mention avec la même franchise.

Le chapitre fut convoqué. L'affaire du *Te Deum* ayant été décidée pour l'affirmative, quoiqu'il eût été plus conforme aux règles d'attendre que le Roi eût exprimé ses volontés, M. Rochemure, une liasse de papiers à la main, se leva et dit qu'il proposait de délibérer : « Si l'on ne ré- « voquerait pas les pouvoirs de MM. les vicaires géné- « raux. » Aussitôt MM. Maillard, Astier et Ducassel donnèrent adjonction au *dire* de leur confrère [1]. Il y avait

---

1. *M Maillard* était chantre ou chapelain de l'ancien chapitre de Séez. Il prêche. — *M. Astier* est un prêtre du diocèse de Viviers, membre d'une Société mi-partie d'hommes et de femmes, et, à ce titre, aumônier et directeur des *Dames bleues*. Il me serait aisé de prouver qu'il n'est pas chanoine. — *M. Ducassel* est bachelier de Sorbonne et noble. C'est tout ce que j'en sais, et peut-être tout ce qu'on en peut savoir. — *Note de M. Baston.*

huit chanoines au chapitre. Pour s'assurer la majorité, les quatre ligués sommèrent les deux vicaires généraux de se retirer, attendu qu'on allait délibérer sur leur compte. M. Le Vavasseur obéit à cette injonction avec une incomparable docilité : d'où bien des gens conclurent qu'il était déjà d'accord avec la cabale. Mais M. Le Clerc, premier vicaire général et président de l'assemblée, observa qu'on ne lui avait point communiqué le sujet de la délibération ; que la chose était tellement importante qu'il eût fallu appeler le chanoine infirme ; qu'on ne pouvait délibérer *in globo* sur des pouvoirs qui avaient été donnés séparément ; que les deux vicaires généraux ayant concouru, en leur qualité de chanoines, à la délégation de M. l'évêque nommé, ils devaient aussi concourir à sa destitution, s'il y avait lieu ; enfin, que le chapitre, suivant le règlement, ne pouvait être présidé que par un vicaire général. Pourquoi il déclarait la séance levée, protestant de nullité contre tout ce qui pourrait être fait, à compter de ce moment.... Et il sortit, suivi de MM. Langin et Le Pelletier, qui n'avaient point trempé dans le complot. Les quatre conspirateurs demeurèrent assemblés pendant plusieurs heures et firent je ne sais quoi, rien peut-être ; et c'est ce qu'ils pouvaient faire de mieux.

Ce mauvais succès déconcerta les membres du *Quaternion*, mais ne les découragea point. Ils demandèrent un autre chapitre, auquel M. Gary, le chanoine infirme, fut appelé et se fit apporter. Il n'y fut question que de mes pouvoirs : au moyen de quoi on ne parla point de faire retirer les vicaires généraux. Les quatre *frères* réunis demandèrent *collectivement* que mes pouvoirs fussent révoqués : preuve d'un complot antérieur, que des gens réfléchis eussent eu grand soin de ne pas donner. Avant de mettre en délibération, M. le président s'efforça de faire sentir aux capitulants combien serait injuste et scandaleuse la démarche qu'on leur proposait. Il rappela à leur souvenir l'honnêteté dont j'avais toujours usé à l'égard de la compagnie et de chacun de ses membres ; les attentions toutes particulières que j'avais eues pour eux. Il leur remontra qu'il n'existait point de motif de me retirer les pouvoirs qu'on m'avait délégués ; que, depuis plus de quatre mois, je m'abstenais d'en faire aucun usage ; que son confrère et lui signaient tout. Il ajouta qu'en voyant la conduite du chapitre, on le taxerait de légèreté et d'ingratitude ; qu'on ne manquerait pas de se demander pourquoi les scrupules des chanoines n'étaient pas nés plus tôt? Pourquoi ils avaient attendu à les manifester que les puissances coalisées fussent dans Paris et qu'un nouveau gouvernement eût succédé à celui auquel ils devaient leur existence? Pourquoi ils m'avaient donné des pouvoirs, s'ils devaient les reprendre? Ou pourquoi ils les reprenaient, puisqu'ils me les avaient librement accordés?.... M. le chanoine Maillard, négligeant le reste, s'accrocha vite et vite à cette dernière question : « *Librement*, s'écria-t-il, *librement accordés! Nous étions sous le* COUTEAU *quand nous les donnâmes*[1]. » Ainsi, reprit M. le président, vous avouez que la peur vous a fait trahir votre conscience! Monsieur Maillard, parlez pour vous seul : vous êtes le maître de vous avilir, mais nous ne vous prenons point pour l'interprète de nos sentiments. Quant à moi, et j'ai la confiance que tout le monde ici, excepté vous, tiendrait le même langage, rougirait d'en tenir un autre : quant à moi, en votant des pouvoirs de vicaire général pour M. l'évêque nommé, j'ai cru, dans ma conscience et

---

[1]. Quelqu'un a prétendu qu'il avait dit *sous la* HACHE. Soit, l'expression est plus noble et sent mieux son orateur. Je ne veux rien dérober à son talent. — *Note de M. Baston.*

devant Dieu, que cette délégation était légitime, conforme aux règles, bien placée et utile à notre Église ; et je m'estimerais prêtre aussi méprisable que criminel si, pensant autrement, la crainte des hommes m'eût fait oublier que c'est Dieu qu'il faut craindre....

Personne ne répliqua, et le visage de M. Maillard se couvrit d'une rougeur salutaire. M. Le Clerc aurait pu lui dire encore : « Quand on donne parce qu'on est *sous le couteau*, on ne fait que donner. On ne dit pas, comme nous le disons dans notre délibération, écrite en entier de la main de M. Maillard, notre secrétaire : *pour lui donner* (à cet homme qu'on outrage aujourd'hui) *une preuve de sa satisfaction et de sa confiance, le chapitre l'a nommé* PAR ACCLAMATION *vicaire capitulaire*. On ne dit pas que *M. l'abbé B.... est* PRIÉ *de bien vouloir accepter les pouvoirs qui lui sont conférés*. Parler de la sorte, *sous le couteau*, ce serait descendre au dernier degré de la bassesse, et de la plus honteuse, de la plus rampante adulation. » Il aurait pu encore lui demander « si c'était aussi la crainte *du couteau* d'une lettre ministérielle, qui, trois mois après, engagea le chapitre à confirmer et amplifier sa première délibération par une délibération nouvelle?.... »

Un autre des *quatre*, je crois que ce fut M. le bachelier Ducassel, s'exprima plus honnêtement et plus humblement. Il dit que *quand on donna des pouvoirs à M. l'évêque nommé, on ignorait ce qu'on a appris dans la suite*.... Et qu'avez-vous appris? lui demanda le président. L'opinant ne voulut pas divulguer son secret. Peut-être aurait-il été obligé de parler de quelque vision des bonnes filles dont il est l'historien, et, dans ce cas, je lui sais gré de son silence. On alla aux voix, et le projet de révoquer mes pouvoirs fut encore ajourné. Il paraîtrait que la ligue avait compté que le chanoine infirme ne viendrait pas au chapitre (il était pour moi), ou que M. Le Vavasseur opinerait comme elle. Le bruit courut, en effet, qu'il en avait pris l'engagement, et que toutes les langues de la cabale l'avaient traité en homme qui manque à sa parole. Je n'ai pas pris la peine d'éclaircir ce fait.

M. Rochemure me fit exhorter à remettre de moi-même mes pouvoirs de vicaire général. J'y avais pensé avant qu'on m'en parlât de sa part, et j'en avais communiqué le dessein à M. Le Clerc et à M. Le Vavasseur. Dieu sait que je ne les avais conservés que pour ne pas nuire au diocèse, et surtout à mes détracteurs, dans l'esprit du gouvernement que la Providence avait abattu. Mes deux collègues (oui, M. Le Vavasseur lui-même!) me représentèrent que je contristerais les chanoines attachés à ma personne et à mes droits; que nos communs ennemis triompheraient sans modération d'eux et de moi; que si l'opposition faisait une nouvelle tentative, nous la briderions toujours par une majorité de cinq contre quatre; que, d'ailleurs, la dispute sur mes pouvoirs, liée avec les arrangements qu'on préparait sans doute pour l'Église de France, était près de sa fin, et que, dans cette supposition, il paraissait inutile de me dépouiller avant le jugement. Ces raisons, au moins très plausibles, me déterminèrent à n'avoir aucun égard et à ne faire aucune réponse aux insinuations du chanoine Rochemure, le dernier homme du diocèse dont les conseils puissent avoir quelque influence sur ma conduite. J'en reçois volontiers, mais il faut qu'ils sortent d'une tête qui ait la réputation d'être passablement bien organisée.

Très irritée d'avoir échoué dans ses efforts pour m'ôter ou pour me faire rendre les pouvoirs que j'avais reçus, la cabale prit et exécuta la résolution de se venger, en m'insultant. M. Astier, l'aumônier des *Dames bleues*, et partie intégrante de leur mystérieuse association, homme que j'avais recherché, malgré ses formes repoussantes, parce qu'il avait un extérieur de pénitence et de vertu qui m'intéressait, me fit signifier qu'il ne me donnerait plus au chœur l'*encens* et le *livre des Évangiles*. Persuadé que ce prêtre était le seul du clergé qui fût capable de ce procédé, j'écrivis au chapitre pour m'en plaindre et pour savoir à quoi je devais m'en tenir. Je représentai que si le projet de M. A.... avait son exécution, je ne pouvais plus assister aux offices ; que, d'un autre côté, si l'on me forçait de me retirer, il en résulterait un scandale qui nuirait à la religion ; que la sagesse, la charité chrétienne, mon âge, et la manière dont j'en avais usé avec MM. les chanoines, devaient les porter à ne faire aucun changement dans nos relations extérieures, jusqu'à ce qu'on eût vu ce que produirait le nouvel ordre de choses ; que si j'étais continué, ils n'auraient point de repentir à former ; que si je ne l'étais pas, nous nous quitterions comme des amis que la Providence sépare....

A la lecture de cette lettre, MM. Rochemure, Maillard et Ducassel élevèrent la voix, et s'écrièrent qu'ils partageaient le sentiment de M. Astier et qu'ils agiraient comme lui.... Je n'insistai pas. Jusqu'alors j'avais dit la messe à la cathédrale ; je me retirai pour cette action religieuse à la chapelle de l'évêché, et j'assistai aux offices de l'église dans ma tribune. En m'y voyant, plus d'une personne dont j'avais eu le bonheur de sécher les larmes en retrouva et pleura mon injure.

Nous touchons à la scène la plus criminelle et la moins pardonnable du *Quaternion :* j'ai fait ce mot pour désigner les quatre chanoines coalisés. Il jugea utile à ses projets d'envoyer deux députés au nouveau préfet d'Alençon pour lui porter des plaintes contre moi, et, afin de donner plus d'éclat à cette légation, son choix tomba sur les nobles Rochemure et Ducassel. La cabale espérait que le premier magistrat du département, nommé par le Roi, homme titré, décoré, saisirait avec empressement l'occasion de nuire à un ecclésiastique, évêque nommé par *Napoléon Buonaparte*. Je pensai qu'il était au-dessous de moi de traverser leur négociation à un tribunal séculier, auquel le recours, en pareille circonstance, était une violation de tous les principes. Mais les principes, ces messieurs ne les connaissent pas, ou les négligent. Les députés reviennent; leur physionomie annonce qu'ils se félicitaient et de la réception qu'on leur avait faite, et du succès qu'ils avaient eu. Rien ne transpira. M. Rochemure lui-même, qui était dans l'habitude de tout conter à son voisinage, fut discret et silencieux cette fois-là. Cependant il était dans l'ordre que je fisse une visite au préfet nouvellement arrivé. J'en avais reçu une lettre dont les expressions contrastaient merveilleusement avec les outrages que des prêtres me faisaient essuyer. J'allai donc à Alençon, m'attendant à être bien reçu, parce que les âmes d'une certaine dimension se devinent. Mon attente fut plus que remplie. Nous parlâmes des deux ambassadeurs *Rochemure* et *Ducassel*, et j'entrevis, avec une satisfaction trop humaine peut-être, qu'on avait découvert au juste ce qu'ils valaient. On m'avoua néanmoins qu'on n'avait pu se dispenser d'écrire à Son Excellence le ministre de l'intérieur et des cultes l'abrégé sommaire des plaintes qu'ils avaient apportées; mais *on avait eu soin d'observer*, me dit-on, *qu'on ne parlait que d'après eux et sur leur rapport*. M. le préfet me proposa la communication de sa lettre; je l'acceptai. Le secrétaire intime ouvrit son registre et la lut très posément. « Qu'en pensez-vous? » me dit le magistrat quand le lecteur eut fini. « Je pense, « répondis-je gravement, que les deux chanoines vous en « ont bassement imposé, et qu'on vous a fait transmettre « à Son Excellence les plus lâches et les plus évidentes « calomnies. -- Serait-il possible? s'écria-t-il. Veuillez, « Monseigneur, m'en indiquer quelques-unes. » J'en remarquai trois ou quatre des plus apparentes et des plus essentielles. Après avoir entendu ce que j'avais à lui dire sur chacune, M. le préfet me pria de lui en écrire officiellement, aussitôt que je serais retourné à Séez, s'engageant à faire parvenir au ministre ma lettre en original, et de prendre des mesures pour qu'elle fût remise en main propre. Je fis ce qui m'était demandé et ne m'embarrassai plus de cette affaire, quoique plusieurs personnes me conseillassent de m'adresser directement au ministre pour obtenir justice.

Mais il est intéressant pour ma réputation de montrer ici en quoi les honnêtes députés m'avaient calomnié, je ne dirai point contre le cri (elle a pu ne point parler), mais contre les lumières de leur conscience.

Premièrement, ils m'accusèrent d'avoir fait dissoudre momentanément le séminaire, et longtemps avant les vacances : événement qui avait excité de grandes clameurs dans le diocèse.... voici la vérité. Un jour, le sieur Bazin, supérieur, me vient trouver et me dit : « Qu'il ne lui est « plus possible de tenir le séminaire ouvert ; que le gou-« vernement ne paie point les *Bourses ;* que le malheur « des temps réduit à presque rien les secours ordinaires « des fidèles ; que l'argent manque absolument, et que, « sans argent, on ne peut nourrir quatre-vingts per-« sonnes ; qu'il faut nécessairement mettre les sémina-« ristes en vacances, sauf à les rappeler quand le gouver-

« nement paiera, ou que les aumônes auront repris le
« cours accoutumé.... et qu'il vient recevoir mes ordres à
« cet effet. » Je ne soupçonnai point que cette proposition
pouvait être une embûche, non, je ne le soupçonnai
point. Cependant je répondis à M. Bazin que sa démarche
me paraissait très déplacée. « Ne me reconnaissant pas
« comme vicaire général, pourquoi, lui dis-je, vous
« adressez-vous à moi ? Vous n'avez point d'*ordres* à re-
« cevoir d'un homme qui, à vos yeux, n'est rien dans le
« gouvernement du diocèse. » Il balbutia quelques mots
de compliment, qui, heureusement, ne me séduisirent
point. Je le congédiai, en ajoutant « que si MM. Le Clerc
« et Le Vavasseur, dont l'autorité était reconnue au sémi-
« naire, trouvaient quelque moyen d'éviter le renvoi des
« séminaristes, je contribuerais de *mille francs* à cette
« bonne œuvre, quoique moi-même je ne fusse pas payé. »
Il me remercia du bout des lèvres et s'en alla chez les
vicaires généraux, qui, peu de temps après, se rendirent
auprès de moi, et me certifièrent « que l'épuisement de la
« caisse du séminaire était tel qu'on ne pouvait se dispen-
« ser de renvoyer les séminaristes au plus tôt : les circons-
« tances ne permettant ni d'espérer des secours ni de
« contracter des dettes. » Le renvoi fut PAR EUX arrêté,
effectué, sans que je me mêlasse autrement de cette
affaire qu'en offrant de l'argent pour empêcher, s'il était
possible, que les séminaristes ne se retirassent. Comment
ce fait du *renvoi*, et ce qu'il avait eu de fâcheux, pouvait-il m'être attribué, sans la plus noire calomnie?.... Il
faut que j'en fasse l'aveu : lorsque je rapproche différentes
choses à quoi, dans le temps de ma sécurité, je n'apportais
aucune attention, et qui n'excitaient en moi aucune dé-
fiance, je suis tourmenté par le soupçon que mes ennemis
avaient, exprès et de longue main, ménagé cet incident

pour épaissir les nuages dont ils m'environnaient. On avait reçu au séminaire plus de jeunes gens qu'il n'en pouvait nourrir; une partie considérable de ces élèves, n'étant qu'en philosophie, n'auraient pas même dû régulièrement y être admis; on avait usé de mon crédit auprès d'une certaine administration pour lever les obstacles qui s'opposaient à leur entrée; cependant il était aisé à ceux qui gouvernaient la maison pour le temporel d'apercevoir que les moyens n'étaient pas en proportion avec le nombre des bouches. Ces administrateurs étaient MM. Bazin et Le Vavasseur; moi, j'arrivais, et on ne me parlait de rien. Le second de ces deux messieurs était le dépositaire des aumônes pour les étudiants, et il en employait une grande partie pour une cinquantaine d'écoliers de toute classe, auxquels il procurait une subsistance, grossière à la vérité, mais coûteuse par la multitude des nécessiteux. Aurait-on cru que la principale école était oubliée par le vicaire général commis à la distribution des fonds provenant de la charité publique? Aurait-on cru que le supérieur du séminaire ne se serait pas plaint de cet oubli coupable, de cette espèce de dissipation qui compromettrait l'existence de sa nombreuse famille? Aurait-on cru que ces deux agents attendraient, à parler de leur détresse, qu'il n'y eût plus un sol dans la caisse, et que la plus urgente, la plus impérieuse des nécessités commandât le renvoi des séminaristes pour le lendemain? Je n'affirme pas; mais c'est en vain que je repousse l'idée du *fait exprès*; elle revient perpétuellement à mon esprit, avec un extérieur de probabilité qui m'afflige, quoiqu'il serve à ma justification.

Secondement, les sieurs Rochemure et Ducassel, députés du quaternion capitulaire, m'accusèrent auprès du magistrat séculier de m'emparer exclusivement de la juridiction épiscopale, de l'exercer seul. C'était au métropolitain qu'il fallait porter une affaire de cette nature : l'autre tribunal était incompétent. N'insistons pas là-dessus. Cette usurpation qu'on me reprochait ne pouvait être qu'à l'égard des deux autres vicaires généraux, et si ces messieurs eussent bien voulu me laisser agir seul, gouverner seul, je ne *m'emparais pas*, ils m'accordaient. Je ne leur faisais pas l'ombre d'une injure, suivant la maxime, *volenti non fit*. En toute supposition, c'eût été à eux à se plaindre, et ils ne se plaignaient pas. Je ne sais si le chapitre, quand ils se taisaient, eût pu prendre fait et cause pour eux : mais, en tout cas, quatre chanoines, qu'aucune délibération n'autorise, ne sont pas le chapitre. Ce sont quatre méchants ou quatre zélés, qui ne méritent pas qu'on les écoute, quand ils défèrent à un préfet une cause purement ecclésiastique.... ET UN DÉLIT SANS RÉALITÉ. Oui, cette accusation fut, comme la première, une odieuse calomnie. Que mes collègues disent si j'ai fait un seul acte de juridiction tant soit peu important sans le concerter avec eux ? Qu'ils disent si, lorsqu'ils me pressaient d'agir de moi-même, je ne m'y suis pas constamment refusé ? Qu'ils disent si je ne m'abstenais pas de signer les provisions des curés et des desservants; tant je craignais que l'ignorance et le fanatisme ne prissent occasion de ma signature pour les mal voir et les tourmenter? On peut interroger, sur ce fait capital, le curé de Notre-Dame d'Alençon, le desservant de Saint-Pierre de Séez, etc. En une demi-année, je n'ai pas mis mon nom au pied de cinq ou six actes; on s'en assurera par les registres du secrétariat. Et c'est à la fin de cette demi-année que deux nobles chanoines m'accusent de m'emparer exclusivement de tout l'exercice de la juridiction épiscopale! Oh! si une calomnie dégradait! mais ils continueront d'être nobles, comme ils l'étaient auparavant, exactement de la même manière.

Troisièmement, les deux délateurs m'accusèrent au tribunal de la préfecture d'avoir fait manquer des ordinations bien essentielles au diocèse, en ne voulant pas permettre qu'un des deux autres vicaires généraux signât les démissoires avec moi. Et ce fut une calomnie atroce qui, en noirceur, surpassa peut-être les deux autres. Qu'on examine attentivement l'argument que voici. Il est trop simple pour être insidieux : « Celui qui veut signer seul « les démissoires, ou ne les pas signer du tout, et qui a « les plus fortes raisons d'en agir de la sorte; mais qui « consent que les autres vicaires généraux, s'ils le jugent « convenable, signent, sans lui, envoient, sans lui, à l'or- « dination; qui leur déclare formellement, et à plusieurs « reprises, qu'il ne s'en tiendra pas offensé, qu'il n'en « aura ni peine ni ressentiment... cet homme ne peut être « accusé, sans calomnie, d'avoir fait manquer les ordina- « tions. » — « Or, j'avais les plus fortes raisons pour vouloir signer seul les démissoires, ou ne les pas signer du tout ; mais j'ai consenti que mes deux collègues, s'ils le jugeaient convenable, les signassent et envoyassent à l'ordination sans moi ; je leur ai déclaré formellement, déclaré à plusieurs reprises, que je ne m'en tiendrais pas offensé ; que je n'en aurais ni peine ni ressentiment. » — « Donc je ne puis être accusé, sans calomnie, d'avoir fait manquer les ordinations.... » Je jette le gant à toute la logique de mes adversaires ; qu'elle le ramasse, si elle l'ose, et qu'elle descende dans l'arène ; qu'elle vienne en présence du public, de ce public qu'ils ont empoisonné par leurs mensonges, nous dire et nous prouver (des deux, le premier ne les embarrasserait pas) que mon raisonnement n'a pas la *forme* que veulent les bonnes règles, ou que les *prin-*

cipes en sont faux, même douteux. Je me tiens à côté de lui pour les attendre.... Mais moi, j'ai deux choses à établir. La première, *que j'avais les plus fortes raisons de vouloir signer seul les démissoires, ou ne les pas signer de tout*. Et de ces raisons, en voici quatre, dont la force sera sentie de tout esprit droit et bon. 1° En consentant qu'un autre grand vicaire signât les démissoires avec moi, je fortifiais les doutes qu'on se plaisait à répandre sur la validité de mes pouvoirs. C'eût été trahir la vérité, choquer les principes, manquer au chapitre, insulter à la discipline de l'Église gallicane.... 2° En consentant à la double signature, je me plaçais au-dessous des deux autres vicaires généraux, et de beaucoup : car, eux, ils auraient pu signer individuellement, tandis que mon nom, ma signature, auraient eu besoin de l'adjonction et de l'appui d'une autre signature, d'un autre nom. Le mien eût été le *zéro* d'une addition qu'eût fait valoir l'*unité* d'un autre nom. Je ne pouvais être obligé d'en venir à ce degré d'avilissement. Tous mes pareils, toutes les personnes délicates sur l'honneur, m'auraient blâmé d'avoir suivi jusque-là l'impulsion de l'ignorance et de l'entêtement. La condescendance a des bornes que la sagesse ne dépasse pas.... 3° En accordant qu'une seconde signature serait associée à la mienne, j'aurais encouragé une prétention ultérieure, qui se cachait encore, mais que je prévoyais, et qui s'est effectivement montrée à découvert : savoir, que mon nom ne parût plus dans aucun acte, mes pouvoirs étant nuls dans le principe, ou paralysés par le pape.... 4° Et cette dernière considération me touchait encore plus que les autres : en consentant que les démissoires fussent signés par un autre des vicaires capitulaires avec moi, dans la crainte qu'ils ne fussent *nuls*, n'étant signés que de moi seul, la même crainte réagissait sur tous les autres actes que j'avais signés sans l'adjonction d'une autre signature, particulièrement sur les dispenses de mariage, et étendait sur eux un soupçon rétrograde de nullité. Et alors que de troubles dans les familles! que d'inquiétudes, d'alarmes dans les consciences! Devais-je ou plutôt pouvais-je porter la complaisance jusqu'à consentir une mesure, source de tant et de si grands maux? Telles furent mes raisons pour vouloir signer seul les démissoires, ou ne les pas signer du tout. Étaient-elles faibles? ne suivais-je que mon caprice? ou *cet attachement opiniâtre à mon sentiment qui, bien des fois, m'écrivait poliment un anonyme, m'a fait faire des fautes, et nouvellement une grace, celle d'avoir fait manquer une ordination?* — La seconde chose que j'ai à établir est que *j'ai consenti que mes deux collègues signassent des démissoires, et envoyassent à l'ordination, sans moi, s'ils le jugeaient convenable; que je leur ai déclaré formellement, et à plusieurs reprises, que je ne m'en tiendrais pas offensé, que je n'en aurais ni peine ni ressentiment.* Je ne puis, sur ce fait, invoquer que leur témoignage; invoquer encore celui du supérieur du séminaire, que je renvoyai à MM. Le Clerc et Le Vavasseur, lorsqu'il me pressait pour les deux signatures; celui de la femme intrigante qu'on m'envoya pour le même sujet, et qui reçut de moi la même réponse...., et un fait public, savoir, que M. Le Vavasseur a fait ce que je consentais qu'il fît, et même beaucoup davantage : car il a tout décidé, tout arrangé : examens, retraites, envoi, places, etc., sans m'en parler, sans en parler au doyen, son collègue, sur lequel, avant que je parusse à Séez, reposait en sûreté le gouvernement de tout le diocèse.

Les députés à la préfecture se sont donc rendus coupables de calomnie, en m'accusant d'avoir causé le renvoi momentané du séminaire; d'avoir envahi tout l'exercice de la juridiction épiscopale; d'avoir fait manquer les ordinations. Ils ont menti à leur conscience, qui ne pouvait ignorer la fausseté palpable de toutes ces délations; menti au magistrat qui les écouta dans la simplicité d'un cœur honnête et frémit, quand je lui révélai l'imposture; menti au ministre de Sa Majesté, auquel ils voulurent que leurs accusations fussent transmises; menti à tout le diocèse, à toute la France, je pourrais dire à l'Europe entière, comme on le verra bientôt. Ah! si jamais le repentir se fait jour dans leurs âmes, y pénètre, les agite, comment répareront-ils et cette faute et ses suites?.... Poursuivons.

Vers l'époque où MM. Rochemure et Ducassel, pleins de confiance dans leurs talents pour revêtir le mensonge des couleurs de la vérité, les exerçaient à la préfecture d'Alençon, des agents subalternes, mis en jeu par les chefs de parti, distribuaient de tous côtés un petit manuscrit qu'on copiait avec avidité, et qui faisait une grande impression sur les esprits. C'était une *Relation* de ce qui s'était passé à Fontainebleau, peu de jours avant que le Saint-Père quittât cette résidence, et des circonstances de son voyage vers celles de nos provinces à travers lesquelles nous espérions qu'il s'acheminait pour l'Italie, comme on avait affecté d'en répandre le bruit. Les détails de ce pamphlet avaient un grand air de vérité; mais ce que la malveillance y faisait particulièrement remarquer était une conversation très animée entre Sa Sainteté et M. l'évêque nommé de ***. Celui-ci était rudement tancé sur sa qualité de vicaire ou administrateur capitulaire, et, par occasion, les *libertés* de l'Église de France y reçoivent du vénérable pontife un traitement assez dur, que sa prudence, son équité même, auraient dû leur épargner. Mes ennemis de tous les étages triomphaient de cet article. Il prouvait, selon eux, et bien authentiquement, *la paralysie* de mes pouvoirs; du moins, il donnait un démenti vigoureux à ces *évêques du gouvernement* (comme les appelle le respectueux M. Bazin) qui m'avaient complaisamment écrit que le pape recevait avec bonté les évêques nommés, quoiqu'il n'ignorât pas que ces messieurs gouvernaient, au nom de leurs chapitres respectifs, les diocèses auxquels ils étaient destinés. Les colporteurs du petit écrit ne manquaient pas de fixer l'attention des curieux sur la conversation du pape et de l'évêque nommé, d'en faire sortir, d'en exagérer les conséquences, de me les appliquer, tantôt avec humeur, tantôt avec un air de compassion, vrai comme les R. et les D.... Qu'arriva-t-il? La *Relation* imprimée nous vint de Paris; elle était exactement conforme à la *Relation* manuscrite, si ce n'est.... le croira-t-on?.... que la conversation du pape avec l'évêque nommé de *** ne s'y trouvait pas! C'était, suivant les apparences, une addition de ces gens qui s'imaginent que tout est bon, permis, même le faux, même l'altération des titres [1], pour servir la *bonne cause*, c'est-à-dire la leur. Au reste, si cette conversation eût été réelle, on n'y verrait que l'*opinion* du pape, ce qui ne ressemble en aucune manière à un *jugement*, une *décision* du chef de l'Église. Tous les théologiens en conviennent, même en Italie : les savants du diocèse de Séez font bande à part.

Le bref de Pie VII, adressé à S. Ém. le cardinal Maury, dont plusieurs journaux affectèrent de publier la traduction, causa une joie bien vive aux *bazinistes* : car M. le supérieur a eu l'honneur de donner son nom aux ennemis de notre discipline. Leur bonne logique fit aussitôt ce rai-

---

1. *Sic :* ne faut-il pas lire : *textes ?*

sonnement : « Le pape défend à un cardinal de se porter pour administrateur d'un diocèse dont il était archevêque nommé. Donc le pape défend à tous les évêques nommés de recevoir les pouvoirs de vicaire général de leurs chapitres. Sont-ils de meilleure condition qu'un cardinal? Ont-ils des privilèges qu'il n'ait pas? La règle ne doit-elle pas être commune à tous?.... » Qu'un esprit sans rectitude, sans instruction, je dirais presque *sans esprit*, soit convaincu par un raisonnement de cette espèce, je n'en suis point du tout surpris, et, par conséquent, qu'il ait réjoui, confirmé dans leurs pensées tracassières les membres du *Quaternion* et M. Bazin : qu'il ait entraîné M. Le Vavasseur et la plupart des dévotes du pays, même quelques femmes *qui datent* et qui entremêlent de discussions théologiques leur *boston* et leur *loto*, rien, à mes yeux, de plus naturel. L'argument s'adapte singulièrement bien à toutes ces têtes. Mais qu'une seule de celles que la nature fit capables de réfléchir utilement, de celles qui ont du sens et point de prévention, des connaissances et point de préjugés, des liaisons et point de commérage, trouve bon, trouve concluant, l'argument puisé dans le bref Maury, c'est ce qu'on ne me persuadera jamais; car il est d'un gauche, d'une faiblesse, d'une absurdité, à quoi je n'en connais point de comparable. On peut d'abord lui opposer la règle : « Qu'on ne conclut point du particulier au gé-
« néral, de l'individu à la collection, d'un évêque nommé
« à tous les évêques nommés. » C'est un des axiomes du chef-d'œuvre d'Aristote. On peut ensuite faire l'observation qu'en matière de loi, tout se prend à la rigueur; qu'il n'est pas permis d'en étendre les dispositions par le raisonnement, surtout quand elles ne vont point à l'indulgence; que si l'on défend à mon voisin *de passer par tel endroit*, ouvert à tout le monde, cette défense ne m'inter-

dit pas le *passage*, à moins qu'une clause telle que celleci : *à un tel et à tous autres*, ne la généralise. On peut, enfin, retourner l'argument et dire : que si le pape avait *voulu* qu'aucun des évêques nommés ne gouvernât un diocèse comme vicaire capitulaire, il aurait parlé de *tous*, et non d'un *seul*; à *tous*, et non à un *seul*. Il aurait profité de l'occasion du bref à l'Éminence, n'eût-ce été que pour enlever tous les prétextes à la résistance et assurer l'exécution de sa volonté. De sorte que, n'ayant improuvé que la délégation faite à S. Ém. le cardinal Maury pour l'archevêché de Paris, s'il n'a pas approuvé les autres, du moins il les a laissées pour ce qu'elles sont et pour ce qu'elles valent.

Mais considérons plus en détail ce fameux bref; et sans entreprendre l'apologie d'un homme qui, pour se défendre, s'il y a lieu, n'a besoin du secours de personne, et à qui les éminents services qu'il a rendus avec tant de courage à la religion et au saint-siège auraient dû peut-être, dans la supposition qu'il se soit trompé, obtenir qu'on lui pardonnât une erreur d'opinion, voyons si, en mettant en principe que cet acte de Pie VII est d'une force majeure contre l'homme, son objet immédiat, on en peut conclure raisonnablement quelque chose contre moi et mes pareils. Je soutiens que nou.... Pour qu'on le pût, il faudrait que tous les reproches faits par Sa Sainteté au cardinal, ou du moins la majeure partie de ces reproches, me fussent applicables. Or, ni tous ces reproches, ni la majeure partie de ces reproches, ni AUCUN de ces reproches, un seul, que j'examinerai à part, excepté, ne me conviennent. Parcourons-les. — 1º Sa Sainteté reproche à M. le cardinal Maury « d'avoir été parfaitement instruit de sa lettre au cardinal « *Caprara*, dans laquelle elle avait exposé les motifs qui « lui faisaient un devoir, dans l'état présent des choses,

« de refuser l'institution canonique aux évêques nommés « par l'Empereur.... » Je n'ai eu, ni n'ai pu avoir aucune connaissance de cette lettre. Les puissants *motifs* que cette lettre contenait m'ont été nécessairement inconnus. C'était un secret de cour de Rome. Je soupçonne bien actuellement quelques motifs, mais, à mes yeux, peu forts ; et si le souverain pontife ne nous faisait pas entendre qu'ils sont puissants, je ne concevrais point qu'il pût y en avoir de cette espèce pour refuser *in globo* l'institution canonique à tous les évêques nommés, l'Église universelle recommandant par ses conciles que la vacance des sièges épiscopaux n'excède pas trois ou six mois, et regardant avec raison la viduité d'une Église particulière comme un des plus grands malheurs qui puissent lui arriver. L'état du diocèse de Séez en est la preuve. — 2° Sa Sainteté reproche au cardinal « d'avoir manqué à « l'*obéissance* et à la *fidélité* qu'il lui devait (sans doute « comme né son sujet et comme cardinal), *comblé* qu'il « était des *dignités de l'Église* et de ses *bienfaits....* » Moi, je ne suis pas né dans le comtat d'Avignon ; je n'étais pas membre du clergé romain ; et avant ma nomination à l'évêché de Séez, je n'étais *comblé* ni de *dignités* ni de *bienfaits* ecclésiastiques. Mon état n'avait rien d'éclatant ; il ne se faisait pas *remarquer*, mais *sentir* par la douce et tranquille médiocrité qu'il me procurait. Qu'un cardinal, membre du souverain dont les États avaient été envahis par les Français, ne dût rien recevoir du chef de leur gouvernement, c'est une question dont j'abandonne l'examen à qui en voudra prendre la peine ; mais elle n'a rien de commun avec un ecclésiastique français qui reçoit la nomination à un évêché par l'organe de celui auquel deux concordats successifs ont attribué ce droit de nomination. — 3° Sa Sainteté reproche au cardinal « d'avoir mendié

« près d'un chapitre l'administration d'un archevêché.... »
En fait, le cardinal Maury a-t-il *mendié* l'administration
du diocèse de Paris; et, en droit, serait-ce un délit que
de s'être permis cette démarche? Deux points qui ne
m'intéressent en aucune façon, puisque je n'ai ni fait ni fait
faire de demande au chapitre de Séez; que c'est lui, au
contraire, qui m'a offert, *par acclamation*, des pouvoirs
de vicaire général, qui m'a *prié* de les accepter. Voyez sa
délibération. Là-dessus je ne crains pas que MM. Rochemure et Ducassel me calomnient : c'est tout dire. — 4° Sa
Sainteté reproche indirectement au cardinal d'avoir pris
la place « du vicaire capitulaire élu avant lui, sans que
« ce fonctionnaire ait donné librement et de son plein
« gré la démission de ses fonctions; » d'où elle insinue
que l'élection de M. le cardinal-administrateur n'a pas
été « libre, unanime et régulière.... » En cet endroit, le
bref parle dans le sens de la discipline des Églises d'Italie, tout à fait différente de celle de notre Église sur le
point qui nous occupe. Mais quand on me jugerait d'a-
près les usages de cette discipline étrangère, à laquelle
un Français n'est pas assujetti, le bref serait ici sans
application pour moi. Les deux vicaires généraux, élus
avant qu'on songeât à m'y associer, n'ont point été contraints de donner la *démission de leurs fonctions* ; ils ont
conservé leur titre et leurs pouvoirs; nous avons administré ensemble, et dans la meilleure intelligence, jusqu'à
ce que l'*homme ennemi* semât dans le diocèse la *zizanie*
de l'insubordination et des scrupules, et, dans nos délibérations, ils avaient deux voix contre une. Mon élection a
été *libre*. A la vérité, il y a eu, de la part du ministère,
une lettre d'invitation; mais ce serait, pour le chapitre
de Séez, une flétrissure ineffaçable que d'ériger en contrainte destructive de la liberté une pièce de cette nature.

De plus, ce même chapitre a, trois mois après, renouvelé mon élection, sans que moi ni personne nous l'excitassions à le faire. Mon élection a été *unanime :* tous les chanoines, même les deux vicaires généraux, ont signé les délibérations, sources de mes pouvoirs. Enfin, mon *élection* a été *régulière :* il suffit, pour s'en convaincre, de lire le protocole des actes. — 5° Sa Sainteté reproche au cardinal « d'avoir pris l'administration du diocèse de Paris « sans être dégagé du « LIEN SPIRITUEL qui l'unit à l'Église « de Montefiascone, » et sans avoir obtenu « les dispenses » « qui auraient suppléé la rupture de ce lien d'attachement « et de résidence. » Ce grief est proprement celui sur lequel insiste le souverain pontife; c'est après l avoir allégué qu'il dit à l'Éminence : « Quittez sur-le-champ cette admi-« nistration; nous vous l'ordonnons. » C'est uniquement sur lui qu'il se fonde pour émettre la menace de procéder suivant la rigueur des *saints canons.* « Personne n'ignore, « dit-il, les peines qu'ils prononcent contre ceux qui, *pré-« posés à une Église,* prennent en main le gouvernement « d'une autre Église avant d'être dégagés des premiers « liens.... » Ce grand et peut-être unique motif du bref m'atteint encore moins que les autres. Je n'étais pas *préposé à une autre Église.* J'avais un canonicat qui m'obligeait à résidence dans l'Église de Rouen ; mais j'en ai fait la démission entre les mains de l'ordinaire, qui l'a acceptée et m'a donné un successeur; j'avais plusieurs fonctions à moi déléguées par S. Ém. Mgr le cardinal-archevêque : celles de vicaire général, d'official, de théologal, etc. Mais je les ai toutes rendues avant de m'établir à Séez. Aucun *lien* ne m'empêchait donc de prendre le gouvernement d'un diocèse; et ces *canons, ces peines, que personne n'ignore,* ces canons, dis-je, ne me concernent pas ; ces peines, je n'ai aucune raison de les craindre.... Qu'on me dise maintenant si ma position, par rapport au diocèse de Séez, ressemble à celle de S. Ém. le cadinal Maury, par rapport au diocèse de Paris? si l'on peut conclure de ce cardinal à moi? si le bref qui le frappe me frappe? si la lettre, si l'esprit, si les motifs de cet acte pontifical me crient : « Quittez cette administration; « nous vous l'ordonnons.... » *Oui*, dira la cabale et ses passions; mais la bonne foi, jointe à l'intelligence la plus commune, dira *non* à toutes ces questions.

Je n'ai point oublié que, dans ce bref de trois pages, on voit quelques lignes qui sembleraient regarder les évêques nommés et vicaires capitulaires : auxquelles, par cette raison, je dois une attention particulière. Commençons par les transcrire : « Nous ne rappelons pas, dit le « pape, qu'il est *inouï*, dans les annales ecclésiastiques, « qu'un prêtre nommé à un évêché *quelconque* ait été en« gagé, par les vœux du chapitre, à prendre le gouver« nement du diocèse avant d'avoir reçu l'institution « canonique. » *Inouï*, répétaient, avec une sorte de jubilation, les théologiens et les théologiennes de Séez! Il est *inouï*, dans toute la durée de l'Église de Dieu, que les évêques nommés aient reçu des pouvoirs de vicaire général pour administrer les diocèses! Et nous pourrions reconnaître ceux que nos chanoines, peu versés dans la connaissance des *annales ecclésiastiques*, ont délégués à notre évêque nommé!.... Voici ce que j'oppose, et bien froidement, à cet enthousiasme déclamateur. Observons d'abord que si le pape dit que la chose est inouïe, il ne dit pas qu'elle soit défendue, illicite, nulle; qu'il ne cite ni le concile de Lyon, ni le concile de Trente, rien de ce que l'auteur des *Observations* a cité. C'est quelque chose de bien remarquable que cette réticence.... Ensuite, cette tournure figurée : *nous ne rappelons pas*, semble indiquer que le pape lui-même ne fait pas grand fond sur cette remarque; qu'il est du moins fort éloigné de la regarder comme décisive.... En troisième lieu, autre chose est qu'une action soit sans exemple, autre chose qu'elle soit invalide ou illégitime. Quand Léon X et François I*er* firent leur concordat, ce pacte *était inouï dans les annales de l'Église;* quand Pie VII détruisit d'un seul coup toute l'ancienne Église gallicane et en recréa une nouvelle, il fit ce que jamais, depuis les apôtres, l'Église catholique n'avait vu faire; accusera-t-on ces deux illustres pontifes d'avoir fait au delà de leurs pouvoirs; et parce que leur conduite en ce point était *inouïe,* ses résultats devront-ils être taxés de nullité ou d'illégitimité? Le changement des circonstances amène, quelquefois nécessairement, des changements dans la discipline : des changements que leur nécessité justifie et dont les suites sont valides et légitimes. Cependant, lorsqu'ils se montrent pour la première fois, on peut dire d'eux qu'ils sont *inouïs* dans les annales de l'Église; et en se servant de la formule oratoire : *Nous ne rappelons pas,* ce n'est point une bonne raison dont on omet de se servir, c'est un simple préjugé qu'on abandonne. Ces réponses satisferaient pleinement aux quatre lignes du bref qu'on voudrait opposer à mes pouvoirs. Mais il en est une autre encore plus tranchante ; elle me cause un embarras qui naît de sa force, de son évidence; je la trouve, en quelque sorte, plus concluante que je ne désirerais. Il faut pourtant ne la pas taire, puisqu'on m'y contraint : je la rendrai aussi respectueuse qu'il me sera possible.

Le bref énonce « qu'il est inouï, dans les annales ecclé-
« siastiques, qu'un prêtre nommé à un évêché quelconque
« ait été engagé, par les vœux du chapitre, à prendre le
« gouvernement du diocèse avant d'avoir reçu son insti-

« tution canonique. » Passons sur l'hyperbole de cette expression : *inouï dans les annales ecclésiastiques*, à l'occasion d'un *fait* dont la possibilité n'a commencé qu'au temps du concordat, c'est-à-dire au xvi° siècle, et qui ne peut guère avoir lieu d'une manière sensible que dans le cas extrêmement rare où le souverain pontife refuserait, par forme de mesure générale, de donner les institutions canoniques aux évêques nommés. Allons droit à la difficulté. La proposition du bref est susceptible de deux sens : l'un qui me nuit, mais qui est faux; l'autre qui est vrai, mais qui ne me nuit pas. Ceci est une distinction dépouillée de la forme scolastique. Premier sens : « Il est inouï
« que les vœux du chapitre aient engagé l'évêque nommé
« à prendre le gouvernement du diocèse, *en lui déléguant*
« *des pouvoirs d'administrateur ou de vicaire général*
« *capitulaire....* » J'accorde que ce sens me nuirait ; mais il est historiquement faux. — Second sens : « Il est inouï
« que les vœux du chapitre aient engagé l'évêque nommé
« à prendre le gouvernement du diocèse, *en sa qualité*
« *d'évêque nommé et au titre seul de sa nomination....* »
J'avoue que ce sens est historiquement vrai ; mais il ne me nuit pas : ce qui est évident, puisque je n'ai jamais prétendu me mêler de l'administration du diocèse de Séez par cela seul que j'en étais nommé l'évêque. De sorte que tout sera fini sur cet article si je prouve qu'au premier sens, qui me nuirait, l'énoncé est historiquement faux. Et quoi de plus facile? « Avant la Révolution, m'é-
« crivait un de nos anciens *prélats* au temps que je con-
« sultais grand nombre d'évêques de France pour trouver
« un remède à l'épidémie que M. Bazin avait répandue
« dans le diocèse de Séez, DÈS qu'un évêque était nommé,
« le chapitre lui envoyait des lettres de grand vicaire
« POUR LUI SERVIR jusqu'à l'arrivée de ses bulles et prise

« de possession. J'EN AI REÇU DE SEMBLABLES. » Envoyer des lettres de vicaire général à un évêque nommé, pour lui servir jusqu'à sa prise de possession, n'était-ce pas voter pour qu'il prît le gouvernement du diocèse en qualité de vicaire capitulaire? Au moins ne niera-t-on pas qu'au temps de la dispute sur la régale, plusieurs des évêques nommés par Louis XIV gouvernèrent les diocèses avec les pouvoirs capitulaires, et, par conséquent, furent *engagés par les vœux de leurs chapitres* à prendre le gouvernement du diocèse, en qualité de vicaires généraux. Le chapitre de Séez était dans le cas. Il délégua ses pouvoirs à M. Savary, nommé à l'évêché; et ce vicaire général gouverna pendant deux ans, après lesquels le chapitre, libre jusqu'à l'inconstance, révoqua les pouvoirs qu'il avait accordés. Ainsi, le premier sens de la proposition du bref, sens qui me nuirait, est historiquement faux. Par respect pour le souverain pontife, tenons-nous-en au second, savoir, que le pape a voulu dire : « Que les cha-
« pitres n'ont jamais invité les évêques nommés à prendre
« le gouvernement des diocèses *au titre seul de leur no-
« mination.* » Ce sens est historiquement vrai; mais il ne me nuit pas. Vous m'objecterez que ce second sens n'est guère vraisemblable; mais l'est-il davantage que le pape n'ait pas su qu'en France, les évêques nommés recevaient de leurs chapitres des lettres de vicaire général, *pour s'en servir* jusqu'à leur institution canonique et *leur prise de possession ?* L'est-il davantage qu'il n'ait pas su que, pendant les longues vacances des sièges, plusieurs de ces évêques ont gouverné avec les pouvoirs du chapitre? Ne me poussez pas plus loin. Permettez que rien n'altère en moi la haute confiance et le profond respect que j'aurai toute ma vie pour les lumières du souverain pontife de l'Église de Jésus-Christ. Eh! dites-moi : de quel profit se-

rait à vos prétentions que Pie VII, dans la fâcheuse position où il était, ne se fût point rappelé ce point d'histoire? Qu'il eût cru *inouï dans les annales de l'Église* ce qui est consigné dans plusieurs pages des *Mémoires* de notre clergé et dans l'histoire de notre Église? Posons en fait que, sur cet article, vous avez raison et que j'ai tort : n'aurai-je pas à vous répondre que l'opinion ou même la décision d'un pape, émanée d'une *erreur de fait*, n'a pas de solidité ; que c'est une méprise et non pas un jugement, ou, ce qui revient au même, un jugement fruit de la méprise ?

Je me flatte qu'il est bien prouvé que le bref de Sa Sainteté à Mgr le cardinal Maury, quelle qu'en soit la force contre cette Éminence, ne peut avoir d'application pour moi, qui succédais à un évêque mort; qui, nulle part ailleurs, n'étais tenu par aucun lien de résidence; qui ai été nommé vicaire général par le chapitre de Séez, conformément à la discipline de l'Église de France ; qui, en acceptant, n'ai déplacé personne, et dont l'élection, répétée une fois, a été libre et spontanée, rigoureusement unanime, régulière jusqu'au scrupule.

Il semblerait néanmoins que M. Le Vavasseur, ou parce qu'il ne comprenait pas le bref du pape, ou parce qu'il en jugeait sur parole, ou, enfin, parce qu'il ne trouvait pas de meilleure branche à quoi il pût attacher la trahison qu'il avait résolu de me faire, partit de cette pièce pour m'écrire la lettre que voici. Elle est datée du 20 mai 1814 : « Monseigneur, ma profonde soumission aux *décisions* du Saint-Père Pie VII *et mon entier dévouement à ses volontés* m'a (*sic*) déterminé à prendre un parti qui a LONGTEMPS répugné à ma *délicatesse* et aux sentiments de la reconnaissance que je vous dois; mais *ma conscience*, qui, de son côté, combat vivement les dispositions de mon cœur, me force de vous faire un aveu, et me presse de vous dire que j'ai adhéré, *non quant au mode*, mais aux résolutions exprimées dans l'assemblée du chapitre, le 5 du courant, par MM. de Rochemure, Maillard, Astier et Le Marchand Ducassel, tendant à vous retirer les pouvoirs de vicaire général, qui vous avaient été accordés dans les assemblées antérieures. Je suis désolé, Monseigneur, de me trouver dans une circonstance semblable, surtout *après avoir été comblé de vos bienfaits et n'avoir qu'à me féliciter de vos honnêtetés*. Pénétré de la justice de votre cœur paternel, j'ai lieu de croire que vous n'en accuserez pas les sentiments de mon cœur et que vous ferez rejaillir les effets de cette conduite sur les *cris* d'une conscience, *peut-être trop effrayée*, mais qui ne peut tenir *plus longtemps* dans cette cruelle perplexité. Recevez l'assurance de mon profond respect et de la parfaite reconnaissance avec laquelle j'ai l'honneur d'être, Monseigneur, de Votre Grandeur le très humble et obéissant serviteur. Le Vavasseur, vicaire général. »

Cette lettre ne m'étonna que médiocrement : je m'attendais à quelque chose de semblable ; mais elle m'est précieuse par plusieurs endroits ; car elle montre que MM. les vicaires généraux n'avaient qu'à se louer et se louaient en effet de ma conduite à leur égard. Elle montre encore qu'au jugement même de mon transfuge, les quatre chanoines, noyau de la cabale, me manquaient bien essentiellement, *quant au mode*, puisque, passant de leur côté, le déserteur proteste qu'il ne s'attache qu'aux *résolutions*, et qu'il rougit des procédés. Elle montre, enfin, que mes adversaires, si l'on peut s'en rapporter à la déclaration de celui-ci, n'étaient mus que par leur *profonde soumission aux décisions du Saint-Père* et leur *entier dévouement à ses volontés*. Vingt fois on leur a demandé où ils avaient

vu ces décisions, ces volontés pontificales, et c'est un mystère qu'ils n'ont jamais révélé. Attendez que le pape soit libre, me disait M. Bazin : il est libre depuis longtemps, et le mystère n'est pas révélé. Le grand agitateur du diocèse, l'homme qu'on dit avoir fait les courses de Fontainebleau, prétend quelquefois avoir en poche ces décisions, ces volontés du pape; on lui en demande la communication : il fait la singerie de les chercher; ne les trouvant pas, il gémit de les avoir oubliées chez lui; mais *soyez sûr*, dit-il, *qu'au premier moment il vous les apportera :* et ce moment n'arrive pour personne; il n'arrivera jamais. En voici la preuve, et M. Le Vavasseur la connaissait! J'avais écrit à M. l'évêque de C. pour savoir de lui, comme des autres évêques *du gouvernement* dont j'ai parlé ailleurs, s'il pourrait me donner quelques éclaircissements sur le fait des volontés et des décisions que les malveillants attribuaient au pape, dans mon affaire. Le 18 février 1814, je reçus sa réponse, portant ce qu'on va lire, et sur quoi je prie qu'on fasse la plus grande attention : « J'allais, Monseigneur, répondre à votre lettre,
« lorsque j'appris que Sa Sainteté et plusieurs cardinaux
« devaient passer ici successivement. Je pensai qu'il va-
« lait mieux différer, me proposant de prendre d'eux-
« mêmes les éclaircissements que vous désirez. On con-
« vient que le siège étant vacant, le chapitre peut et doit
« nommer des vicaires généraux pour l'administration du
« diocèse....; que le successeur désigné par qui de droit
« peut accepter des lettres de grand vicaire; mais on sou-
« tient (*système, opinion*) qu'elles sont purement *honori-*
« *fiques* et que l'élu ne peut point exercer. (*C'est mot à*
« *mot la doctrine des Observations ultramontaines et la*
« *discipline des Églises d'Italie.*) Cette défense (d'exer-
« cer) n'est pas fondée sur la volonté du pape actuel,

« mais sur un décret du second concile de Lyon, etc. »
J'ai renversé les fondements de ce système, en tant qu'on le voudrait étendre jusqu'à notre Église; j'ai fait toucher au doigt la fausseté et l'absurdité des lettres *purement honorifiques;* ce qui m'intéresse ici, c'est que, de l'aveu des cardinaux consultés par M. l'évêque de ***, des cardinaux accompagnant le pape en 1814, lorsqu'il retournait en Italie, la prétention que manifestent ces Éminences *n'est point fondée sur la volonté du pape actuel.* Il n'y a donc point eu de *décision* émanée de lui. Il n'a donc pas *paralysé*, par un acte pontifical, les pouvoirs que les chapitres ont délégués aux évêques nommés; et l'allégation impudente, et tant de fois répétée, à laquelle tant d'honnêtes gens ont accordé créance, d'une décision particulière du pape actuel, qu'on m'offrait *d'attester avec serment*, est un mensonge, disséminé par quelques têtes (je m'abstiens de parler du cœur) qui n'étaient bonnes qu'à le répandre.

Revenons à la lettre de M. Le Vavasseur. Elle m'autorisait, je pense, à lui tenir ce langage : « *Le parti* que vous
« prenez A LONGTEMPS répugné à votre *délicatesse;* vous
« ne pouvez PLUS LONGTEMPS *demeurer dans cette per-*
« *plexité.* Ce sont vos paroles. Pourquoi donc avez-vous
« attendu à m'en parler si tard? Trois fois la semaine,
« au moins, vous me faisiez l'honneur de vous asseoir à
« ma table; un ou deux jours, avant de m'écrire, vous
« me l'avez encore fait : et toujours vous avez gardé le
« silence! Je n'avais rien de caché pour vous : et vous
« m'avez toujours dissimulé l'agitation de votre âme!
« Vous souffriez que je vous fisse part de tous mes senti-
« ments, de toutes mes peines; vous souffriez que je
« vous regardasse comme un homme sûr, un homme en-
« tièrement à moi, un ami; et vous ne me fermiez pas la

« bouche ! Vous ne m'avertissiez pas que la fidélité que
« vous me deviez, que vous m'aviez promise, chancelait,
« qu'elle était près de succomber sous les scrupules, les
« terreurs d'une conscience *peut-être trop effrayée !* Vous
« continuiez de lire dans mes plus secrètes pensées, et
« vous me dérobiez la connaissance des vôtres ! Il faut
« tout dire : vous entriez dans les miennes ; vous y ap-
« plaudissiez ; vous blâmiez hautement ce que vous étiez
« tenté d'approuver ; tenté de manière à être malheureux
« par la *cruelle perplexité* dans laquelle vous jetait cette
« pénible tentation ! *Homo unanimis !* Jamais vous ne
« m'avez proposé un doute sur mes pouvoirs ; jamais
« vous ne m'avez demandé une explication, un éclaircis-
« sement : au contraire, tout ce que je disais et tout ce
« que je faisais à cet égard, vous le jugiez bien dit, bien
« fait ; vous me souteniez dans l'affaire des démissoires,
« vous vous opposiez à la remise de mes pouvoirs que
« M. Rochemure me demandait...., et tout à coup, sans
« que vous ayez acquis de nouvelles lumières, autres que
« celles que peut donner le changement des circonstances
« politiques, vous vous jetez de tout votre poids dans la
« balance capitulaire, pour la faire pencher au gré de
« mes ennemis ! Et vous me parlez de votre *par-*
« *faite reconnaissance !* » Je m'arrête. Une lettre de Séez
m'apprend que M. Le Vavasseur n'est plus ; que Dieu l'a
appelé subitement à lui. Que le juste Juge fasse paix et
miséricorde à ce prêtre que j'ai aimé, et que la conduite
de l'infidèle envers moi ne soit point un obstacle à son
bonheur !

Il était naturel de penser que la défection du second vicaire général, si ardemment désirée par la ligue, qui, à
ce moyen, cessait, en quelque sorte, d'être acéphale, assurant au *quaternion* la majorité de cinq voix contre qua-

tre, mes adversaires ne tarderaient pas à consommer l'œuvre qu'ils avaient tant à cœur, je veux dire la révocation de mes pouvoirs. Cependant le coup ne fut porté que plus de vingt jours après : soit qu'ils trouvassent de la satisfaction à prolonger mon incertitude, et qu'ils aimassent à la goûter ; soit, et cette conjecture est plus vraisemblable, qu'agissant sous la direction d'un moteur étranger, placé loin d'eux, et peut-être occupé d'affaires plus importantes, ils n'eussent pas reçu leur leçon aussitôt qu'ils l'auraient voulu. Mais, durant cet intervalle, ils ne perdirent pas leur temps. Tandis que les chefs affectaient de distinguer *ma personne* de *mes pouvoirs*, et qu'en attaquant ceux-ci ils prodiguaient à celle-là les expressions du *profond respect* et de la *parfaite reconnaissance*, la tourbe menue, les agitateurs et les dupes répandus dans les villes et les campagnes me déchiraient à qui mieux mieux. « Ce qui me fâche, m'écrivait un ancien
« curé, c'est que ce ne sont pas des laïques, mais des em-
« bryons de prêtres, pardonnez-moi, je vous prie, l'ex-
« pression, des prêtres de deux jours, faisant les grands
« théologiens, et qui, au fait, ne savent rien, rien du
« tout.... *(Suivait le récit de leurs différents propos.)* Et
« moi aussi, continuait-il, j'ai passé par le crible de leurs
« langues empoisonnées. Je devais faire pénitence d'avoir
« été vous présenter mes respects à mon dernier voyage
« à Séez. » Cette lettre est du 31 mai. De peur que je n'ignorasse de quelle manière on me traitait, des lettres anonymes me l'apprirent. On m'y demandait de *faire preuve de ma foi; on ne pouvait croire à mon orthodoxie....* J'étais *avide de l'épiscopat....* J'avais PERSONNELLEMENT *contribué à grossir les amertumes du Souverain Pontife.... Les philosophes allaient être contents de moi....* Et cent autres pauvretés de cette nature. Une de

ces lettres renouvelait une plainte, formée et exprimée auparavant, et sur laquelle on s'appesantit beaucoup au dîner funèbre du pieux curé de B. Il m'importe de la transcrire ici dans toute son étendue et de m'en expliquer une fois pour toutes. « Vous avez avancé une propo-
« sition qui fait TREMBLER tous les prêtres du diocèse de
« Séez, en disant : *Que diriez-vous donc si je me faisais*
« *donner l'institution canonique par le métropolitain ?* »
Je ne me suis expliqué de la sorte avec qui que ce soit au monde. Les sentiments de Son Éminence Mgr le cardinal-archevêque de Rouen m'étaient trop bien connus, et les miens y étaient conformes. D'ailleurs, je n'ignorais pas que l'intention du gouvernement n'était pas (ou n'était plus) que les évêques fussent ainsi institués. De manière que *tous les prêtres du diocèse*, si l'anonyme a dit la vérité, ont été effrayés par une calomnie. J'ai pu dire à M. Le Vavasseur, au fidèle Pichon, ou à d'autres aussi discrets et aussi intelligents que ce jeune prêtre, que le Pape, par le second Concordat, avait consenti que le métropolitain donnât l'institution canonique aux évêques nommés, *si Sa Sainteté laissait passer six mois sans la donner ou la refuser*; j'ai pu dire que, dès le temps du concile convoqué à Paris, le Pape avait pris l'engagement de consentir que cet article fût ajouté au premier Concordat. J'en étais sûr. J'en avais tenu et lu les preuves, et je les citais. Quelle faute ai-je donc commise en disant ce que j'ai dit? Est-ce un crime que d'articuler en conversation des faits certains et qui ne présentent rien que d'honorable pour ceux qu'ils intéressent?.... Mais *ces preuves*, dira-t-on, de quels genres étaient-elles? Ne conviendrait-il pas d'en donner un aperçu?.... Elles sont maintenant publiques, imprimées en 1814, à Paris, chez *Egron*, imprimeur de S. A. R. Mgr le duc d'Angoulême.

On voit dans cette *collection :* 1° la négociation des quatre évêques envoyés à Savone, avant la tenue du concile; 2° la *note* rédigée en présence de Sa Sainteté, CORRIGÉE et acceptée par elle, et dont le 3° article portait : « Dans le « cas où elle différerait plus de six mois, pour d'autres « raisons que l'indignité personnelle du sujet, [Sa Sain- « teté] investit du pouvoir de donner en SON NOM les « bulles, après six mois expirés, le métropolitain de « l'Église vacante, et, à son défaut, le plus ancien évêque « de la province ecclésiastique. » Cette note est du 19 mai 1811. 3° Le décret du concile, en congrégation générale, du 5 août 1811. L'article 4 porte : « Les six mois expirés « sans que le pape ait accordé l'institution, le métropoli- « tain, ou, à son défaut, le plus ancien évêque de la pro- « vince ecclésiastique, procédera à l'institution de l'évêque « nommé; et, s'il s'agissait d'instituer le métropolitain, le « plus ancien évêque de la province conférerait l'institu- « tion. » Ce décret est signé de quatre-vingt-quatre évê- ques et soumis à l'approbation du pape. Quatre-vingt-quatre évêques *du gouvernement* ne sont peut-être pas une autorité pour les opposants du diocèse de Séez ; mais, partout ailleurs, c'est quelque chose de bien respectable. 4° Un bref de notre saint-père le pape Pie VII, confirma-tif du décret précédent. Il est du 20 septembre 1811. Dans le préambule, le pape fait l'éloge du concile; voit dans ce qu'il a fait l'*accomplissement* de ses vœux personnels ; parle de la *note* comme ayant été approuvée par lui, *juxta norman nobis probatam ;* ajoute qu'il en a délibéré *avec cinq cardinaux de la sainte Église romaine et l'arche-vêque d'Édesse ;* transcrit en entier le décret du concile, et DIT : « En vertu de notre autorité apostolique, nous « approuvons et nous confirmons les articles rapportés « ci-dessus..., lesquels sont conformes à nos vues et à

« notre volonté.... Nous voulons que (le métropolitain ou
« le plus ancien évêque de la province) institue *expressé-*
« *ment en notre nom,* ou au nom du souverain pontife
« alors existant.... » Voilà matière à réflexion, et, je le
pense, à repentir, pour ces hommes de ténèbres, qui
m'ont tant et tant vexé par leurs lettres anonymes, et
consterné le diocèse au sujet de l'institution par le métropolitain.

Reprenons la lettre que j'examinais. Après m'avoir
attribué cette question : *Que diriez-vous si je me faisais
donner l'institution canonique par le métropolitain?*
l'auteur continue : « Ce qu'on dirait, Monsieur ? Que vous
« seriez un évêque intrus, si vous osiez, après cela, pren-
« dre possession!.... » Quoi! intrus, si l'on prend possession en vertu de l'institution donnée par celui que le pape
aurait autorisé à la donner? Donnée par celui qui aurait agi
au *nom* du pape, comme son fondé de pouvoirs, son délégué, son représentant? — « Où voyez-vous, Monsieur,
« que Jésus-Christ ait établi une pareille loi?.... » Inter-
rogation sensée, en vérité! On dit à ces théologiens que
le pape Pie VII, au commencement du xix⁰ siècle, *aurait
ainsi réglé la chose,* et ils vous demandent spirituellement dans quel endroit de l'Évangile ou ailleurs Jésus-
Christ a *établi* cette *loi!* — « Pour former son Église,
« Jésus-Christ s'est choisi des apôtres. C'est lui seul qui
« leur a donné la mission, ou, *si vous voulez*, l'institution.
« Avant de les quitter, il revêtit saint Pierre de TOUTE
« son autorité, lui donna TOUS SES POUVOIRS, le fit chef
« de son Église. Or, c'était lui qui s'était choisi des colla-
« borateurs; saint Pierre a DONC le même droit. C'est
« donc aussi à lui à se choisir des collaborateurs, et non
« au métropolitain à le forcer d'en recevoir de sa main.
« Si le métropolitain, dans un temps, a donné l'institution

« canonique, *ce ne fut que parce que le souverain pon-
« tife lui en avait donné la commission.* Par le concordat
« entre François Ier et Léon X, il a retiré cette commis-
« sion. Le métropolitain n'a donc plus le droit de donner
« l'institution canonique. Ceux donc qui la reçoivent de
« lui deviennent des évêques intrus.... » Je n'ai pas rapporté cette tirade théologique pour y répondre. Tout
homme un peu instruit n'y apercevra de profond que
l'ignorance de l'histoire et de la discipline de l'Église universelle. A la suite d'une longue énumération de faits, le
pieux et savant Thomassin dit : « Voilà comme on se JETA
« par degrés dans la nécessité de recourir à Rome pour
« la confirmation des évêques. » Ce langage est d'un habile critique et d'un judicieux écrivain : le raisonnement
de l'anonyme est d'un écolier. La *nécessité* de recourir au
pape pour l'institution canonique est de droit positif,
local. Elle n'en est pas moins, pour nous, une *nécessité*,
comme tout ce qui dérive des lois ecclésiastiques actuellement en vigueur. Ce n'est pas ici le lieu d'en dire plus
long sur cet article.

A peine M. Le Vavasseur m'eut-il envoyé la lettre par
laquelle il se séparait de moi, qu'il se porta pour le seul
administrateur du diocèse. Cesser de communiquer avec
moi, quoique mes pouvoirs ne fussent pas encore révoqués, était une conséquence assez naturelle de ses terreurs, de sa délicatesse, de sa profonde soumission aux
décisions du pape, de son dévouement à toutes ses volontés, et principalement de son adhésion aux principes de
la cabale. Mais M. Le Clerc était vicaire général au même
titre que lui ; il était le premier. Il avait, pour l'être, les
qualités requises par l'un et l'autre droit, et M. Le Vavasseur n'en possédait aucune.... Nonobstant ces considérations, M. Le Clerc fut mis absolument de côté par son col-

lègue. Le docile *Pichon*, secrétaire du vicariat, ne reçut d'ordres que de M. Le Vavasseur, lui porta tout à signer. M. Le Vavasseur arrangea seul tous les détails d'une ordination, nomma seul à toutes les places. Il se permit une démarche beaucoup plus extraordinaire. Le Roi avait demandé un *Te Deum*, en action de grâces pour son heureux retour. La lettre de Sa Majesté me parvint, adressée à *M. l'évêque de Sées*. Je composai le mandement d'usage. M. Le Vavasseur n'avait point encore prononcé son divorce, et nous nous voyions à l'ordinaire. Je lui communiquai la copie du mandement mise au net, *afin qu'il l'examinât et m'en dît son avis*, avant de le faire passer à l'imprimeur. Il la lut, et me la renvoya sans observation. Le lendemain, il me témoigna de vive voix, en venant dîner, qu'il avait été *très content* de ce que j'avais fait. Ainsi, le mandement était bien de nous trois. Pendant qu'on le distribuait, M. Le Vavasseur change de parti, et devient le chef apparent, mais réellement l'homme de la cabale. L'envoi du mandement à MM. les curés et desservants était fait pour la plus grande partie, lorsque les chanoines du *Quaternion* et quelques autres ecclésiastiques eurent la simplicité de prendre pour eux une phrase où nous nous élevions modérément contre nos calomniateurs; et, pleins de cette idée, ils contraignirent M. Le Vavasseur d'effacer son nom sur les exemplaires qui n'étaient pas encore distribués. Le secrétaire, qui se croit un personnage, fit la sottise de l'imiter. Ce n'est pas tout. Dans la ville et le canton d'Argentan, peut-être ailleurs, le mandement fut SUPPRIMÉ par ordre de M. Le Vavasseur, qui y substitua une simple lettre de sa façon à M. le curé, pour qu'il fût chanté un *Te Deum* dans toutes les églises du canton. La lettre du Roi ne fut pas lue, sans doute parce qu'elle était adressée à *Monsieur l'évêque de Sées*, ce qui avait extrêmement déplu à toute la ligue. Un vicaire d'Argentan monta en chaire et dit : « que M. Baston, qui avait souscrit le mandement (*comme vicaire général*), n'ayant point reçu son institution canonique du pape, n'a pas de pouvoir; qu'il ne peut, sous aucun prétexte, se mêler du gouvernement du diocèse, et tout ce qu'il peut faire est nul. » Tous les évêques de France pensent autrement; mais M. le vicaire d'Argentan est bien autrement savant qu'eux. Il a, d'ailleurs, pour étayer sa conduite et ses assertions, l'autorité de M. Le Vavasseur, qui a longtemps pensé le contraire, et celle de M. Bazin, dont la science est connue, et celle encore de baucoup d'autres docteurs qu'il est inutile de nommer ici; sans cela, cette publication, faite en chaire, serait d'une témérité impardonnable. Elle montre, au reste, combien vrai est ce que j'ai dit plus haut : que si j'avais eu la faiblesse d'accorder qu'un autre grand vicaire signât les démissoires avec moi, les cabaleurs auraient ensuite exigé que je ne signasse pas du tout.... Hâtons-nous de terminer.

Le 11 juin 1814, fut prononcée la révocation de mes pouvoirs de vicaire général, le siège vacant. La délibération est conçue en ces termes : « En chapitre extraordinairement convoqué *per domos* par M. Le Clerc, premier vicaire capitulaire....., après avoir invoqué les lumières de l'Esprit-Saint, M. de Rochemure, M. Ducassel, M. Le Vavasseur, M. Maillard et M. Astier ont proposé la révocation de tous les pouvoirs donnés à M. Guillaume André René Baston, évêque nommé de Séez par Napoléon Buonaparte, par délibération du chapitre, en date des 30 avril et 27 août 1813. Sur quoi, le chapitre délibérant, il a été arrêté, à la pluralité des suffrages, que les susdits pouvoirs sont révoqués, et que copie de la présente délibération sera remise à M. Pichon, secrétaire de l'évêché, lequel sera *prié* d'en faire la notification à M. l'abbé Baston dans le plus court délai, et que pareille copie sera adressée à MM. les curés et desservants du diocèse, *en tant que besoin sera*. Et ont signé : Le Clerc, Langin, Le Pelletier, (tous trois) *d'avis contraire sur tous les points de la délibération ;* de Rochemure, Le Vavasseur, Maillard, Astier, Le Marchand-Ducassel. »

Qu'on me permette quelques réflexions : elles seront tranquilles et modérées.... La révocation de mes pouvoirs est demandée par les *cinq chanoines* qui ont seuls opiné pour elle ; ils s'étaient donc concertés auparavant. Est-ce à tort qu'on a flétri du nom de *cabale* et leur parti et leurs démarches?.... M. Le Vavasseur *aussi !* Par pudeur n'aurait-il pas dû s'abstenir de figurer dans cette affaire ; se récuser? Non à cause de ce qu'il appelle mes *honnêtetés* et mes *bienfaits,* dont il se dit *comblé :* ce qui, pourtant, est quelque chose ; mais à cause qu'il était, pour ainsi dire, devenu mon homme par l'engagement que j'avais pris de le conserver. Et il fait cause commune avec mes ennemis, se met à leur tête, et assure leur triomphe !....

La *pluralité* qui m'enlève les pouvoirs que *l'unanimité* m'avait donnés n'est que de *cinq* contre *trois*. Elle n'est même que de *cinq* contre *quatre*. Voici, en effet, ce que m'écrivit M. Gary, ce chanoine que son infirmité avait empêché d'assister au chapitre, et l'on se garda bien d'aller prendre son vote chez lui, comme il le fallait peut-être, et comme on l'avait fait en d'autres circonstances moins importantes : « Monseigneur, j'ai été rempli d'indignation en apprenant la conduite de quelques membres du chapitre à votre égard. Je vous prie d'être bien persuadé, Monseigneur, que je la désapprouve et me range du côté de la saine partie qui est d'avis contraire. Malheureusement le nombre l'a emporté sur le droit et la raison. Je me ferai toujours un devoir de vous être fidèle jusqu'à la mort. Je vous supplie d'agréer l'hommage, etc. » Ainsi, en les comptant, il n'y avait véritablement à Séez qu'un chanoine de plus contre moi que pour moi. Mais si, après les avoir comptés, on les pesait? Interrogez l'opinion publique, et jugez....

La révocation de mes pouvoirs n'est point motivée. Van-Espen estime « que les chapitres étant obligés, par le « décret du concile de Trente, de nommer un vicaire gé- « néral, ils n'ont pas autant de liberté pour en révoquer « les pouvoirs, que l'évêque en a par rapport à ceux qu'il « s'est donnés. » D'où l'on conclurait avec assez de vraisemblance que les chapitres n'ont pas, comme l'évêque, le droit de révoquer leurs vicaires généraux sans *motifs apparents*. Le canoniste que j'ai cité ajoute : « *Ea amotio* vix *sine aliquâ infamiæ notâ*, hodie *fieri posset*. Quand donc *la loi* n'exigerait pas que les chapitres, en révoquant, eussent *des raisons*, et les publiassent, l'équité naturelle se combinant avec les préjugés qui règnent dans le monde, et cette divine charité qui oblige des chanoines aussi fortement que les autres fidèles, érigeraient pour eux en devoir indispensable l'obligation d'exposer les motifs qui les déterminent à une démarche aussi pénible d'une part qu'injurieuse de l'autre.... Ces maximes générales acquièrent un nouveau degré d'énergie quand on m'en fait l'application. — Je n'ai pas demandé à MM. Le Vavasseur, Rochemure, Maillard, Astier et Ducassel les pouvoirs qu'ils m'ont donnés : ils m'ont *prié* de les accepter; ils ont chargé leurs vicaires généraux de m'écrire pour hâter le moment de mon arrivée au milieu d'eux; ils ont pris leur délibération sans attendre mon consentement; pendant trois mois, ils ont été si contents de leur ouvrage, que, ce temps écoulé, ils ont pris, sans m'en parler, une nouvelle délibération qui confirmait la première.... Ces circonstances réunies n'exigeraient-elles pas qu'ils apprissent au public et à moi pour quelles raisons ils reprenaient leur présent? — Ils avaient motivé le don qu'ils m'avaient fait *par acclamation* : c'était la joie, la satisfaction de ma nomination ; c'étaient mes *lumières*, mes *vertus* ; c'était la *confiance* que je leur inspirais.... En revenant sur leurs pas, ne devaient-ils pas dire qu'ils s'étaient trompés, et en quoi ? — *Quatre* de leurs confrères persévéraient dans la bonne opinion qu'ils avaient eue de moi et maintenaient leurs premières démarches, quoique Paris fût au pouvoir des alliés, que *Napoléon Buonaparte* eût disparu et que la France possédât son roi.... Cette opposition, sur laquelle ils ne l'emportaient que d'un seul suffrage, ne devait-elle pas les contraindre de combattre, par des raisons, la constance de leurs quatre confrères, ne fût-ce que pour leur faire connaître la vérité et les y ramener ? — En m'appelant au milieu d'eux, ils m'ont fait perdre un état beaucoup plus honorable que celui qu'ils me donnaient, puisque j'étais le premier vicaire général d'une Éminence, leur métropolitain ; un état que je ne puis plus retrouver ; un état qui était toute ma fortune sur la terre, le reste ayant été englouti par la Révolution....., et ils s'imagineraient qu'une révocation capricieuse leur est permise ! Non, elle ne leur est pas permise. Pour que leur conscience soit tranquille, il leur faut de *bonnes raisons* ; et pour que je ne puisse pas me plaindre d'eux, il faut qu'ils les publient. — En me donnant des lettres de vicaire général, non seulement ils n'avaient pas retenu la liberté de les reprendre, par la clause d'usage : *ad nutum nostrum revocabiles* (révocables à notre volonté) ; mais ils y avaient formellement renoncé, en disant, dans leur délibération, qu'ils m'accordaient des pouvoirs pour gouverner le diocèse, *jusqu'à ce que j'eusse reçu mon institution canonique....* Est-ce trop demander à des prêtres qui ont pris un pareil engagement, que le *couteau* ou la *hache* de la lettre ministérielle ne leur commandait pas, que d'exiger d'eux qu'en y manquant, en le violant, ils disent à moi d'abord et à leurs confrères, ensuite à tout le diocèse, pourquoi ils manquent à cet engagement, pourquoi ils le violent? Pourquoi des gens de leur espèce me traitent comme le jouet de leurs fantaisies, comme un homme sans conséquence, qu'on appelle et qu'on renvoie à volonté, même après avoir fixé une époque avant laquelle on ne le renverrait pas, et qui n'est point encore arrivée? Messieurs Le Vavasseur, Rochemure, Maillard, Astier et Ducassel, incomparables pour ourdir une intrigue et donner cours aux plus odieuses calomnies, vous êtes sans moyens pour vous tirer de cet argument, simple comme la vérité et poignant comme elle : ou vous aviez des raisons pour révoquer mes pouvoirs, ou vous n'en aviez pas. Si vous en aviez, il fallait les dire ; si vous n'en aviez pas, il ne fallait point révoquer. C'est là de l'évidence. Votre conduite tend à déshonorer *quelqu'un*. Ce quelqu'un, c'est moi, si j'ai mérité le traitement indigne que vous me faites souffrir. Ce quelqu'un, c'est vous, collectivement et en détail, si vous me le faites souffrir injustement. Et tant que vous ne mettrez pas au jour les raisons de votre conduite, vous êtes *le quelqu'un* dont l'honneur court des risques (je pourrais dire davantage) : tant il est naturel de penser que si vos motifs pouvaient supporter les regards du public éclairé, vous les divulgueriez plutôt par toutes vos bouches que vous ne les tairiez par une seule ! Je ne renonce pas au droit de vous faire expliquer.

La délibération du 11 juin portait que : « Copie en sera

« adressée à MM. les curés et desservants du diocèse, en
« tant que besoin sera. » Ainsi l'envoi n'était pas absolument
ordonné ; il fallait donc, avant de le faire, qu'une
autorité compétente déclarât préalablement que *besoin
était*. Mais comment pouvait-il être nécessaire que la délibération,
qui révoquait mes pouvoirs, fût envoyée dans
toutes les paroisses ? Pareil envoi n'avait pas été fait
de celles qui me les avaient donnés. Ajoutait-on, à toutes
les injures dont on m'a accablé, la pensée que, nonobstant
ma révocation, il serait à craindre que je n'exerçasse des
pouvoirs qui n'existaient plus ?.... Supposons que l'envoi
fût convenable. Qui a prononcé ce jugement ? Est-ce le
chapitre ? Il n'y a point eu de délibération postérieure à
celle qui révoque mes pouvoirs, et ordonne l'envoi *en tant
que besoin sera*. Sont-ce les vicaires généraux ? Le premier
n'a pas même été consulté : et cependant, en deux
jours, la délibération du 11 a été imprimée et envoyée.
Par qui donc? par MM. Le Vavasseur, *vicaire général*;
Rochemure, Maillard, Astier, Ducassel, *chanoines*. Ces
cinq personnages ont signé la circulaire suivante, mise
en tête de la délibération : « Monsieur (le *curé* ou le
« *desservant*), nous vous faisons passer copie de l'acte
« du chapitre du 11 du présent. Vous êtes TROP CONVAINCU
« vous-même de la JUSTICE des motifs qui ont déterminé
« notre conduite, pour ne pas l'approuver. Recevez l'as-
« surance de notre respectueuse considération. » Les
assurances de ces messieurs n'ont guère de solidité ; mais
ce n'est pas de cela qu'il s'agit. Je demande à M. Le Vavasseur
(il vit encore dans sa signature) pourquoi il n'a
pas consulté son confrère ? Eût-il, lui, ancien religieux,
un mérite transcendant ; sa voix, en cas de partage, fût-
elle prépondérante ; et rien de cela n'est vrai : la justice,
l'honnêteté, les règles de l'Église, l'acte qui l'avait fait

vicaire capitulaire, exigeaient impérieusement qu'il ne se permît pas un envoi de cette conséquence à tout le diocèse, sans du moins en communiquer le dessein au collègue que le chapitre lui avait donné : je répète qu'il ne l'a pas fait.

Je demande à MM. Rochemure, Maillard, Astier et Ducassel, pourquoi ils ont signé l'envoi de la délibération, et en quelle qualité? De *chanoines*, disent-ils. Mais vous sauriez, si vous saviez quelque chose de ce que vous devez savoir, qu'en qualité de chanoines, vous n'avez de voix qu'au chapitre, et que le chapitre ayant des vicaires généraux, vous qui ne l'êtes pas, quoique très dignes de l'être avec M. Le Vavasseur, votre nom ne peut figurer au bas d'un acte de juridiction exercée dans le diocèse. Votre signature est une usurpation, un délit. Quand la délibération serait de toute sagesse, vous l'auriez, en quelque sorte, gâtée en l'envoyant. — Je demande à cette collection de signataires comment ils ont osé écrire à TOUS les prêtres du diocèse, et A CHACUN INDIVIDUELLEMENT : « Vous êtes trop convaincu de la justice de nos motifs », puisqu'ils n'ignorent pas que, malgré leurs efforts et ceux de leurs proxénètes, il est encore, dans notre diocèse de Séez, un grand nombre d'ecclésiastiques qui blâment hautement leur *conduite*, et d'autres qui demeurent neutres. Je demande de quel front ils ont osé dire qu'on est *convaincu de la justice de leurs motifs*, quand, ces motifs, ils ne daignent pas les faire connaître? quand la délibération capitulaire ne les indique même pas? quand ils n'ont été d'accord en chapitre que pour me tourmenter; que M. Maillard n'a parlé que du *couteau* ou de la *hache*; M. Ducassel, que de son *ignorance*; M. Le Vavasseur, que de sa *conscience peut-être trop effrayée*; MM. Rochemure et Astier, de rien?.... Je propose, par forme d'accommodement, de dire que toutes les âmes honnêtes, tous les esprits droits, tous les cœurs sensibles aux bons procédés, approuvent la *conduite des cinq*, comme ils connaissent la pureté, l'innocence, la force des motifs qui l'ont déterminée. Ils ne les connaissent pas en détail; mais ils savent en gros qu'en pleine léthargie pendant un an, les *cinq consciences* se sont réveillées en sursaut, au bruit du canon qui tonnait sur Paris, et de la chute d'un homme de qui le chapitre de Séez, comme tous les autres, tenait son état temporel. Sans ce fracas, elles dormiraient encore, et j'aurais continué d'être ce qu'elles m'avaient fait. On n'accusera pas ces messieurs d'être de ces gens inattentifs ou paresseux, qui négligent l'occasion.

Il était dit, dans la délibération capitulaire du 11, que copie en serait « remise à M. Pichon, secrétaire de l'évêché, lequel serait PRIÉ d'en faire la notification à M. l'abbé Baston, dans le plus court délai. » Ce M. Pichon, prêtre depuis très peu de temps, m'avait quelques obligations. Il était aussi mon *secrétaire*, puisque je le payais, et que je lui avais donné ma parole de le conserver. Quelques jours avant celui de la délibération, je lui avais renouvelé cette promesse, et il en avait paru étonné, touché. Nous nous expliquâmes, et il demeura constant que, pour l'éloigner de moi, on lui avait assuré que je le trompais; que j'avais des vues sur un autre qu'on lui nommait. Je le désabusai; il m'embrassa; et je me persuade encore aujourd'hui que cette marque d'affection ne fut pas de l'iscariotisme, mais un acte, un signe de repentir. Il n'était pas tenu d'accepter l'odieuse commission dont on le chargeait, puisqu'on l'en *priait*. Soit qu'il s'en trouvât honoré, soit qu'il craignit qu'un refus ne fût nuisible à sa petite fortune, il se chargea de la notification, et la fit mal, ou plutôt ne la fit point. Il entre brusquement dans ma chambre, sans se faire annoncer, droit et impoli comme un quaker, et me présentant un paquet cacheté : *Voilà*, me dit-il, *ce qu'on m'a chargé de vous remettre*. Ou je n'entends plus le français, ou ce n'est pas là notifier un acte. J'aurais pu jeter le paquet au feu, et soutenir ensuite que la délibération ne m'avait pas été notifiée. Il eût fallu me la présenter ouverte, m'en donner lecture, me dire du moins : « Le chapitre « m'a chargé de vous remettre ce paquet, qui contient co-« pie de la délibération par laquelle vos pouvoirs sont « révoqués; » dresser procès-verbal de cette présentation et me proposer de la signer. Rien de cela ne fut fait. L'honnête secrétaire ne s'acquitta point des fonctions d'*huissier du chapitre*, mais de celles d'un Savoyard ou d'un domestique auquel on dit : « Portez cette lettre à son adresse; il n'y a point de réponse. » Lequel de ces deux rôles convenait davantage à un ecclésiastique aussi bien élevé et d'aussi belle espérance que M. Pichon? vraiment, je ne saurais le dire. Les gens qui, au sein des inimitiés, conservent l'amour des bienséances, et s'y conforment, ceux encore dont le cœur sensible se croirait déshonoré, s'il était ingrat, soutiendront qu'il ne devait être ni le sergent ni le commissionnaire des chanoines de Séez, et cet avis serait le mien, si la chose regardait un autre que moi. Avec quelque plaisir que M. le secrétaire eût exaucé la *prière* du chapitre, il me sembla que le moment de l'exécution lui fut pénible; car sa main tremblait, et sa figure était d'une pâleur à faire pitié. Après le rouge de la pudeur qu'on n'a pas, c'est la couleur qui sied le mieux au visage, quand la main fait une mauvaise action. La délibération qui révoquait mes pouvoirs n'assujettissait pas M. Le Vavasseur à faire sa partie dans la notification, dont le soin était abandonné à un autre. Mais le zèle éclairé, l'amour de l'ordre et des convenances, le désir de se moutrer de plus en plus sous un jour avantageux, ne sont-ils pas aussi actifs que le devoir? L'excellent homme ne voulut pas manquer cette dernière occasion de me témoigner en personne, et pour n'y plus revenir, son *profond respect et sa parfaite reconnaissance*. Dans le paquet Pichon, je trouvai une lettre ouverte de M. le vicaire général, conçue en ces termes : « Monsieur l'abbé, j'ai l'honneur (*l'honneur!*) de vous envoyer une copie de la délibération, etc. » Quoiqu'en bien des bouches *l'honneur* ne soit plus que de formule, il faut prendre garde à ne pas placer ce beau mot d'une manière ridicule.

Me voilà donc instruit de la révocation de mes pouvoirs. Le diocèse ne l'ignore plus : le sage Astier qui, dans le chapitre du 11, fit, avec cette sagacité et cette urbanité que tout le monde lui connaît, la motion d'envoyer la délibération à tous les ecclésiastiques du diocèse, ne doit plus craindre qu'il ne se glisse de supercherie parmi les fidèles. Quelques curés, s'efforçant d'atteindre à la perfection de zèle et de la correspondance, ont lu au prône de leur messe paroissiale la lettre des *cinq* et l'arrêté de la *pluralité* capitulaire. Ainsi tout est fini.... Non, âmes honnêtes, tout n'est pas fini. Mes ennemis jugent *qu'il est besoin* que toute la France, toute l'Europe, reçoivent la même instruction. L'Église universelle serait en danger si elle ne savait pas qu'un évêque nommé, que le chapitre de Séez avait *prié*, conformément à la discipline de l'Église gallicane, par deux délibérations prises à l'unanimité, *d'accepter* des pouvoirs de vicaire général capitulaire, a perdu ces mêmes pouvoirs par une troisième délibération, prise à la majorité de cinq voix contre trois (ou même quatre), et par des *motifs* de la *justice* desquels tout le monde est bien *convaincu*, quoique, pour de bonnes raisons, on en fasse mystère à tout le monde. En conséquence, envoi de la délibération à tous les journaux. La plupart n'en ont dit qu'un mot. Mais celui qui, jadis, était le *Journal des curés*, et qui s'intitule maintenant l'*Ami de la religion et du roi*, qui devrait être encore l'ami de la vérité, sans en porter le titre, a cru qu'il entrait dans ses attributions d'en parler plus longuement : ce qu'il a fait dans son vingtième numéro [1]. Je croirais volontiers que l'auteur a reçu l'*article* tout rédigé. Il me permettra cependant de lui dire que mon âge, les places que j'ai occupées, et les services que je me suis efforcé de rendre à l'Église, pendant cinquante ans, sollicitaient un peu plus d'attention de sa part, et qu'en me supposant des fautes, il aurait dû travailler plutôt à les diminuer qu'à les grossir ; plutôt à les cacher qu'à les répandre. L'article qui me concerne respire l'inexactitude, le faux et la calomnie. On y dit que le chapitre m'avait *accordé* des pouvoirs ; il fallait dire qu'il m'avait *prié* d'en *accepter;* que c'était à l'unanimité, par *acclamation;* que je devais les conserver *jusqu'à mon institution canonique....* On y dit que la dé-

---

[1]. Voici cet article. — Séez. Le chapitre de cette ville vient de prendre une mesure qui a fait du bruit dans ce diocèse. M. l'abbé Baston, ancien chanoine et grand vicaire de Rouen, avait été nommé, l'année dernière, à l'évêché de Séez, et le chapitre lui avait accordé des pouvoirs par ses délibérations des 30 avril et 27 août 1813. Néanmoins, son administration n'avait pas réuni tous les suffrages. Beaucoup de curés et d'ecclésiastiques répugnaient à reconnaître son autorité, et les élèves du séminaire avaient refusé de prendre les ordres en vertu de ses démissoires. On lui reprochait de vouloir tout diriger despotiquement dans le diocèse. Ces plaintes, auxquelles les circonstances donnaient une nouvelle force, ont engagé le chapitre à s'assembler le 11 juin dernier, et là, malgré l'opposition de trois chanoines, les autres membres du chapitre, au nombre de cinq, ont proposé et adopté la révocation des pouvoirs de M. l'abbé Baston. Cette délibération lui a été notifiée et envoyée à tous les curés du diocèse, où il ne paraît pas qu'il soit fort regretté. On s'accorde à dire qu'il aurait dû prendre son parti de lui-même et se retirer, ainsi que l'ont fait plusieurs des nommés aux évêchés, qui ont eu le bon esprit et la sagesse de renoncer, dès qu'ils l'ont pu, à leurs nominations. — *Ami de la religion et du roi*, t. I⁰, n° xx, p. 315.

libération qui révoque mes pouvoirs m'a été *notifiée :* un journaliste exact devrait savoir qu'une délibération envoyée, sous enveloppe et cachet, par un commissionnaire, qui remet le paquet sans annoncer ce qu'il contient, ni de quelle part il vient, n'est point une *délibération notifiée.* Ne doit-il pas connaître la valeur des termes qu'il emploie?.... Sa plume fait énumération de motifs qui ont engagé le chapitre à révoquer mes pouvoirs, et je lui demande qui les lui a appris, puisque la révocation n'est pas motivée; puisque la circulaire aux ecclésiastiques du diocèse ne les indique pas; puisqu'ils ne ressemblent en rien à ce qui a été dit dans les assemblées capitulaires; puisque la lettre que M. Le Vavasseur m'a écrite, pour m'annoncer sa défection, n'exprime *aucun* des motifs mentionnés dans le journal, et que le journal ne dit pas un mot du motif exposé dans la lettre?.... « On s'accorde à « dire (*paroles du journal*) qu'il (*moi*) aurait dû prendre « son parti de lui-même et se retirer, ainsi que l'ont fait « plusieurs des nommés aux évêchés. » Ne vous semble-t-il pas que l'Aristarque, en parlant de la sorte, s'élève *ultra crepidam?* Encore s'il disait vrai! Je lui demande où il place cet on-là? A Séez? C'est un mensonge. Beaucoup de personnes ne m'y conseillaient pas seulement, mais encore me priaient de ne me point éloigner. Ailleurs, à Paris, par exemple? C'est un mensonge. Sachez que j'y ai consulté des personnes d'un rang, d'un poids, que vous respecteriez, j'en suis sûr, ou qui vous fermeraient la bouche, et qui m'ont donné un conseil tout opposé au parti que vous me blâmez de n'avoir point embrassé. Quant à l'exemple des évêques nommés qui ont fait retraite, outre que je n'étais pas plus obligé de les imiter qu'eux de me prendre pour modèle, nous n'étions pas tous dans la même position. Les uns succédaient à un évêque vivant, dont la démission n'avait point été admise par le souverain pontife; les autres, déjà évêques, s'étaient d'eux-mêmes transférés dans un autre diocèse pour le gouverner; quelques-uns avaient leurs sièges dans les pays occupés par les alliés, et moi, je succédais à un évêque mort; je n'avais nulle part ailleurs l'obligation de résider; et l'étranger n'occupait pas le territoire de Séez. Ces différences méritaient qu'un homme sage y fît *quelque attention*.... Suit une calomnie atroce : « On lui reprochait (à moi) de vouloir TOUT diriger DESPOTIQUEMENT dans le diocèse. » Et vous vous dites fastueusement l'*ami du roi et de la religion !* En fait, on ne me le reprochait pas. Je prends Dieu à témoin que je n'ai jamais rien entendu, rien appris, rien lu (et j'ai entendu, appris et lu bien des sottises sur mon compte), qui fût l'équivalent de ce reproche. Je vous défie de citer à l'appui de cette assertion un témoignage qui vaille la peine d'être écouté ! Vous avez calomnié tout le diocèse, mes ennemis eux-mêmes. Mais c'est peut-être une tournure pour insinuer que ce reproche, on aurait pu légitimement me l'adresser. Voyons si on le pouvait. Le mot *despotisme*, dans notre langue du moment, est un de ceux dont on abuse le plus en écrivant, quand une tête chaude, exaltée, conduit la main qui le trace. Il devrait exprimer ici une ou plusieurs des choses suivantes, particulièrement la dernière : 1° qu'obligé, dans mes opérations administratives, d'avoir le concours de mes deux collègues, j'ai voulu *tout diriger dans le diocèse*, sans les faire concourir avec moi. 2° Qu'obligé, du moins, de prendre l'avis de mes collègues sur les points de quelque importance, j'ai voulu *tout diriger dans le diocèse*, d'après mes seules idées et mes seules lumières. 3° Qu'obligé de me conformer aux règles du diocèse, à celles de l'Église, j'ai, *en tout*, négligé les unes et les autres, pour me livrer à cet esprit qui s'élève au-dessus des lois et les enfreint, soit qu'il ne les juge pas faites pour lui, soit qu'il se persuade, trompé par de présomptueuses spéculations, que le bien demande qu'on passe à côté d'elles. — Si donc j'ai TOUJOURS pris l'avis de mes deux collègues, même de celui qui ne mettait rien ou que des riens dans nos conférences; si je n'ai agi que lorsque leurs volontés ont été conformes à la mienne; si les *règles* ont constamment été pour moi une chose sacrée, et que l'attachement que j'ai manifesté pour elles ait été une des principales causes de l'inimitié et de tous les désagréments que de misérables passions ont appelés sur ma tête : comment l'*ami* a-t-il pu me reprocher de *vouloir tout diriger despotiquement dans le diocèse*, et ne pas se rendre coupable, à mon égard, d'une calomnie punissable?.... Or, sur les deux premiers articles, il n'y a que les deux vicaires généraux qu'on puisse interroger. Les faits dont il s'agit se sont passés entre eux et moi. M. Le Vavasseur est tombé dans les mains de la justice divine, et il ne m'est plus possible d'en réclamer le témoignage. M. Le Clerc reste : témoin nécessaire et au-dessus du soupçon, il doit être cru. Qu'on l'interroge donc; qu'il dise s'il m'est arrivé UNE SEULE FOIS de résister aux volontés réunies de mes deux collègues? de nommer à UNE SEULE PLACE, sans leur participation, leur assentiment? Quand quelqu'un cédait, c'était moi. J'en donnerai ici un exemple bien singulier. Une cure vaquait. Plusieurs personnes considérables m'avaient parlé en faveur d'un ecclésiastique du pays, actuellement dans un diocèse étranger. Je l'avais vu une ou deux fois. Son extérieur était décent, sa conversation spirituelle, son âge mûr. Il avait eu un procès fort désagréable, mais dont il était sorti avec honneur, me disaient ceux qui le recommandaient. Il me sembla qu'un prêtre de cette espèce était bon à regagner pour un diocèse où les sujets manquent comme ailleurs. Je le proposai à mes deux collègues pour la cure de ***, ajoutant que c'était à eux, qui le connaissaient, à savoir et à déclarer s'il en était digne. M. Le Clerc me dit qu'il le croyait *éminemment propre* à la place et qu'il serait difficile de faire un meilleur choix. M. Le Vavasseur ne s'en expliqua peut-être pas aussi positivement, mais néanmoins dans le même sens. J'ordonnai au secrétaire de faire les expéditions. Quatre ou cinq jours s'écoulent, et voilà que M. Le Vavasseur, m'écrivant pour *prendre congé* et en humeur d'écouter sa conscience *peut-être trop effrayée*, me marque dans un *P.-S.* que cette conscience l'oblige de *m'ouvrir son cœur* et de m'avertir que le sujet sur lequel j'ai jeté les yeux pour la cure de *** n'en est pas digne. J'aurais pu lui objecter que *ce sujet* jouissait de la plus haute considération auprès du respectable évêque de ***; lui observer que, dans notre conférence, il n'avait pas tenu ce langage, et qu'un problème assez curieux serait de savoir qui devait être préféré, ou de M. Le Vavasseur *de vive voix*, ou de M. Le Vavasseur *par écrit*; conclure qu'une tête aussi versatile pouvait et devait être mise de côté, comme une non-valeur, surtout le *sujet* étant porteur d'une attestation où l'on faisait l'éloge *de sa vie et de ses mœurs* et signée.... devinez par qui?.... vous l'avez deviné : par M. Le Vavasseur; et enfin, persister dans la nomination que nous avions faite. Cependant, comme les expéditions étaient encore au secrétariat, je les fis déchirer, et un autre ecclésiastique fut pourvu de la cure. Voilà un aperçu du *despotisme* que j'ai exercé en *tout* dans mes rapports avec les deux vicaires généraux, mes collègues. Quant au troisième article, les règles, dont je n'aurais pas fait le cas convenable, je ne puis que sommer mes adversaires et le journaliste, leur écho, de fournir un seul exemple de ce genre de malversation. Qu'ils en citent un, qu'ils le prouvent, et je me tais. C'en est assez pour le moment. Viendra peut-être celui de demander à l'*ami* prétendu de la religion et du roi la réparation que doit le calomniateur à l'innocent calomnié.

Je l'ai dit : loin d'avoir blessé à Séez les saintes règles du diocèse et de l'Église, c'est de la fermeté avec laquelle j'en ménageais l'observation que sont nés presque tous mes ennemis. Nul diocèse, en France, n'a plus besoin que celui de Séez de cette fermeté pastorale qui corrige les abus, laisse crier et marche au but. L'anarchie spirituelle et ses désordres en pénètrent toutes les parties. Des hommes sans autorité, mais qui pouvaient beaucoup, beaucoup trop, par influence, sous le gouvernement du dernier évêque, continuent de tout attirer à eux, de tout faire. On les consulte sur tout, leurs décisions sont des oracles, et, je le dis dans la sincérité d'un cœur qui, en ce moment du moins, n'a en vue que le bien, leur mérite n'est rien moins que proportionné à l'étendue de la confiance volontaire qu'on leur accorde. On n'a recours aux vicaires généraux que lorsqu'on ne peut absolument s'en passer. Après que mes pouvoirs eurent été révoqués et que M. Le Clerc se fut déclaré pour moi, faute qu'on ne lui pardonne pas chez les *zelanti*, M. Le Vavasseur commença d'être *tout* pour eux. Mais si vous saviez à quoi ce *tout* se réduisait! Imaginez une griffe qu'on appose au pied des actes : tel est l'homme entre les mains de la cabale. L'esprit des *petites chapelles*, la plus grande plaie que la Révolution ait faite à l'Église de France, en le rendant presque nécessaire pendant sa durée, domine encore dans un grand nombre de prêtres. Ils ne veulent dépendre que d'eux-mêmes, arrangent tout comme il leur plaît, offices, dévotions, etc.; et suivant l'expression d'un ancien curé, déjà cité, *ils font les petits évêques dans leurs paroisses.* On en voit demander, solliciter avec importunité et contre toutes les règles une place qui leur convient : pour paix avoir, on la leur donne; huit, quinze jours après, ils n'en veulent plus. Si l'on insiste, ils menacent de tout quitter et de passer dans un autre diocèse. On leur avait fait de belles promesses pour les attirer; ils ont pris possession; on ne tient pas les paroles qu'on leur avait données; ils abandonnent leurs églises, sans même en avertir les supérieurs. Quelquefois ils s'établissent, sans mission, dans une autre commune, s'excusant sur ce qu'ils ne font qu'y dire la messe et administrer dans les cas de nécessité. En ce genre et en beaucoup d'autres, les abus sont énormes. Ils étaient nés, pour la plupart, de la mésintelligence qui régnait entre les administrations civiles et l'évêché. Elle cessa par mes soins. Vous croyez qu'on applaudit à mes efforts et à mes succès? Désabusez-vous. Les insubordonnés, qui sentirent que j'allais être appuyé, érigèrent en faute capitale cette réunion qui les effrayait. « Il faut bien qu'il soit tout à fait dans les principes du gouvernement, disaient-ils avec autant de bon sens que de charité, puisqu'il est bien avec les autorités constituées. » Et on les croyait. Voici un fait qui passe toute croyance, et qui pourtant est de toute vérité. Montant un jour en voiture dans la cour de l'évêché, le préfet m'embrassa; quelques-unes de ces fausses dévotes qui rôdent partout le virent et crièrent au scandale, et leurs directeurs décidèrent qu'elles avaient crié fort à propos. Si vous exigiez des témoins, je les prendrais parmi les convives du curé de B., dont j'ai parlé ailleurs.

Pour remédier à tant de maux, et à d'autres que je dois passer sous silence, il m'eût fallu l'autorité qu'on m'accusait de prendre : une autorité sans partage, et je ne l'avais pas. Je fis néanmoins quelques tentatives qui me réussirent. Elles épouvantèrent les autres intéressés. De ce moment, ils semèrent des doutes sur l'autorité partielle dont j'étais revêtu : persuadés qu'ils étaient que, s'ils ne me l'arrachaient pas, leur tour viendrait ; et je ne doute nullement que les avanies qu'ils m'ont faites, les bruits calomniateurs qu'ils ont répandus dans tout le diocèse et au delà, l'éclat qu'ils ont donné à toutes leurs démarches, n'aient eu pour but de me faire renoncer à être leur évêque, ou d'empêcher que je ne le devienne.

Il manquait encore une chose à la satisfaction de mes infatigables persécuteurs. Je continuais d'exister à Séez et d'y occuper le palais épiscopal. S'il n'eût fallu qu'une délibération capitulaire pour m'obliger de sortir de l'un et de quitter l'autre, les *cinq* ne l'auraient pas fait attendre longtemps. On l'aurait adressée par une circulaire aux curés et desservants, et le journaliste complaisant, dont j'ai discuté l'article calomnieux, aurait fait savoir à tous ses abonnés la nouvelle mortification qu'on m'aurait donnée. Mais l'autorité de la cabale ne s'étendait point jusque-là. Le décret de ma nomination n'était pas formellement rapporté. S'il l'eût été, les chanoines n'avaient ni droit ni qualité pour me contraindre, même dans cette supposition, à changer de demeure. Cependant ma présence les gênait, soit qu'ils s'imaginassent que si je n'étais plus au milieu d'eux, beaucoup de personnes reviendraient à leur parti ; soit que, comme offensé, je fusse, au style de l'Écriture, pour chacun de mes offenseurs, *gravis ad videndum* (un homme fâcheux à voir). Presque toujours la haine qu'on porte à l'innocence augmente par le mal qu'on lui a fait. On essaya donc de plusieurs moyens pour vaincre sur ce point ce qu'on appelait mon inconcevable obstination. L'article du journal en fut un. Je ne parle point des lettres anonymes : c'est, comme on sait, l'agent banal du pays. Rien ne m'ébranlait. Mais, enfin, on eut recours à un expédient qui, dans le moment, me pénétra de douleur et dont le souvenir m'est encore extrêmement sensible. Je dois l'exposer. Il y avait à Séez une cinquantaine de pauvres écoliers qui étudiaient *en chambre.* Dispersés dans un grand nombre de maisons bourgeoises, il leur en coûtait cinq à six francs par mois pour leur logement et de petits soins qu'on prenait d'eux. Les rassembler et les loger gratuitement était donc, pour cette précieuse collection d'indigents, une économie de plus de cent louis par an. Je leur donnai une aile de l'évêché, qui est très vaste. J'avançai une petite somme d'argent pour l'achat de quelques ustensiles de première nécessité, et dont la propriété demeurait au séminaire. La femme de mon portier apprêtait les aliments. Je prévis qu'il y aurait des malades, et, de l'autre côté du palais, je fis préparer une infirmerie. Là, je fournissais aux convalescents du vin et de ce qu'il y avait de meilleur sur ma table. Aux autres qui se portaient bien, je donnais des légumes de mes jardins et quelques autres douceurs.... Je rougis d'entrer dans ces détails, mais ils servent à mettre dans tout leur jour l'énergie et la moralité du moyen employé pour me forcer à la retraite.... M. Le Vavasseur était comme le supérieur de cette réunion. Le séminaire s'en mêlait aussi. Je n'avais stipulé pour moi que le respect de ma tranquillité. On devait garder le silence dans les cours de l'évêché, et prendre les récréations ou dans l'intérieur de l'habitation, ou dans une petite place solitaire, plantée de tilleuls, en face du palais, dont elle est une dépendance. Tout alla bien jusqu'au moment où il plut à M. Rochemure de sonner le tocsin contre moi. Mes jeunes hôtes l'entendirent; on leur expliqua ce qu'il signifiait. Dès lors, plus de considération pour ma personne. Un bruit insupportable, et fait exprès, des cris de portefaix, des vociférations de places publiques, succédèrent au calme édifiant et convenu des mois précédents. On ouvrait toutes les fenêtres, pour que j'en fusse plus incommodé. Si j'envoyais un domestique pour recommander le silence, on répondait : *Il n'y a plus de maître ici.* Je fis porter des plaintes à M. Le Vavasseur, afin qu'il remédiât à ce désordre, dont les voisins se plaignaient et souffraient comme moi; nonobstant *son profond respect et sa parfaite reconnaissance*, il ne s'en remua pas. J'aime à croire qu'il ne fut pas libre d'écouter son *cœur*. Du reste, le secrétaire Pichon était habituellement avec cette jeunesse dévergondée, et elle avec lui.... Ne croyez pourtant pas que tous ces étudiants (pour être prêtres) missent en pratique la leçon d'ingratitude et d'insolence qu'ils recevaient, je veux ignorer par qui. Non, non; et j'ai eu la consolation d'en voir chez moi pleurer à chaudes larmes, me demander pardon à genoux de l'égarement de leurs confrères. Que Dieu les récompense! En ne s'unissant pas aux méchants, ils n'ont fait que leur devoir; mais n'est-ce pas beaucoup, quand on est jeune et qu'on se trouve dans un tourbillon de mauvais conseils et de mauvais exemples qui portent à le violer?

Du moment de cette insurrection, ma retraite *personnelle* fut résolue. Je l'exécutai dans les premiers jours de juillet 1814. Mes ennemis l'érigèrent en fuite et n'ont pas encore cessé de répandre sur mon compte les bruits les plus absurdes, souvent contradictoires, toujours calomnieux. Ils ont, à cet effet, des correspondants dans tous les lieux où je suis particulièrement connu : à Paris, à Caen, à Rouen, etc. Dans cette dernière ville, ma patrie, et où j'ai passé plus de quarante ans de ma trop longue vie, un homme important par la place que jadis il occupa, sans la remplir, s'abaisse jusqu'à leur rendre ce honteux service. Plus crédule que méchant, il colporte à droite et à gauche toutes les sottises que la passion invente et débite contre moi. Mais il croit aider la bonne cause : cette idée, toute folle qu'elle est, m'inspire une sorte de compassion pour lui et contient ma plume : que n'aurais-je pas à dire?

Tel est l'exposé fidèle de la conduite que j'ai tenue dans le diocèse de Séez et de celle qu'on y a tenue à mon égard. Que mes vrais amis, que les âmes honnêtes et chrétiennes jugent de quel côté sont les torts; si j'ai fait le mal, ou si j'en ai été la victime. Trahi par deux hommes (MM. Le Vavasseur et Pichon) auxquels j'avais donné toute ma confiance et qui, au titre de nos engagements réciproques, me devaient la plus inviolable fidélité; persécuté par le démon de l'intrigue, ses manœuvres et ses suppôts; insulté par des prêtres que j'avais honorés et à qui j'avais fait du bien, qui m'avaient *prié* de venir au milieu d'eux recevoir leurs *hommages*; outragé par un tas d'ignorants qui se croient des aigles et ne peuvent pas même s'élever à la hauteur d'une suffisance médiocre ; calomnié par de fausses dévotes et leurs directeurs, par des théologiennes en chapeau de paille; gens auxquels, pour toute vengeance, je conseillerai la lecture réfléchie d'un bon catéchisme élémentaire; calomnié dans les festins de *fraternité*, dans les conversations de société, dans un journal qui devrait être spécialement consacré à la vérité....; quels sont mes crimes? Je ne m'en connais que deux. Le premier, d'avoir été nommé, malgré moi, à l'évêché de Séez, et d'avoir accepté cette nomination, faite par un homme qui, du consentement de Pie VII, nommait, depuis plus de dix ans, tous les évêques de France, et de qui mes détracteurs ecclésiastiques, sans en excepter un seul, tenaient leur état et leurs moyens d'exister. Le second, d'avoir accepté et exercé les pouvoirs de vicaire général capitulaire, que ni le pape ni les canons n'ont paralysés, et qui m'avaient été offerts, avec prière de ne les pas refuser, non seulement par les quatre chanoines qui me sont restés fidèles, mais encore par les cinq autres, qui me punissent de les avoir assez estimés pour recevoir leur fatal présent. Vous, ô Dieu ! qui voyez dans le cœur des hommes, et qui ne leur ressemblez pas, vous m'accorderez un jour (je l'espère) la récompense de ces deux *fautes*, pour lesquelles je suis si outrageusement traité sur la terre, et par quelques-uns de vos ministres !.... Vous connaissez les motifs qui m'ont déterminé; ils étaient l'ouvrage de votre grâce, car ils étaient purs et n'avaient que votre gloire pour objet.

Quant à vous, calomniateurs, envieux, brouillons et dupes ; et vous, adulateurs frénétiques [1] du Saint-Siège, dont je connais et honore les prérogatives sacrées mieux que vous ne les connaissez, que vous ne les honorez, vous avez voulu me diffamer. Oui, aveugles ou méchants, vous l'avez voulu ; mais, croyez-le, vous n'avez pas réussi. Ma réputation ne souffrira pas des coups que vous lui avez si injustement et si lâchement portés. Vos armes sont trop faibles ; et vos bras !.... Un point sur lequel il faut que j'avoue que vous avez eu un plein succès, c'est de remplir d'affliction mon âme, de l'avoir accablée, déchirée par la

---

1. Un de ces messieurs disait : « Je sais bien que les pouvoirs de M. B. sont valides; mais je crains de déplaire au Pape. » Il supposait donc que le Saint-Père pût trouver mauvais qu'on regardât comme valides des pouvoirs qui *étaient valides*. Et ils appelaient cela : honorer le Saint-Siège ! — *Note de M. Baston.*

douleur. J'ai vu les glaives levés sur ma tête; j'ai été entraîné dans une prison obscure, au milieu des cris d'une populace ameutée qui voulait ma mort, parce que, dans de nombreux et courageux écrits, j'avais défendu et ce siége que vous m'accusez de ne pas respecter et cette monarchie que vous m'accusez de ne pas aimer....., et, dans ces moments si pénibles à la nature, j'ai moins souffert que ne m'ont fait souffrir MM. Le Vavasseur, Rochemure, Maillard, Astier, Ducassel et consorts. — J'ai passé neuf à dix des plus belles années de ma vie dans un exil rigoureux, manquant de beaucoup de choses qui approchent de la première nécessité, pleurant sur les malheurs de ma chère patrie, sur les dangers de mes tendres parents, de mes bons et vertueux amis, et rongé, à tous les instants du jour et de la nuit, par la pensée désespérante que je ne les reverrais jamais....., et, dans cet état si pénible à la nature, j'ai moins souffert que ne m'ont fait souffrir MM. Le Vavasseur, Rochemure, Maillard, Astier, Ducassel et consorts. — Je l'avais revue, cette patrie; ces parents, ces amis, je les avais revus; la Providence m'avait ramené dans les lieux où j'ai pris naissance, dans la paroisse où j'ai été baptisé, et au rétablissement de laquelle j'ai eu le bonheur de contribuer. J'avais, dans mon diocèse, plusieurs occupations utiles et honorables; je partageais avec d'estimables confrères la confiance d'un prélat que ses vertus religieuses distinguent plus encore que ses éminentes dignités ne le distinguent. J'avais atteint, en remplissant mes devoirs, les bornes ordinaires de la vie humaine, et je descendais au tombeau par une route sur laquelle je rencontrais quelques fleurs, dont le parfum me faisait oublier une partie des désagréments du voyage, quand tout cela, tous ces biens si chers à mon cœur, qui jamais ne s'ouvrit à l'ambition, que les richesses ne tentèrent jamais, me furent soudainement enlevés. On me nomma évêque de Séez. Mes ennemis ne croiront pas que cette nomination me consterna, que je résistai, qu'il fallut opposer à ma volonté *la volonté de Dieu*, dont on apercevait, me disait-on, des indices assurés; que je ne cédai qu'en gémissant; que toutes les plaies de ma déportation se rouvrirent; que tous ces sacrifices se renouvelèrent, et qu'avec vingt-cinq ans de plus, chargé du poids de soixante et douze hivers, je n'avais plus la même force pour supporter les innombrables privations, suites nécessaires de mon nouvel exil : que m'importe leur suffrage? Mes vrais *amis* me croiront : c'est principalement pour eux que j'écris...., et dans ce changement inattendu, dans ce changement dont les accessoires inévitables étaient si pénibles à la nature, j'ai moins souffert que ne m'ont fait souffrir MM. Le Vavasseur, Rochemure, Maillard, Astier, Ducassel et consorts.... Dieu miséricordieux! ne punissez pas, comme elle le mérite, cette fatale habileté à faire souffrir le prochain!

Et pourquoi donc, me diront peut-être ces messieurs, n'avez-vous pas profité de l'occasion pour rentrer dans l'état que vous regrettiez si amèrement? Pourquoi? parce que j'ai pensé qu'il fallait attendre en paix et avec résignation que cette bonne et adorable Providence qui m'avait conduit à Séez m'en retirât. Pourquoi? parce que vos émissaires publiaient partout que j'avais *honteusement pris la fuite*, et qu'il ne me convenait pas d'accréditer ce propos extravagant. Pourquoi? parce que l'état que *je regrettais si amèrement* était perdu pour moi; que vous me l'aviez enlevé en m'appelant au milieu de vous; que votre légèreté, vos injustices, vos calomnies, vos insultes, votre acharnement, ne me le rendaient pas, et que, grâce aux qualités singulières dont vous êtes doués, je me trouve sans place, sans occupation, sans moyens, après avoir travaillé plus de cinquante ans pour l'Église. Si ces raisons ne vous suffisent pas, vous n'avez qu'à parler, j'en ai d'autres encore à vous donner; mais je ne les articulerai que sur votre invitation.

Ainsi, conclurez-vous, votre espoir, au moins votre désir est de rester notre évêque..... Ni l'un ni l'autre, je vous assure. Je sais parfaitement bien que, partant de cette fausse supposition, vous craignez que je ne me venge, s'il arrive jamais que j'aie en main l'autorité. La plupart de vos excès sont nés de cette crainte, qui est pour moi une nouvelle injure. Vous les entassez, dans la persuasion où vous êtes qu'ils feront, de manière ou d'autre, manquer ma nomination. Je sais encore que, m'étant absenté, vous avez distribué de porte en porte, de paroisse en paroisse, de ville en ville, que j'étais à Paris *pour solliciter*. Sur quoi je vous donne un démenti formel. Je n'ai pas quitté ma solitude. Mais apprenez qu'il ne tenait qu'à moi d'employer des sollicitations beaucoup plus puissantes que les miennes, et devant lesquelles la plupart des difficultés eussent disparu; que je ne l'ai pas fait; que j'ai demandé, en grâce, à mes amis de garder le silence, de ne faire aucune démarche, et que, moi, je ne me suis permis que de repousser, auprès du nouveau préfet de l'Orne, les basses calomnies que la députation des *quatre* lui avait administrées contre moi; encore fallut-il que ce magistrat témoignât le désir d'entendre et ensuite de lire ma défense. Même cette *exposition*, où je compare si fidèlement votre conduite et la mienne, ne paraîtra que lorsque mon sort aura été entièrement fixé, de peur qu'elle n'influe sur la décision.

Si ma nomination est confirmée, il est probable que je serai quelque temps votre évêque; mais soyez tranquilles, je ne me vengerai pas. Je serai juste : c'est tout. Peut-être qu'en étant juste, et n'étant que cela, j'aurai l'air de me venger : c'est un malheur.... qui ne m'empêchera pas d'être juste. Me conviendrait-il de sacrifier une vertu essentielle à la crainte d'avoir l'apparence d'un défaut? Au reste, je mettrai dans mes rapports avec vous, qui avez voulu être mes ennemis, et m'avez fait beaucoup de mal, tant d'urbanité, de simplicité, de prévenance et de bonté, qu'on découvrira facilement que si quelquefois je mortifie par justice, je ressens vivement le contre-coup de cette punition nécessaire.... Mais la confiance?.... Quel mot vous avez prononcé! La confiance ne se demande point, on la mérite. Si Dieu voulait que je vous rendisse une partie de la mienne, il faudrait que la toute-puissance fît deux miracles : celui de vous changer et celui de me faire connaître que vous n'êtes plus les mêmes.

Si, au contraire, ma nomination n'est pas confirmée, je me réjouirai devant Dieu de n'avoir qu'à vous pardonner, présumant de la divine miséricorde qu'elle m'en inspirera la volonté et m'en accordera le pouvoir. Tout entier à *l'unique nécessaire*, et y travaillant avec cette ardeur que doit augmenter le déclin du jour, parce que *vient la nuit où il n'est plus possible de travailler*, je penserai, par intervalles, à ce diocèse de Séez où je fus si bien reçu, et ensuite si cruellement et si injustement traité. Je penserai, avec reconnaissance, à ces respectables ecclésiastiques qui n'ont jamais abandonné ni leurs principes ni moi, que la cabale a persécutés, décriés, à cause de leur attachement aux principes et à moi. Je penserai à ces fidèles, à ces pauvres de Jésus-Christ, que j'aimais tant, qui, laissant dire et agir la multitude des opposants, n'ont pas cessé un seul moment de me regarder comme un père que le

ciel leur avait préparé.... Ah! qu'ils croient que j'en aurai toute ma vie les sentiments !.... Je supplierai le *prince des pasteurs* de leur envoyer à tous un évêque meilleur que moi, plus instruit, plus saint.... et aussi plus heureux! Quant aux bonnes intentions pour l'honneur du chapitre, pour le concert avec les prêtres chargés du ministère, pour l'accroissement de la *vraie* piété et l'extinction de la *fausse*, la restauration de la discipline, le soulagement et l'instruction des pauvres...., il ne me surpassera pas; mais je conviens qu'il lui sera aisé de l'emporter sur moi dans l'exécution. Si de fâcheux souvenirs importunent mon esprit, je m'écrierai au dedans de moi-même : « Père des
« lumières, répandez-les avec profusion dans le diocèse
« de Séez, sur ceux de vos serviteurs que vous chargez
« d'instruire les autres! Allumez en eux l'amour de l'é-
« tude qui convient à leur état : protégez-les contre la
« *science qui enfle*, en leur faisant connaître que celle à
« quoi atteignent les meilleurs esprits *n'est rien, ne sert*
« *à rien*, sans l'humilité et la charité! Qu'ils évitent de
« se passionner pour des *opinions*, et qu'ils respectent
« celles de leur pays, quand l'Église les tolère! Qu'ils
« n'exagèrent rien, pas même la vertu! Surtout, qu'ils se
« souviennent que, pasteurs secondaires, ils ont un pas-
« teur au-dessus d'eux, dont ils ne sont que les aides, et
« que l'institution divine autoriserait à se passer d'eux,
« s'il pouvait tout faire! Enfin, qu'à un vain et dangereux
« ergotisme ils substituent la science de l'Écriture, de la
« tradition, et la connaissance de l'antiquité ecclésias-
« tique! » Récitant la prière du Seigneur, je prierai souvent *le père qui est dans les cieux*, et qui y prépare des places au repentir, à côté de l'innocence, non seulement de me pardonner, comme je pardonne à mes *débiteurs* du diocèse de Séez, mais encore de leur par-

donner, à eux, comme je désire qu'il me pardonne les fautes sans nombre d'une longue vie, dont le feu d'une douloureuse tribulation aurait purifié les dernières années, si j'avais été assez heureux que d'en faire un saint usage.

A Saint-L***, le 14 août 1815.

APPENDICES

I.

(T. III, p. 141 et suiv.)

NOTE SUR L'ENSEIGNEMENT DES OPINIONS GALLICANES

Nous avons constaté que, du temps de M. l'abbé Baston, les opinions gallicanes étaient tolérées et même enseignées en France.

Dans le décret impérial portant organisation de l'Université, en date du 17 mars 1808, on lit, au titre V, *Des bases de l'enseignement dans les écoles de l'Université* :

38. .... 4° Tous les professeurs de théologie seront tenus de se conformer aux dispositions de l'édit de 1682, concernant les quatre propositions contenues en la déclaration du clergé de France de ladite année.

39. .... Les membres de l'Université impériale, lors de leur installation, contracteront par serment les obligations civiles, spéciales et temporaires qui doivent les lier au corps enseignant.

40. Ils s'engageront à l'exacte observation des statuts et règlements de l'Université.

Le 30 décembre 1812, le grand maître de l'Université impériale écrivait à MM. les recteurs de l'académie de Lyon et de Turin :

« Monsieur le recteur,

« Rien ne s'oppose à ce que les étudiants en théologie qui ont suivi les cours de la faculté de théologie depuis son installation et qui ont complété leurs trois années d'étude au séminaire diocésain, soient admis dès à présent à subir les épreuves pour obtenir le grade de bachelier.

« Lorsque la faculté se sera assurée, par des examens, de la capacité des candidats, ils soutiendront chacun une thèse, conformément à l'article 37 du décret du 17 mars 1808. Les thèses porteront principalement sur des questions intéressantes, relatives au dogme et à la morale, *ainsi que sur la doctrine de l'Église gallicane, telle qu'elle a été exposée et développée par Bossuet....* »

Cette lettre fut communiquée à la faculté de théologie de Rouen pour lui servir d'instructions dans les épreuves à subir par les aspirants au grade de bachelier en théologie.

Les professeurs des facultés de théologie étaient obligés, le jour de leur installation, à prêter le serment prescrit par le décret du 17 mars 1808. Toutefois, sous le second empire, et même sous la monarchie de Juillet, on se contentait du serment de fidélité au souverain et d'obéissance à la charte ou à la constitution, nombre de professeurs ayant déclaré qu'ils ne pouvaient s'engager à enseigner les quatre articles.

II.

(T. III, p. 172 et suiv.)

NOTE EXTRAITE DU CHANOINE MARAIS

Recherches pour servir à l'histoire de l'église de Séez pendant la Révolution, publiées, en 1869, dans la Semaine catholique de Séez, *par M. l'abbé H. Marais, vicaire général.*

Au printemps, l'Empereur parcourut les départements de

la Normandie avec la nouvelle impératrice Marie-Louise, qui, le 20 mars, lui avait donné un héritier. Comme les voyages de Napoléon n'étaient jamais de pur agrément, il en profita pour connaître l'esprit des populations au milieu desquelles il voyageait, le mérite des divers fonctionnaires et les dispositions politiques des principaux habitants du pays. Il s'adressa pour cela au sénateur Rœderer, qui avait la surveillance spéciale de la province. Devant traverser le département de l'Orne, il demanda des renseignements sur tout ce qui regardait l'évêque et son clergé. Malheureusement, Rœderer les avait reçus du préfet et du maire de Séez, qui étaient en mauvaises relations avec l'évêque. « Qu'est-ce que l'é-« vêque? demanda Napoléon. — Sire, c'est un Breton qui « était autrefois grand vicaire à Nantes. — J'avais cru que « c'était un Allemand. Est-il bon? — Il est peu aimé. — Pour-« quoi? — A cause de son intolérance, parce qu'il a outré les « mauvais traitements à l'égard des prêtres assermentés. — « Il est donc obstacle? — Je le crois, en effet, plutôt obstacle « que secours [1]. »

Le 31 mai, l'Empereur partait de Saint-Lô pour aller coucher le soir à Alençon. Mgr de Boischolet, averti de son passage à Séez, fit tous les préparatifs nécessaires pour le recevoir. Déjà il avait reçu l'invitation d'assister au prétendu concile national qui devait avoir lieu au milieu du mois suivant. Il ne doutait pas que la piété de la fille des empereurs d'Allemagne ne l'engageât à visiter la cathédrale. A six heures du soir, il se tenait en habits pontificaux, sous le portail de l'antique église, environné de tout son clergé, lorsque arriva la voiture impériale. A ce moment, les cris de Vive l'Empereur! *vivat Imperator!* furent répétés par toutes les bouches. Mais au grand étonnement de la foule, l'Empereur salua le clergé et continua sa route. L'évêque ne fut pas moins surpris que les autres. Mais bien loin de soupçonner les dispositions

---

1. Œuvres complètes de Rœderer, citées par M. d'Haussonville, *l'Église romaine et le premier Empire.*

de l'Empereur, il n'attribua sa déception qu'à la fatigue des illustres voyageurs. Le soir, à dix heures, il reçut l'invitation de se rendre le lendemain de bonne heure à Alençon, avec tout son clergé. Il se crut entièrement dédommagé. C'était la veille de la fête de la Pentecôte. Le prélat pensa qu'il était appelé au chef-lieu du département pour y célébrer pontificalement, en présence de l'Empereur et de Marie-Louise. A une heure aussi tardive, les chanoines eurent de la peine à se procurer des moyens de transport. On rapporte que quelques-uns furent obligés de faire le voyage à pied. L'illusion et la joie de l'évêque furent de courte durée. L'Empereur l'admit à son lever, après avoir reçu le prince Eugène et le grand-duc de Wurzbourg. Le dialogue suivant s'établit entre eux, d'après le comte Rœderer, présent à l'entrevue [1] :

« Vous êtes évêque de Séez? — Oui, Sire. — Je suis très « mécontent de vous. Vous êtes le seul évêque sur qui j'ai « reçu des plaintes. Vous entretenez ici des divisions. Au « lieu de fondre les partis, vous distinguez encore entre les « constitutionnels et les inconstitutionnels. Il n'y a plus que « vous en France *qui se conduise ainsi*. Vous voulez la guerre « civile. Vous l'avez déjà faite ; vous avez trempé vos mains « dans le sang français. *Je vous ai pardonné, et vous ne par-* « *donnez pas aux autres, misérable*. Votre diocèse est le seul « en désordre. — Sire, tout y est très bien. — Vous avez fait « une circulaire très mauvaise. — Je l'ai changée. — Je vous « ai fait venir à Paris pour vous montrer mon mécontente- « ment, et rien ne vous corrige. Vous êtes un mauvais sujet. « Donnez votre démission sur l'heure. — Sire ! — Qu'on « mette tout de suite la main sur les papiers de ses secré- « taires, » dit l'Empereur en se retournant vers le préfet. L'évêque sortit alors et le préfet avec lui. Napoléon était fort ému ; il congédia les personnes du lever, sans parler à aucune d'elles, et tout le monde se retira.

Quelques heures après, l'Empereur faisait appeler les grands

[1]. Œuvres complètes, t. III, p. 567.

vicaires et les chanoines. Ils le trouvèrent les genoux appuyés sur une chaise, dont il tenait le dossier entre les mains, et s'apprêtaient à intercéder en faveur de leur évêque. Napoléon entama de nouveau en leur présence une de ces scènes à la fois préméditées et violentes dans lesquelles il paraissait se complaire plus que jamais. « Quel est celui, parmi vous, qui « conduit votre évêque, lequel d'ailleurs n'est qu'une bête? » On lui désigna M. Legallois. « Ah! c'est donc vous! Et pour- « quoi ne lui avez-vous pas conseillé d'assister aux mariages « des rosières? » M. Legallois, un peu troublé, mais surtout étonné de la question, regarde d'abord l'Empereur, dont les yeux semblent lui faire signe de se dépêcher de parler. « Sire, j'étais absent au mariage de ces rosières. — Pourquoi « avez-vous fait faire à votre évêque une circulaire au sujet « des fêtes supprimées? — Sire, j'étais encore absent, et pour « dire la vérité tout entière, aussitôt que j'en ai eu connais- « sance, je me suis rendu à Séez pour conseiller une circulaire « tout opposée, qui a effectivement paru. — Où étiez-vous « donc? — Dans ma famille. — Comment, avec un évêque pa- « reil, qui n'est qu'une.... bête, étiez-vous si souvent absent? « Et qui donc alors gouvernait le diocèse? Et pourquoi vous « êtes-vous rendu auprès d'un évêque comme ça pour être « son grand vicaire? — Sire, j'ai obéi à mes supérieurs. » Ainsi finit l'entretien avec les chanoines, qui furent congédiés.

Cependant des agents du préfet s'étaient rendus chez l'é- vêque et son grand vicaire et avaient fait main basse sur ses papiers. On n'y découvrit rien qui pût donner prétexte à des poursuites. Mais l'Empereur exigeait la démission de l'évêque : un des principaux officiers du palais alla lui signifier, de la part de l'Empereur, qu'il n'avait plus d'autre parti à prendre. On dit que M. Leclerc lui donna aussi un conseil plus prudent que courageux. Il était impossible de résister à cette volonté despotique. L'évêque se résigna, et laissa échapper cette plainte touchante : « Hélas! la foudre m'a frappé, et comme les vieux arbres qu'elle atteint, je ne m'en relèverai jamais. »

Le 2 juin, Napoléon écrivait au ministre des cultes : « J'ai chassé de chez moi l'évêque de Séez et j'ai fait arrêter et conduire à Paris un de ses chanoines, nommé Legallois, et j'ai fait mettre les scellés sur ses papiers. Le ministre d'État vous enverra la démission de l'évêque. Il est impossible d'avoir un plus mauvais esprit, et tout allait mal dans son diocèse [1].... »

Ce fut par une lettre de M. François, curé de Notre-Dame d'Alençon, que le chapitre apprit la mort du vénérable évêque exilé. Le 28 février, MM. Leclerc et Levavasseur convoquaient le chapitre, assemblé le soir au son de la cloche, pour l'élection des vicaires capitulaires [2]. Les voix se portèrent sur les deux grands vicaires de l'évêque défunt, qui furent proclamés vicaires généraux capitulaires et reçurent aussi l'autorisation de régir le temporel de l'évêché. Il est remarquable que, par sa délibération, le chapitre donna à ses vicaires le pouvoir d'accorder des dimissoires aux clercs du diocèse, même pendant la première année de la vacance du siège, de dispenser des empêchements de consanguinité et d'affinité même spirituelle, dont le siège de Séez était en possession, et de nommer aux succursales et cures vacantes. Tout cela était sans doute appuyé sur l'opinion reçue alors, mais n'était pas conforme au droit, notamment au concile de Trente, session VII, chapitre 10. Quant aux canonicats vacants, les vicaires capitulaires accordèrent l'institution canonique aux sujets nommés par S. M. Louis XVIII, qui en conféra plusieurs, en vertu du droit de régale [3]. La validité de ces actes nous semble au moins problématique.

1. M. d'Haussonville, *l'Église romaine et le premier Empire*.
2. Comme nous l'avons dit, les deux vicaires généraux étaient en même temps chanoines. Quoique les nouveaux statuts n'eussent pas établi de dignités, M. Leclerc portait et garda constamment le titre de doyen du Chapitre jusqu'à sa mort, en 1833. Après lui, M. Bazin reçut le même titre; en 1836, il fut attribué à M. Maillard, le plus ancien chanoine, qui le conserva pendant toute sa vie. Du reste, Mgr Jolly rétablit les titres et dignités de doyen, grand chantre, théologal et pénitencier, par ses ordonnances des années 1836 et suivantes.
3. Ainsi furent nommés MM. Girardon, Cheradame et Barbier-Duverger. Ce dernier, nommé en 1817, reçut l'institution canonique de Mgr Saussol, en 1820.

Quoi qu'il en soit, rien ne troubla la paix du diocèse jusqu'au mois d'avril 1813. L'Empereur ne se pressait pas de nommer au siège de Séez. Il savait que son auguste captif n'instituerait pas l'homme de son choix. Plût à Dieu qu'il eût attendu une année de plus ! Il eût épargné au diocèse des troubles et des divisions, dont les traces durèrent longtemps. Enfin, un décret, rendu le 14 avril 1813, par Sa Majesté impériale et royale, nomma à l'évêché de Séez M. l'abbé Baston, vicaire général à Rouen. S. Exc. le ministre des cultes l'adressa aux chanoines du chapitre de Séez, avec une lettre datée du 21. En conséquence, le chapitre se réunit le 30; il déclara qu'il recevait unanimement avec joie, respect et reconnaissance le décret impérial, et se félicita du choix d'un ecclésiastique aussi recommandable par ses vertus que par ses lumières. Mais il ne s'en tint pas là. S'inspirant de la lettre du ministre des cultes, il nomma *par acclamation* M. Baston vicaire capitulaire pour gouverner le diocèse, conjointement avec MM. Leclerc et Levavasseur, jusqu'à ce que l'évêque nommé eût reçu son institution canonique. Les chanoines présents étaient MM. Leclerc, Langin, Gary, de Rochemure, Levavasseur, Lepeltier, Maillard, Astier et Lemarchand-Ducassel. On ne peut s'expliquer cette unanimité que par l'influence d'une volonté despotique qui porte le trouble dans les meilleurs esprits. Deux obstacles s'opposaient à la validité de cette élection.

Le premier était l'indépendance des vicaires capitulaires. Le concile de Trente a voulu que le vicaire capitulaire fût à l'abri de la pression du chapitre, dans son administration ; voilà pourquoi il est irrévocable. Mais si, le vicaire capitulaire étant élu, il était loisible au chapitre de lui adjoindre plus tard un ou deux autres vicaires capitulaires, que deviendrait cette indépendance ? Qu'il résiste à la volonté du chapitre, celui-ci lui adjoindra un collègue plus soumis, et dont les opinions seront plus en harmonie avec les siennes. Ce n'est plus le vicaire capitulaire, c'est le chapitre qui administrera, et la loi du concile sera éludée.

Un autre empêchement était le chapitre *Avaritiæ* du second concile général de Lyon, défendant aux évêques de s'ingérer dans l'administration du diocèse, sous quelque titre ou couleur que ce soit, avant d'avoir reçu l'institution canonique. Vainement on opposait le chapitre *Nihil est*, qui accorde ce privilège aux évêques élus *en concorde*, c'est-à-dire à l'unanimité ou sans opposition. Une nomination ne présente pas les mêmes garanties qu'une telle élection, surtout dans un temps de dissentiment entre le Saint-Siège et le gouvernement. Vainement encore on alléguait la coutume. Cette coutume ne serait qu'un abus tendant à énerver la discipline ecclésiastique et à donner aux gouvernements, ainsi que le voulait Napoléon, *un moyen de se passer du pape*. Une coutume ne peut d'ailleurs avoir force de loi qu'autant que le législateur la consacre par son consentement au moins tacite : et, pour ne pas remonter à une autre époque, personne ne pouvait ignorer que, dans l'année 1810, Pie VII avait réclamé contre l'ingérence des évêques nommés par trois brefs adressés au cardinal Maury, à l'archidiacre de Florence et à l'abbé d'Astros, vicaire capitulaire de Paris.

Néanmoins, M. Baston ne tarda pas d'arriver à Séez et s'installa dans le palais épiscopal. Afin de prouver au chapitre sa reconnaissance et sa satisfaction, l'évêque nommé lui fit don d'un calice en vermeil, portant sur l'extérieur de la coupe l'effigie de la Résurrection de Notre-Seigneur, celle de la sainte Vierge et celle de saint Bernard, ce qui lui fit donner le nom de *calice de saint Bernard*. Le 27 août, le chapitre réuni votait des remerciements au nouveau vicaire capitulaire pour le don « d'un vase aussi précieux pour son antiquité qu'il était cher à la compagnie par la main qui le lui offrait, » et confirmait les pouvoirs qu'il avait déjà accordés à ses vicaires capitulaires [1].

Malgré la bonne harmonie qui paraissait ainsi s'établir entre

---

[1]. Ce calice, d'après un expert, est du style Louis XIII, et ne peut remonter au delà du règne de Henri IV.

l'évêque nommé et le chapitre, les doutes et les inquiétudes envahirent bientôt beaucoup d'esprits. L'agitation commença. M. Baston essaya vainement de soutenir sa cause dans une réunion où se trouvèrent ses collègues et les directeurs du séminaire. La division s'établit entre les deux grands vicaires, les membres du chapitre et le clergé. La signature de l'évêque nommé ne parut pas suffisante aux ordinands et aux nouveaux prêtres, qui firent signer leurs dimissoires et leurs pouvoirs par M. Levavasseur. L'évêque nommé l'apprit, malgré la discrétion qu'on y mettait, et, dans son mécontentement, menaça de congédier le séminaire. Le pape était à Fontainebleau depuis le mois de juin 1812. Avant le 23 janvier 1814, époque de son départ, deux directeurs du séminaire, MM. Boisnet et Mousset-Ducaillou, furent députés auprès du Saint-Père pour lui demander une décision. Comme cela n'était pas douteux, la réponse fut défavorable à M. Baston.

Cependant telle était la confusion d'idées introduite par le régime du sabre, que le retour des deux députés ne mit pas fin à l'administration de M. Baston [1]. Les partis se tranchèrent davantage. Celui des *bastonistes*, car c'est ainsi qu'on appelait les partisans de M. Baston, avait à sa tête M. Leclerc; l'autre avait pour chefs M. Levavasseur, M. Bazin, supérieur du séminaire, et les directeurs. Les premiers mois de l'année 1814 s'écoulèrent au milieu de ces troubles. Il fallut qu'une nouvelle révolution vînt mettre fin à cet état de choses.

Napoléon avait été vaincu par l'Europe coalisée. Le 2 avril, un sénatus-consulte prononça, à l'instigation de Talleyrand, la déchéance de l'Empereur, et un autre, du 6, le rappel des Bourbons sur le trône de France. Grand fut l'enthousiasme de la France, qui ne respirait plus sous un joug de fer. Le chapitre de Séez voulut prendre part à la manifestation générale. Par délibération du 14 avril, il fit acte d'adhésion aux arrêtés du Sénat et pria Son Altesse Sérénissime le prince de Béné-

---

[1]. L'auteur de la vie de M. Bazin, page 42, est tombé dans l'erreur à ce sujet.

vent (Talleyrand) de porter aux pieds de Louis XVIII, son souverain légitime, le témoignage de sa fidélité, de son obéissance et de sa soumission.

M. Baston ne prit aucune part à cette démarche. On le comprend. La situation devenait pour lui de plus en plus critique; elle se prolongea pourtant encore près de deux mois. Dès le commencement de mai, M. de Rochemure, qui montra le plus d'ardeur en cette circonstance, demanda la révocation des pouvoirs de vicaire capitulaire accordés à l'évêque nommé, dans une séance dont il n'est pas resté procès-verbal, parce qu'il n'y fut rien décidé, à cause de l'égalité des suffrages. Le 12 mai, il provoqua une nouvelle réunion extraordinaire où, dépassant le but, et sans tenir compte des dispositions du droit, il déclara, au nom de ses commettants, qu'il ne se bornait plus à réclamer la révocation des pouvoirs de M. Baston, mais qu'il demandait encore que le chapitre reprît l'exercice de la juridiction qui lui appartient pendant la vacance du siège, et que, en conséquence, les pouvoirs des deux autres vicaires capitulaires leur fussent retirés. A ce moment, M. Leclerc leva la séance, et sortit accompagné de MM. Langin, Gary, Levavasseur et Lepeltier. Quatre chanoines, MM. de Rochemure, Maillard, Astier et Lemarchand-Ducassel, continuèrent la séance, sous la présidence du plus ancien, M. de Rochemure. Ils révoquèrent les pouvoirs des trois vicaires capitulaires et nommèrent, pour les remplacer, M. Legallois, dont la captivité avait cessé, et M. Villeroy, ancien grand vicaire.

Cette délibération ne pouvait avoir d'effet. Mais les circonstances étaient devenues irrésistibles; le 11 juin, un autre chapitre fut convoqué extraordinairement *per domos*, pour soumettre la question à un nouvel examen. Là se trouvèrent MM. Leclerc, Langin, de Rochemure, Levavasseur, Lepeltier, Maillard, Astier et Lemarchand-Ducassel. MM. Leclerc, Langin, Lepeltier se prononcèrent pour le maintien des pouvoirs de M. Baston. Mais la majorité, composée de MM. de Rochemure, Levavasseur, Maillard, Astier et Lemarchand-Ducassel, vota sa révocation 1. C'en était fait. Le secrétaire de l'évêché fut chargé de notifier cette décision à M. Baston dans le plus court délai. L'évêque nommé s'en retourna à Rouen avec le remords d'avoir inutilement bravé la défense du souverain pontife, et n'ayant pour excuse que l'exemple de ceux qui l'avaient précédé dans une voie qui conduisait au schisme 2. Les deux vicaires capitulaires, MM. Leclerc et Levavasseur, et après la mort de ce dernier (1815), MM. Bazin et Laruelle, élus à sa place 3, continuèrent, parmi les difficultés inséparables de la longue viduité d'une Église, de gouverner le diocèse jusqu'à la prise de possession de Mgr Saussol, nommé en 1817, et installé le 1ᵉʳ novembre 1819.

1. Ce fut à cette occasion qu'on accusa M. Levavasseur d'avoir prêté le serment constitutionnel. Comme nous l'avons dit, cette accusation n'est pas prouvée, mais si ce vénérable prêtre fit le serment purement et simplement, ou avec réserves, il ne tarda pas à le rétracter, puisque la prestation eut lieu à la fin de janvier, et que, dès le mois de mai, il était dénoncé comme prêtre réfractaire.

2. Déjà, sous le règne de Louis XIV, le diocèse de Séez avait été administré par un évêque nommé. Après la mort de Jean de Forcoal, Mathurin Savary ne put obtenir son institution du pape Innocent XI, parce qu'il avait signé, comme membre du clergé du second ordre, la fameuse déclaration de l'Assemblée de 1682, et fut nommé par le chapitre vicaire capitulaire. Mais il est probable qu'il faisait valider ses actes par la signature des autres vicaires capitulaires, ses collègues. D'après les manuscrits de M. Calimas, curé de Courtomer, ayant voulu exercer son autorité sans leur concours, il fut aussi destitué par les chanoines, et quitta Séez pour retourner à Paris. Il y revint plus tard et finit par recevoir ses bulles, après avoir écrit à Innocent XII *la lettre* dont les termes avaient été longtemps discutés entre la cour de Rome et celle de France. (Voyez l'*Histoire de Bossuet*, par Bausset, liv. VI.)

3. Cette élection de deux vicaires capitulaires, pour en remplacer un, paraît irrégulière. Les canonistes mettent en question si, dans ce cas, le chapitre peut même en nommer un seul.

III.

(T. II, p. 324, et t. III, p. 114-115.)

LES SERFS EN WESTPHALIE

[Nous croyons utile de publier en appendice le remarquable travail de M. Baston sur les serfs en Westphalie. Il se trouvait dans le 3ᵉ volume des mémoires manuscrits (t. II, p. 324 de notre publication), parmi les pages consacrées au séjour en Allemagne. Nous l'avions omis pour ne pas interrompre le récit par une digression un peu longue, mais l'intérêt et la nouveauté des observations du docte chanoine nous ont déterminés à le conserver. Les érudits apprécieront, pensons-nous, cette étude approfondie d'une institution très peu connue.]

Qu'est-ce qui empêcherait que je plaçasse ici mes observations sur la servitude? Nous sommes aux champs; et il n'y a de serfs que là; les bourgeois naissent libres. A la campagne, presque tout est serf, autant par goût que par nécessité, jusque-là que la plupart de ceux qui ne le sont pas regrettent de n'avoir pas reçu ce présent au berceau, ou d'être dans l'impuissance de l'acquérir. Cette façon de voir et de sentir étonnerait beaucoup un peuple animé encore par les premières ferveurs d'une liberté dont il se croit possesseur; mais elle n'en est pas moins vraie : et qui sait si, quand elle sera plus connue, elle ne trouvera pas des apologistes et des raisons? Deux paysans plaidaient ensemble. Il ne s'agissait que d'une raie de mauvaise terre, qui, annuellement, n'aurait pas rapporté deux stubers. Ils appartenaient au même maître. L'un était serf; l'autre, libre comme l'air, était, comme en France, fermier à terme. Le maître de ces deux hommes trouvant le droit de celui-ci plus apparent, il conseillait à celui-là de se désister : « Moi, s'écria cet orgueilleux, moi lui céder ! « moi qui suis serf (il aurait presque dit *qui ai l'honneur* « *d'être serf*) céder à un homme qui n'est que locataire !.... » Ce mouvement d'indignation n'est concevable que dans les mœurs de nos paysans de Westphalie. On jugera par ce que je vais dire s'il serait possible de le justifier. L'ordonnance du prince Maximilien-Frédéric, évêque de Münster, rendue en 1770, et reçue par les États du pays, me servira de guide. Elle jouit ici d'une grande réputation de sagesse et d'équité, et fait loi. Les connaisseurs la trouvent plus favorable aux serfs qu'aux maîtres : ce qui n'est sensible qu'aux yeux qui ont vu la rigueur du joug qu'elle a allégé.

On définit la servitude « un état de service personnel qu'on « doit à un maître, aux dépens de la liberté naturelle et politi- « que, et qui unit le serf au maître corps et biens : *mit Gut und* « *Blut.* » Dans cet état, les désavantages, les devoirs sont compensés par des droits : car un maître doit à ses serfs comme ses serfs lui doivent. Si l'on s'en tenait aux mots, la servitude actuelle dans le pays de Münster ne différerait guère de l'ancienne servitude germanique, de l'esclavage tel qu'il fut chez les Grecs et les Romains, ou tel qu'il est encore chez les barbaresques; puisque les mots représentent les serfs comme *la chose du maître* et une partie de sa propriété. Mais il leur est arrivé ce qu'on remarque souvent dans nos langues modernes, les sons demeurent, et de nouvelles idées ont remplacé les anciennes. On verra clairement tout à l'heure que ces *propriétés du maître* s'appartiennent à elles-mêmes, sous plus d'un rapport, à l'ombre d'une indépendance titulaire.

La servitude peut provenir de plusieurs causes : naissance, mariage, tradition volontaire, don, échange, vente, prescription et sentence juridique, dit la loi. Ainsi, pour entrer dans une courte énumération, celui qui naît de parents serfs est serf : serf de celui auquel ses auteurs appartiennent. Qu'un enfant soit procréé par un père libre et par une mère qui ne l'est pas, il naît serf, et appartient au maître de cette mère. Si les deux époux sont serfs, mais de différents maîtres, le maître seul de la femme a un droit de propriété ou de servage sur la progéniture. Le sort des enfants bâtards est à peu près réglé comme celui des enfants légitimes. Si une femme conçoit étant encore libre, ou qu'ayant conçu dans l'état de servitude, elle ait acquis sa liberté avant de faire ses couches, l'enfant est libre. Les enfants qu'une femme libre a d'un serf soit dans le mariage, soit hors du mariage, sont libres comme leur mère. Cette théorie paraît porter sur l'axiome *partus sequitur ventrem*, peut-être aussi sur cet autre : *pater incertus, mater certa*.... Quiconque épouse l'héritier ou l'héritière d'un bien serf, et est admis par le maître à *gagner l'héritage*, devient serf *ipso facto*. Le mariage, acte libre, qui de deux personnes n'en fait qu'une, et l'investiture des domaines possédés en servage par l'héritier ou l'héritière attachent l'autre époux à la glèbe et le rendent *partie* de la *chose* du maître. Il en est de même et sans aucun acte, si les mariés demeurent sur la ferme pendant trois années consécutives, de l'agrément du maître, et en lui payant les redevances serviles. Le maître et la partie libre sont censés avoir fait ce qu'il fallait, celle-ci pour gagner le bien en servage et devenir serf, celui-ci pour concéder le bien en servage et devenir maître.... Des libres qui prennent un bien en servage, c'est-à-dire ou qui était ci-devant possédé servilement, ou qu'on s'oblige à tenir et posséder de cette manière, deviennent serfs. Dans ce cas, le consentement formel des deux époux est nécessaire. La résistance de l'un des deux, n'importe lequel, rendrait nulle cette espèce de dédition. Les enfants qui naissent après cet asservissement volontaire sont forcément serfs. Les enfants nés auparavant continuent d'être libres, bien que père et mère les eussent donnés en se donnant : à moins que, *majeurs* au temps de cette convention, ils n'y eussent consenti, ou que, *mineurs*, ils ne l'eussent ratifié à leur majorité.... En cas de vente, d'échange, de don, les serfs suivent le fonds ; ils passent comme lui en d'autres mains, mais ils emportent leurs droits avec eux.... Si quelqu'un, pendant trente ans, a été tenu pour serf, et qu'il en ait sans contradiction rempli les devoirs, il est réputé serf, et s'il ne l'était pas, il le devient. Il contracte toutes les obligations de la servitude.... et en acquiert tous les droits.... Une sentence juridique et en dernier ressort produit les mêmes effets.

De quelque cause que naisse la servitude, elle est toujours la même quant à certains principes généraux, qui en sont, pour ainsi dire, l'essence ; mais les différences sont grandes et nombreuses par les clauses stipulées dans l'acte d'asservissement.

Entre le maître et le serf il existe des devoirs réciproques. De la part du maître, humanité, douceur, protection, faveur de tout genre ; de la part du serf, respect, obéissance, disposition à *servir* dans toutes les choses raisonnables, et qui ne vont point au delà des obligations contractées. Un serf doit soigneusement éviter tout ce qui peut nuire à la personne, aux biens et à l'honneur de son maître : il y est lui-même intéressé, puisqu'il fait partie *de la famille*. Un serf ne peut pas au moins toujours et en toutes les circonstances se comporter en homme libre et maître de soi : par exemple, quitter sa ferme, abandonner le pays, etc. Pour toutes ces démarches, il faut l'agrément du maître. Quand sur une ferme il y a plus d'enfants qu'il ne faut pour la bien cultiver, les parents peuvent mettre en service libre leurs enfants superflus. Ils peuvent aussi, mais avec la permission du maître, les mettre aux études, leur faire apprendre un métier, etc.... La loi recommande aux propriétaires de favoriser ces sortes d'arrangements, qui vont au profit de la chose publique, et même de la *ferme*, en la déchargeant d'un poids inutile. Cette permission du maître n'est maintenant qu'une formalité. Presque tous les paysans un peu aisés cherchent à donner un état libre à leurs *puînés*, et il est rare qu'on s'y oppose. Souvent ils prennent à leur place des mercenaires pour les aider dans les travaux de la campagne ; et quelquefois il ne reste sur la ferme que l'héritier et l'héritière. Les autres enfants vont peupler les monastères, grossir la portion du clergé travailleur, ou ils deviennent marchands, procureurs, avocats, médecins, militaires. Ce n'est pas pour eux une flétrissure que d'être nés serfs, comme ce n'est pas un avantage honorifique d'avoir cessé de l'être. On voit que les femmes ont beaucoup moins de moyens ou de prétextes d'affranchissement que les hommes. Les enfants serfs des deux sexes, quand ils ont atteint l'âge et les forces compétentes, doivent au maître un service de six mois, sans autre salaire que leur nourriture. Lorsque le maître juge à propos de requérir ce service, il est tenu d'en avertir auparavant les obligés, de manière qu'ils puissent entrer chez lui et en sortir, au temps fixé par l'usage pour les services ordinaires de location. Si le maître est une *personne morale*, composée de plusieurs personnes physiques ; en d'autres termes, si plusieurs individus possèdent *solidairement* une seule et même ferme, il n'est jamais dû par chaque enfant qu'un service de six mois. Il en est de même des autres redevances. C'est à ces fractions de maître à s'arranger ensemble. Le serf et sa famille ne doivent pas être grevés de cette multiplicité. Les enfants aux études ou en métier sont dispensés du service personnel, mais ils doivent au maître une indemnité qui est rarement exigée. Ce dédommagement est le salaire que gagnent pendant un demi-an les domestiques et les servantes qui servent librement. Enfin les serfs doivent remplir avec la plus parfaite exactitude les diverses obligations de leur engagement et payer les redevances annuelles. J'en parlerai dans un moment.

Le droit de correction appartient aux maîtres, mais il n'est, heureusement pour l'humanité, que l'ombre de ce qu'il fut autrefois et de ce qu'il est encore dans quelques pays : encore l'exerce-t-on rarement. Un maître peut donc corriger un serf qui lui manque de respect, d'égards; mais la raison veut que la peine soit proportionnée au délit, et la loi qu'elle soit toujours modérée. C'est la réclusion dans une chambre, au pain et à l'eau, pendant vingt-quatre heures. C'est le *Spanisch Mantel*, morceau de bois qu'on leur met sur les épaules, et qui les humilie en les exposant à la risée de leurs semblables, etc. : jamais de prison, d'amende, de punition corporelle. De son côté, le serf, s'il se croit trop puni, peut avoir recours à la justice, mais le juge n'a que ce seul point à examiner : « Le maître a-t-il excédé les bornes de la modération ? » Dans le cas où le délit du serf exigerait une peine plus grande que celles que le maître peut infliger, celui-ci ne peut que dénoncer le coupable aux tribunaux ou intenter un procès dans toutes les formes. Un droit plus réel et plus utile au maître que celui d'ordonner les arrêts et le *Spanisch Mantel*, est de saisir et vendre le mobilier du serf qui refuse ou néglige de payer ce qu'il doit : et cela, sans que justice s'en mêle.

La dépendance des serfs ne se montre jamais plus sensiblement que dans leurs mariages, surtout quand il s'agit d'un héritier ou d'une héritière : car il m'a semblé que pour les autres on n'y regarde pas de si près. Il leur est défendu de se marier sans l'agrément du maître, fussent-ils déjà en possession de l'héritage. Ils doivent non seulement demander cet agrément, mais encore l'obtenir; ou, si le maître refuse injustement la permission sollicitée, s'adresser aux tribunaux pour être autorisés à faire ce que le maître ne veut pas qu'ils fassent. Les frais de cette contestation sont au compte de celui qui perd sa cause. Les maîtres doivent ne pas trop gêner la liberté des mariages. S'ils peuvent, comme de bons pères, de sages tuteurs, diriger les choix, au moins ne peuvent-ils pas les fixer. Le *futur* ou la *future* prend qui il lui plaît dans la classe des personnes en état de bien administrer une métairie, et auxquelles on n'a d'ailleurs aucun reproche essentiel à faire. Lorsque le serf propose une personne de cette espèce, le maître doit donner son consentement dans le délai de trois semaines. S'il répondait négativement ou qu'il se tût, sommations respectueuses, et le procès s'engagerait. Si le serf passait outre, n'ayant ni le consentement de son maître ni l'autorisation de la justice, le mariage ne serait pas déclaré invalide, mais le maître pourrait, en punition de ce délit, priver la partie coupable de l'héritage auquel elle avait droit. S'il ne s'agissait que d'un contrat de fiançailles, fait sans l'agrément du maître, il serait nul de toute nullité. L'obligation de conscience ne passerait pas même sur celui qui l'aurait fait ; il pourrait n'y pas tenir. Cette jurisprudence a, comme on voit, beaucoup de rapport avec l'ancienne jurisprudence française, touchant les mariages des fils de famille. Au reste, les raisons qui légitiment le refus du maître sont que le mariage exigeât une dispense trop coûteuse; que la personne proposée n'eût pas l'aptitude convenable au mariage des champs; que sa conduite fût répréhensible par quelque endroit. Les deux derniers titres sont susceptibles d'une infinité de divisions sur quoi l'esprit de chicane peut établir bien des procès.

Un serf ne peut faire aucune disposition testamentaire. S'il en eût fait en état de servage, et que, devenu libre par un affranchissement légal, il n'eût pas ratifié cet acte d'un homme qui n'était pas encore à soi, le testament serait nul, et la chose léguée irait à qui de droit. Le serf à qui la loi ne permet pas de faire de testament peut en recevoir, et hériter de ses parents libres. Passe pour l'héritage, puisque la chose est réciproque; mais pourquoi rendre habile à profiter d'un legs celui qui est dans l'impuissance de léguer à son tour? Les donations entre-vifs ne sont pas interdites à l'homme serf, mais elles ne peuvent pas excéder la quatrième partie de son *avoir*. S'il donnait, mais sans livrer actuellement, et à condition de ne prendre qu'après sa mort, la donation serait nulle. On la regarderait, et avec assez de raison, comme un testament déguisé.

Parlons des biens et de leur jouissance: matière assez compliquée et sur laquelle les faits journaliers, de quelque part que vienne la transgression, sont souvent en opposition avec la loi. Aucun bien n'est *servile* de sa nature. Tout, en ce genre, dépend de la qualité de ceux qui possèdent ou de la manière dont l'héritage est baillé par le propriétaire. Il suit de là qu'un héritage de serf, légalement rentré dans la main du maître, peut être affermé à des libres comme bien libre. Il suit de même qu'un héritage libre peut être donné à des serfs en servage.... Les champs, prairies, jardins, bois, bâtiments, etc., dont jouit un serf, sont censés les appartenances de la ferme, à moins que le contraire ne soit incontestablement prouvé.... Qu'un serf fasse une acquisition, le pouvoir d'en disposer, non toutefois par testament, lui reste pendant sa vie. Il peut donner, revendre, engager; mais à sa mort, l'acquisition est inséparablement unie à la ferme et devient la propriété du maître. Si le serf revend ses acquêts, il doit en prévenir son maître, et lui en offrir la préférence. S'il ne le faisait pas, le maître aurait un droit de *retrait*, à peu près comme autrefois les seigneurs en France.... Les additions faites à une ferme, par alluvion, partage de communs, etc., sont, à l'instant même de l'accession, parties de l'héritage : le maître en a la propriété, le serf l'usufruit. Car le serf a l'entière jouissance du bien. Tout ce qui excroît sur la ferme, soit naturellement, soit par l'industrie et le travail, est à lui : sauf les réserves portées au contrat introductif de la servitude ou consacrées par une prescription légitime.

Au moyen de ce que tous les fruits sont à lui, le serf est obligé de cultiver, fumer, semer, récolter, d'avoir soin des bâtiments, et en un mot de faire tout ce qu'il faut pour entretenir en bon état un bien de campagne qui, outre la vie des colons, doit encore payer le maître et le prince.... Le serf n'étant qu'usufruitier, il ne peut vendre ni échanger aucune partie du fonds sans l'agrément du maître, ces opérations fussent-elles intrinsèquement utiles. Il ne peut grever l'héritage d'aucune servitude nouvelle, et tout ce qu'il aurait fait en ce genre serait nul de plein droit. Il ne peut faire aucun changement considérable dans la ferme, sans la permission du propriétaire : par exemple, transporter un bâtiment d'un lieu à un autre, convertir une prairie en labour, etc. Vainement alléguerait-il, prouverait-il même qu'il a fait le bien de la chose ; ces manières de faire le bien sont des actes de propriétaire, et il ne l'est pas.... Un serf ne peut pas rétrocéder sa ferme, pas même à celui qui doit la posséder après lui ; il ne peut pas la louer, soit en totalité, soit en partie ; y mettre d'autres habitants que ceux qui composent sa famille ou qui sont à son service. Tout ce qu'il tenterait de semblable a besoin de l'agrément du maître, à peine d'amende et de nullité.

L'usage et jouissance des bois demandent une attention particulière. D'abord, ils tiennent tous à la ferme et font partie de la propriété du maître, eussent-ils été plantés par le serf ou par ses auteurs. Mais le serf en a l'usufruit comme le reste, et tel que la loi le donne. Les bois secs qui ne sont pas propres à bâtir ou à réparer lui appartiennent. Les taillis et les autres coupes régulières sont également à lui. Non seulement il peut en user, il peut encore les vendre à son profit, pourvu qu'il se conforme aux lois pour le temps et le mode de la coupe. Les arbres de haute futaie, chênes et hêtres, ceux mêmes qui se trouvent dans les taillis, parce que le serf, en les exploitant, est obligé d'y laisser des baliveaux, suivant une proportion déterminée, appartiennent au maître, qui peut les enlever quand il lui plait, non pas toutefois au point que la ferme soit dégarnie, car le serf doit y avoir de quoi réparer et reconstruire, lorsqu'il le faut. L'exercice du droit de propriété qu'a le maître sur les chênes et les hêtres est extrêmement gêné par un autre droit qui appartient ordinairement au métayer. On l'appelle *Mästung*, et c'est le droit d'engraisser des porcs sous ses arbres en les nourrissant du gland et de la faîne qui en tombent! Si le serf le possède seul, ou s'il le partage avec le maître, celui-ci ne peut mettre la cognée au pied d'un seul hêtre ou d'un seul chêne sans le consentement de l'autre, aussi longtemps que ces arbres produisent du fruit. Pour peu qu'ils en produisent encore, le serf peut, à la hache du propriétaire, opposer le *veto* de l'usufruitier. Nombre d'excellents arbres se couronnent, périssent sur pied par cette jurisprudence. Un chêne, un hêtre à moitié mort, est encore fécond dans quelques-unes de ses branches. Un tronc creux de vieillesse, et désormais inutile à la construction, ne cesse pas de nourrir par ses extrémités l'animal que la faim et l'habitude amènent sur la place où ce vieillard est encore debout, malgré sa décrépitude. On ne l'abattra donc pas, à moins que le serf ne consente qu'il soit abattu. Le vent corrige quelquefois les abus de cette législation. Il saisit par la tête ces arbres protégés, les déracine et les renverse. Aussitôt le maître s'en empare, sans que le serf y puisse rien prétendre. Malheur au serf, dit la loi, s'il coupe les arbres de son maître, soit pour les vendre, soit même pour s'en servir. Restitution et amende, voilà les peines à quoi il est soumis, et elles s'étendent jusqu'aux acheteurs, qui ne doivent point ignorer qu'ils ne peuvent traiter de cette denrée avec un paysan serf, à moins qu'on ne lui exhibe, en bonne forme, la permission du maître. Mais cette loi si juste et si rigoureuse est rarement appliquée, quoique le délit soit fréquent. Le défaut de surveillance, l'éloignement, les ténèbres et mille précautions que sait prendre l'homme qui dérobe, sauvent du châtiment celui que sa conscience n'a pas retenu. Et quand retient-elle la conscience d'un serf, accoutumé par une longue possession, une jouissance bien des fois répétée, à se regarder comme le vrai maître de la chose et à considérer les droits du maître légal comme le produit d'une violence cachée dans la nuit des temps, mais réelle ?

Les prestations annuelles, ce que nous nommerions le *fermage* ou les *faisances*, sont arrangées avec beaucoup de sagesse. Le serf doit à son maître toutes celles qui sont stipulées dans l'acte ou contrat d'inféodation ou de servage et celles que la coutume a introduites ; mais le maître ne peut ni les augmenter ni les changer ; à plus forte raison ne peut-il pas en exiger de nouvelles. Je dis qu'il ne le peut pas, à moins que le *sang ne manque* : c'est-à-dire à moins que la ferme ne soit entièrement rentrée dans la main du propriétaire ; car, puisqu'il peut alors la garder, usufruit et propriété, comme un bien libre, il peut, en quelque sorte davantage, la donner comme *bien serf*, aux conditions qu'il plaira à l'un de prescrire, à l'autre d'accepter. Quand une métairie en servage reçoit une addition par l'action libre du maître propriétaire, ce maître peut augmenter les *præstanda*, dans la proportion qu'il veut ; mais pour que la balance soit égale et l'équité conservée, le serf ne peut être contraint d'accepter cette addition. De part et d'autre, ce nouveau contrat doit être parfaitement libre. On marchande et l'on finit par s'accommoder.... Une ferme perd-elle quelque chose qui contribuait à sa valeur, les prestations annuelles, si le serf n'est point en faute, doivent être diminuées proportionnellement ; si la chose perdue revenait à la ferme, les prestations remonteraient aux taux d'où elles seraient descendues. Rien n'est ordonné pour les mauvaises années, pour les pertes éventuelles de guerre, de grêle, d'inondation, etc. Le législateur espère que les maîtres seront humains, qu'ils accorderont des remises, des termes de paiement, et qu'ils ne forceront pas leur serf à *recourir à la justice*. Je ne vois pas comment il pourrait y avoir un appel à la justice, puisque la loi n'avait rien ordonné ; là, j'aurais mieux aimé des arbitres que des juges..... Le serf est obligé d'apporter les *præstanda* en nature, froment, seigle, etc. Le maître pourrait assigner un autre lieu de transport, mais il ne faudrait pas qu'il résultât de ce changement une augmentation de charge pour le fermier. Si l'héritage du propriétaire passait en d'autres mains et qu'il fallût porter *à un autre logis*, le nouveau propriétaire pourrait exiger qu'on apportât chez lui ; mais si la traite, comparée à l'ancienne, était ou plus longue ou plus difficile, le serf aurait le droit de demander une indemnité, et elle ne pourrait lui être refusée.

Les services de *charroi* et de *main* augmentent la dette du serf envers son maître ; mais les détails de cette double obligation dépendent des contrats et de l'usage. Je ne marquerai que ce qui est, pour ainsi dire, de principe. En cas de litige, c'est au maître à faire la preuve, s'il exige plus d'un service par semaine, et, au contraire, c'est au serf, s'il soutient qu'il est obligé à moins.... Un service en *nature* ne peut être converti en argent que du consentement des deux parties. Si néanmoins le maître, ne pouvant aprofiter les services qu'on lui doit en nature, proposait au serf de les racheter à un prix raisonnable, et que le débiteur refusât d'entendre à cet accommodement, il pourrait faire à un autre la cession de son droit, pourvu que le service n'en devînt pas plus onéreux.... Un serf qui, même pendant longues années, a payé les services en argent, ne serait pas pour cela dispensé de les acquitter en nature, par la suite, si telle était la volonté du maître ; à moins qu'il ne pût opposer une prescription de trente ans : prescription si énergique, que le serf peut quelquefois s'en aider pour ne rien payer du tout.... Quand le service est hebdomadaire, ou attaché à un temps déterminé quelconque, et que le maître ne l'a point exigé, il est censé remis. Le maître ne peut plus demander d'équivalent ni de service de compensation, comme seraient, par exemple, deux services dans une autre semaine,.... Un serf requis de service doit apporter ses outils et instruments nécessaires, même de la nourriture pour ses chevaux, si l'usage ou les titres n'en décident pas autrement. Mandé *pour un voyage*, il doit pourvoir à la nourriture de l'attelage et des conducteurs : ceux-ci ont le *Fuhrschilling*, rétribution qui correspond à nos *guides*, mais qui est beaucoup plus légère. Si le voyage dure plus d'un jour, les nourritures tombent à la charge du maître, quand le serf n'y est pas expressément assujetti.... Le maître qui a un service de charroi ou de main *indéterminé*, c'est-à-dire que sa seule volonté règle pour le temps ou pour la fréquence, ne doit pas abuser de son droit. Trop exigeant, ou exigeant à contretemps, il nuirait aux travaux de la culture. La loi ne dit pas, et je m'en étonne, comme elle le dit en une foule d'autres endroits, moins importants peut-être, que le serf, en cas d'abus, peut recourir à la justice du Prince; mais il me paraît évident qu'elle le suppose. D'où il me paraît suivre que ce pouvoir indéterminé de mander son serf quand il veut, est moins profitable, moins utile à un maître, que le pouvoir dont l'exercice est déterminé par le pacte ou par l'usage. La fixation précise des services coupe pied à toutes les difficultés. Le serf ne peut plus se plaindre qu'on lui demande trop, ni le maître vouloir qu'on lui en donne davantage.

Outre les droits ou jouissances que j'ai mis sous les yeux de mon lecteur, les maîtres ont encore deux casualités de grande importance : le *Gewinn* ou gagnage de la ferme, et le *Sterben-Fall* ou la mort du serf. Disons-en quelque chose séparément.

Quoiqu'un homme *du sang*, né serf, ait un droit incontestable de succession à l'usufruit, vacant par mort, ou autrement; ou, comme on s'exprime, à l'héritage de ses parents :

un fils par exemple à l'héritage de son père, un frère à l'héritage de son frère, il ne peut, cet héritier, entrer en jouissance du bien qui lui est dévolu, sans avoir préalablement payé au maître un droit de *Gewinn* qui est comme le pot-de-vin de ce nouveau bail à vie ; on peut aussi le comparer au droit de mutation, le principal du fermage restant sur l'ancien pied. C'est une somme d'argent que le maître fixe lui-même, mais que l'entrant ne donne qu'après avoir bien marchandé. Ce *Gewinn* étant une chose variable, six considérations servent à en fixer le *quantum :* 1° Les forces du pécule, c'est-à-dire de l'argent comptant qui est dans la maison du serf, au moment de la vacance. On m'a assuré qu'il se trouvait toujours en petite quantité, même chez les plus riches et les plus religieux. La cupidité, féconde en subterfuges, en prétextes, persuade à ces bons humains de bien cacher, au maître surtout, leur richesse pécuniaire ; 2° le taux du *Gewinn* précédent : c'est une pièce de comparaison ; 3° le temps qui s'est écoulé d'un *Gewinn* à l'autre, du précédent à celui-ci. Plus d'intervalle entre les deux paiements autorise le maître à demander davantage, et moins d'intervalle veut que ses demandes soient restreintes. On a aussi égard aux changements survenus dans le prix des denrées, dans le taux des impositions, etc., ainsi qu'aux accidents qui auraient augmenté ou la dépense, ou le revenu du fermier ; 4° la grandeur de la ferme, son produit, ce qu'elle paie au fisc : le fisc se connaît en valeur et est strict : moins pourtant en Allemagne qu'ailleurs ; moins encore sous les gouvernements ecclésiastiques que dans les souverainetés héréditaires ; 5° les redevances : plus elles sont considérables, proportionnellement aux produits de la ferme, moins le *Gewinn* doit être fort ; 6° le nombre des enfants qui sont sur la ferme, et à qui une *légitime* est due. Ce nombre d'enfants et la grosseur du *Gewinn* sont en raison inverse. Ainsi, de ces raisons, les unes plaident pour le serf, les autres pour le maître ; quelques-unes tendent à établir un juste équilibre. Si le maître tenait à une somme exorbitante, le serf pourrait recourir aux tribunaux, dont le devoir, en pareil cas, est de décider sans délai et sur une enquête sommaire. Mais on en vient rarement à cette extrémité, tant on appréhende, de part et d'autre, les longueurs des *sans délai* de la justice allemande, et le coût ruineux de ses *enquêtes*, même sommaires. Après avoir disputé on se rapproche, et l'on termine. Les deux parties y gagnent.

Lorsqu'un serf passe de vie à décès, le maître en hérite. Quelquefois, il a tout ce que le mort a laissé ; d'autres fois, il n'a droit qu'à la moitié. Le maître partage la succession avec l'époux survivant. Quand celui-ci vient à mourir, s'il n'a point d'enfants procréés en légitime mariage, tout son avoir appartient au maître : pécule, meubles, acquisitions, etc., à l'exclusion de tous les héritiers *ab intestat*. Seulement le maître est alors obligé de payer les dettes du défunt, s'il en a. Mais si l'époux serf, dernier mourant, laisse des enfants légitimes, le maître, supposé qu'il prît l'héritage en nature, ne peut s'attribuer que la moitié de cette seconde moitié, afin que la ferme ne soit pas entièrement anéantie. Ces droits du maître sont extrêmement onéreux à la classe serve ; et si les maîtres les exerçaient à la rigueur, leurs *hommes* seraient souvent fort à plaindre ; mais je dirai, à leur louange, qu'ils se piquent d'y mettre la plus grande modération. Rarement ils prennent le *Sterben-Fall* en nature. On convient à l'amiable d'une somme d'argent, et l'on fixe des termes de paiement qui, en divisant la dette, la rendent moins onéreuse. Un de nos principaux serfs de nos respectables Bernardines vient de mourir. Il ne laisse qu'un fils. Ses étables étaient pleines de bestiaux, ses granges pleines de grains. Il avait beaucoup de chevaux ; il était bien et richement meublé, ayant jusqu'à de l'argenterie. Je ne dis rien du pécule ou de l'argent comptant : c'est un article qui n'est jamais connu au vrai ; mais il devait être copieux, parce qu'en son vivant, le mort recueillait beaucoup et dépensait peu. Eh bien, nos dames commencèrent par réunir ensemble le *Gewinn* et le *Sterben-Fall*, pour n'avoir qu'une seule demande à faire, et cette demande ne fut que de cent louis. Elles auraient pu, sans injustice, exiger deux et trois fois davantage. En se comportant de la sorte, on ne s'enrichit pas, mais on se fait aimer, bénir, ce qui vaut beaucoup mieux. Je continue l'exposition des droits. L'enfant serf, qui n'est plus *au pain de ses parents* et qui a atteint l'âge de vingt-cinq ans, mourant célibataire, n'a point d'autre héritier que le *maître*. Deux serfs unis en mariage peuvent appartenir à deux maîtres différents. L'un meurt, la première moitié de leur avoir va au maître dont le défunt était le serf : il faut, pour exercer son droit d'héritage, que l'autre maître attende la mort de l'époux qui est à lui. L'héritier de la ferme et l'époux survivant sont obligés par la loi de déclarer au maître tout ce qui appartient à la succession. Le maître peut les citer devant le juge et leur faire prêter serment qu'ils n'ont rien détourné, caché, transporté. S'il était prouvé, n'importe quand, n'importe comment, que l'héritier s'est rendu coupable de malversation en ce genre, le maître aurait toute la succession, au lieu de la portion qui lui est assignée. Cependant les malversations sont fréquentes, et je n'ai jamais entendu parler de restitution. Les *Creuz-Weg*, les pèlerinages, les autres dévotions encore plus sacrées, n'empêchent pas ceux qui les pratiquent de garder, sans scrupule, le bien d'autrui. Les confesseurs n'interrogent point, et les pénitents ne consultent point. Une fausse confession n'a ici guère de moyens de s'éclairer. Il semble que les lois dont il s'agit soient regardées comme purement pénales. Peut-être encore s'imagine-t-on qu'elles sont injustes, en ce qu'elles consacrent les droits du maître qui, dans l'origine, ne furent que ceux du plus fort, et, dans ce cas, Dieu ne saurait trouver mauvais qu'on profite de toutes les occasions de se soustraire à leur exécution.

Une branche de servage qui mérite notre attention est le *Leib-Zucht*, qui a de l'analogie avec ce que nous appelons *douaire*. Quand des serfs, à cause de leurs infirmités ou de leur âge, ne peuvent plus administrer la ferme, ou que, du consentement de leur maître, ils la résignent à qui doit l'avoir après eux, ce qui est assez ordinaire, lorsque des parents marient leur *enfant héritier*, ils ont droit à un traitement annuel jusqu'à la fin de leur vie. C'est la retraite d'un soldat qui a longtemps servi ou qui est blessé, la pension alimentaire d'un vieux et dévoué serviteur. Souvent ce douaire est réglé par le contrat primordial ou par la coutume. Il consiste en habitation, champs, prairies, etc. : petite ferme enclavée dans une grande. Dans ce cas, les serfs qui se retirent ont leur part toute faite, et le maître n'a que son consentement à donner. C'est au maître à régler ce traitement, s'il ne l'est pas, en quoi il doit faire en sorte que les nouveaux colons ne soient pas trop grevés et que les anciens aient un nécessaire honnête. La possession du *Leib-Zucht* étant affranchie de toutes charges, n'étant sujette à aucune *præstanda*, aucune imposition, aucun service, tout demeurant au compte des nouveaux fermiers, le maître a un intérêt majeur à ce que la part de ceux qui le paieront et le serviront ne soit pas trop diminuée, outre qu'une pareille fixation à débattre entre des parents et des enfants a quelque chose d'embarrassant pour les uns et pour les autres ; un tiers tiendra la balance d'une main plus sûre et plus impartiale. Enfin le maître n'hérite pas du mobilier des serfs douairiers ; il retourne tout entier aux tenants de la ferme dont le *Leib-Zucht* a été démembré : motif puissant pour le maître, qui hérite des fermiers, de ne pas permettre que leurs serfs retirés deviennent trop riches. Si les parents qui se retirent ne veulent pas demeurer à part, mais rester sur la ferme et que le maître y consente, arrangement qui a lieu lorsque la métairie est peu considérable et qu'elle souffrirait trop d'un démembrement, les douairiers vivent de *la table de leurs enfants*, devenus usufruitiers, et *mangent aussi bon qu'eux*. On peut, en outre, pour qu'ils aient un *pfennig à la main* (nous dirions quelque argent dans leur poche), leur assurer annuellement quelques thalers (environ quatre francs) ou une certaine quantité de denrées qu'ils pourraient vendre à leur profit.... Quand il n'y a qu'un douairier, le *Leib-Zucht* est réduit à moitié : proportion qui ne paraît pas équitable. En effet, *deux* vivent bien plus commodément avec un, qu'un avec un demi, surtout s'il faut des soins, et quelqu'un pour les rendre, ce qui se rencontre naturellement ici.... S'il prend envie à un douairier de se remarier, la personne qu'il s'associe par le lien conjugal conservera pendant sa vie la moitié du traitement fait à l'ancien époux, mais il faut que le maître et le colon usufruitier donnent leur consentement au mariage. Ceci me paraît juste; mais les bonnes mœurs s'en accommodent-elles? Du moins, les convenances ne sont-elles pas blessées? Faire dépendre le mariage d'un père ou d'une mère du consentement, de la volonté de son enfant, cet ordre de choses me paraît déranger celui de la nature, et j'aimerais beaucoup mieux qu'il ne fût question ici que du maître. Au reste, les enfants provenus d'un mariage contracté sur le *Leib-Zucht* n'ont aucun droit d'hérédité par rapport au bien serf; ils naissent libres.

Voyons rapidement de quelle manière s'arrangent les successions parmi les serfs : on y remarquera plus d'une singularité. Une succession étant ouverte par la mort de l'usufruitier, le maître peut choisir, entre tous les enfants mâles ou femelles, celui ou celle qui lui semble plus propre à la chose. La liberté de ce choix s'étend jusqu'aux enfants d'un second mariage; c'est-à-dire, par exemple, que si le serf qui possédait la ferme a eu successivement deux femmes et qu'à sa mort il existe des enfants de ces deux femmes, le maître peut aussi bien choisir pour héritier un enfant de la seconde femme qu'un enfant de la première.... Quand c'est l'époux *héritier* qui meurt et que l'époux *adopté* (ou qui avait épousé l'héritier), auquel la ferme continue d'appartenir, se remarie, sa succession, lorsqu'il vient à décès, regarde les enfants du premier lit, de la première femme ou du premier mari. Elle ne pourrait aller aux enfants du second lit que dans le cas où aucun des autres ne serait en état d'administrer le bien. On regarde comme incapables les boiteux, les faibles de corps et d'esprit, ceux qui s'entendent mal à l'agriculture, qui n'y ont aucun goût, ceux qui ont commis une faute entraînant peine afflictive, ceux qui sont débauchés, ivrognes, etc. Mais les causes qui autorisent le maître à ne pas donner l'investiture de la ferme à tel enfant, telle personne, ne l'autorisent pas toujours à la lui retirer quand il l'a reçue. Là vaut spécialement le *turpius ejicitur quam non admittitur*, et tant qu'un serf, quelque accident qu'il lui survienne, reste en état de payer ce qu'il doit au maître, et paie en effet, on ne peut, hors certains cas prévus par la loi, ni lui enlever sa ferme ni le contraindre à la résigner. Les enfants qui, par le choix du maître, ont été exclus de la jouissance de la ferme, laquelle ne peut appartenir qu'à un seul, doivent être nourris et entretenus sur la ferme, jusqu'à ce que la *légitime*, à quoi ils ont droit de prétendre, leur ait été délivrée. Cette légitime a pour base la force du pécule (ou la quantité d'argent amassé) et la valeur de la ferme et le nombre des enfants à doter. Les fixations de cette espèce, faites entre les intéressés, sans l'intervention du maître, regardé comme le chef et le tuteur de la famille, sont pleinement nulles, et des peines sévères sont prononcées contre les serfs qui se comporteraient de cette manière. Autrefois, ces peines allaient jusqu'à la destitution de l'héritier; mais maintenant, les lois plus indulgentes ne prononcent qu'une amende. Il faut donc que l'héritier et les enfants à doter se présentent devant le maître, qui, tout vu, tout entendu, tout pesé, détermine la somme que doit avoir chaque enfant qui *n'hérite pas*. Celui qui se croirait blessé par cette opération paternelle peut recourir à la justice du prince, mais, ordinairement, on se rappelle fort à propos l'*huître et les plaideurs*. Acte doit être dressé de l'accord fait et des termes de paiement. Si ces termes n'étaient pas fixés par le concordat, la loi y a pourvu et les légitimes doivent être payées en entier dans l'espace de cinq ans. Il est tellement nécessaire d'exécuter la convention aux époques déterminées que, le temps entièrement écoulé, le débiteur pourrait opposer au créancier une *fin de non-recevoir*, lui dire : « Je vous devais, mais je ne vous dois plus; vous êtes censé payé. » Lorsqu'un héritage vient à vaquer, qu'il n'y a qu'un enfant pour hériter, et qu'il est absent, deux cas peuvent avoir lieu : le premier, que cet enfant ait quitté le pays sans le consentement du maître; le second, que le maître ait consenti à l'émigration. Dans le premier cas, le maître n'est point obligé d'avertir son serf de la vacance de la ferme. Il attend trois mois, et, ce temps écoulé, si le serf ne reparaît pas, il dispose de l'héritage en faveur d'un parent collatéral en état de l'administrer. S'il ne s'en trouvait point qui eût cette capacité, le bien rentrerait dans la main du maître, qui en disposerait à son gré. Dans le second cas, de même : excepté que si le maître connaît la demeure de son serf, il doit lui faire savoir que la ferme est vacante, et s'il ne la connaît pas, le lui faire savoir par une proclamation juridique, et après l'un et l'autre avertissement, attendre six mois.... Le maître a encore le droit de laisser de côté les héritiers présomptifs et de donner sa ferme à qui bon lui semble, lorsqu'un temps raisonnable leur ayant été donné pour se décider, ils ne se décident point. Cette négligente lenteur est prise pour un refus, et le maître agit en conséquence.... Les enfants nés avant le mariage, mais par lui légitimés, ont à la succession paternelle le même droit que les autres dont la bénédiction nuptiale avait précédé la naissance. La sainte cérémonie a effacé la tache dont l'intempérance de leurs parents les avait maculés.... On stipule quelquefois *qu'un enfant à naître sera libre*, par exemple, le second, le troisième, la première fille, etc. Protégé par cette convention et par la loi qui la maintient, cet enfant respirera l'air de la liberté du moment qu'il sera plongé dans celui de l'atmosphère; mais si, regardant autour de lui et calculant, si, voyant la misère assise à la porte de cette liberté qu'on lui a conservée et l'abondance sous le toit de la servitude à laquelle on a voulu l'arracher, il préfère d'être plutôt un serf aisé qu'un libre indigent? Il peut renoncer au bénéfice de la convention faite pour lui et prendre, au nom de la loi, les fers qui le rendent habile à hériter.... Un père et une mère encore jeunes, par amour pour un enfant unique et dont ils veulent hâter le bonheur, ont pris de bonne heure le *Leib-Zucht*. Peu après leur retraite, l'enfant est mort : ces infortunés ne peuvent plus prétendre à héritage. Il passe à un collatéral, s'il y en a, ou demeure à la libre disposition du maître. Dans aucun cas, les douairiers n'ont le *regrès*.... Des serfs meurent sans enfant légitime, et il reste des frères et des sœurs de l'héritier mort, c'est à un de ces collatéraux qu'appartient l'héritage; mais le maître conserve son droit de *choisir*. Au défaut des frères et des sœurs viennent les cousins dans l'ordre commun des successions, pourvu qu'ils soient *capables*. Si, pour le bonheur du maître, il n'existe pas de ces cousins-là, c'est lui qui hérite. Il rentre en possession de l'usufruit jadis aliéné, et le réunit à la propriété du fonds ou l'aliène de nouveau, avec des conditions plus avantageuses pour lui que les anciennes.... Voici, pour terminer cet article, la disposition la plus étonnante de la loi des successions en servage, et qui fait brusquement passer les biens d'une famille à une famille étrangère. Je la mettrai au clair par une hypothèse : *Jeanne*, après la mort ou la retraite de ses père et mère, a reçu du maître l'investiture de l'héritage. Elle épouse Pierre, homme absolument étranger à sa famille. Peu après son mariage, elle meurt sans laisser d'enfant; elle avait des frères et des sœurs; Pierre continue de jouir de la ferme, dont l'usufruit appartenait à Jeanne, sa défunte femme. Ce veuf se remarie, du consentement de son maître, à *Thérèse*. Des enfants sont nés de ce second mariage. Pierre et Thérèse meurent. Pour cette fois, qui héritera? Sera-ce un des frères ou une des sœurs de Jeanne? Sera-ce un des enfants de Pierre et de Thérèse, l'un et l'autre étrangers *au sang* auquel l'usufruit de la ferme appartenait? La loi décide que la succession doit aller à ceux-ci, à l'exclusion de toute parenté de Jeanne.

Quoique je sois effrayé de la longueur de mes notes sur la servitude munstérienne, il me faut pourtant ne point omettre l'article de l'affranchissement qui tantôt ressuscite la liberté, et tantôt, mais plus souvent, la fait naître. Le moyen le plus ordinaire est la *manumission;* le maître dit au serf : « Sois libre, » et le serf a disparu. Cet affranchissement peut se faire de bouche ou par écrit, avec ou sans témoins, par un acte entre-vifs, ou par testament. Toutes ces manières sont bonnes et efficaces, pourvu que l'existence de l'acte libérateur soit bien prouvée. Si entre la convention et l'exécution il s'écoule quelque temps, la liberté date, non de celle-ci, mais de celle-là. Un serf qu'enflamme le désir d'être libre s'adresse à son maître, forme sa demande, offre la somme fixée par l'usage, ou une somme compétente, et expose ses raisons; car quelque vif que soit le désir, il ne suffit pas; et si le maître peut le contenter, il peut aussi le repousser, quand des motifs suffisants ne se joignent point à lui. Le pétitionnaire dit, par exemple : « Maître, je trouve l'occasion d'épouser l'héritière « d'une ferme qui n'est pas à vous. » D'autres fois : « Je veux « prendre les ordres.... entrer en religion.... apprendre un « métier qui supplée à la modicité de ma légitime.... Je veux « me donner aux sciences, pour lesquelles je me sens du goût « et des dispositions, etc. » Toutes ces raisons sont de mise. Le maître doit y entendre. S'il était sourd à la voix des *bonnes raisons*, ou qu'il exigeât une somme trop considérable, le serf aurait recours à la justice du Prince, qui *veut* pour le maître difficile ou le contraint de vouloir. Il est des cas où le maître peut refuser la liberté au serf qui la sollicite. Supposons un vieillard dont l'âme ne souffrira pas, dans l'autre vie, d'avoir *appartenu* jusqu'à *la mort*, et pour qui, dans la vie présente, la liberté ne serait qu'une vaine décoration. Le maître lui dira : « Tu veux devenir libre, pour me frustrer de ta succes- « sion; continue de vivre et meurs ce que tu es, afin que j'hé- « rite de toi.... » Il est défendu d'admettre aux charges, aux honneurs, aux ordres sacrés, à l'état religieux, le serf qui ne justifierait pas qu'il a été légalement affranchi : mais enfin, si cela arrivait, les contrevenants à la loi sont-ils tout à la fois serf et juge, serf et prêtre, moine ? Non, ils seraient libres; mais 1° s'il s'agit d'une personne engagée dans l'état religieux, laquelle n'a plus et n'aura jamais de propriété personnelle, ses héritiers doivent satisfaire, pour lui, à sa dette envers le maître; 2° les autres, capables de propriété, doivent s'accommoder avec le maître, à un prix raisonnable : faute de quoi, leur décès arrivant, le maître aurait droit de s'emparer de tout ce qu'ils laisseraient après eux. Ces cas sont rares.... S'il a été stipulé dans quelque acte légal et obligatoire qu'il y aurait une *naissance libre* déterminée ou indéterminée, le *Freybrief*, ou lettre d'affranchissement, n'en est pas moins nécessaire ; mais le maître ne peut exiger que les *frais d'écriture*. Je conçois cette disposition, si la clause ne porte que vaguement qu'*une naissance, un enfant*. Tout alors naît serf par provision. Il faut un acte qui applique la condition indéterminée, et tire de la condition commune celui ou celle qu'il plaît aux parents de favoriser, de désigner. Comment, sans cela, serait-il prouvé qu'au milieu d'une famille de serfs, *tel enfant est libre* ? Mais si la clause exprime *la seconde naissance*, le troisième fils, etc., à quoi bon la lettre d'affranchissement ? N'est-il pas manifeste que l'individu si clairement et si manifestement désigné dans le contrat est né libre ? que ce contrat n'assure pas moins sa liberté personnelle que la servitude de son père et de sa mère, de ses frères et de ses sœurs ? Et que peut-il avoir à demander à un homme son égal, qui n'est pas plus libre que lui, qu'une clause spéciale de liberté n'a pas pris, comme lui, sous sa sauvegarde au moment qu'il sortit du sein maternel ?.... De même que la prescription opère quelquefois la servitude, de même aussi procure-t-elle la liberté. Un serf a acheté sa liberté d'un homme qu'il croyait son maître, qui paraissait l'être, qui ne l'était pourtant pas. Pendant trente ans, à compter de cette prétendue libération, le véritable maître s'est tu ; il est demeuré dans l'inaction, il n'a fait sur l'affranchi aucun acte de propriété, de maîtrise : le serf est libre. Est également tenue pour affranchie, une personne mariée à l'héritier ou à l'héritière d'un bien serf qui n'appartient pas au maître de cette personne, si son maître ne lui a fait aucune interpellation à cet égard. Excepté ces deux cas, dont le second, comme on voit, est moins un affranchissement qu'un changement de servitude, quelque silencieux et négligent qu'ait été un maître, par rapport aux devoirs du servage, le laps de temps, si considérable qu'il soit, ne préjudicie point à son droit, s'il peut s'établir. Le serf, après cent ans, continue d'être serf.... La servitude finit lorsque le serf achète de son maître la propriété de la ferme dont, comme serf, il possède l'usufruit : par la raison que la propriété des corps suit la propriété de la terre, et que l'achat rend le serf serf de lui-même, son maître, et par conséquent libre.

Plus qu'un mot sur la perte du *Gewinn* ou droit d'hérédité. Un serf devenu libre n'importe comment perd tout droit de succession à l'héritage, voulût-il redevenir serf.... Si un serf se marie sans le consentement de son maître, ou sans la sentence du juge qui tient lieu de ce consentement, il perd la ferme, et la femme lui reste. C'est la même chose pour l'héritière qui prend un époux que le maître n'a point agréé ou qu'elle n'a pas été légalement autorisée à prendre.... Le serf qui néglige les haies, les clôtures, les bâtiments, les terres, de manière que la ferme en reçoive un notable dommage, que le serf est dans l'impuissance de réparer, perd l'héritage. Cet article n'est guère qu'un épouvantail. La clause du *notable dommage* est trop vague, celle de l'*impuissance de réparer* ne l'est guère moins ; et le maître qui partirait de là pour destituer son serf s'exposerait à un procès dont peut-être il ne verrait jamais la fin.... Autrefois, peine de destitution, lorsque le serf coupait un seul pied d'arbre appartenant à la propriété ; il n'est maintenant que sujet à la peine pécuniaire de dix thalers (quarante francs) pour chaque arbre qu'il coupera.... La loi devait-elle protéger l'existence du voleur, dans le lieu même où il a volé ?.... Le serf qui prend, avec sa ferme, une autre ferme à bail, contre le gré de son maître, est de droit privé de l'héritage. Établi sur un autre bien quand l'héritage lui arrive, il en est privé, s'il s'obstine à conserver son premier établissement.... S'il commet un délit grave emportant peine infamante, il est justement évincé. La réclusion temporaire dans une maison de discipline n'est pas comptée au nombre de ces peines, quoique souvent elle soit la punition du méchant, qui n'a échappé à la corde ou au glaive que par la miséricorde du Prince. Ici donc, comme ailleurs, on rencontre l'infamie produite par le supplice et non par le crime.

Un serf peut être légitimement dépouillé de son héritage, quand il a été trois ans sans payer le maître, et qu'il ne saurait alléguer des malheurs, des pertes qu'il ne pouvait ni prévoir ni éviter.... Dépouillé encore quand il a contracté des dettes à l'insu ou sans le consentement de son maître, et que le mobilier de la ferme est saisi.... Il est très remarquable que dans tous les cas où le serf perd ou peut perdre sa ferme, la peine s'étend à la femme et aux enfants, mais non aux collatéraux ; excepté néanmoins le cas du délit emportant peine infamante ; car la faute et le châtiment ne préjudicient qu'au seul coupable. La malheureuse épouse et les enfants non moins malheureux d'avoir un tel père demeurent *integri status*, par rapport à la ferme. — Or, je ne pénètre pas le motif de cette distinction. Si c'était que lorsqu'il s'agit d'un crime, la faute est exclusivement personnelle à l'époux-père, j'observerais qu'il en est d'autres, entre les causes de destitution, à l'existence desquelles mère et enfants n'ont pas contribué davantage. Un enfant à la mamelle, en bas âge, dans quelles fautes peut-il être pour sa part ?.... Point capital : le maître, même avec la plus juste et la plus évidente des causes, ne peut de son autorité privée expulser, dépouiller le délinquant. — Il faut s'adresser au juge. Les hommes de loi emploient toutes les ressources de la chicane, tout leur savoir-faire pour retarder le premier jugement. Puis un appel au juge supérieur. Puis à la chambre de Wetzlar. On peut même aller à Vienne. Et les parties se ruinent, et elles meurent avant que le procès soit fini. Ces considérations dégoûtent souvent de l'entamer. En quoi les gens de justice me paraissent entendre mal leurs intérêts. S'ils étaient plus expéditifs, au lieu d'*un* interminable procès, ils en auraient beaucoup de sommaires, au désir de la loi. Le bon droit cesserait d'aimer mieux souffrir les blessures qu'on lui fait, que de les envenimer, les rendre incurables et coûteuses, en invitant l'École de la Thémis allemande à y porter la main. Le mauvais droit perdrait l'espérance de s'éterniser ; et abattu dès les premiers coups, il crierait aussitôt merci. L'humanité y gagnerait sans que l'espèce qui la gruge y perdît. Justice serait rendue : voilà le lot de l'humanité ; justice serait plus souvent implorée : voilà le lot des autres. Mais il faudrait que tous les princes, à l'exemple du roi de Prusse, retinssent tous les procès chez eux, et ne permissent pas à leurs sujets d'aller se faire juger en dernier ressort à un tribunal étranger.

On voit par ce qui a été dit qu'un serf peut entreprendre et soutenir des procès en son propre et privé nom. Mais excepté ceux qu'il aurait contre son maître, il est toujours obligé, pupille qui n'atteint jamais une majorité parfaite, d'avoir l'agrément de ce tuteur que les lois et le fait de ses pères ou le sien lui ont donné. La surveillance du maître s'étend à tous les traités des hommes qui lui appartiennent, qui sont de sa famille. Ils ne peuvent presque rien d'un peu considérable sans son intervention; et lui, il ne peut presque jamais se dispenser de vouloir ce qu'ils veulent de raisonnable. Cette combinaison n'en vaut-elle pas bien une autre ?

Mon dernier mot sera que les serfs sont reçus comme témoins en justice : ce qui ne laisse pas de relever leur état.

Tel est, en abrégé, le code serf dans la principauté de Münster. Quand, après en avoir attentivement examiné toutes les dispositions, on saura que l'usage les adoucit encore en faveur des serfs, et qu'en cas de litige, les juges s'écartent le plus souvent de ce qu'elles ont de rigoureux, pour peu que l'écart soit possible, les serfs étant invariablement favorisés contre leurs maîtres comme autrefois les curés contre leurs évêques, dans nos Parlements, je ne pense pas qu'on me dispute, même en France, la vérité de cette assertion : que l'état des hommes qui appartiennent à d'autres hommes n'est pas aussi malheureux qu'on le pourrait croire; ils ne sont pas pleinement libres, mais ils ne sont pas non plus pleinement esclaves. Pour la portion de liberté qu'ils ont aliénée, et qu'ils peuvent recouvrer à peu de frais, des biens très réels leur ont été donnés en compensation. Proclamez au milieu d'eux la liberté, en leur laissant les avantages de la servitude : je n'en doute pas, ils brûleront d'être libres. Mais annoncez qu'il leur en coûtera *ceci* ou *cela;* que, par exemple, ils ne seront plus que des fermiers temporaires et amovibles, qu'au bout de neuf ans on pourra les mettre à la porte, eux qui, de temps immémorial, de père en fils, possèdent un toit sous lequel ils naissent et meurent paisiblement : oh! je n'en doute pas davantage, et croyez-le, vous tous qui me lisez, ils se réuniront pour repousser la *déesse;* ils élèveront la voix, ils agiteront leurs fers pour l'effrayer; ils la frapperont peut-être de peur qu'elle ne s'obstine à demeurer. De sorte que si on leur donne tout à la fois la liberté et la propriété des biens dont ils n'ont que l'usufruit, et qu'ils acceptassent, ils seraient infiniment moins touchés du plaisir de n'être plus serfs que de celui de devenir propriétaires, non de leurs personnes, mais de leurs héritages. J'ai connaissance de plusieurs procès où l'homme des champs prétend qu'il est serf, contre l'homme de ville qui soutient qu'il ne l'est pas; je n'en connais pas un seul où l'agricole s'efforce de prouver qu'il est libre. Il ne serait pas impossible de montrer qu'il est beaucoup plus avantageux pour une famille rurale de tenir une ferme en servage que de l'avoir à bail, ou même à fief. Je n'insisterai point sur ce qu'un maître est, par état, le protecteur de cette famille, obligé de venir à son secours quand elle en a besoin; comme il est obligé, dans notre France, de faire réparer une grange que la tempête a découverte, ou de défendre juridiquement le morceau de terre qu'un usurpateur veut lui enlever; non, je n'insisterai point là-dessus, quoique je sache parfaitement que ce motif a suffi à de riches paysans libres pour se donner en servitude, ou à une communauté religieuse, ou à quelque baron puissant. Mais je dirai que la fortune de ces familles cultivatrices est bien plus assurée sous la loi du servage que sous celle d'une indépendance parfaite. Un serf ne peut pas vendre, aliéner son héritage, il n'en peut pas détacher la moindre partie. Il le laisse forcément à sa postérité tel qu'il l'a reçu de ses pères. S'il y fait des augmentations, en acquérant, la propriété, j'en conviens, appartient au maître; mais de quoi lui sert-elle, puisque les *præstanda* ou redevances ne peuvent jamais être augmentées, sous le prétexte que la ferme a reçu ces agrandissements ? Tout le profit de ce bon ménage est pour le serf et les siens. Il est à peine au pouvoir d'un serf de mal accommoder sa terre, de n'avoir pas soin des bâtiments, d'être dissipateur, débauché : le maître est là qui le surveille. Un fils incapable ne perdra pas en peu d'années les fruits qu'amassa un père sage et laborieux, parce que le maître ne le choisira pas pour *gagner* la ferme. Si le serf contracte des dettes sans la participation de son maître, au moins les fonds n'en répondront pas. S'il en contracte de l'aveu du maître, qui examinera auparavant leur utilité, leur nécessité, il est pourvu à leur acquit par l'engagement annuel d'une portion de l'usufruit, au moyen duquel les traces du malheur disparaissent insensiblement si le malheur a occasionné l'emprunt; ou la bonification demeure à perpétuité au prix d'une gêne momentanée, si l'emprunt n'a été fait que pour se procurer du mieux. Une sollicitude aussi universelle et aussi soutenue de la part du maître, cette curatelle légale, à quoi le curateur lui-même a le plus grand intérêt, ne sauve-t-elle pas les paysans de Westphalie de la plupart des désastres auxquels nos colons, fermiers et propriétaires sont habituellement exposés ? Effacez donc le nom de *servitude*, ou réduisez sa signification ordinaire, ôtez-en ce qu'il y a de malsonnant aux oreilles d'un peuple passionné pour le mot de *liberté* plus que pour la chose, qu'il connaît peu, et dites-moi, les préjugés à part, si un héritier westphalien, serf, si sa famille sont si fort à plaindre; si leur état ne vaut pas, à tout prendre, celui d'un bourgeois qui peut se marier quand il lui plaît, mais qui n'hérite que de la misère de ses auteurs; qui n'est obligé à aucun service forcé et sans salaire, mais que la pauvreté et le besoin de vivre contraignent de se mettre, pour des gages modiques, au service de ces mêmes serfs qui ont un maître et des richesses, ou de tendre la main à leur porte; à qui l'usage et la loi ne commandent pas de mener six bons chevaux au maître pour le traîner, traîner son épouse, ses enfants, ses fardeaux, mais

qui n'a ni ne peut avoir un âne pour soi et les siens. L'homme qui ne considérera que l'*honneur* voudra, ici comme ailleurs, être libre ; qui à cette considération joindra celle du profit, de l'aisance, des commodités, hésitera du moins, et dans la lutte de ces deux mobiles, il ne serait pas sûr de parier pour le premier. On compte beaucoup de libres qui se sont soumis à la servitude pour en avoir du bien ; on en compte peu, si même on en compte, qui aient abandonné leur bien pour secouer le joug de la servitude. Ne nous embarquons pas légèrement à critiquer ce goût de dépendance et d'abandon de soi, que nos âmes fières et généreuses rejettent avec dédain. Un serf de Westphalie me tint un jour ce langage : « L'homme
« de la nature sacrifie une partie de sa liberté naturelle, pour
« jouir des avantages attachés à la société politique ; pourquoi
« nous blâmerait-on de sacrifier un peu de notre liberté sociale,
« pour jouir des avantages d'une bonne administration domes-
« tique ? Vous voyez naître du premier sacrifice une *sujétion*
« *honorable ;* et vous verriez un esclavage honteux naître du
« second ! Nous sommes comme vous sujets d'un maître, ou
« vous êtes comme nous serfs d'un prince, d'une république.
« Notre sujétion est doublée, je l'avoue ; nous appartenons à
« un souverain et à un maître : mais nos avantages se sont
« accrus dans la même proportion. Le souverain et le maître
« nous protègent, et c'est de celui-ci que nous tenons la nour-
« riture, l'entretien, le toit. Le maître vend ses hommes. Le
« souverain les cède, les échange, les donne. Il n'y a pas de
« quoi tant se récrier sur les différences. Pour nous réhabi-
« liter dans l'estime des hommes, il ne faudrait que faire aux
« dictionnaires quelques légers changements. L'usage qui a
« flétri les noms de *tyran*, de *déiste*, de *philosophe*, pour-
« rait, avec le temps, effacer l'opprobre qui couvre celui de
« serf ou de *servitude*. Depuis deux mille ans, la *chose* a bien
« souffert des altérations. Nous ne sommes plus des *ilotes*. »
Loin de moi la pensée que ce raisonneur eût l'esprit juste ; son raisonnement n'est qu'un sophisme : cela saute aux yeux. Mais combien de sophismes embarrassent ! Il entamait la comparai-

son du *serf* et du *domestique*, lorsque, craignant qu'il ne m'embarrassât encore, je rompis la conversation. Et qu'on ne soupçonne pas la vérité du fait que je raconte, sous prétexte qu'il manque de probabilité : un serf de Westphalie, surtout, disserter philosophiquement sur cette matière ! Mais n'oubliez donc pas, incrédules, que les serfs sont opulents, qu'ils mettent leurs fils aux études, que ces enfants de la servitude deviennent jurisconsultes, théologiens, auteurs; qu'ils s'envolent à la suite de Galien et de Boerhaave; et pourquoi, sur la route, ne ramasseraient-ils pas un peu de ce qu'on nomme de la philosophie? Je parle de la bonne, de celle qui mérite encore le nom dont elle se pare.... et plût à Dieu qu'ils ne ramassassent que de celle-là !

Il y a, parmi les serfs, des degrés, des distinctions ; le servage a, pour ainsi parler, ses nobles et ses roturiers, de *grands* et de *petits* paysans. Les premiers sont les protecteurs des autres, qui jouent, en quelque sorte, le rôle de clients. Je ne sais si les clients ont la bassesse attachée à ce nom; s'ils flattent, s'ils rampent; mais je sais, à n'en pouvoir douter, que la plupart des protecteurs ont de la hauteur et de la morgue : et non pas tant celle des richesses que celle du rang. Rarement un *grand* paysan consentira-t-il que son fils, l'héritier du titre qui le décore, prenne femme dans la famille d'un petit paysan; ou que sa fille se choisisse un époux né si loin d'elle. Un baron de seize quartiers n'est pas plus éloigné de s'allier à la petite noblesse (j'entends par là celle qui n'entre pas encore ou qui n'entre plus dans les chapitres) qu'un serf du premier rang n'est éloigné de s'unir ou de souffrir que les siens s'unissent par un mariage à la tribu des serfs d'un rang inférieur. Cela se voit pourtant quelquefois, parce que l'amour l'emporte sur le préjugé ; mais moins fréquemment chez nos campagnards que chez leurs nobles, parce que ces bons agricoles, ne voulant ordinairement qu'une femme dans une ferme, et peu susceptibles d'une passion vive et délicate, s'écartent moins des routes frayées par l'usage, et suivent plus volontiers la direction de la volonté paternelle.

TABLE

DES NOMS DE PERSONNES ET DE LIEUX

A

Abbaye (l'), I, 409.
Afbeck, II, 328.
Afflighem, II, 140, 141.
Aix-la-Chapelle, II, 291, 293; III, 114, 115, 117, 120, 122, 123, 138.
Alais, I, 136; III, 24.
Alençon, III, 211, 263, 267, 271.
Alexandre (Père Noël), dominicain, III, 241.
Allemagne, I, 28, 365; II, 13, 162, 166, 170, 176, 200, 206, 208, 214, 227, 233, 239, 246, 272, 283, 290, 322, 325, 328, 329, 330, 331, 345, 349, 355, 362, 369, 377; III, 4, 6, 10, 12, 114, 115, 125, 129, 133, 138, 182, 231.
Alost, II, 137, 138.
Altenberg, III, 11, 12, 14, 55.
Alverston, II, 32.
Angers, I, 136, 156, 160, 161, 162, 167, 180; III, 2, 173.
Anglais, II, 2, 7, 8, 10, 11, 17, 18, 19, 27, 42, 44, 45, 54, 55, 56, 72, 90, 93, 99, 103, 104, 105, 116, 118, 128, 130, 131, 187, 188; III, 112, 254.
Angleterre, I, 5, 28, 92, 93, 316, 414, 419; II, 4, 12, 13, 14, 15, 17, 19, 21, 24, 26, 27, 31, 34, 35, 38, 39, 41, 42, 45, 49, 52, 54, 55, 59, 60, 63, 64, 68, 73, 74, 80, 89, 91, 92, 93, 94, 100, 102, 103, 123, 125, 127, 128, 129, 132, 176, 186, 191, 223, 369, 385, 398; III, 4, 8, 51, 66, 143, 182, 231.
Angoulême (Mgr le duc d'), III, 288.
Antonini, auteur d'un dictionnaire italien, II, 373, 374.
Anvers, III, 9, 16, 17, 138.

Aresford, II, 115.
Argentan, III, 211, 253, 292, 293.
Arnauld (l'abbé), I, 58, 132.
Arnheim, II, 188, 189, 190, 191, 192; III, 11, 12, 13, 16.
Artois (comte d'), I, 296; II, 186.
Asbeck, II, 339.
Astier, III, 257, 262, 283, 293, 294, 295, 297, 298, 299, 302, 313, 313.
Asselin, I, 401.
Augustin (saint), I, 13, 34, 214, 244; II, 163; III, 56, 80.
Autriche, I, 308; II, 333, 385; III, 146.

B

Baillolet (Seine-Inférieure), I, 265.
Barclay (Jean), romancier anglais, I, 129.
Barry (Mme du), I, 137.
Bath, II, 115.
Baton (Jean), I, 2.
Baton (Renée), I, 2.
Bathurst (lord), II, 115.
Bayeux, I, 335; II, 114, 123.
Bazin (l'abbé), supérieur du grand séminaire de Séez, III, 198, 240, 264, 265, 266, 272, 273, 280, 284, 293.
Beaupoil de Sainte-Aulaire (de), évêque de Poitiers, I, 35.
Beauregard, S. J. (Père de), II, 67, 68, 71, 72, 73, 74.
Beauvais, I, 201.
Becket (Thomas), II, 10, 130.
Bellarmin (cardinal), I, 57.
Belloy (cardinal de), III, 104.
Benoit XIV, pape, II, 85; III, 51.
Berdolet (Marc-Antoine), évêque

constitutionnel de Colmar et légitime d'Aix-la-Chapelle, III, 120.
Bergier, célèbre théologien, I, 197.
Bernier, III, 2, 173.
Bernis (cardinal de), I, 47, 65.
Berruyer (P. de), I, 113.
Beugnot (comte), préfet de la Seine-Inférieure, III, 30.
Bingham, II, 123.
Bocholt, II, 202, 203, 205, 206, 207.
Bodney Hall, II, 46.
Boisville (abbé de), III, 40, 105.
Bonal (Mgr de), évêque de Clermont, III, 165. *Bavité P. Messies - Faens*
Bonaparte, III, 140, 142, 143, 146, 147, 148, 149, 150, 152, 157, 159, 162, 164, 167, 173, 177, 181, 182.
Boni (Mgr), archevêque de Nazianze, II, 364, 368, 369.
Bonissent (de), I, 269.
Bonne (M. de), négociant, président du district de Rouen, I, 387.
Bonnet, évêque constitutionnel d'Eure-et-Loir, I, 364.
Borchost, II, 339.
Borken, II, 208.
Bossuet, I, 58, 282; II, 338; III, 210.
Bourbon (Catherine de), II, 183.
Bourges, II, 79, 123.
Bourlier (Mgr), évêque d'Évreux, III, 251.
Bourrelier (abbé), I, 209.
Bowdler (Thomas), II, 115, 116, 117, 118.
Boyer (Mgr), évêque de Mirepoix, I, 156, 157.
Brabant, I, 414; II, 13, 113, 133, 135, 137, 140, 141, 145, 147, 151, 166, 258; III, 108.
Brancadoro (Mgr de), nonce en Hollande, II, 200 et s.
Brancas (Mgr de), archevêque d'Aix, I, 136.
Brandon, II, 46.
Brienne (cardinal Loménie de), I, 317.
Bruges, II, 135, 136.
Brunswick (duc de), I, 384.
Bruxelles, II, 77, 135, 137, 138, 142, 143, 145, 150, 160, 166, 368; III, 110, 111, 112, 115.
Buckingham (marquis de), II, 18, 114, 118, 120, 129.
Buisson de Beauteville (Jean-Louis de), évêque d'Alais, I, 136.
Bunodière (de la), I, 410.
Burke, II, 17.
Buron (G.), I, 2.

C

C*** (duchesse de), I, 146.
Cabassut, II, 82.
Calvimont (Marie de), I, 2, 8, 9, 10, 18.
Calvin, II, 75; III, 34.
Cambacérès, cardinal-archevêque de Rouen, III, 24, 40, 54, 73, 80, 91, 99, 153, 166, 175, 178.
Cambacérès, archichancelier, III, 92.
Cambridge, II, 19.
Camus, I, 237, 238, 239, 240, 242, 245, 248, 255, 262, 263, 265, 315, 335.
Canada, II, 26, 27.
Cantorbéry, II, 10, 21, 28, 30, 40, 129, 130.
Caprara, cardinal, III, 44, 49, 51, 68, 68, 71, 274.
Carbonnier (M**), I, 17, 18, 19.
Caritat de Condorcet (Mgr Jacques-Marie de), évêque de Lisieux, I, 234.
Carré de Saint-Gervais, chanoine de Rouen, I, 18, 19, 21, 70, 155, 201, 207, 210, 250, 269, 282, 302, 377, 378; II, 11, 24, 49, 59, 123, 159, 195, 196, 214, 218, 227, 386, 392; III, 23, 27, 208, 282.
Catherine II, I, 137.
Catherine de Bora, II, 189.
Caudebec, I, 415, 416, 418, 419, 420, 426, 428, 429, 432; II, 9.
Cave, peintre, II, 120.
Cazalès (de), député aux États généraux, II, 115.
Cerray (abbé de), doyen de l'église d'Évreux, I, 397.
Chapelain (abbé), I, 332, 333, 336, 337.
Chapitre de Rouen, I, 267, 268; III, 80, 81, 82, 87.
Charles Ier, II, 33.
Charles II, II, 106.
Charles XII, II, 385.
Charlemagne, II, 182, 206, 216, 290, 291, 292, 293, 295, 296, 388; III, 118, 122, 133, 142.
Charlotte, épouse de Georges III, II, 29.
Charrier de la Roche (Mgr), évêque constitutionnel de la Seine-Inférieure, et légitime de Versailles, I, 352, 353, 354, 355, 356, 359, 360, 361, 362, 364; III, 104, 250.

TABLE DES NOMS DE PERSONNES ET DE LIEUX.

Château-Gontier, I, 162, 163, 165, 168.
Chevigné de Boischollet, évêque de Séez, III, 172, 173, 177, 192, 193, 211, 225.
Chevreuil (abbé), I, 116, 118, 121, 122, 123.
Christophe Bernard, évêque et prince de Münster, II, 295.
Cîteaux, II, 141.
Clarholz, monastère de Prémontrés, II, 388.
Clary (Eugénie), III, 98.
Clary (Julie), III, 98.
Clémence, hébraïsant, I, 269.
Clément XIII, I, 136, 137.
Clément XIV, I, 137.
Clément, V. Dubois *dit* Clément.
Clèves, II, 183, 230; III, 120.
Coblentz, II, 94.
Cobourg, II, 157.
Cochon de Lapparent, préfet des Deux-Nèthes, III, 138.
Coesfeld, II, 208, 209, 210, 211, 212, 214, 216, 225, 227, 228, 229, 233, 234, 235, 240, 246, 248, 254, 256, 257, 258, 262, 267, 269, 274, 280, 282, 284, 285, 287, 288, 290, 292, 293, 294, 295, 297, 302, 303, 306, 315, 316, 318, 320, 321, 348, 388; III, 117, 123, 125, 126, 127, 128, 129, 133, 135, 136, 137, 148.
Cognet (Père), carme, I, 190.
Collet, théologien, I, 59.
Cologne, II, 167.
Commun (?), II, 123.
Conceyl (abbé de), II, 123.
Condorcet, I, 73.
Constantin Copronyme, II, 292.
Corbin, II, 108.
Corneille, I, 34, 180.
Corniquet (abbé), I, 324.
Cornouailles, II, 16, 330.
Courayer (Père), génovéfain, I, 92.
Coutur.er (abbé), I, 68, 146, 172, 173, 174, 201, 205.
Crespin, chanoine de Rouen, I, 269.
Crevel, bibliothécaire de la cathédrale de Rouen, II, 44.
Cromwell, II, 106.
Cussac (de), directeur à Saint-Sulpice, I, 175.

D

Dames bleues, III, 197, 209, 262.
Darfeld, III, 116, 117.

Davoult (Denis), chanoine de Rouen, I, 268.
Delacoste (abbé), sulpicien, I, 59.
Deschamps, curé de Saint-Martin du Pont, à Rouen, II, 137, 138.
Desjardins (abbé), II, 27.
Deventer, II, 193.
Dieppe, I, 429, 430; II, 2, 9, 13.
Doesbourg, II, 192, 193, 194, 195, 196, 197, 198, 199, 201, 202, 203, 212.
Douglas, évêque de Centurie, vicaire apostolique à Londres, I, 274; II, 28, 30, 59, 61, 64, 65, 67.
Droste de Wischering (de), III, 116.
Dubosc, chanoine de Rouen, I, 269.
Dubois *dit* Clément (abbé), II, 357, 359, 360, 361, 362, 393, 396; III, 7.
Ducassel (Lemarchand-), III, 257, 260, 262, 263, 266, 271, 276, 282, 283, 293, 294, 295, 297, 298, 299, 315, 316.
Duclair, I, 403, 404, 415.
Dulau (Mgr), archevêque d'Arles, II, 18.
Dülmen, III, 123.
Dundas (lord), II, 120.
Dunkerque, II, 131.
Dupont, conventionnel, II, 34.
Durand, famille de Rouen, II, 204, 205.
Durham, II, 18, 19.
Düsseldorf, II, 167; III, 115, 119, 121, 122, 123.
Duvoisin (Mgr), évêque de Nantes, III, 175.

E

Édouard VI, roi d'Angleterre, I, 93, 316.
Élie (le prophète), I, 189, 190, 192, 193.
Élisabeth (Madame), sœur du Roi, I, 221.
Émery (abbé), supérieur de Saint-Sulpice, III, 145, 160.
Ernest (comte), II, 221, 226.
Espagne, I, 125, 126, 137; II, 45, 63, 68, 94, 120, 292.
Étienne II, pape, III, 157.
Eugène (dom), trappiste, III, 117.
Eugène IV, pape, II, 80.
Évreux, I, 397, 398, 432; III, 27.

F

Falaise, I, 168, 169, 170, 171; III, 211.

Faucon (abbé Guillaume), III, 139.
Fénelon, I, 232; II, 338.
Fesch (cardinal), III, 148, 154, 156, 157, 164, 165.
Fitz-Williams (comte), II, 18, 19.
Flandre, II, 13, 113, 133, 136, 137, 147, 162.
Fleury (cardinal de), I, 40, 43, 172.
Florence, II, 366, 368; III, 219, 221.
Fontenay (M. de), maire de Rouen, I, 396; III, 30.
Fontainebleau, III, 171, 200, 246, 251, 271, 284.
Forton, près de Portsmouth, II, 105, 108, 112, 123, 124.
Foucarmont, abbaye, II, 56, 127.
Fox, II, 58.
Francfort, II, 268.
François Ier, III, 158, 167, 233, 279, 291.
Freckenhorst, II, 339.
Fulde, abbaye, II, 162.

G

Galais (Jacques-Gabriel), supérieur de la petite communauté de Saint-Sulpice, I, 48.
Gand, II, 136, 137.
Gary, chanoine de Séez, III, 258, 291.
Gaston, perruquier, II, 94.
Geoffroi le Barbu, II, 140.
Georges III, roi d'Angleterre, II, 29, 120.
Gesvres (cardinal de), I, 201.
Gibson (Mgr Guillaume), vicaire apostol. en Angleterre, II, 30, 31.
Glasse (Georges-Henry), recteur d'Hanwell, II, 33, 35.
Godard, capitaine de navire, I, 414.
Gonet, théologien, I, 57.
Gordon (lord), II, 69.
Gosport, II, 7, 23, 32, 40, 123.
Goubert, I, 179.
Gratien, évêque constitutionnel de la Seine-Inférieure, I, 362, 363, 364, 365, 366.
Grasse (Jacques de), ancien évêque de Vence, I, 138.
Grégoire X, pape, III, 236, 237.
Grenier (abbé), principal du collège de Rouen, I, 405.
Grenoble, I, 175, 229; III, 253.
Gueldre, II, 169, 172, 192.
Guernesey, II, 13.
Guichardin, II, 142, 144.
Guillotin (docteur), III, 100.

H

Haillet de Couronne, secrétaire perpétuel de l'Académie de Rouen, III, 31.
Hamilton, voyageur anglais, III, 113, 114.
Hanwell, II, 33.
Hardouin (Père), I, 131.
Havre, II, 13.
Hecquet, Charles-Robert, maire de Caudebec, I, 420.
Henri IV, I, 81; II, 232.
Henri VIII, I, 316; III, 67, 143.
Herbouville (marquis d'), président du directoire de la Seine-Inférieure, I, 385, 390; III, 18.
Hère, près Maëstricht, II, 165, 214.
Hesse-Cassel, II, 153, 293, 333.
Hessois, II, 284, 294, 295.
Heude (abbé), curé de Saint-Patrice, à Rouen, I, 423, 424; II, 9.
Hogue (abbé de la), théologien, II, 76, 79, 80, 81, 82, 84, 85, 86.
Hohenholt, II, 339.
Hollandais, II, 199, 247, 333.
Hollande, II, 13, 86, 171, 176, 183, 190, 200, 222, 226, 239, 266, 287; III, 16, 168.
Holley (abbé), supérieur du grand séminaire de Rouen, II, 131.
Horcholle, procureur à la cour des comptes de Rouen, I, 345.
Hundsberg, montagne de Westphalie, II, 306, 307, 308, 309, 310.

I

Innocent III, pape, III, 233, 234.
Issy, I, 42, 45, 46.
Italie, II, 292; III, 141, 142, 152, 156, 170, 221, 239, 272, 285.

J

Jansénius, I, 127, 131; II, 67, 198.
Jarry (abbé), grand vicaire de l'évêque d'Auxerre, II, 369, 370, 371, 372.
Jaubert (abbé), nommé à l'archevêché d'Aix, III, 251.
Jean de Leyde, II, 233.
Jersey, II, 13, 112.
Jérusalem, I, 24; II, 291, 292, 293.
Jésus (Compagnie de), I, 125, 139.
Jobard (abbé), curé à Rouen, III, 88.
Joly (abbé), professeur en Sorbonne, I, 118, 121.

TABLE DES NOMS DE PERSONNES ET DE LIEUX. 365

Joseph II, empereur, II, 199.
Joséphine (l'impératrice), III, 122, 145, 146, 147, 148, 149, 151.
Jules II, pape, III, 144.

L

Labite, Jacobin, I, 406, 407.
Le Châtre, II, 92.
Lallemand (abbé), III, 30, 31.
Lally-Tollendal (de), II, 97.
Lamoignon (de), I, 195.
La Neuville, S. J., I, 130.
Langenhorst, II, 339.
Langin, chanoine de Séez, III, 258, 294.
Lastic (Mgr de), évêque de Conserans, II, 387.
Latouche, II, 19.
Laurencin, abbé de Foucarmont, II, 57.
Laurent (abbé), chanoine de Notre-Dame de la Ronde, à Rouen, I, 13.
Lawfeld, II, 152.
Le Bas, curé du diocèse de Rouen, II, 122.
Lebay, curé de Veules, I, 214.
Le Blanc de Beaulieu, évêque constitutionnel de Rouen et légitime de Soissons, III, 101, 102, 103, 104.
Le Bon, oratorien, II, 20.
Lebret, curé de Pont-Audemer, I, 78.
Leck, II, 226.
Le Clerc, chanoine de Séez, III, 196, 205, 213, 216, 218, 225, 228, 229, 257, 258, 260, 261, 263, 270, 291, 293, 294, 306, 307, 308.
Lécoufflet (abbé), secrétaire du cardinal de la Rochefoucauld, II, 383.
Lefebvre, Catherine, professeur en Sorbonne, I, 116, 117, 118.
Lefessier, évêque constitutionnel de l'Orne, III, 205.
Le Gallois, chanoine de Séez, III, 222.
Le Grand, directeur à Saint-Sulpice, I, 57, 130, 175, 178, 179, 180, 184, 197 ; II, 123.
Lelarge, supérieur du séminaire de Saint-Nicolas, I, 182, 183, 184.
Léon IV, pape, II, 292.
Léon X, pape, III, 152, 158, 167, 233, 279, 291.
Le Pelletier, chanoine de Séez, III, 258, 294.

Leroy, curé de Saint-Herbland, à Rouen, I, 229, 230, 231.
Lestanville (M⁻ᵉ de), I, 218.
Létang, élève des Robertins, I, 148.
Lété, château près de Coesfeld, II, 215.
Le Tellier, S. J., confesseur de Louis XIV, I, 186.
Le Vavasseur, chanoine de Séez, III, 196, 212, 216, 218, 223, 224, 229, 253, 258, 261, 265, 266, 270, 273, 282, 283, 284, 285, 286, 288, 291, 292, 293, 294, 297, 298, 299, 301, 304, 306, 307, 308, 311, 312, 313, 315, 316.
Liège, II, 168, 169, 175 ; III, 115, 117.
Lille, III, 19, 20.
Lindet, évêque constitutionnel de l'Eure, II, 52.
Lisieux, I, 30, 42, 235, 237, 238, 239, 240, 242, 245, 246, 248, 249, 250, 252, 254, 255, 257, 258, 259, 260, 262, 337 ; II, 63, 107.
Lockman, chanoine de Windsor, II, 120.
Londinières, I, 265 ; III, 55.
Londres, I, 274, 334 ; II, 9, 11, 12, 13, 17, 18, 23, 24, 28, 29, 31, 32, 34, 39, 40, 41, 42, 43, 46, 47, 50, 51, 59, 60, 61, 63, 67, 68, 75, 78, 79, 89, 91, 92, 99, 102, 107, 112, 114, 120, 125, 127, 128, 130, 192 ; III, 42, 48, 51.
Louis (saint), I, 321 ; II, 185 ; III, 91.
Louis XIV, I, 186 ; II, 211, 232 ; III, 159, 162, 220, 221, 281.
Louis XV, I, 68, 133, 229.
Louis XVI, I, 43, 195, 296 ; II, 51, 57, 96, 97.
Louis XVII, II, 95.
Louis XVIII, III, 255.
Louise de France (M⁻ᵉ), I, 190.
Louvain, II, 143, 149, 150, 151, 198 ; III, 110.
Lubersac (Mgr de), évêque de Chartres, I, 362.
Ludger (saint), II, 299, 316, 319.
Luther, II, 75, 189, 190, 293 ; III, 34.
Luxembourg, I, 148.
Lyon, III, 154, 155, 156, 219, 221, 235, 236, 278, 285.

M

Maeseyck, II, 169.
Maestricht, II, 149, 151, 152, 153, 154, 155, 156, 157, 158, 159, 160, 161, 162, 163, 164, 165, 166, 167, 170, 333, 342, 385.

Maillard, chanoine de Séez, III, 240, 257, 259, 260, 262, 283, 293, 294, 295, 297, 298, 299, 315, 316.
Mailleraye (la), I, 415, 418, 419.
Malines, II, 138.
Malleux, curé de Notre-Dame du Havre, III, 27, 40.
Malvin de Montazet (Mgr de), archevêque de Lyon, I, 260, 352.
Mans (le), III, 121, 215, 228.
Marche (Mgr de la), évêque de Saint-Pol-de-Léon, II, 14, 15, 16, 17, 21, 30, 75, 79, 99.
Marie-Antoinette, II, 254, 385.
Marienborn (religieuses de), II, 283, 284, 286, 288, 294, 323; III, 124.
Marion, chanoine de Rouen, II, 44.
Martin, supérieur du grand séminaire de Lisieux, II, 107, 117, 118, 120.
Massé, procureur général syndic de la Seine-Inférieure, I, 390.
Maury (cardinal), III, 145, 156, 157. 219, 272, 273, 274, 276, 278, 282.
Mayence, II, 260.
Mercier, professeur en Sorbonne, I, 116.
Meslé de Grandclos (abbé), II, 21.
Metcalfe, II, 17.
Metelen, II, 339.
Milner, prêtre anglais, II, 120.
Miranda, général, II, 155, 156, 157, 385.
Miromesnil (M. de), I, 246, 247.
Mocke, II, 169, 170.
Montaigne (abbé), sulpicien, ou Montagne, I, 57, 175, 176, 177.
Montargis (religieuses de), II, 45.
Montempuis, janséniste, I, 130.
Moore (M⁻ Hannah), femme de lettres, II, 34, 35, 36.
Mettelen, II, 339.
Münster, II, 212, 214, 215, 217, 228, 233, 235, 239, 258, 264, 268, 269, 273, 280, 285, 288, 294, 295, 299, 305, 312, 325, 339, 342, 345, 350, 363, 368, 375, 385, 388, 390, 391, 393, 397; III, 106, 115, 116, 123, 128, 129, 152.

N

Napoléon, empereur, III, 138, 142, 144, 145, 146, 147, 148, 149, 150, 152, 155, 157, 159, 161, 162, 166, 169, 170, 173, 174, 175, 177, 179, 183, 263, 293, 296.

Nacarre (collège de), I, 82, 86, 87, 89, 90, 102; II, 94.
Necker, I, 301, 304, 308, 310, 382, 383.
Neufchâtel, III, 21, 87.
Nimègue, II, 167, 170, 172, 173, 174, 175, 177, 181, 183, 184, 185, 186, 188, 190, 195; III, 11, 18, 20.
Norbert (saint), II, 345, 347, 348.
Normandie, II, 13, 94, 128, 184, 332.
Nottlen, II, 328.
Nuys, III, 123.

O

Olier (abbé), I, 38, 42, 172.
Onslow (lord), II, 13.
Ordres religieux, I, 48, 87, 96, 111, 189, 191, 192, 193, 222, 223, 274, 371, 374, 409; II, 111, 161, 362; III, 67, 116, 124.
Orne, III, 195, 219, 317.
Ostende, I, 394, 405; II, 5, 132, 133, 134.
Outin (Jean-Jacques, abbé), I, 16.
Oxford, I, 92; II, 19, 33.

P

Paderborn, II, 292.
Papillaut, vicaire général de Rouen, III, 40, 105.
Paris, I, 29, 32, 36, 38, 39, 40, 42, 45, 47, 48, 54, 60, 63, 67, 73, 76, 79, 80, 81, 83, 84, 86, 91, 92, 93, 100, 102, 103, 108, 109, 110, 111, 112, 117, 120, 123, 126, 128, 134, 136, 142, 148, 155, 160, 161, 172, 177, 183, 184, 188, 189, 194, 197, 198, 201, 211, 215, 224, 230, 237, 243, 245, 258, 261, 269, 297, 330, 334, 335, 350, 397, 401, 404, 412, 420, 425, 432; II, 5, 16, 18, 41, 60, 85, 86, 136, 149, 159, 166, 200, 216, 246, 268, 269, 329; III, 37, 50, 61, 67, 91, 94, 101, 104, 105, 113, 142, 146, 148, 149, 153, 155, 156, 163, 166, 170, 172, 173, 174, 175, 176, 181, 183, 192, 193, 195, 204, 221, 223, 253, 254, 255, 256, 259, 272, 274, 276, 277, 278, 288, 296, 300, 304, 312, 317.
Parker, archevêque de Cantorbéry, I, 92.
Passeri, vice-gérant de Rome, II, 367.
Pays-Bas, I, 393; II, 54, 58, 81, 113, 160, 162, 163, 166, 198, 199, 226, 368, 369, 385; III, 42.
Pentonville, II, 41, 56.
Petau, Denis (Père), I, 129.

TABLE DES NOMS DE PERSONNES ET DE LIEUX.

Philippe, secrétaire de la commune de Quillebœuf, I, 414, 415, 417.
Philippe d'Orléans, I, 221.
Pichon, secrétaire de l'évêché de Séez, III, 212, 240, 288, 292, 293, 300, 301, 302, 312, 313.
Pidoll (Mgr de), évêque du Mans, III, 215.
Pie VI, pape, I, 367; II, 83, 363, 366, 374, 375; III, 45.
Pie VII, III, 2, 4, 53, 55, 56, 86, 91, 105, 126, 142, 145, 152, 155, 162, 164, 168, 169, 170, 183, 223, 247, 272, 274, 279, 282, 289, 290, 313.
Pigeon (abbé), II, 113, 114, 115.
Pitt, William, II, 70.
Plaisance, II, 15.
Plessis d'Argentré (Mgr du), évêque de Séez, II, 392, 394.
Poidevin (Catherine), mère de l'abbé Laston, I, 2, 4.
Pologne, I, 137; III, 179.
Polus, cardinal, II, 80.
Pont-Audemer, I, 9, 10, 29, 77, 78, 162, 223, 381, 404; II, 196; III, 26.
Pontrevé (abbé de), curé de Saint-Godard, à Rouen, I, 2.
Pontus, pour Despons, II, 123 et 419.
Portalis, III, 54, 61, 86.
Portland (duc de), II, 18.
Portsmouth, II, 115, 125.
Pottier (abbé), eudiste, I, 330, 331.
Pradt (abbé de), neveu du cardinal de la Rochefoucauld, II, 387.
Prévost de la Croix, conseiller clerc au Parlement, I, 269.
Prusse, II, 169, 170, 171, 227, 230, 232, 233; III, 115.

Q

Quakers, II, 34.
Quesnel (abbé), janséniste, I, 127, 131, 132; II, 67.
Quèvremont (abbé), I, 269.
Quiberon, II, 187.
Quillebœuf, I, 404, 405, 406, 407, 408, 410, 412, 413, 414, 415, 417, 418, 419, 421, 426, 429; II, 9.
Quimper, I, 85, 95, 188.

R

Radnor, II, 18.
Ramus del Dorado (Mgr). V. Brancadoro.

Raynel, chanoine de Winchester, II, 114.
Régnier, sulpicien, I, 175, 179.
Riballier, syndic en Sorbonne, I, 197.
Richard (P.), dominicain, III, 236.
Richelieu (cardinal de), I, 90, 174.
Robertins, I, 43, 49, 50, 51, 53, 56, 58, 62, 63, 65, 73, 79, 114, 116, 123, 143, 148, 151, 180.
Rochefoucauld (cardinal de la), I, 310, 346; II, 5, 143, 377, 380, 382, 388, 389, 397; III, 104.
Rochefoucauld-Maumont (Pierre-Louis de la), I, 202; II, 5.
Rochemure (de), chanoine de Séez, III, 257, 261, 262, 263, 266, 271, 276, 283, 286, 293, 294, 295, 297, 298, 299, 311, 315, 316.
Rocque (abbé), chapelain de la cathédrale de Rouen, I, 352.
Romain (Saint-), I, 283, 284, 285, 286, 287, 288, 290, 292, 293, 294, 295, 297, 298, 300.
Rome, I, 64, 93, 100, 113, 353, 380; II, 47, 61, 65, 66, 70, 360, 363, 364, 365, 366, 367, 370, 373, 375, 392; III, 1, 2, 49, 50, 72, 91, 141, 142, 143, 152, 157, 162, 164, 168, 181, 182, 275, 291.
Rotrade, fille de Charlemagne, II, 293.
Rouen, I, 1, 9, 12, 13, 14, 20, 22, 35, 78, 202, 203, 207, 217, 218, 221, 223, 224, 229, 240, 242, 243, 246, 248, 249, 254, 258, 261, 264, 267, 269, 270, 272, 273, 274, 275, 276, 277, 278, 280, 283, 284, 292, 295, 296, 299, 302, 303, 304, 308, 309, 310, 318, 323, 324, 326, 327, 328, 329, 330, 331, 332, 335, 341, 342, 345, 348, 349, 350, 352, 356, 359, 360, 364, 365, 367, 369, 372, 373, 376, 386, 387, 388, 389, 392, 394, 396, 405, 410, 411, 412, 413, 417, 418, 420, 423, 424, 427, 428, 429, 432; II, 5, 9, 18, 24, 42, 44, 45, 60, 79, 81, 88, 122, 136, 137, 159, 161, 183, 193, 195, 200, 204, 355, 356, 357, 361, 362, 377, 378, 380, 385, 386, 388, 389, 391, 392, 393, 394, 396, 397; III, 6, 7, 9, 11, 17, 18, 19, 20, 22, 23, 24, 25, 26, 28, 29, 30, 31, 33, 34, 37, 38, 40, 42, 43, 44, 48, 51, 52, 53, 54, 59, 61, 63, 65, 67, 69, 71, 72, 73, 74, 78, 79, 80, 81, 82, 85, 86, 87, 88, 91, 97, 99, 101, 102, 104, 105, 106, 110, 114, 120, 125, 128, 138, 139, 144, 153, 165, 166, 172, 173, 175, 176, 178, 181, 183, 187, 192, 193, 194, 196, 197, 204, 205, 206, 277, 288, 312.

Rouman, I, 7.
Rousseau, J.-J., I, 170, 228, 229, 230.
Royou, Thomas (abbé), I, 60.
Ruremonde, II, 167, 169, 185.

S

Saint-Pierre-du-Regard, II, 113.
Saint-Sulpice, I, 38, 39, 40, 41, 45, 46, 47, 48, 55, 57, 59, 70, 114, 120, 142, 143, 146, 148, 152, 155, 172, 173, 174, 177, 178, 199, 200, 202; III, 160, 183.
Salamon (Mgr de), II, 361.
Salm (prince de), III, 12, 137.
Sanderns, historien anglais, II, 80.
Saulx-Tavannes (Nicolas de), archevêque de Rouen, II, 380.
Saurin, prédicateur protestant, I, 222.
Saussol (de), évêque de Séez, III, 182, 183, 184, 185.
Savary (abbé), nommé à l'évêché de Séez, III, 281.
Savines (Mgr de), évêque de Viviers, I, 317.
Savone, III, 141, 150, 151, 163, 170, 174, 175, 176, 192, 289.
Séez, II, 123, 392, 393, 396; III, 7, 172, 173, 174, 176, 178, 179, 181, 182, 183, 185, 186, 192, 193, 194, 195, 196, 198, 200, 201, 202, 203, 204, 205, 206, 207, 208, 211, 213, 217, 221, 222, 223, 248, 250, 254, 256, 257, 264, 267, 272, 275, 276, 277, 278, 280, 281, 282, 286, 287, 288, 289, 292, 293, 295, 299, 300, 301, 302, 303, 304, 305, 306, 310, 311, 316, 318, 319.
Sheffield, II, 18.
Sicard (abbé), l'éducateur des sourds-muets, II, 370.
Sieyès (abbé), III, 93, 114.
Silburn, Dorothée (Mme), II, 21.
Smith, gouverneur du château de Winchester, II, 110.
Sorbonne, I, 82, 86, 87, 89, 90, 93, 95, 96, 98, 102, 107, 109, 110, 114, 115, 116, 117, 119, 120, 121, 123, 130, 131, 140, 154, 158, 177, 184, 191, 192, 196, 287, 331; II, 76, 79, 81; III, 51, 199, 201, 214.
Stordeur (Père), S. J., II, 282.
Sturges, Jean, prêtre anglican, II, 32.
Suarez, théologien célèbre, I, 57.

T

Talleyrand, I, 317; II, 90.
Térisse (abbé), doyen du chapitre de Rouen I, 268.
Thérèse de F., abbesse de Vreden, III, 10.
Thouret, avocat à Rouen, I, 302.
Tillotson, archevêque anglican de Cantorbéry, I, 222.
Tirard de Longchamps, chanoine de Rouen, I, 269.
Tirron (dom), bénédictin, I, 415.
Tongres, II, 221.
Trente (concile de), II, 83, 84, 86, 87, 276; III, 45, 48, 219, 221, 278, 295.
Tronson (abbé), sulpicien, I, 172.
Tuvache de Vertville, chanoine de Rouen, I, 331; III, 182.

U

Utrecht, II, 136, 200; III, 75.

V

V. de la S. (abbé), II, 369 et s.
Van-Espen, III, 295.
Varlar, abbaye de Prémontrés, III, 137.
Vaugirard, I, 42, 62, 63, 68, 73, 76.
Verdier, curé de Choisy-le-Roi, près Paris, I, 350, 351.
Versailles, I, 156, 335, 337; III, 104.
Veules, I, 214; II, 167, 169.
Vienne, II, 254; III, 149.
Vieux-Port, I, 405.
Villeroy, préfet des études au grand séminaire de Séez, III, 198.
Voltaire, I, 66, 116, 228; II, 90.
Vreden, II, 339, 343; III, 10, 13, 14, 15, 16.

W

Wahal, II, 172, 173, 182, 188, 223; III, 16.
Wenceslaüs, duc de Brabant, II, 145.
Wesel, II, 198.
Westminster, I, 92; II, 33, 38, 69, 105.
Westphalie, I, 274; II, 55, 202, 203, 206, 212, 217, 222, 229, 230, 233, 238, 239, 245, 248, 247, 249, 253, 257, 261, 264, 271, 278, 284, 285, 292, 295, 297, 299, 306, 312, 315, 322, 328, 331, 334,

336, 337, 346, 348, 350, 353, 386; III, 8, 9, 10, 28, 106, 113, 121, 123, 126, 127, 133, 135, 148.
Wilmot (lord), II, 17, 18.
Winchester, II, 14, 20, 67, 106, 107, 108, 109, 110, 112, 113, 114, 115, 117, 118, 119, 120, 121, 122, 123, 124.
Windsor, II, 120.
Witasse, théologien, I, 57.
Witikind, II, 216.

Y

York, II, 30,
Young, II, 114.
Ypres, II, 166, 198.
Yssel, II, 226.

Z

Zenoblo (comte), II, 18.
Zozime, III, 79.
Zutphen, II, 193.

ERRATA

T. II, page 28, ligne 23, *au lieu de :* août, *lire :* avril.

T. III, page 115, *note,* 3ᵉ ligne, *au lieu de :* que nous avons cru devoir retrancher, faute d'espace, *lire :* que le lecteur trouvera intégralement reproduites à l'*Appendice* n° III, *infrà,* p. 332.

TABLE DES MATIÈRES

Le portrait de M. Baston VII

Chapitre XXX. — Le retour en France. — Le Concordat, ses causes, ses conséquences. — La question des démissions épiscopales. — Le *Docteur romain*. — M. Baston se décide à rentrer en France en 1803. — Il quitte la Westphalie, fait visite aux abbesses de Vreden et d'Altenberg. — Son arrivée à Nimègue. — Le préfet M. d'Herbouville. — Lille, Arras, Neufchâtel. — Arrivée à Rouen. — Sa vive émotion en apercevant la ville. — Changements qu'il remarque dans les monuments, les mœurs et les costumes. — Sa visite à Mgr Cambacérès, le nouvel archevêque. — La procession du très saint Sacrement. — M. Baston est nommé chanoine dans le nouveau Chapitre de Rouen. — Il est reçu de l'Académie. — Réflexions sur cette Compagnie, son Jardin des plantes, ses travaux, ses usages. — Il donne plus tard (1812) sa démission. — Raisons de cette détermination. 1

Chapitre XXXI. — M. Baston vicaire général. — Nommé vicaire général, théologal et official, M. Baston a à s'occuper des questions relatives au sacrement de mariage. — Ses décisions sur la publication des bans; sur la réhabilitation des mariages nuls ou douteux contractés pendant la Révolution. — Difficultés qu'il rencontre dans son arrondissement (celui de Neufchâtel) pour les nominations ecclésiastiques. — Il le visite pendant un mois et obtient un certain nombre de rétractations des prêtres constitutionnels. — Affaire du divorce. — Lettre de Portalis. — Mariages des prêtres pendant la Révolution. — Dispenses accordées pour les mariages antérieurs au 15 août 1801, mais refusées depuis cette date. — M. Baston marie plusieurs de ces anciens ecclésiastiques sécularisés. — On refuse aux veufs et aux pénitents la permission de reprendre l'exercice du ministère, en raison du scandale donné. — M. Baston cite une seule et touchante exception. — Il est chargé de faire le Règlement du Chapitre et celui du *Tarif* ou *Casuel*. — La cure de la cathédrale est attribuée à l'archevêque. — Difficultés de M. Baston avec le chanoine chargé du desserte de la cathédrale 40

Chapitre XXXII. — Le sacre. — Voyage en Westphalie. — L'empire est proclamé. — M. Baston se rend à Paris le lendemain du sacre et y séjourne chez l'archichancelier Cambacérès. — La table et les réceptions du prince. — Curieuses observations. — M. Baston retrouve plusieurs de ses anciens condisciples devenus évêques. — Sa rencontre avec l'ancien évêque constitutionnel de Rouen, Le Blanc de Beaulieu, et son entrevue avec M. Charrier de la Roche, devenu évêque de Versailles. — Audience du pape Pie VII. — M. Baston met à exécution la promesse qu'il avait faite à ses amis de Westphalie d'aller les revoir. — Incidents de voyage. — M. Hamilton. — Séjour chez le maire d'Aix-la-Chapelle. — Le tombeau de Charlemagne. — Arrivée émouvante à Coesfeld. — Les religieuses Bernardines de Marienborn. — Les prêtres français restés en Westphalie. — Les capucins. — La petite *Rosette*. — Ancienne prose pour les morts. — Les voyants. Singulière prédiction réalisée sous les yeux de M. Baston. — Il revient à Rouen. — Mort de son compagnon de voyage 90

CHAPITRE XXXIII. — LE CONCILE DE 1811. — Motifs de ce concile. — Refus du Souverain Pontife de donner l'institution canonique aux évêques nommés par l'Empereur. — Le mariage de Napoléon et de Marie-Louise. — Réflexions de M. Baston sur le précédent mariage de l'empereur avec Joséphine, au point de vue civil et au point de vue religieux. — Le cardinal Cambacérès choisit M. Baston pour l'accompagner au concile. — Ouverture de l'assemblée. — Affaire de l'institution canonique des évêques nommés. — Les évêques délégués à Savone. — Succès apparent de leurs négociations. — Opinions différentes au sein du concile. — Mécontentement de Napoléon. — Démarches personnelles des évêques pour le calmer. — Le cardinal Cambacérès fait lire à l'Empereur une déclaration rédigée par M. Baston. — Effet favorable qu'elle produit sur l'esprit du souverain. — Décret du concile du 5 août 1811 141

CHAPITRE XXXIV. — SÉEZ. — Nomination de M. Baston à l'évêché de Séez. — Origine de cette nomination; perplexités qu'elle lui cause; il finit par accepter. — Les pouvoirs du Chapitre de Séez. — M. de Saussol est nommé évêque de Séez. — Difficultés de ce prélat avec M. Baston relativement au temporel de l'évêché. — Sentence du ministre favorable à M. Baston. — Dernières réflexions 172

AVIS DES ÉDITEURS 189

EXPOSITION DE LA CONDUITE QUE M. G. A. BASTON, NOMMÉ A L'ÉVÊCHÉ DE SÉEZ, PAR DÉCRET DU 14 AVRIL 1813, A TENUE DANS CE DIOCÈSE ET DE CELLE QU'ON Y A TENUE A SON ÉGARD 191

APPENDICES. — I. Note sur l'enseignement des opinions gallicanes. . 321
— II. Note extraite du chanoine Marais. 322
— III. Les serfs en Westphalie 332

TABLE DES NOMS DE PERSONNES ET DE LIEUX. 361

ERRATA 369

TABLE DES MATIÈRES 371

BESANÇON. — IMP. ET STÉRÉOT. DE PAUL JACQUIN.

OUVRAGES

PUBLIÉS PAR LA SOCIÉTÉ D'HISTOIRE CONTEMPORAINE

En vente à la librairie A. PICARD ET FILS, rue Bonaparte, 82, au prix de 8 fr. le volume :

Correspondance du marquis et de la marquise de Raigecourt avec le marquis et la marquise de Bombelles pendant l'émigration, 1790-1800, publiée par M. MAXIME DE LA ROCHETERIE, 1 vol.

Captivité et derniers moments de Louis XVI. Récits originaux et Documents officiels, recueillis et publiés par le marquis DE BEAUCOURT, 2 vol.

Lettres de Marie-Antoinette. Recueil des lettres authentiques de la Reine, publié par MM. MAXIME DE LA ROCHETERIE et le marquis DE BEAUCOURT, 2 vol.

Mémoires de Michelot Moulin sur la chouannerie normande, publiés par le vicomte L. RIOULT DE NEUVILLE, 1 vol.

Mémoires de famille de l'abbé Lambert, dernier confesseur du duc de Penthièvre, aumônier de la duchesse douairière d'Orléans, sur la Révolution et l'émigration, 1791-1799, publiés par M. GASTON DE BEAUSÉJOUR, 1 vol.

Journal d'Adrien Duquesnoy, député du tiers état de Bar-le-Duc, sur l'Assemblée constituante, 3 mai 1789-3 avril 1790, publié par M. ROBERT DE CRÈVECŒUR, 2 vol.

L'invasion austro-prussienne (1792-1794). Documents publiés par M. LÉONCE PINGAUD, 1 vol. avec héliogravure et carte.

18 fructidor. Documents pour la plupart inédits, recueillis et publiés par M. VICTOR PIERRE, 1 vol.

La déportation ecclésiastique sous le Directoire. Documents inédits publiés par M. VICTOR PIERRE, 1 vol.

Mémoires du comte Ferrand (1787-1821), publiés par M. le vicomte DE BROC. 1 vol. avec héliogravure.

Collectes à travers l'Europe pour les prêtres français déportés en Suisse, 1794-1797. Relation inédite publiée par M. l'abbé L. JÉRÔME. 1 vol.

Mémoires de l'abbé Baston, chanoine de Rouen, publiés d'après le manuscrit original, par M. l'abbé Julien LOTH et M. Ch. VEROER, 3 volumes avec héliogravure.

Souvenirs du comte de Semallé, page de Louis XVI, publiés par son petit-fils. 1 vol. avec héliogravure.

Louis XVIII et les Cent-Jours à Gand, recueil de documents inédits, publiés par MM. ÉDOUARD ROMBERG et ALBERT MALET, tome Ier.

Mémoires du comte de Moré (1758-1837), publiés par M. GEOFFROY DE GRANDMAISON et le comte DE PONTGIBAUD. 1 vol. avec 5 héliograv.

Mémoire de Pons de l'Hérault aux puissances alliées, publié par M. LÉON-G. PÉLISSIER. 1 vol. avec héliogravure.

Le prix de la cotisation annuelle est de 20 fr.
Les nouveaux sociétaires peuvent acquérir les volumes des exercices précédents au prix de faveur de 5 fr. 50 le volume.
Adresser les adhésions à *M. le Trésorier de la Société d'histoire contemporaine, rue Saint-Simon, 5, à Paris.*

www.ingramcontent.com/pod-product-compliance
Lightning Source LLC
Chambersburg PA
CBHW070453170426
43201CB00010B/1324